Hans-Dietrich Sander

Geschichte der Schönen Literatur in der DDR

Ein Grundriß

Verlag Rombach Freiburg

$l\subset$

© 1972 Rombach+Co GmbH, Verlagshaus in Freiburg. 1. Auflage 1972. Alle Rechte vorbehalten. Gesamtherstellung durch das Druckhaus Rombach+Co, 78 Freiburg, Lörracher Straße 3. Printed in Germany.   ISBN 3-7930-0100-8

Hans-Dietrich Sander
Geschichte der Schönen Literatur in der DDR

In memoriam
Paul Mochmann   † 23. 6. 1956

Inhalt

Vorwort

Die Belletristik in der DDR, offiziell sozialistische deutsche Nationalliteratur genannt, gilt bei ihren Verfechtern als eine bedeutende Periode der Schönen Literatur Deutschlands. Sie erfreut sich einer solchen Schätzung vielerorts auch in der Bundesrepublik. Das ist nicht verwunderlich; wer Böll und Grass für bedeutende Schriftsteller hält, kann nicht umhin, auch bestimmten Schriftstellern in der DDR übertriebene Bedeutung beizumessen – bezeichnenderweise auch dort eher sekundären Talenten. In Ländern mit vergleichbarer Problemlage und traditionellem Interesse an deutscher Kultur fällt das Urteil weniger gefällig aus. Als der ungarische Romancier Tibor Déry 1967 nach seiner Kenntnis von Belletristik aus der DDR gefragt wurde, erwiderte er: »Ich habe kaum etwas gelesen – von Strittmatter zum Beispiel nur seinen ersten Roman, den ich sehr schlecht fand.«[1] Man weiß das in der DDR seit langem. Schon im Frühjahr 1950 ließ der sowjetrussische Romancier Ilja Ehrenburg Schriftstellern in Ostberlin eine nur schlecht verhohlene Verachtung spüren.[2] Sie konnten mehr oder weniger Geringschätzung auch auf Reisen nach Moskau einheimsen.[3] Die Selbstüberschätzung wird deswegen auch gelegentlich Lügen gestraft. So nannte die Germanistin Inge Diersen 1965 den Roman »Die Toten bleiben jung« von Anna Seghers, der 1949, im Gründungsjahr der DDR, erschien und die Niedergangsphase seiner Verfasserin einleitete, einen Vorstoß »zum großen Zeitgeschichts-

---

[1] Interview mit T. Déry. »Die Welt«, 8. 5. 1967.
[2] A. Kantorowicz: Deutsches Tagebuch, II. München 1961, 108 f.
[3] z. B. Eva Strittmatters Beitrag auf dem V. Deutschen Schriftsteller-Kongreß, 1961. SBZ Archiv, 18/1961, 285.

roman«, der seitdem in der »deutschen sozialistischen Epik noch nicht wieder erreicht« worden sei.[4]

Der sozialistische Realismus, der sozialistisch im Inhalt und national in der Form sein sollte, hat alle Literaturen, denen er aufgedrückt wurde, planiert. Die einzelnen Literaturen konnten sich nur in dem Maße wieder profilieren, wie sie sich von seiner Lehre und Praxis entfernten. In der DDR konnte dieser Prozeß am längsten aufgehalten werden. Erst in den sechziger Jahren kündigte sich ein Wandel in Ansätzen an. Die Disproportion leuchtet sofort ein, wenn man drei Schriftstellergenerationen aus der DDR und anderen sozialistischen Ländern vergleicht. Betrachtet man Autoren, die bis 1900 geboren wurden, muß man an erster Stelle Brecht, Becher, Arnold Zweig, Anna Seghers, Renn und Bredel nennen. Man kann von ihnen bei bestem Willen nicht behaupten, daß sie in der DDR eine gleich wegweisende Rolle spielten, wie sie Ehrenburg, Pasternak, Paustowskij, Déry, Hay, Iwaczkiewicz oder Andrić bei der Exemtion ihrer Literaturen zufiel. Von den Autoren, die bis 1920 geboren wurden, sind vor allen Huchel, Arendt, Uhse, Eduard Claudius, Hermlin, Stefan Heym, Matusche, Bobrowski oder Djacenko zu nennen. Verglichen mit Vera Panowa, Viktor Nekrassow, Solschenizyn, Sinjawskij, Andrzejewski, Brandys und Djilas, dem Erzähler, ist, was sie schrieben, Stückwerk, Marginalie, Elegie. Desgleichen die Jüngeren. Ohne Kunze, Jentzsch und Kirsten, Pfeiffer, Christa Wolf und de Bruyn zu despektieren: an die Eruptionen von Kasakow, Solouchin, Bykow, Nagibin, Hlasko, Mrozek, Havel, Kundera oder Bulatović reichen auch ihre Werke nicht heran.

Die Frage, die sich diesem Vergleich anschließt, lautet natürlich: Wie kommt das?

Tibor Déry hat als Grund für die Disproportion der Schönen Literatur in der DDR und anderen sozialistischen Ländern angegeben: »Die Situation ist dort ganz anders als bei uns in Ungarn, wo wir keine solche Einschränkung der freien Meinungsäußerung kennen, wo es weniger streng und straff zugeht.« Das dürfte niemand bestreiten können.

Gerhard Zwerenz hat die Folgen für die Literatur mit calibanischem Grimm beschrieben: »Ich las die Hermlinschen

[4] I. Diersen: Seghers-Studien. Berlin (Ost) 1965, 307.

Hymnen auf Stalin. Im Tauwetter las ich Hermlins Hymne des Widerrufs, in der er seinen Irrtum bekannte. Nach dem Tauwetter widerrief er den Widerruf und bekannte sich zum Irrtum über seinen Irrtum... Welch seltsame Gestalten zaubert die Geschichte ins Panoptikum der Poesie. Kein George Grosz erfände soviel Widerlegung der Natur. Kein Heinrich Mann soviel Untertanerie... Männer, die aus den Knochen ihres Rückgrats die drei Jugendgedichte schnitzten, deretwegen man bereit war, sich ihre Namen zu merken. Da aber die Pfeile verschossen sind, bleibt ein mollusker Verdauungsapparat, ein literarisch lizenziertes Masttier, staatlich ausgehalten und jederzeit in der zitternden Angst, für schlachtreif erklärt zu werden.«[5] Auch das dürfte niemand ernsthaft bestreiten.

Es ist indessen so einfach nicht. Es sind Beschreibungen der Oberfläche. Wer sie als Gründe annimmt, gerät schnell in die Untiefe der Banalität. Das Strenge und das Straffe, das Déry kritisierte, erschiene sogleich als Attribut eines sagenhaften »preußischen Sozialismus«; wobei das Adjektiv ohne begriffliche Vorstellung und geschichtlichen Beleg nur noch Kabaretteindrücke enthielte. Die Untertanerei, über die Zwerenz sich ärgerte, erstarrte flugs zu einem metaphysischen Erbübel. Die Disproportion wäre nur eine Fortsetzung der berüchtigten deutschen Daseinsverfehlung. Man würde die Schöne Literatur in der DDR, wie das heute noch mit der Schönen Literatur im Dritten Reich geschieht, nicht als »etwas methodisch Abgegrenztes« betrachten, sondern in ihr nach den »tausend Fasern«[6] fahnden, die sie mit Bismarck, Friedrich dem Großen, Luther und Hermann dem Cherusker verbände. Was dabei herauskäme, kann man an dem Opus »Literatur unterm Hakenkreuz« abschätzen, das Romantik und Mythos, Entscheidung und Martyrium, Organisches und Elementares, Gehorsam, Treue, Tapferkeit, Gemeinschaftsgeist und Opferbereitschaft, Fleiß und Tüchtigkeit unter dem Beifall der Feuilletonclaquen und alibibedürftiger Germanisten samt ihrer Nachwuchsklientel für Kennzeichen nationalsozialistischer Literatur ausgibt.[7] Man

5 G. Zwerenz: Ärgernisse – Von der Maas bis an die Memel. Köln 1961, 181.
6 H. Pross: Vor und nach Hitler – Zur deutschen Sozialpathologie. Olten und Freiburg i. Br. 1962, 144.
7 E. Loewy: Literatur und Hakenkreuz – Das Dritte Reich und seine Dichtung. Frankfurt a. M. 1969.

würde dann ebenso bei der Betrachtung der Literatur in der DDR weder etwas verstehen noch erklären.

Schöne Literatur in der DDR, methodisch abgegrenzt, ist Belletristik, die in der DDR geschrieben wurde, unabhängig vom politischen Standpunkt des Verfassers und unabhängig von Ort und Zeit der Veröffentlichung; anders kann auch eine methodische Abgrenzung der Schönen Literatur im Dritten Reich nicht ausfallen. Nach dieser Bestimmung gehört nicht der »Streit um den Sergeanten Grischa« von Arnold Zweig, wohl aber sein Roman »Traum ist teuer« zur Schönen Literatur in der DDR. Die Lyrik, die Stephan Hermlin berühmt gemacht hat, ist wie »Leben des Galilei« und »Mutter Courage und ihre Kinder« von Brecht Literatur im Exil. Andererseits gehören die Werke von Matusche und Bobrowski, die kaum Spuren ihrer Herkunft verraten, zur Belletristik in der DDR, wie ein illustrer Teil des Gedichtbandes von Peter Huchel aus dem Jahr 1948 zur Belletristik im Dritten Reich gehört.

DDR-Literatur ist als Begriff genauso irreführend wie Literatur des Dritten Reiches. Man müßte, um Einseitigkeit zu vermeiden, eine so fragwürdige Kategorie wie innere Emigration einführen, unter die keineswegs alle Werke fallen, die nicht systemkonform sind. Solche Werke werden nicht selten auch von Anhängern geschrieben. Aus diesem Grund ist auch kommunistische Belletristik ein unbrauchbarer Begriff. Für die Kommunisten unter den Schriftstellern und für die Mitläufer, wie Trotzkij Schriftsteller bezeichnete, die mit dem Kommunismus sympathisieren, brachte die Gründung der DDR eine radikale Zäsur. Sie veränderte ihre Bedingungen, ihre Antriebe und ihre Arbeitsweise. Schrieben sie früher eine engagierte Literatur, wurde von ihnen jetzt eine angestellte und anstellige Literatur erwartet. Die Kräfte der Zerstörung, die sie früher beschworen, sollten sich in systemerhaltende Aktivität verwandeln. Ihre kritischen Impulse sollten plötzlich aufbauend und erbaulich wirken, und zwar zu vorformulierten Zwecken. Die gemeinsame Marschrichtung mit der Partei, eine Selbstverständlichkeit, solange es galt, die alte Gesellschaft abzuschaffen, mußte zu einer höchst problematischen Angelegenheit werden, als die Partei beim Aufbau der neuen Gesellschaft die Lenkung der Prozesse in allen Bereichen beanspruchte; ganz abgesehen davon, daß es seit Olims Tagen immer einfacher gewesen ist, sich gegen etwas als für etwas zu einigen.

Die Bezeichnung Belletristik in der DDR ist zugleich enger und weiter als kommunistische Belletristik: enger, weil in der DDR die kommunistische Belletristik durch die Lenkung der Kunst ihre relative Bewegungsfreiheit verlor, und weiter, weil die Bezeichnung auch die Literatur umfaßt, die sich, ob kommunistisch oder nichtkommunistisch, dieser Lenkung entzieht. Nicht anders war auch das formale Verhältnis zwischen der nationalsozialistischen Belletristik und der Belletristik im Dritten Reich. Man kann deshalb die »Gefährten« von Anna Seghers, 1932, eher mit »OS« von Arnolt Bronnen, 1929, oder mit Hans Grimms »Volk ohne Raum«, 1926, vergleichen als mit ihrer »Entscheidung« von 1959 und mit ihrem »Vertrauen« von 1968. So unsinnig es normalerweise ist, literaturgeschichtliche Perioden politisch zu synchronisieren: Bei gelenkten Literaturen ist sachgerechtes Herangehen nicht anders möglich. Nur wenn man die Eingriffe in die literarische Entwicklung verortet, die erwünschten Folgen, in denen die Literatur außerliterarischen Impulsen folgt, und die unerwünschten Folgen analysiert, in denen sich die Eigengesetzlichkeit der Literatur wieder durchsetzt, kann man die betreffende Belletristik, wie Marx es sagen würde, in ihrer wirklichen Bewegung erkennen.

Ein literaturgeschichtlicher Grundriß der Schönen Literatur in der DDR hat sich zuerst und zuletzt an der Frage zu orientieren: Was ist deutsche Literatur?[8] Wie sollte man sonst den tiefen Einbruch des sozialistischen Realismus vermessen und die Triebe wahrnehmen, von denen er unaufhaltsam, wenn auch langsamer als in den anderen sozialistischen Ländern, überwuchert wird?

Der sozialistische Realismus hat in der Sowjetunion, seinem Ursprungsland, seit 1952 die absolute Herrschaft verloren. In Polen und Ungarn spielt er seit 1955 literarisch überhaupt keine sichtbare Rolle mehr. Etwas später begann die Exemtion der Literatur auch in der Tschechoslowakei. In der DDR begann die Wende 1965. Bliebe man bei der Strenge und der Untertanerei als Gründen dieser Disproportion, müßte man auf eine rigide und unterwürfige Übernahme des sowjetrussischen Modells

---

[8] H. Mayer, der meint, diese Belletristik könne »in zutreffender Weise nur mit jener geistigen Methode interpretiert werden«, die die DDR »selbst anerkennt und anzuwenden behauptet« (Zur deutschen Literatur der Zeit – Zusammenhänge, Schriftsteller, Bücher. Reinbek 1967, 377), spricht sinnigerweise auch von Literatur der DDR.

schließen. Wäre das der Fall, ist es unverständlich, warum die DDR den sozialistischen Realismus nicht noch vor Polen und Ungarn fallen ließ. Eine besonders botmäßige Nachahmung des sowjetrussischen Modells läßt sich auch auf anderen Gebieten durchaus nicht immer finden. Die DDR hat sich immerhin so flexibel gezeigt, daß sie die übliche sozialistische Mißwirtschaft, die mit dem System der zentralen Verwaltungswirtschaft verbunden ist, in tunlichsten Grenzen halten konnte. Die DDR hat auch nicht an der schauerlichen Ära der Schauprozesse teilgenommen, die sich von 1948 bis 1952 quer durch die anderen sozialistischen Länder erstreckte. Gab es dort, um das mit Kafka zu illustrieren, eine »Prozeß«-Atmosphäre, konnte sich in der DDR allenfalls eine »Schloß«-Atmosphäre einnisten. Das Gegenteil ist der Fall, und er ist nicht einmal paradox: daß die DDR das sowjetrussische Modell nur in Maßen übernahm, gehört zu den Gründen, warum sich der sozialistische Realismus so lange halten konnte. Es fehlte an Grenzsituationen, in denen die ideologischen Phantasien zerstoben. Einerseits ermattete der verhüllte Terror die Schriftsteller, andererseits hielten sie ihrer Obrigkeit zugute, daß sie öffentliche Exzesse vermied.

Die politischen Gründe der Disproportion hängen mit der besonderen Lage der DDR im sowjetrussisch beherrschten sozialistischen Imperium zusammen. Die Gegenwart der deutschen Spaltung und die Vergangenheit des Dritten Reiches erschwerten überdies eine nationale Profilierung. Hinzu kam das Trauma revolutionären Versagens. Die Schriftsteller in der DDR waren, anders als die Schriftsteller anderer sozialistischer Länder, mit einem gespannten Verhältnis zu Volk und Geschichte belastet.

Die literarischen Gründe hängen mit bestimmten Traditionen der deutschen Literatur zusammen, die sie von anderen Literaturen grundsätzlich unterscheidet. Die deutschen Dichter standen immer in einem Mißverhältnis zur Wirklichkeit. Deshalb mußte sie die Gleichschaltung durch den sozialistischen Realismus besonders schwer treffen.

Die unvergleichlichen Bedingungen der Schönen Literatur in der DDR sind die Prämissen einer verwickelten Geschichte, deren künstlerischer Ertrag nur karg sein konnte. Die Disproportion wiegt aber vielleicht nicht so viel vor dem Ereignis der Evolution selbst. Die Tatsache, daß auch in der DDR unter ungünstigen Verhältnissen die Schöne Literatur zu ihrer Eigengesetzlichkeit zurückfand, ist nicht nur ästhetisch bemerkenswert. Sie enthält vor allem politische Implikationen, deren Unterschätzung in einer Zeit, da ein Ende des deutschen Bürgerkrieges, der 1918 begann, nicht abzusehen ist, sich von selbst verbieten sollte.

Indem die folgende Untersuchung sich in die politische Geschichte Deutschlands und in die deutsche Literaturgeschichte einbettet, hebt sie sich schon im Ansatz von jenem Wissenschaftszweig DDR-Forschung ab, der vorzieht, die DDR als isoliertes Gebilde zu betrachten.[9] Solcher Sicht bleibt nichts anderes übrig, als offizielle Kriterien zu übernehmen und sie, so szientifisches Gewissen noch schlägt, systemneutral zu übersetzen – was die Abhandlungen dieses Zweiges noch abstrakter macht. Die Untersuchung hebt sich davon nicht zuletzt auch durch ihren Stoff ab, der im Gegensatz zu den meisten Gegenständen der DDR-Forschung in grosso modo zugänglich ist; Materiallücken, die noch nicht aufgefüllt werden konnten, haben hier Zufälligkeitscharakter. Gleichwohl hat der Stoff seine eigenen Schwierigkeiten.

Literaturgeschichte gilt im Westen heute als obsolet. Man betreibt vorwiegend Literaturwissenschaft. Das ist eine Folge nicht nur schwindender Interessen an der historischen Dimension, sondern auch eines wissenschaftlichen Imperialismus, der von Fächern anderer Art ausgeht, von der Soziologie oder von der Psychologie, neuerdings auch von der Anthropologie oder von der Kybernetik.[10] Literaturgeschichte wird kaum noch geschrieben, immer weniger unterrichtet, obgleich es an Klagen über diesen Zustand nicht fehlt.[11] Das ist ganz besonders der Fall für die Geschichte nationaler Literaturen. Der Begriff Nationalliteratur selbst ist anrüchig geworden. Das betrifft vor allen übrigen die Vorstellung einer deutschen

---

9 Der bedenkenswerte Vorschlag von H. Lades, DDR-Forschung als Teil der deutschen Landeskunde zu betreiben, harrt selbst in seinem Erlanger Institut für Gesellschaft und Wissenschaft noch der Erfüllung.

10 E. R. Curtius hat schon vor mehr als 20 Jahren die Literaturwissenschaft als ein »Phantom bezeichnet (Europäische Literatur und lateinisches Mittelalter. Bern 1948, 20). Ihre Gestalt ist bis heute trotz zahlreicher Beispiele nicht klarer zu erkennen.

11 z. B. H. Rüdiger: Zwischen Interpretation und Geistesgeschichte. »Euphorion« 57, 1963, und H. R. Jauß: Literaturgeschichte als Provokation der Literaturwissenschaft. »Konstanzer Universitätsreden«, 1967.

Nationalliteratur.[12] Nachdem ältere Literaturgeschichtler moralisierender Einfärbung von Drachensaat sprachen, ist es kein Wunder, wenn die Liquidatoren, die unter jüngeren Wissenschaftlern vorherrschen, die Bezeichnung Germanistik am liebsten austilgen möchten.[13] Es ist wohl kein Zufall, wenn dies in einer Wechsellage des deutschen Bürgerkriegs geschieht, in der das nationale Selbstbewußtsein der Bundesrepublik auf einen Nullpunkt heruntergesunken ist. Ein Grundriß der Belletristik in der DDR, der im Rahmen deutscher Literaturgeschichte entworfen wird, kann deshalb nicht dem schönen, nützlichen Brauch folgen, sich dem jüngsten Stand der Forschung dankbar anzuschließen. Er muß auf Richtpunkte sich besinnen, die aufgegeben oder vergessen wurden.

Dabei ist es notwendig, jenes Element grundsätzlich einzuführen, dessen literaturgeschichtliche Betrachtungen, mit wenigen immer punktuellen Ausnahmen, bisher entraten konnten: die direkte Abhängigkeit der Schönen Literatur von den politischen Konstellationen ihrer Zeit. Ohne eine Berücksichtigung dieser Koordinaten sind weder »kanonisierte« Werke, denen gesellschaftliche Aufträge zugrundeliegen, die von der SED formuliert werden, noch die »apokryphischen« Werke verständlich, deren Verfasser sich selbst den gesellschaftlichen Auftrag erteilen. Ohne eine Rekonstruktion der politischen Situation bleiben auch der Anreiz zu Gegenströmungen im Dunkeln und ihre Reichweite schwer zu schätzen.[14] Ähnliches gilt auch für die Belletristik im Dritten

12 Es ist nach 1945 nur eine einzige Gesamtdarstellung gewagt worden, die »Geschichte der deutschen Literatur von den Anfängen bis zur Gegenwart« von H. de Boor und R. Newald, München 1949 ff., und sie ist zur Zeit auch erst bei der Klassik angekommen.

13 Die Bezeichnung Drachensaat stammt von W. Muschg: Germanistik? »Euphorion« 59, 1965, 18; sie fällt in diskriminierendem Zusammenhang mit der Romantik. E. R. Curtius (a. a. O., 20) und W. Milch (Europäische Literaturgeschichte – Ein Arbeitsprogramm. Wiesbaden 1949), die nach 1945 überzeugt waren, daß man nur noch europäische Literaturgeschichte betreiben könnte, erörterten diesen Zusammenhang noch unpolemisch. In H. Rüdigers Vortrag (a. a. O.) erscheint er bereits als bedenklich.

14 In dieser Beziehung unterscheidet sich die Belletristik in der DDR erheblich von der Belletristik in der BRD. Wer darin einen Anlaß sieht, von zwei deutschen Literaturen zu reden, sei auf F. Gundolf verwiesen, der im Einleitungskapitel »Zeitalter und Aufgabe« seiner George-Monographie schrieb: ». . . es bleibt beim naschhaften Erlebnis, meist beim bloßen Erlebenwollen. Eine Unmenge Anregungen, Aufregungen, Betäubungen, Entzückungen einerseits, eine Unmenge Forderungen, Bestrebungen, Verheißungen und

Reich; da über sie indessen noch keine Untersuchung vorliegt, bei der geschichtliches Verstehen und nicht Ressentiment oder Gesinnungsübung die Feder geführt hätte, gibt es für dieses spezielle Unterfangen eine Präzedenz nicht.

Hinzu gesellt sich eine weitere Schwierigkeit. Man kann bei der Rekonstruktion der politischen Situationen Darstellungen und Anthologien aus der DDR nur bedingt und begrenzt und mit detektivischem Mißtrauen heranziehen; da sich die Belletristik anders entwickelte, als die SED es wünschen und zugeben konnte, sind derartige Publikationen angehalten, die Spuren eher zu verwischen.[15] Obgleich in ihrem Bereich die westlichen Skrupel, ob Literaturgeschichte noch möglich sei, fehlen, ein Heer ausgebildeter Literaturgeschichtler bereitsteht und die finanziellen Mittel dazu vorhanden sind, gibt es in der DDR bis heute bezeichnenderweise keine Geschichte ihrer Belletristik, keine kompletten Darstellungen der einzelnen Gattungen; es liegen dort, und auch nur vereinzelt, ausschließlich Abhandlungen begrenzter Abschnitte oder problemgeschichtliche Arbeiten vor.[16] Deshalb muß die politische Situation in jedem Fall mit Hilfe von Direktiven, Interpretationen und Äußerungen nach-

Utopien andererseits: ›Fülle fehlt‹, weil gerade die eine Stufe übersprungen oder ausgefallen ist, die all das halte und binde: der leibhaftige Mensch. Darum zwar Rudel von Talenten, von Könnern, Wissern, Fühlern, Träumern, Leidern, aber keine Echtheit und Größe, und meist bei bunten Virtuositäten der Seele und des Hirns eine gewisse Öde des Wesens... Niemals hat es so gewimmelt von aufgeblasenen Schulmeistern, verrückten Pfaffen, phrasentrunkenen Hochstaplern, von Poeten und Propheten, wie Nietzsche sie zeichnet: Leuten, ›die von allen Möglichkeiten der Größe, auch der sittlichen Größe, zu strotzen scheinen und es dabei im Leben nicht einmal bis zur gewöhnlichen Rechtschaffenheit bringen‹.« (George. 3., erw. Aufl. Berlin 1930, 17 f.) Dieser Zustand hat sich seither nur noch radikalisiert. Das einzige, was hier Heute und Gestern unterscheidet, ist der Umstand, daß sich heute einerseits und andererseits unter verschiedenen Regimen präsentieren; wobei die Literatur drüben schon lange nach hüben überlappte, was in der Gegenrichtung erst seit ein paar Jahren der Fall ist.

15 z. B. das Stichwort »Dramatik« in: Kulturpolitisches Wörterbuch. Berlin (Ost) 1970; die Stichwörter »Epik« und »Lyrik« enthalten bezeichnenderweise keine geschichtliche Darstellung. Beispiele für einseitige Anthologien sind: Kritik in der Zeit – Der Sozialismus – seine Literatur – ihre Entwicklung (Halle 1970) und der Sammelband: A. Abusch: Literatur im Zeitalter des Sozialismus – Beiträge zur Literaturgeschichte 1921 bis 1966. Berlin (Ost) 1967.

16 H. Kähler: Gegenwart auf der Bühne – Die sozialistische Wirklichkeit in den Bühnenstücken der DDR von 1956–1963/64. Berlin (Ost) 1966;

gezeichnet werden, die zum jeweiligen Zeitpunkt publik geworden sind; anders kann man kaum der Gefahr entgehen, Propaganda zu reproduzieren.[17] Auch wenn man das Material, das nicht immer leicht zu finden ist, zusammen hat, ist diese Gefahr noch nicht gebannt: sie lauert, wenn man es gewohnheitsmäßig semantisch und syntaktisch verwendet. Der Stellenwert von Sätzen in kulturpolitischen Texten läßt sich nicht immer vom Textaufbau ablesen; wer das versuchte, würde in vielen Fällen rhetorische Sätze für die Kernsätze halten und die Aktualität glatt verpassen. Desweiteren haben bestimmte Wörter nicht selten eine taktische Unterbedeutung, die sich nicht immer aus dem Zusammenhang des betreffenden Textes ergibt; wer sie überliest, kann weder erkennen, wenn sich ein abweichender Gedanke mit einer offiziellen Formel tarnt, noch wenn hinter einer liberalen Geste sich ein orthodoxer Standpunkt verbirgt. Aus einem betreffenden Text allein ist ferner nicht immer ersichtlich, wo und warum in ihm Begriffe und Fakten manipuliert sind; wer das nicht erkennt, nimmt Kontinuitäten an, wo nur Diskontinuitäten bestehen. Der Fehlurteile aus Naivität sind deshalb Legion. Um Irrtümern zu entgehen, bedarf es nicht nur einer möglichst breiten Kenntnis der politischen Zusammenhänge und der, im übrigen ziemlich verwickelten, Dogmengeschichte, sondern vor allem einer langjährigen, durch Selbstkorrekturen hindurchgegangenen Übung und des Bewußtseins, trotzdem nicht

E. Röhner: Arbeiter in der Gegenwartsliteratur. Berlin (Ost) 1967. Die Skizze »Zur Geschichte der DDR-Lyrik« von M. Franz in den »Weimarer Beiträgen«, 3 und 4/1969, klammert so viel Imponderables und Inkommensurables aus, daß selbst flüchtige Liebhaber von Gedichten aus der DDR mühelos Lücken finden.

17 In dem von F. Martini herausgegebenen Sonderheft »Sprache und Literatur in der DDR« der Zeitschrift »Der Deutschunterricht«, Stuttgart, 21. Jg. 5/1969, 61, nannte H.-G. Hölsken die Romane »Spur der Steine« von E. Neutsch, »Der geteilte Himmel« von C. Wolf und »Ole Bienkopp« von E. Strittmatter »Musterbeispiele für die Auswirkungen des ›Bitterfelder Weges‹«. Das stimmt zwar mit der offiziellen Einschätzung überein, wie man sie bei H. Koch: Unsere Literaturgesellschaft – Kritik und Polemik (Berlin [Ost] 1965) nachlesen kann, nicht jedoch mit der Wirklichkeit. Die genannten Romane sind Früchte der kulturpolitischen Phase des »Neuen ökonomischen Systems«, die einsetzte, als der »Bitterfelder Weg« sich als Sackgasse erwies. Eine wirklichkeitsbezogenere Betrachtung der genannten Romane findet sich bei E. R. Langer: Literaturpolitik und Literaturdiskussion in der SBZ – Dargestellt an drei sowjetzonalen Bestsellern. »Orientierung«, Siebentes Beiheft, Pfaffenhofen 1966.

gänzlich gefeit zu sein. Nicht zuletzt ist das Einfühlungsvermögen in eine totalitäre Situation unentbehrlich, das, wie die Literatur über das Dritte Reich vermuten läßt, von außen oder ex post nur sehr schwer erwerbbar ist; es wäre schon kompliziert genug, wenn alles in einer totalitären Situation doppelbödig wäre, doch manches ist eben nur eindeutig und anderes nichts als opportunistisch.

Ich glaube, für die speziellen Schwierigkeiten des Stoffes durch folgende Erfahrungen einigermaßen gerüstet zu sein. In den Jahren 1952 bis 1956 habe ich als Dramaturg im Bühnenvertrieb des Henschelverlags an der Entwicklung der Schönen Literatur in der DDR selbst teilgenommen. Von 1958 bis 1967 betrachtete ich den Fortgang mit Unterbrechungen als Redakteur in der »Welt«, von 1964 an kontinuierlich als Mitarbeiter des SBZ-Archivs, beziehungsweise des Deutschland-Archivs, zu dem es sich 1968 erweiterte; dazu kamen Referate über längere Zeitabschnitte und über problem- und gattungsgeschichtliche Aspekte für Seminare der »Collegia politica« und Rezensionen literaturgeschichtlicher und literaturwissenschaftlicher Publikationen aus der DDR für die »Gesellschaftswissenschaftlichen Informationen«. Zur Dogmengeschichte kann ich, was unten ab und zu geschieht, auf mein Buch »Marxistische Ideologie und allgemeine Kunsttheorie« verweisen, das Ende 1970 erschien. Die verstrichene persönliche Teilnahme mag wohl unvermeidlich einige hyperkritische Passagen verschuldet haben; ich hoffe jedoch, daß sie mich auch vor jener Methode oder Unmethode geschützt haben kann, der viele Nationalsozialismus-Forscher aufsitzen.

Das Ziel der Untersuchung ist, die Belletristik in der DDR an ihrer Bewegung und Gegenbewegung innerhalb der politischen Koordinaten genetisch darzustellen; wobei versucht wird, ihre wesentlichen Motive und Mittel herauszufinden, ihre verschiedenen Richtungen zu klassifizieren und die Rangunterschiede festzustellen. Die Rekonstruktion der politischen Situationen geschieht in der Hoffnung, damit den Weg für eine künftig freiere Abhandlung des Stoffes zu räumen. Dieser literaturgeschichtliche Grundriß verzichtet bewußt auf Inhaltsangaben, Kurzbiographien und repräsentative Werkanalysen; sie werden nur, so knapp wie möglich, angestellt, wenn es für den Gang des Ganzen notwendig erscheint. Die Abstinenz ist weniger von positivistischen Bedenken inspiriert als von der historiographischen Erwägung, daß detaillierte Analysen oft Gesichtspunkte ermitteln, die für ein Werk und einen Autor bedeutsam, aber für einen literaturgeschichtlichen Ablauf unwesentlich sind; auch muß mitunter einem Werk oder einem Autor in seiner Funktion für diesen Ablauf eine andere Bedeutung eingeräumt werden, als es monographisch geschehen würde.

Die Darstellung reicht bis in die Gegenwart, die für eine literaturgeschichtliche Betrachtung offen ist; sie ist mehr noch politisch offen, da der deutsche Bürgerkrieg, von dem ihr Stoff einen Teil bildet, noch nicht an seinem Ende angekommen ist. Das ist ein Nachteil, der mit keinem Kunstgriff behoben werden kann; es sei denn, man verzichte vorläufig auf eine Darstellung und Durchdringung dieses Stoffes.

München, Juli 1972

Hans-Dietrich Sander

Bedingungen

1. Theorie der deutschen Dichtung

Germaine de Staël hat in ihrem taciteischen Buch »De l'Allemagne«, 1813, die Deutschen ein Volk der Dichter und Denker genannt. Sucht man hinter dem, von Hochmut und Zerknirschung[1] malträtierten Satz geschichtliche Deckung, kann man seiner zweiten Hälfte eher zustimmen als der ersten. Jean Paul war, wie Wolfgang Harich schrieb, »der Bürger einer philosophischen Epoche gewesen, wie es sie seit den Tagen der griechischen Antike nicht mehr gegeben hatte«[2]. Es war die Epoche, die mit Leibniz mächtig begann, ihren Zenit hatte in Hamann, Kant, Jacobi, Maimon, Hegel, Schelling, Fichte, Fries, und mit den Romantikern (Schlegel, Novalis, Görres) nicht glanzlos endete. Der Satz der Madame de Staël träfe auch für die Zeitläufte danach in grosso modo zu: Schopenhauer, Gentz, Marx, Friedrich List, Burckhardt und Nietzsche haben den Geist des 19. Jahrhunderts so sehr bestimmt, wie Max Weber und Carl Schmitt, Sigmund Freud und C. G. Jung, Husserl, Heidegger, Wittgenstein das 20. Jahrhundert repräsentieren. Gleiches kann man deutschen Dichtern nicht nachrühmen. Daß einst Friedrich der Große sich an Racines Versen berauschte, trug dem König bis

---

1 Die Anthologie: Sind wir noch ein Volk der Dichter und Denker? (Reinbek 1964) mit dem Querschnittsergebnis »Wir sind es eigentlich nie gewesen« (Autoren: H. Mayer, H. Plessner, R. Minder, E. Bloch, W. Boehlich, H. P. Bahrdt, K. Korn, R. Friedenthal, H. Kesten, B. v. Brentano, A. Schmidt, H. Hamm-Brücher, R. Gruenter, W. Dirks) ist nur die Umkehr des verblichenen Überschwangs, der im 19. Jahrhundert weniger, wie es heute den Zerknirschten vorkommt, einer hybriden Volksseele entsprang, als einer aktuellen Aufgabe: der Sammlung und Erziehung der Deutschen zu einer Nation.
2 W. Harich: Jean Pauls Kritik des philosophischen Egoismus. Frankfurt a. M. 1968, 16.

heute Literatenhaß ein und dem Dichter die traditionelle Verachtung der deutschen Literaturgeschichte, was um so unberechtigter ist, als die deutsche Dichtung auch zu der entgegengesetzten Größe Shakespeares unfähig war.

Goethe hielt es indessen für ein Glück, das zu Widerspruch und Widerstreben herausfordere. Er schrieb in dem berühmten 7. Buch von »Dichtung und Wahrheit«: »Man tat alles, um sich von dem Könige bemerkt zu machen, nicht etwa, um von ihm geachtet, sondern nur beachtet zu werden; aber man tats auf deutsche Weise, nach innerer Überzeugung, man tat, was man für recht erkannte, und wünschte und wollte, daß der König dieses deutsche Rechte anerkennen und schätzen solle. Dies geschah nicht und konnte nicht geschehen: denn wie kann man von einem König, der geistig leben und genießen will, verlangen, daß er seine Jahre verliere, um das, was er für barbarisch hält, nur allzu spät entwickelt und genießbar zu sehen?«

Das, was sich allzu spät, mit durchaus eigenem Glanz, entwickelte, hat Goethe alles andere als überschätzt. Sein Fazit lebenslanger Betrachtung lautet, von Ernst Robert Curtius agraffiert: »Paris, ›wo an jeder Straßenecke ein Stück Geschichte sich entwickelt hat‹, bietet Bedingungen für die Ausbildung jener glanzvollen Literatur, die sich von Molière bis Diderot entfaltet. Die Romane von Scott ›ruhen auf der Herrlichkeit der drei britischen Königreiche‹. Dagegen der deutsche Schriftsteller! Deutschlands Urgeschichte liegt zu sehr im Dunkel, die spätere hat ›aus Mangel eines einzigen Regentenhauses‹ kein allgemeines nationales Interesse. Klopstock versuchte sich an Hermann, ›allein der Gegenstand liegt zu weit entfernt, niemand hat dazu ein Verhältnis‹. Und Lessing! In seiner ›Minna von Barnhelm‹ mußte er mit den Händeln der Sachsen und Preußen vorliebnehmen, weil er nichts Besseres fand. Er war in eine schlechte Zeit hineingeboren und daher zu polemischer Wirkung genötigt: in der ›Emilia Galotti‹ hatte er seine ›Piken‹ auf die Fürsten, im ›Nathan‹ auf die Pfaffen. Goethe selbst hatte mit Götz von Berlichingen einen glücklichen Griff getan. ›Beim Werther und Faust mußte ich dagegen wieder in meinen eigenen Busen greifen, denn das Überlieferte war nicht weither.‹ Im ›Wilhelm Meister‹ mußte er den allerelendsten Stoff wählen, der sich nur denken läßt: herumziehendes Komödiantentum und armselige Landedelleute.« Er nahm sich selbst bei dieser generellen Einschätzung nicht aus. »Mit dem Blick des Lynkeus auf die Frachten ferner Länder überschaut Goethe das Königsgut der Jahrtausende. Mit welcher Bescheidenheit! Beim Betrachten pompejanischer Gemälde versinkt er in stille Andacht und bricht dann in die Worte aus: ›Ja, die Alten sind auf jedem Gebiet der heiligen Kunst unerreichbar. Sehen Sie, meine Herren, ich glaube auch etwas geleistet zu haben, aber gegen einen der großen attischen Dichter wie Äschylus und Sophokles bin ich doch gar nichts.‹ Oder: ›Die Araber hatten in fünf Jahrhunderten nur sieben Dichter, die sie gelten ließen, und unter den verworfenen waren mehrere Canaillen, die besser waren als ich.‹ Er nennt Tieck ein Talent von hoher Bedeutung. ›Allein, wenn man ihn über sich selbst erheben und mir gleichstellen will, so ist man im Irrtum. Ich kann dieses gerade heraussagen, denn was geht es mich an, ich habe mich nicht gemacht. Es wäre ebenso, wenn ich mich mit Shakespeare vergleichen wollte, der sich auch nicht gemacht hat und der doch ein Wesen höherer Art ist, zu dem ich hinaufblicke und das ich zu verehren habe.‹«[3] Ergänzt man diese verblüffenden Bemerkungen, die sich durch urteilende Schärfe ebenso auszeichnen wie durch ihre heuristische Tiefe, um das Resumée »Wir haben Goethe und Ansätze«, das Hugo von Hofmannsthal mehr als hundert Jahre später resignierend zog, so erhält man eine Bestimmung der deutschen Dichtung, die Stolz und pénitence gleichsam abweist.

Benjamin Constant, der Germaine de Staël begleitet hatte, betrachtete die Dichter in Deutschland unvergleichlich nüchterner als seine enthusiastische Gefährtin. »Im Theater das Stück ›Emilia Galotti‹ gesehen, das erstaunlich kalt läßt«, notierte er in seinem Tagebuch über Lessing. »Das sind Erörterungen, die wohl scharfsinnig, aber ganz und gar nicht der Situation der Personen angepaßt sind. Eine verlassene Maitresse hält Reden über Gleichmut; ein Mädchen, dessen Liebhaber man gerade ermordet hat, spricht über die Sinne und die Möglichkeit, dem Manne gegenüber nachgiebig zu werden, der ihren Liebhaber hat töten lassen. Mit einem Wort, sie halten Reden um die Wette. Und der Vater, der seine Tochter erdolcht, macht den Eindruck, als bringe er sie um, damit sie keine Reden mehr halte. Wenn die

---

[3] E. R. Curtius: Kritische Essays zur europäischen Literatur. Bern ³1963, 40 f. und 43 f.

aktuelle Richtung der Deutschen allzu maßlos und lärmend ist, so ist ihre frühere Art und Weise allzu kühl, und man tut dieser Richtung nicht unrecht, wenn man sie nach Lessing beurteilt, der unbestreitbar der ausgezeichnetste und geistreichste der früheren Tragiker ist.« Über Schiller bemerkte Constant: »Ich habe das Stück ›Wilhelm Tell‹ gelesen, eine richtige, schlecht arrangierte Laterna magica, aber mit viel mehr szenischen Schönheiten ausgestattet als die anderen Stücke Schillers. Die Szene mit Johann von Österreich im fünften Akt ist ohne jede Wirkung. Viele Vorgänge sind albern, z. B. die Zerstörung der Bastille, ausgeführt von einem einzigen Mann mit deutscher Gemütsruhe und einem kleinen Hammer. Der Charakter Tells ist der einzige, der gut gezeichnet ist. Von Goethe Abschied genommen. Eigenartiges Verfahren, das Publikum zu übersehen und bei allen Fehlern eines Stückes zu sagen: Es wird sich schon machen. Ich glaube, Goethe ist in Wirklichkeit gar nicht ungehalten über Schillers Absurditäten.« Und zu Goethe selbst heißt es bei Constant: »Nachmals den ›Faust‹ Goethes gelesen. Er bedeutet Verhöhnung des Menschengeschlechts und aller Gelehrten. Die Deutschen finden darin unerhörte Tiefe. Was mich betrifft, bin ich der Ansicht, daß er weniger wert ist als ›Candide‹. Er ist genauso unmoralisch, trocken und dürftig, aber wenig gefällig und geistreich und viel geschmackloser.«[4]

Man mag diese Revue in Einzelheiten für subjektiv und zeitgebunden halten – an ihren allgemeinen Einsichten ist schwerlich zu rütteln. Aus ihnen spricht jener sichere Instinkt, wie ihn nur reife Kulturen ausbilden. Monstrosität und mangelnde Sinnenhaftigkeit sind Extreme, zwischen denen die deutsche Dichtung in ihrer ganzen Geschichte hin und her taumelte. Schiller wurde von ihnen verheert, und Goethe hat unter ihnen gelitten. Vergleicht man die deutsche und die spanische Barockdramatik, findet man das Maßlose und Lärmende schon vor dem Sturm und Drang – es sollte auch nach ihm oftmals wiederkehren: bei Grabbe, in den naturalistischen und expressionistischen Dramen; während die Lessingsche Kühle und Tüftelei in Grillparzer, Hebbel und Georg Kaiser wiederkehrten. Benjamin Constant deutete an, warum so wenig an deutscher Sub-

4 B. Constant: Reise durch die deutsche Kultur – Ein französisches Tagebuch. Potsdam 1919, 27 f., 25 und 14.

stanz in die Weltliteratur eingehen konnte, deren Zeitalter Goethe, die imaginären Museen von Marx und Malraux vorwegnehmend, gerade ausgerufen hatte.

Als hundert Jahre später Ezra Pound, unterstützt von T. S. Eliot, Leselisten zusammenstellte, um mit Beispielen quer durch Zeiten und Länder die englische Literatur aus ihrer epigonalen Lage aufzurütteln, sollte sich – mit der bezeichnenden Ausnahme von Minnesängern – kein deutscher Dichter finden, der geeignet schien, die traditionellen Klischees zu brechen.[5] Auch das mag im einzelnen ungerecht sein. Vergleicht man aber, was, laut Goethe, allzu spät sich bildete, mit der Literatur anderer Länder, so läßt sich nicht bestreiten, daß es im Deutschland des 19. Jahrhunderts niemanden gibt, der sich, um nur einige Namen zu nennen, messen kann mit Stendhal, Balzac, Flaubert, Poe, Melville, Henry James, Dickens, Thackeray, Stevenson, Turgenjew, Dostojewski, Tolstoj, Tschechow, Baudelaire, Rimbaud oder Mallarmé. Im Deutschland des 20. Jahrhunderts gibt es in säkularem Rang neben Valéry, Proust, Joyce, Virginia Woolf, Faulkner, Hemingway, Borges, Pound oder Eliot vielleicht nur Franz Kafka.

Das ist beileibe keine Frage der Begabung. Jean Paul, Hölderlin, Kleist, E. T. A. Hoffmann, Stifter, Fontane oder Schnitzler, George, Hofmannsthal, Trakl, Däubler, Benn, Wilhelm Lehmann waren nicht geringere Dichter. Allein, sie blieben Ansätze. Auch nach Goethe war das Überlieferte nie weither.

Es gibt für die oft beklagte Traditionslosigkeit der deutschen Literatur kein besseres Beispiel als der, dem Unternehmen von Pound/Eliot vergleichbare, Entrümpelungsversuch, den Stefan George, unterstützt von Karl Wolfskehl, anstrengte. Das Programm ihrer »Blätter für die Kunst« war: »Bevor in einem land eine große kunst zum blühen kommt muß durch mehrere geschlechter hindurch der geschmack gepflegt worden sein.«[6] Es begann mit Übersetzungen von Dante und Shakespeare, von Baudelaire, Verlaine, Rimbaud oder Mallarmé, mit drei exemplarischen Sammlungen deutscher Dichtung (»Jean Paul«,

---

[5] E. Pound: motz el son. Zürich 1957, 11 ff.; ders.: ABC des Lesens. Frankfurt a. M. 1957, 85–118.
[6] Einleitungen und Merksprüche der Blätter für die Kunst. Düsseldorf und München 1964, 16 f.

»Goethe«, »Das Jahrhundert Goethes«)[7] – und verebbte. Der
Versuch, gegen das Sprunghafte, Trümmerhafte der deutschen
Literatur[8] eine Formenwelt zu setzen und jenem, von Goethe
wie von Nietzsche verworfenen Barbarentum »klarheit weite
sonnigkeit« aufzuprägen,[9] scheiterte trotz seiner hervorragend
mythischen Determinante. »Man hat uns vorgehalten«, plädier-
ten George und Wolfskehl, »unsere ganze kunstbewegung der
›Blätter‹ sei zu südlich zu wenig deutsch. nun ist aber fast die
hervorragendste und natürlichste aller deutscher stammeseigen-
heiten: in dem süden die vervollständigung zu suchen, in dem
süden von dem unsere vorfahren besitz ergriffen, zu dem unsre
kaiser niederstiegen um die wesentliche weihe zu empfangen, zu
dem wir dichter pilgern um zu der tiefe das licht zu finden:
ewige regel im Heiligen Römischen Reich Deutscher Nation.«[10]
Sie hatten deshalb am Anfang der Blätter an eine »glänzende
Wiedergeburt« der deutschen Dichtung geglaubt.[11] Ein viertel
Jahrhundert später sollte George zu Curtius sagen: »Wir müssen
erst durch die vollendete Zersetzung hindurch.«[12] Der Weg von
George und Wolfskehl wurde oft begangen. Aber die südliche
Korrektur vermochten auch Däubler und Benn nicht durchzusetzen. Die Folge war, deutsches Schicksal, Epigonentum, das
immer antonyme Abgrenzungen herausforderte.
Die deutsche Literatur entfaltete sich nicht ontonom in natür-
licher Folge. Ihre schöpferischen Ingredienzien wurden so schnell
verwässert wie vereist. Von Moden entleert, dünkt ihr Tradition
hohl. Racine ist nicht nur, wie man in den Tagebüchern André
Gides nachlesen kann, für französische Dichter ein schöpferischer
Quell, der nicht zu versiegen scheint. Racine ist, wie die Polemik
zwischen Raymond Picard und Roland Barthes zeigt, auch bis
heute ein Streitobjekt von beinahe aktueller Brisanz für die
französischen Literaturgeschichtler geblieben. »Hört man mir
überhaupt noch zu, wenn ich Goethe zitiere?« sagte der greise
Wilhelm Lehmann 1967 bei seinem letzten Auftritt in der

---

7 F. Wolters: Stefan George und die Blätter für die Kunst. Berlin 1930;
   E. Salin: Um Stefan George – Erinnerung und Zeugnis. München und
   Düsseldorf ²1954.
8 Einleitungen und Merksprüche . . ., 30.
9 ebd., 15.
10 ebd., 17.
11 ebd., 7.
12 E. R. Curtius, Kritische Essays zur europäischen Literatur, a. a. O., 116.

Öffentlichkeit.[13] Ein solcher Satz konnte nur in Deutschland, zu Boden, fallen. Als Karl Jaspers, 1947, bei der Verleihung des Frankfurter Goethe-Preises feststellte, Goethe könne uns nicht mehr helfen, erinnerte sich Werner Milch an eine zurückliegendere Goethe-Rede von Paul Valéry: »der altmodische Leser bekennt ohne Zögern, daß er den Schritt aus der überhitzten Atmosphäre einer Welt, in der nur das Jetzt und Hier gilt, in die reine und kühle Luft eines der Ehrfurcht vor der Tradition gewidmeten Denkens nicht ohne eine gewisse Erleichterung tut.«[14]

Die eigenartige Situation der deutschen Literatur kann aus ihrer allzu späten Bildung allein nicht abgeleitet werden. Die russische Literatur ist noch jüngeren Datums, und sie stieg, nach dem schönen Vergleich von Rosa Luxemburg, »fertig, im schimmernden Rüstzeug, wie Minerva aus Jupiters Haupt«[15]. Georg Lukács hat als Grund für die Diskontinuität der deutschen Literatur den »Anachronismus der deutschen Zustände im Vergleich zur bürgerlichen Entwicklung in Westeuropa« angegeben.[16] Auch diese Erklärung wird von der russischen Literatur widerlegt; sie wuchs in einem Lande auf, das in seiner bürgerlichen Entwicklung unvergleichlich anachronistischer war als Deutschland. Der Grund ist schon in der Geschichte zu suchen, auch in einer durch Marx gesehenen, wenn man den Satz aus dem Kommunistischen Manifest heranzieht, der die Literaturen den Nationen und nicht den Klassen zuschlägt. Goethe nannte ihn, als er klagte, wir hätten aus Mangel eines einzigen Regentenhauses keine Geschichte von nationalem Interesse, kein Paris, wo an jeder Straßenecke ein Stück Geschichte sich abspielt. Das Leiden der deutschen Literatur ist ihr Mangel an nationaler Repräsentanz.

Die Künste sind wie alles Repräsentative, nicht vom Ort zu trennen. Das Repräsentative bedarf des Ortes, weil es, nach der

---

[13] W. Lehmann: Das Drinnen im Draußen oder Verteidigung der Poesie. Vortrag, gehalten an dem Mentorenabend der Carl-Friedrich-von-Siemens-Stiftung in München-Nymphenburg am 7. November 1967, 5 f.

[14] W. Milch: Kleine Schriften zur Literatur- und Geistesgeschichte. Heidelberg–Darmstadt 1957, 225 f.

[15] R. Luxemburg: Einleitung zu W. Korolenko: Die Geschichte meines Zeitgenossen. Berlin 1919, XII.

[16] G. Lukács: Deutsche Realisten des 19. Jahrhunderts. Berlin (Ost) 1951, 5.

Formel aus Carl Schmitts »Verfassungslehre«, unsichtbares Sein durch anwesendes Sein sichtbar macht.[17] Die Initiation einer geistigen Haltung an bestimmte Stätten zu binden, ist eine Weisheit, die fruchtbar die magischen Zeitläufte überdauert hat. Der Geist weht wohl, wohin er will, aber er muß zu fassen sein, wenn er nicht verwehen soll. Die deutsche Sprache reimt einräumend nicht nur Wort auf Ort, sondern auch Hort auf Ort. Die Tradition kann ihren Reichtum erst entfalten, wenn er versammelt ist. Ihr Geist kann erst sprechen, wenn er sich in Realien verkörpert, die zu jeder Zeit an einem dauerhaften Ort zu finden sind. In der deutschen Sprache hängt geheimnisvoll und einleuchtend das doppeldeutige Wort Grund mit Ort zusammen. So gibt erst der Ort einer beliebigen Folge von Ereignissen, die jedes für sich widersinnig und bedeutungslos sein mögen, ihre Begründung, die eine Bergung aus dem Nichts ist. Sie sind in diesem Grund aufgehoben und werden in ihrer Sammlung der Konzentration des Betrachters transzendent.

Das Heilige Römische Reich Deutscher Nation hatte kein gründendes Zentrum. In der deutschen Geschichte hat sich der repräsentative Ort zu oft verschoben, als daß sich eine beständige Aura bilden konnte, in der sich die Transzendenzen formieren und fortzeugen. Ravenna, Verona, Palermo, Frankfurt, Aachen, Mainz, Worms, Goslar, Quedlinburg, Braunschweig, Würzburg, Bamberg, Nürnberg, Prag, Wien, Berlin-Potsdam bildeten zu viele, mitunter flüchtige, genii loci aus, als daß ein Volk in tausend Jahren sie sich einverleiben, als daß in einem von ihnen alle deutschen Stämme und Landschaften sich repräsentiert fühlen konnten. Der Wechsel der Residenzen löste jene unselig schweifende Rasanz der deutschen Geschichte aus, die zu vieles an das Nichts verschleuderte. Die neuen Gründungen trieben das frivole Spiel weiter, das immerhin nun dadurch quittiert wurde, daß gar kein genius loci mehr erschien. Bonn und Berlin-Pankow scheinen in diesem Punkte so ohnmächtig wie es schon Weimar gewesen ist, das, ein Witz in der Geschichte der Repräsentation, als der repräsentative Ort der Republik die Regierung extra muros hatte.

17 C. Schmitt: Verfassungslehre. Berlin ⁴1965, 208 ff.; die folgende Passage ist inspiriert von Collarium 1, »Das Recht als Einheit von Ordnung und Ortung«. In: C. Schmitt: Der Nomos der Erde. Köln 1950.

Als Hitler, der die Geschichte zu erfüllen vorgab, die deutschen Rechte auf Südtirol an Mussolini preisgab, schrieb der Flüchtling Karl Wolfskehl aus Neuseeland an Edgar Salin nach Basel: »Und wie mundet uns auch der Heimwehtrank nach der furchtbaren letzten Geschichtszerklitterung! Dietrich von Bern endgiltig aus seinem geheimsten Bezirke gejagt, die Herrin Virginal in ihre untersten Klüfte hinabgescheucht, der Rosengarten zertrampelt, der Hain vor unseren Toren zersägt und entwurzelt... Wir klagen nicht, aber wir richten unsere Blicke –.«[18] Der Kampfgefährte Stefan Georges befürchtete von diesem interfaschistischen Vertrag Schlimmstes – und nicht allein für die südliche Korrektur der Dichtung. In seinem Sang »Mare Nostrum« finden sich die prophetischen, von Entsetzen bis zu Halbfabrikaten zerrissenen Strophen:

Ich sah die Schmach, die Blutschmach, Bodenschmach.
Nicht wie Despotenfaust sonst Äste brach,
Den Stamm beließ: samt seinem Mutterstollen
Verfeilscht der Forst, draus lang uns Sang erschollen.

Verraten Dolmit, Kloben, Schlern und Kaltern,
Bozen, drin Erwins Spuren tönend faltern,
Du Rosengarte, da vergaß der Berner
An Kron und Schwert, – er lag bei Virginal –
Der Recken Schattenheer im Runkelsaal,
Und du, Konradins Horst – Meraner Tal!

Der Dom' und Lauben, der Fruchthalden, Ferner,
Gottesburg, Zwingburg, Minneburg in Eins,
Land Fallmerayers, Walthers, Wolkensteins,
Land Andrians, Land der Lieber und der Lerner,
Weingoldner Rand des Mittmeers und des Rheins!

Den Kaisersaum kappt ihr vom Reichsgewande,
Kein Feilschen kann, kein Flunkern übertünchen
Den Riß. Er frißt sich ein mit giftigem Brande,
Zur Nordmark rast der Fluch von Ostermünchen.

18 K. Wolfskehl: 20 Jahre Exil – Briefe aus Neuseeland, 1938–1948. Heidelberg–Darmstadt 1959, 51.

Fünf Mal den Untergang beschwor der Fluch:
Geknickt das Kreuz, zerstückt der Bücher Buch,
Die Erde barst, von Eiter troff die Eiche.
Verweser Der? Verweser einer Leiche!

Weh, Leiche Reich! davor der Toten-Eulen
Hohlschrei versagt und ihre Schwinge schlappt,
Die Toten-Wölfe straubig sich verheulen,
Der Totenwürme Lefz ins Leere schnappt.[19]

Das war im August 1939 niedergelegt, wenige Tage vor dem
Ausbruch des Kriegs, der die vorausgesagten Trümmer hinter-
ließ.
Die Wetterscheide der Alpen war die Wiege der deutschen
Dichtung, des Minnesangs, des Hildebrandliedes und des Nibe-
lungenliedes gewesen. Wenn die deutsche Dichtung nach südlicher
Korrektur strebte, entsann sie sich dieses Ursprungs: »erlöst vom
Nebeltraum im Norden«, um es mit George zu sagen, »ins freie
Licht den Sprung« wagend.[20] Die Wetterscheide der Alpen war
ebenso die Wiege des Reiches gewesen, jenes ersten Versuchs,
germanische Substanz mit römischer Form zu verschmelzen, den
Theoderich der Große, der Dietrich von Bern der Sage, unternahm. Auch wenn später die preußischen Könige ihren reprä-
sentativen Bauten südliche Form geben ließen, entsannen sie sich
einer eigenen Tradition. Unter südlichem Licht war jene Kunst
der Verwaltung gediehen, die die Staufer, am Ort römisch-
griechische Antike repristinierend, begründet und mit den
Tempelrittern in nordöstliche Gefilde voller Sumpf und Sand
und Seen geschickt hatten.
Obwohl das alles zu den Dingen gehört, die, nach Goethe, zu
weit zurückliegen, glaubte Karl Wolfskehl, in der Preisgabe des
Ortes auch die Preisgabe seiner Traditionen erblicken zu müssen.
Das Menetekel erfüllte sich in einer Weise, daß heute kaum
jemand daran zu denken wagt. Im Gegenteil: würde man, was
nicht der Fall ist, Wolfskehl lesen, wäre der Schwadroneure

[19] K. Wolfskehl: Gesammelte Werke, I. Hamburg 1960, 192 f.
[20] zit. aus den Gedichten »Rom-Fahrer« (Der Teppich des Lebens) und
»Nordischer Bildner« (Der siebente Ring) nach: S. George: Werke, I.
München und Düsseldorf 1958, 199 und 333; vgl. auch »Goethes letzte
Nacht in Italien« und »Hyperion« (Das neue Reich), ebd., 401 und 404.

Legion, die den Spieß umdrehten und die Wurzel dieses Unheils nicht in der Preisgabe, sondern in der Verurteilung der Preisgabe erspähten. Schon in der Emigration waren die Strophen aus dem »Mare Nostrum« verbreitet auf Empörung und Kopfschütteln gestoßen; selbst ein Kenner deutscher Literaturgeschichte wie Karl Vietor vermochte in ihnen nur flache Revanchegefühle zu sehen.[21] Was indessen der genius loci bedeutet, zeigt schon ein erster Blick auf die deutsche Literatur der Gegenwart, die in dürftiger Zeit eine dürftige Dichtung ausmacht: mit Ostpreußen ging ihr der spekulative, mit Schlesien der mystische und mit Brandenburg (das auch in der DDR im Staub vor seinen Feinden liegt) der strenge Zug verloren. Wir erleben einen Entortungsprozeß mit allen Folgen, der nicht nur die deutschen Teilländer, was revidierbar ist, auseinanderstreben läßt, sondern auch das Bewußtsein deutschen Lebens und deutscher Geschichte. Die Frage ist, ob das, was bleibt, die Dichter heute noch stiften können.

Hugo von Hofmannsthal hatte 1927 in München, die Diskontinuität der deutschen Literatur beklagend, als Ziel der konservativen Revolution die »Form« bezeichnet, die ihm als eine neue Wirklichkeit vorschwebte, »an der die ganze Nation teilnehmen könne«. Ernst Robert Curtius bemerkte damals dazu: »Diese geistig-sittliche Autorität in Deutschland auszuüben ist bei der Zerklüftung unserer geistig-politischen Welt – diesem wahrhaften bellum omnium contra omnes – nahezu unmöglich. Das ist die schicksalhafte Tragik, die Hofmannsthal gesehen und in jener Münchener Rede über ›Das Schrifttum als geistiger Raum der Nation‹ entwickelt hat. Es ist eine Funktion der Autorität zu repräsentieren. Aber Deutschland will geistig nicht repräsentiert sein. Und das Amt dieser repräsentierenden Autorität ist noch in höherem Maße erschwert, wenn sie sich mit dem Ganzen des nationalen Lebens, dem Ganzen der nationalen Geschichte verbunden weiß; wenn sie entgegentritt den immer wieder bezeugten Tendenzen der Deutschen: – Weltflucht, Wirklichkeitsflucht, Gesellschaftsflucht; Flucht in die Einsamkeit des eigenen Innern – in Kreis und Sekte – in Originalität um jeden Preis – in utopische Diktaturansprüche – in das Absolute als das

21 K. Wolfskehl: 20 Jahre Exil, a. a. O., 282.

Losgebundene, Unverbundene, Unverbindliche schlechthin.«[22]
Diesen 1929 geschriebenen Sätzen ist nur hinzuzufügen: Deutschland kann geistig auch nicht repräsentiert sein. Stefan George, der dasselbe im Sinn hatte wie Hofmannsthal, hüllte sich 1927 schon in Schweigen. Noch vor dem Ersten Weltkrieg hatte es in den »Blättern für die Kunst« geheißen: »Daß der Deutsche endlich einmal eine geste: die Deutsche geste bekomme – das ist ihm wichtiger als zehn eroberte Provinzen.«[23] Der traditionelle Repräsentationsdefekt der deutschen Literatur besteht darin, daß es diese deutsche Geste nicht gibt. Wie soll etwas repräsentiert werden, das weder als Wesen noch als Erscheinung existiert? Die Schwierigkeiten, die daraus der schöpferischen Aktivität erwachsen, hat Hugo Ball in seinem Aufsatz »Der Künstler und die Zeitkrankheit«, 1926, behandelt. Ausgehend von der Feststellung, daß heute überall »der Dichter sich einer abstrakten und imaginären Gesellschaft« gegenüber finde, schrieb er: »In den romanischen Ländern wird dies vielleicht weniger empfunden. Dort vermag sich noch immer der Romancier großen Stils mit deskriptiven Mitteln zu behaupten, ohne auf eine exemplarische Gestaltung verzichten zu müssen. Das deutet auf das Vorhan-

---

[22] H. v. Hofmannsthal: Ausgewählte Werke in 2 Bänden. Frankfurt a. M. 1961, 740; E. R. Curtius, Kritische Essays ... a. a. O., 119 f. Hofmannsthal hatte in seiner Münchener Rede beklagt, daß für die deutsche Literatur nicht das National-Gesellschaftliche, sondern die Widerlegung des Gesellschaftlichen das Primäre sei, und zwar im Gegensatz zur französischen Literatur. Wie sehr das der Fall ist, mehr als H. v. H. ahnte, zeigt das Verhältnis von ihm und von P. Valéry zu K. Marx, den beide ausgiebig gelesen hatten. P. V. äußerste sich wie folgt: »Was ›Das Kapital‹ betrifft, so enthält dieses dicke book sehr bemerkenswerte Dinge. Man muß sie nur darin finden. Da ist ein ziemlich dick aufgetragener Dünkel. Oft sehr ungenügend in der Genauigkeit oder sehr pedantisch bei Nichtigkeiten, aber gewisse Analysen sind verblüffend. Ich will damit sagen, daß die Art, sich den Dingen zu nähern, der ähnelt, welche ich oft anwende, und daß ich ziemlich oft seine Sprache in die meine übertragen kann.« (A. Gide, P. Valéry: Briefwechsel 1890–1942. Würzburg 1958, 591.) Über H. v. H. schrieb mir auf Anfrage W. Haas am 22. 4. 1968: »Er sprach mit mir über Karl Marx auf der berühmten Landstraße nach Tiefurt, auf welcher schon ein weit Berühmterer, Goethe, mit einem weit Berühmteren als mir, Eckermann, spazieren zu gehen pflegte. Er war vollkommen gegen Karl Marx. ›Die Masse folgt immer demjenigen, der ihr am meisten verspricht‹, sagte er nachher im Hotel beim Abendessen zu dem stockkonservativen Rudolf Alexander Schröder.« So hatte auch H. v. H., was E. R. Curtius (a. a. O., 123) der deutschen Dichtung nachsagte: »Viel Weltgefühl, aber wenig Welt; viel Weltanschauung, aber wenig Weltkenntnis.«

[23] Einleitungen und Merksprüche ... a. a. O., 29.

densein eines traditionellen Gefüges, an das sich anknüpfen läßt, auf eine tragfähige Wirklichkeitsschicht trotz aller Risse und Sprünge. In Deutschland ist das Problem brennender. Hier war der Geist zuletzt vielleicht wirklich nur noch als ›ideologischer Überbau vorhanden‹, und dieser Überbau ist brüchig geworden.« Ein Biograph Balls rapportierte dazu eine entsprechende Stelle bei Paul Klee: »Wir müssen es noch suchen. Wir fanden Teile dazu, aber noch nicht das Ganze. Wir haben noch nicht die letzte Kraft: denn uns trägt kein Volk.«[24]

So ist es, jenseits aller Katastrophensichten, immer gewesen. Schon Johann Gottlieb Fichte war das Schrifttum als ein geistiger Raum der Nation erschienen. Als das Heilige Römische Reich Deutscher Nation auseinandergebrochen war, äußerte er in seinen Reden an die deutsche Nation: »Das edelste Vorrecht und das heilige Amt des Schriftstellers ist dies, seine Nation zu versammeln, und mit ihr über die wichtigsten Angelegenheiten zu beratschlagen; ganz besonders aber ist dies von jeher das ausschließende Amt des Schriftstellers gewesen in Deutschland, indem dieses in mehrere abgesonderte Staaten zertrennt war und als gemeinsames Ganzes fast nur durch das Werkzeug des Schriftstellers, durch Sprache und Schrift zusammengehalten wurde; am eigentlichsten und dringendsten wird es sein Amt in dieser Zeit, nachdem das letzte äußere Band, das die Deutschen vereinigte, die Reichsverfassung, auch zerrissen ist.« Das Schrifttum konnte nach 1806 die Reichsverfassung so wenig geistig ersetzen, wie es vorher einer deutschen Repräsentation fähig gewesen war.[25] Indessen kann Kunst als eine transzendierende Gattung ohne Repräsentatives nicht existieren. Man kann eine Theorie der deutschen Dichtung aus der Frage ableiten, welche Auswege die deutschen Dichter aus dem, ihnen allen bewußten, Repräsentationsdefekt fanden.

Überblickt man die Geschichte der deutschen Literatur unter

[24] H. Ball: Der Künstler und die Zeitkrankheit, »Hochland«, 1926/27, 2. Heft; P. Klee: Über die moderne Kunst. Bern–Bümpliz 1945, 53; E. Egger: Hugo Ball – Ein Weg aus dem Chaos. Olten 1951, 72 f.
[25] Hierzu sagte mir in einem Gespräch über dieses Kapitel C. Schmitt: »Im Anfang war die Schrift! Die Luther-Sprache ist eine Schriftsprache. Wir haben die sächsische Kanzlei-Sprache als Muttersprache. Andere Literatursprachen sind wirklich gesprochen worden. Die italienische ging aus dem Dialekt der Toscana hervor, die spanische aus der kastilischen Mundart und die französische aus der Redeweise der Ile de France.«

diesem Aspekt, so treten quer durch Zeiten und Verfassungen zwei Wege zur Repräsentation hervor: der partikuläre und der surrogative. Während der erste zur exemplarischen Beschreibung von Provinzen führt, weist der zweite in Ersatzwelten, assemblierte und adaptierte, in phantastische Gebilde und in fremde Kulturen. Daß sie sich manchmal überschneiden, setzt diese idealtypische Konstruktion voraus.

Auf den partikulären Weg machte schon Erich Schmidt aufmerksam, als er 1886 nach einer regionalen deutschen Literaturgeschichte rief. Sie lieferte, 1912 bis 1918, Josef Nadler mit den drei Bänden »Literaturgeschichte der deutschen Stämme und Landschaften«. Obgleich sie alles aus der Partikularität herleiten wollte, ist sie bis heute der fruchtbarste Entwurf einer deutschen Literaturgeschichte geblieben.[26]

Ein Modell des surrogativen Wegs hat, unabsichtlich, Carl Schmitt am Beispiel der Romantik geprägt, als er ihre Zeit als eine Epoche betrachtete, »die aus ihren eigenen Voraussetzungen keine große Form und keine Repräsentation hervorbringt«. Die prinzipielle Frage ist in den Sätzen angeschnitten: »... keine Zeit lebt ohne Form, mag sie sich auch noch so ökonomisch gebärden. Gelingt es ihr nicht, die eigene Form zu finden, so greift sie nach tausend Surrogaten aus den echten Formen anderer Zeiten und Völker.«[27] Diesen Kunst-Griff kannte die Klassik nicht minder. Es genügt nicht, wie Friedrich Gundolf die gemeinsame Wurzel deutscher Klassik und Romantik aus dem Kampf der Vitalität gegen den Rationalismus[28] abzuleiten. Die

26 J. Nadler ist infolge der vielen Sprachregelungen, die seit 1933 über Deutschland niedergegangen sind, heute tabuisiert; vgl. die jüngste: K. O. Conrady: Einführung in die neuere deutsche Literaturwissenschaft. Reinbek 1966, 48 f. Im Gegensatz dazu die vielfältigen und schöpferischen Anknüpfungen bei W. Milch (Kleine Schriften ..., a. a. O.), den K. O. C. überging.

27 Vorwort zur 2. Auflage: C. Schmitt: Politische Romantik. Berlin 1925, 19. Dieses heuristische Konzept ist aus Gesprächen mit H. Ball hervorgegangen, der die Romantik als metatemporär ansah; Balls parallele Romantik-Vorstellung ging in den oben genannten Aufsatz »Der Künstler und die Zeitkrankheit« ein. J. Nadler führte die Romantik einseitig auf das ostdeutsche Siedlungswerk zurück; er hat an dieser Deutung noch in der letzten Ausgabe seines Hauptwerks mit inzwischen verändertem Titel (Geschichte der deutschen Literatur. 2., erg. Aufl. Regensburg 1961) festgehalten.

28 F. Gundolf: Shakespeare und der deutsche Geist. Berlin 1931, 322. A. Hauser, der Klassik und Romantik ebenfalls als Einheit sieht (Sozialgeschichte

gemeinsame Wurzel liegt nicht nur in den Motiven, sondern auch in den Strukturen. Romantik und Klassik sind gleicherweise von adaptierenden und assemblierenden Zügen durchdrungen. Einen Hinweis auf den übergreifenden Charakter des surrogativen Wegs gibt es bei Georg Lukács: »... die utopisch-stilisierte Form in ›Wilhelm Meister‹, die phantastische bei E. T. A. Hoffmann zeigt klar, wie unangemessen – im Vergleich zur französisch-englischen Wirklichkeit – das deutsche Leben als Stoff für eine große epische Gestaltung ist. Alle diese Werke sind einmalige, individuelle Synthesen und können keine Basis für eine Fortbildung und Weiterführung ergeben ...«[29] Die »Romantik« ist in diesem Sinne ein Schicksal der deutschen Literatur geworden. Die Realismus-Dogmatik hinderte Georg Lukács allerdings daran, diese eine der zwei Eigenarten der deutschen Dichtung auch in ihrer Positivität zu fassen.[30]

Sucht man nach reinen Beispielen partikulärer Repräsentation, drängen sogleich die Dramen heran. Der »Prinz von Homburg« kann in Wien so wenig repräsentativ gelten wie in Berlin der »Bruderzwist im Hause Habsburg«. »Wilhelm Tell« und »Agnes Bernauerin« sind extreme Gegensätze. Was soll »Minna von Barnhelm« in Stuttgart? Der »Biberpelz« ist schon in Hannover und der »Zerrissene« in Frankfurt ein schauspielerisches Wagnis. »Kabale und Liebe« war gegen einen süddeutschen Despotismus gerichtet, der auf die Verhältnisse dieser Zeit in Hamburg oder Bremen nicht übertragen werden kann. Wer außer den terribles simplificateurs mag »Woyzek« mit dem preußischen Militärwesen verquicken? »Anatol« und der »Blaue Boll« verbindet untereinander nicht mehr als jeweils mit dem »Snob«. In der Epik sieht es noch krasser aus. Stifter, Keller, Raabe, Storm, Fontane – kann man in diesem Kaleidoskop repräsentativer Teilchen nach einer deutschen Geste suchen – so wie es im selben Jahrhundert, bei nicht geringerer Differenz der

der Kunst und Literatur, II. München 1953, 131 f.), bezeichnet als das Verbindende die bildende Funktion des Kunsterlebnisses.

[29] G. Lukács, a. a. O., 9.

[30] Das tat bei E. T. A. Hoffmann in Ansätzen der »Lukács-Schüler« H. Mayer: Von Lessing bis Thomas Mann – Wandlungen der bürgerlichen Literatur in Deutschland. Pfullingen 1959; er tat es indessen mit schlechtem Gewissen: Der »goldene Topf« und »Kater Murr« werden schließlich doch, wie ausgerechnet auch Schnabels »Insel Felsenburg« und Wielands »Geschichte des Agathon« für den ominösen Realismus gerettet.

Dichter, die französische Geste gibt in den Werken von Stendhal, Tillier, Balzac, Hugo, Vigny, Daudet, Flaubert, Gautier, Zola, Maupassant oder von Anatole France? Joseph Roths »Radetzky-Marsch«, Schnitzlers »Leutnant Gustl«, Hofmannsthals »Andreas oder Die Vereinigten«, Ehrensteins »Tubutsch« oder Werfels »Tod eines Kleinbürgers« bilden eine Welt. Eine andere bilden die Erzählungen Jakob Walsers, der Regina Ullmann, des frühen Hermann Hesse und des ganzen Emil Strauss, die wiederum differieren mit den »Buddenbrooks«, zu denen sich »Emanuel Quint« und »Berlin-Alexanderplatz«, selber entgegengesetzt, unvereinbar verhalten. Wieviel Verbindendes gibt es dagegen zwischen Gionos Manosque und dem Paris von Jules Romains, zwischen den Milieus bei Céline und Montherlant, bei Bernanos und Malraux, bei Proust und bei Simenon!

Wie sollten die exemplarischen Beschreibungen deutscher Provinzen in die Weltliteratur eingehen, wenn sie selbst in Deutschland ein separiertes Dasein fristeten, an nationales Interesse nicht rührten? Die Werke, die es hatten, mußten um so wirkungsloser verhallen, als sie eine Negativ-Reihe bilden: »Götz von Berlichingen«, »Wallenstein«, »Florian Geyer« sind Darstellungen von Niederlagen. Die Positiv-Reihen lagen allzu weit entfernt, als daß aus ihr Gestalten hätten hervortreten können; »Die Hermannsschlacht« von Klopstock und von Kleist, die Staufendramen Grabbes und Hebbels »Nibelungen« verblieben im Nebulosen (dergleichen gedieh nur noch mit Hilfe der Musik bei Richard Wagner).

Wenn es um übergreifendere Fragen ging, nahmen die deutschen Dichter daher Zuflucht in Ersatzwelten, übten sich, wie Novalis das ausgedrückt hat, in Erfindungskünsten. Es heißt in seinem Fragment »Erfindungskunst und Phantastik«: »Die Galerien sind Schlafkammern der zukünftigen Welt ... Wer unglücklich in der jetzigen Welt ist, wer nicht findet, was er sucht, der gehe in die Bücher- und Künstlerwelt, in die Natur, diese ewige Antike und Moderne zugleich, und lebe in dieser Ecclesia pressa der bessern Welt«. Novalis war sich völlig darüber klar, daß diese Welten, ob adaptiert oder assembliert, künstliche Gebilde sein mußten. »Die Welt muß romantisiert werden«, heißt es in einem anderen Fragment. »So findet man den ursprünglichen Sinn wieder. Romantisieren ist nichts als eine qualitative Potenzierung ... Indem ich dem Gemeinen einen hohen Sinn, dem

Gewöhnlichen ein geheimnisvolles Ansehn, dem Bekannten die Würde des Unbekannten, dem Endlichen einen unendlichen Schein gebe, romantisiere ich es.« In einem Aphorismus über romantische Poetik nannte er das, die Kunst zu befremden: »einen Gegenstand fremd zu machen und doch bekannt...«[31] So entrann auch Brecht mit seinen Verfremdungs-Effekten nicht dem romantischen Schicksal der deutschen Literatur. Auch er fand nicht, was er suchte. Er versuchte vergeblich, übergreifendere Themen in deutschen Stoffen auszudrücken, verwarf die Entwürfe, weil sie ihm nicht tragfähig genug erschienen[32] und brach in die Schlafkammern der Galerien ein...

Brecht fand für seine späten Meisterwerke nur einen bezeichnenderweise negativen Stoff von nationalem Interesse: den Dreißigjährigen Krieg für »Mutter Courage und ihre Kinder«. Die anderen – »Leben des Galilei«, »Der gute Mensch von Sezuan«, »Herr Puntila und sein Knecht Matti« und »Der kaukasische Kreidekreis« – spielten für die deutsche Dramatik seiner Zeit dieselbe Rolle wie »Nathan der Weise«, »Egmont«, »Don Carlos« und »Dantons Tod« für die Zeit Lessings, Goethes, Schillers und Büchners. Gegen die Enge der deutschen Wirklichkeit spielten Goethe den »Westöstlichen Divan« und Hölderlin den »Hyperion« aus. Um ursprünglichen Sinn zu finden, begaben sich, Dauthendey mit »Lingam« und dem »Märchenbriefbuch« in die Südsee, Döblin mit den »Drei Sprüngen des Wang Lun« nach China und Hermann Hesse mit »Siddharta« nach Indien. Was wäre ohne Norwegen aus Jahnn, was ohne Mallorca aus Thelen geworden? Das sind wenige Beispiele aus einem Heer von Titeln.

Die surrogative Repräsentation in zusammengesetzten Gebilden schlug sich nicht weniger massenhaft nieder. Wieland, Jean Paul, Tieck, E. T. A. Hoffmann sind ihre Klassiker. Auf dem Boden erdachter Welten oder ausschweifender Phantastik treffen sich »Faust« und der »Gestiefelte Kater«, »Wilhelm Meister« und »Heinrich von Ofterdingen«. Assembliert ist die säkulare Welt Kafkas. Hermann Hesse zollte dieser Manier Tribut mit dem

---

31 Novalis: Sämtliche Werke, hrsg. v. E. Kamnitzer, IV. München 1924, 245, 256 f. und 213.

32 Mitteilung von E. Hauptmann; wie mir die Mitarbeiterin Brechts aus den zwanziger Jahren 1951 in Ostberlin erzählte, fand Brecht auch deutsche Ortsnamen nicht klassisch genug.

»Glasperlenspiel«, Kasack mit der »Stadt hinter dem Strom«, Elisabeth Langgässer mit dem »Unauslöschlichen Siegel«, Ernst Jünger mit den »Marmorklippen« und »Heliopolis«.

Nur wenige deutsche Dichter konnten auf einem der beiden Auswege aus dem Repräsentationsdefekt Genüge finden. Die Mehrzahl beschritt, oftmals in ruhelosem Wechsel, den partikulären und den surrogativen Weg. Lessing, Goethe, Schiller, Kleist, Büchner oder Hebbel taten das mit je beispielhaften Werken für beide Bereiche. Das schafften Gerhart Hauptmann, Hesse und die Gebrüder Mann nicht, die in ihrer Weise konsequent von der exemplarischen Beschreibung von Provinzen zur Bildung von Ersatzwelten übergingen, als sie die unzureichende Rolle spürten, die in Deutschland die Nation als Mittler zwischen Welt und Provinz spielte. Heinrich Mann entfaltete seine bildnerischen Fähigkeiten erst mit den italienischen Novellen und Romanen, und nach der verheerenden Schaffenskrise der 20er Jahre konnte er erst wieder mit dem »Henri Quatre« einigermaßen literaturfähig werden; die deutschen Satiren, die er geschrieben hatte, waren nur Kolportagen: mehr läßt sich bei bestem Willen nicht sagen, wenn man das »Schlaraffenland«, den »Professor Unrat«, den »Untertan« oder den »Kopf« mit Satiren von Lukian, Rabelais, Swift, Voltaire oder Anatole France vergleicht. Dagegen hat bei Gerhart Hauptmann der partikuläre Anfang den surrogativen Rest bereits überdauert: die schlesischen Dramen »Fuhrmann Henschel« und »Rose Bernd« die mittelamerikanischen Spiele »Der weiße Heiland« und »Indipohdi«, die Berliner Stücke »Der Biberpelz« und »Die Ratten« die Atriden-Tetralogie. Gleiches gilt für Hesse, dessen Epik aus dem Württemberger und schweizerischen Raum – »Peter Camenzind«, »Unterm Rad«, »Nachbarn« oder »Knulp« – die legendäre Epik – von »Siddharta« über »Narziß und Goldmund« bis zum »Glasperlenspiel« – weit hinter sich läßt; daran wird die Reprise seiner Pseudomystik in der jüngsten amerikanischen Mode gewiß nichts ändern. Bei Thomas Mann ist nicht sicher, ob die frühen »Buddenbrooks« die späteren, schon verblassenden synthetischen Romane, den »Zauberberg« oder den »Doktor Faustus« überdauern werden.[33]

---

[33] J. Kuczyinski hat nachgewiesen, daß bei T. Mann sogar das Partikuläre der Gültigkeit ermangelt, indem er den »Buddenbrooks« die Typik für das

Gleichviel, es ist keinem dieser vier Schriftsteller bekommen, daß sie sich vom Boden der Partikularität gänzlich lösten. Der Repräsentationsdefekt der deutschen Dichtung hat zweifellos den Überhang an Erziehungsromanen und autobiographischem Schrifttum hervorgerufen. Das Ich war oftmals der einzige feste Punkt. Da es indessen auch nicht anders als partikulär und surrogativ umgesetzt werden konnte, schärfte auch diese Perspektive nicht Blick und Instinkte für das differenzierte gesellschaftliche Gefüge. Hugo Ball hat dieses Dilemma kurz vor seinem Tod prachtvoll beschrieben: »Ein großer Teil der Erziehungsbücher aber, die jahraus, jahrein geschrieben werden, sagt nicht so sehr für das Publikum, als für den Verfasser aus, der sich darin Rechenschaft gibt oder verantwortet, der seine Konflikte mitteilt und seine Schwierigkeiten bekennt, als könnten etwaige Freunde, die er mit seinen Büchern wirbt, ihm helfen, Schwierigkeiten weiter zu lösen, die die Schule zu lösen verabsäumt hat. Ein Großteil dieser Konfessionen verfolgt durchaus nicht die Absicht, die Lösung einer klar erkannten Frage vorzutragen und diese Lösung in Einklang zu zeigen mit einer festen, zuverlässigen Überlieferung. Sondern es zeigt sich

lübische Bürgertum im 19. Jahrhundert absprach; der Verfall einer Familie als Entartung ins Subjektiv-Künstlerische erscheint dabei als ein Privatproblem T. M's. (Gestalten und Werke – Soziologische Studien zur deutschen Literatur. Berlin [Ost] 1969, 245–279.) H.-J. Schoeps hat am »Doktor Faustus« nachgewiesen, daß es T. M. an historischem Sinn fehle, indem er ihm vorwarf, Gesprächsprotokolle von 1930 zeitwidrig auf den Anfang des Jahrhunderts datiert zu haben (Bemerkungen zu einer Quelle des Romans »Doktor Faustus« von Thomas Mann. »Zeitschrift für Religions- und Geistesgeschichte«, 1970, Heft 4). Ähnliches gilt auch für den »Zauberberg«, wo T. M. ohne Instinkt für Ort und Zeit geistesgeschichtlicher Phänomene typische Debatten der 20er Jahre vor den Ersten Weltkrieg verlegte. T. M. ist in dieser Beziehung kein Einzelfall. So verfuhr, selbst wider den Geist des historischen Materialismus, dem er anhing, bisweilen B. Brecht; besonders in seinem abstrusen »Dreigroschenroman«, wo er undelikat und kühn aus Demokratie und Faschismus, Hochkapitalismus und ursprünglicher Akkumulation, Christentum und deutschem Idealismus einen Idealtyp des zeitgenössischen Kapitalismus braute; Kettenläden à la Bata, Schlägertrupps à la SA, Börsenmanöver, wie sie noch im zweiten französischen Kaiserreich möglich waren, und Burenkrieg sind Erscheinungen ein und desselben ausbeuterischen Systems, das nirgends als in den Wahnvorstellungen des Dichters existiert hat. Wie real sind dagegen die phantastischen Satiren von Swift oder Voltaire oder gar von Rabelais! Der gemeinsame Nenner für die gesellschaftskritischen Mißgriffe so verschiedener Autoren wie T. M. und B. B. dürfte Wirklichkeitsfremdheit sein.

meist, daß der Verfasser ganz neue, phantastische Wege geht, ja, daß er Umwege bevorzugt, um sich zu unterscheiden; daß er Meinungen und Überzeugungen vertritt, die nur für ihn gelten, und daß das Fazit seiner Kunst dem Volksganzen unersichtlich bleibt.«[34] Diese Einsicht ist um so gewichtiger, als er sie gerade dem Werk Hermann Hesses abgewinnt, dem er sich in seinen letzten Jahren verbunden fühlte.

Der partikuläre und surrogative Charakter der deutschen Literatur macht sich selbst bemerkbar, wenn internationale Strömungen über Deutschland hinweggingen. Man kann das besonders am Naturalismus und am Surrealismus erkennen. Der Naturalismus führte im Unterschied zu Frankreich (Zola), Norwegen (Ibsen), Schweden (Strindberg), Amerika (Jack London), Rußland (Gorkij) die deutschen Dichter in den Dialekt, und zwar in einer Weise, daß ihre Werke unübersetzbar wurden. Der Surrealismus führte Hugo Ball in »Tenderenda« und Ernst Jünger im »Abenteuerlichen Herzen« zur Zertrümmerung der Wirklichkeit, während in anderen Literaturen – in »Moravagine« von Cendrars, »Nadja« von Bréton, »Nachtgewächs« von Djuna Barnes oder »Ferdydurke« von Gombrowicz – trotz aller Risse und Sprünge jenes traditionelle Gefüge, jene tragfähige Wirklichkeit fortwirkte, die den Deutschen als Nation immer gefehlt hat.

Die Bemühungen, die auf das ganze Volk bezogen sind, haben in Deutschland nur Saisonliteratur hervorgetrieben. Das ist nicht erst der Fall nach 1945, bei Böll oder Martin Walser, aber auch bei Grass und Johnson, die aus ihrer Heimat nur den Firnis sogen. Das war schon der Fall bei Gutzkow und Immermann, Spielhagen und Gustav Freytag, Kellermann und Wassermann, Hans Grimm und Anna Seghers. Man kann nicht sagen, daß künstlerischer Instinkt, so vorhanden, vor diesem Terrain immer warnte; Hans Grimm, der »Volk ohne Raum« schrieb, hat in seinen südafrikanischen Erzählungen Gültiges und Überdauerndes geschaffen, was Anna Seghers in ihrem kafkaesken Roman

---

[34] H. Ball: Hermann Hesse – sein Leben und sein Werk. Frankfurt a. M. 1963, 73. Wer H. B. nur von seinen radikalen Verwerfungen (»Zur Kritik der deutschen Intelligenz«, Bern 1919) kennt, wird über diese Stelle erstaunt sein. H. B. gelangte zu dieser Einsicht auf dem Wege einer bemerkenswerten Entwicklung, in der die »Hochland«-Aufsätze, »Carl Schmitts Politische Theologie« (1924) und »Der Künstler und die Zeitkrankheit« (1926) Leitstationen waren.

»Transit«, einigen sagenhaften und einigen mittelamerikanischen Geschichten gelungen ist – im Gegensatz zu den »epochalen« Romanen »Das siebte Kreuz« und »Die Toten bleiben jung«, von späteren ganz zu schweigen. Aber man kann sagen, daß der Repräsentationsdefekt in der deutschen Literatur das Gelingen einer Dichtung auf einem solchen Terrain mit beinahe divinatorischer Gewißheit ausschließt.

Repräsentation in Ersatzwelt und Provinz ist das Grundgesetz der deutschen Literatur. Im Partikulären und im Surrogativen können jene Werke entstehen, hinterlassungsfähige Gebilde, wie Benn sie nannte, von denen eine Nationalliteratur ausgemacht wird. Die Realien der Schönen Literatur in Deutschland sind, wiewohl transzendent, nicht von allgemeiner Natur, und ihre erfundenen Substanzen nicht real. Außerhalb dieses Grundes hört bei uns die Kunst auf.

2. Sozialistischer Realismus

Der sozialistische Realismus ist nicht, wie der Begriff besagt, eine Kunst, die den Sozialismus realistisch darstellt.[1] Er kann nicht semantisch, sondern nur historisch bestimmt werden. Nach der bolschewistischen Hagiographie und der positivistischen Geschichtsschreibung des Westens setzte er den bürgerlichen Realismus fort: er vertiefte, respektive verflachte ihn. Er soll aus der littérature engagée und den Kunstauffassungen der marxistischen Klassiker hervorgegangen sein. Sein literarischer Ursprung wird auf Gorkij zurückgeführt. Fixiert man indessen seine Entstehung, untersucht man seine Lehre und seine Praxis, seine Elemente und Strukturen, und bestimmt man ihn systematisch, so ergibt sich ein ganz anderer Sachverhalt. Der sozialistische Realismus ist administrativen Ursprungs; er widerspricht den Vorstellungen der marxistischen Klassiker; er ist keine engagierte, sondern eine angestellte Literatur; da sein Verhältnis

---

[1] Das folgende Kapitel beruht auf der umfangreicheren Untersuchung: H.-D. Sander: Marxistische Ideologie und allgemeine Kunsttheorie. Tübingen 1970, in der, wenn unten nicht anders vermerkt, auch die Belege und Verweise ohne sonderliche Mühe zu finden sind.

zur Realität manipuliert ist, kann man ihn weder positiv noch negativ auf den bürgerlichen Realismus beziehen.[2]

Der sozialistische Realismus entstand weder vor noch mit der ersten bolschewistischen Revolution im Oktober 1917. Er entstand, nachdem Josef Stalin im Dezember 1927 begann, mit der zweiten bolschewistischen Revolution die revolutionäre Diktatur der Leninschen Periode in eine totalitäre Diktatur zu überführen. Bis dahin hatte gegolten, was Bucharin in seiner »Theorie des historischen Materialismus« über Stil und Inhalt des Kunstwerkes ausgeführt hatte. Er definierte den Stil als »Ausdruck jener Gefühle und Gedanken, jener Stimmungen und jenes Glaubens, jener Eindrücke und jener großen und kleinen Gedankengänge, die ›in der Luft liegen‹«. Über den Inhalt schrieb er: »Es versteht sich von selbst, daß gerade das künstlerisch gestaltet wird, was im gegebenen Moment und in der gegebenen Zeit in dieser oder jener Form die Menschen beschäftigt.« Die russische Literatur der zwanziger Jahre hatte viele Richtungen und Schulen, die l'art pour l'art wie engagierte Literatur propagierten. Die besten Werke zeigten die Wirklichkeit der bolschewistischen Gesellschaft in ihrer Transzendenz, die anderen wenigstens in ihrer Aszendenz. Die Parteiführer äußerten Sympathien und Antipathien, die nicht exekutiv oder justitiabel wurden. Das galt für Trotzkij, der in seinem Buch »Literatur und Revolution« die revolutionäre Diktatur in die treffliche Formel faßte: »Die Partei kommandiert das Proleta-

---

[2] A. Gehlen, zu dessen bevorzugten Interessengebieten die Geschichte des Kommunismus wohl nicht gehört, sprach von einem »dogmatischen sowjetischen Realismus« und einem »durchpolitisierten Realismus«, der im Westen »nicht mehr aufgefaßt« werden könne, weil die Sperre dafür »noch unterhalb der ästhetischen Schlagadern« sitze; er reproduzierte ohne Arg den hagiographischen Drall, mit dem die Apologeten Lenins Aufsatz »Parteiorganisation und Parteiliteratur« von 1905 abfälschen (Zeit-Bilder – Zur Soziologie und Ästhetik der modernen Malerei. Frankfurt a. M. [2]1965, 150 f.). Aber auch P. Scheibert, der russische Geschichte lehrt und erforscht, hatte einen herkömmlichen Realismus im Blick, als er eine Vereinigung bildender Künstler von 1922 als Avantgarde des sozialistischen Realismus bezeichnete, weil in ihr die »Veteranen des sozialistischen Realismus vor der Jahrhundertwende wieder auf den Plan« traten (Revolution und Utopie – Die Gestalt der Zukunft im Denken der russischen revolutionären Intelligenz. In: Epirrhosis – Festgabe für Carl Schmitt. Berlin 1968, 647). Selbst P. Demetz, der historische Kenntnis mit Ortskenntnis verbindet, verfolgte die »Vorgeschichte«, bei aller historisch-kritischen Absicht, bis in die Bewegung des Jungen Deutschland hinein (Marx, Engels und die Dichter – Zur Grundlagenforschung des Marxismus. Stuttgart 1959).

riat, aber nicht den historischen Prozeß. Es gibt Bereiche, in denen die Partei direkt und indirekt führt. Es gibt Bereiche, in denen sie nur kooperiert. Es gibt endlich Bereiche, in denen sie sich ausschließlich orientiert.« Das galt in dieser Zeit auch für Stalin, der noch ein Jahr nach dem »großen Umschwung« im Januar 1929 dem Dramatiker Bill-Belozerkowskij die Schöne Literatur als ein »außerhalb der Partei liegendes und unvergleichlich breiteres Gebiet« beschrieb. Das hörte mit der Entstehung des sozialistischen Realismus auf.

Im Dezember 1930 kündigte Stalin dem Revolutionsbarden Demjan Bedny an, daß auch in der Literatur ein großer Umschwung bevorstünde. Die totalitäre Transformation der Gesellschaft, die nicht nur gegen die Mehrheit der Bevölkerung, sondern auch gegen die Mehrheit der Partei vollstreckt werden sollte, konnte sich weder eine transzendentale noch eine aszendentale Literatur leisten. Es wurde ein Organisationskomitee zur Gründung eines Schriftstellerverbandes gebildet, der an die Stelle der verschiedenen Richtungen und Assoziationen treten sollte. Der Leiter des Organisationskomitees Iwan Gronskij, vormals stellvertretender Chefredakteur der »Iswestija«, gebrauchte im Mai 1932 zum ersten Mal den Begriff des »sozialistischen Realismus«. Im Oktober 1932 fand im Hause Gorkijs eine Beratung zwischen Stalin und den Schriftstellern statt, in der Stalin die Methode des sozialistischen Realismus definierte und den Schriftsteller als »Ingenieur der menschlichen Seele« bezeichnete, eine Umschreibung, die den künftigen Angestellten-Status in unmißverständlicher Kürze ausdrückte.

Auf dem I. Sowjetischen Schriftstellerkongreß im August 1934 wurde der sozialistische Realismus von Andrej Shdanow, dem Leningrader Parteisekretär, kodifiziert. Die Kodifizierung institutionalisierte im Gegensatz zur Formel der revolutionären Diktatur die führende Rolle der Partei in den Künsten nach den Gesetzen der totalitären Diktatur. Sie legte im Gegensatz zu den Bucharinschen Paragraphen Form und Inhalt der Kunstwerke fest. Im Negativen schnitt die Kodifizierung die russische Literatur von der »dekadenten« Weltliteratur ab. Werke, die an ihr partizipierten, hatten die Verhältnisse und Neigungen der bolschewistischen Gesellschaft allzu durchsichtig gemacht. Das Verbot ihrer formalen Prinzipien sollte einer system-immanenten Belletristik dienen. Was sich widersetzte, wurde unter dem 43

Siegel des Formalismus aus dem Verkehr gezogen. Dem entsprach eine »kritische Aneignung« des klassischen Erbes, die Werke ausschloß, die suggerieren konnten, es habe sich allzu wenig in der Wirklichkeit geändert. Im Positiven wurde der Inhalt auf die Arbeitswelt, auf technische Prozesse verpflichtet. Das hatte den Zweck, die sozialen, psychologischen, erotischen und mythischen Komponenten der menschlichen Beziehungen zu exstirpieren oder auf ein konformes Mindestmaß einzuschränken. Die Wahrheit wurde von der Wirklichkeit getrennt und an die revolutionäre Entwicklung gebunden, deren Bestimmung und Formulierung die Partei sich vorbehielt. Was sich an der Wirklichkeit orientierte, wurde unter dem Siegel des Naturalismus aus dem Verkehr gezogen. Eine »revolutionäre Romantik« sollte die manipulierte Realität mit einer anziehenden Aura übermalen, ein »hoher Ideengehalt« die platte Problematik überhöhen. So entstand der »positive Held«, von dem die Schriftsteller während der Inkubationsperiode des sozialistischen Realismus gesagt hatten, sie wüßten nicht, wie sie ihn darstellen sollten, weil es ihn im Alltag nicht gäbe. Oberster Zweck der Literatur wurde die ideologische Erziehung oder genauer: die ideologische Umformung des Sowjetbürgers. Auch diese Funktion wird mit der Umschreibung »Ingenieur der menschlichen Seele« in unmißverständlicher Kürze ausgedrückt. Die Kodifizierung wurde verbindlich, indem sie in die Statuten des Schriftstellerverbandes einging. Ein Komitee für Kunstangelegenheiten hatte die Aufgabe, darüber zu wachen, daß diese Anweisungen zur Lenkung der Literatur auch in die Tat umgesetzt wurden.[3]

Den Idealtypus des sozialistischen Realismus prägte Anton Makarenko mit seinen Erziehungsromanen »Pädagogisches Poem (Der Weg ins Leben)«, 1933–1935, und »Flaggen auf den Türmen«, 1939. Makarenko wollte verwahrloste Kinder, die zu Tausenden Rußland durchstreunten, zu »leidenschaftlichen Kämpfern« umerziehen. Sein Ideal, das während der revolutionären Diktatur als uniformierte Pädagogik verworfen worden war, gaben die Männer der Geheimpolizei ab, von denen er

---

[3] Was die Stunde geschlagen hatte, zeigte die Eingabe, mit der N. Bucharin eine Pension für den Lyriker O. Mandelstam begründete: für »Verdienste an der russischen Literatur und wegen der Unmöglichkeit, für diesen Schriftsteller eine Arbeit in der sowjetischen Literatur zu finden« (N. Mandelstam: Das Jahrhundert der Wölfe. Frankfurt a. M. 1970, 138).

sagte, daß bei ihnen »hoher Intellekt, verbunden mit Bildung und Kultur«, niemals die »verhaßte Gestalt des russischen Intellektuellen« annahm. Anton Makarenko schwebten Menschen vor, die »fähig sind, stets, in jedem Augenblick ihres Lebens das richtige Kriterium für ihr persönliches Handeln zu finden und zugleich auch von den anderen richtiges Verhalten zu fordern«. Die traditionelle Spannung zwischen Individuum und Gesellschaft sollte in der »Harmonie zwischen allgemeinen und persönlichen Zielen« aufgehen, die sich im Kollektiv materialisiert. Das Kollektiv verstand Makarenko als einen »zielstrebigen Komplex organisierter Persönlichkeiten«, der »hinsichtlich der Einzelpersönlichkeit« die »Souveränität des gesamten Kollektivs« bestätigt. Nicht Freundschaft, Liebe oder Nachbarschaft, sondern »bewußte Abhängigkeit« bestimmt das Verhältnis von Kamerad zu Kamerad. Die Kollektivbildung erfolgt, indem das Kollektiv die Einzelpersönlichkeit, solange sie ihm angehört, »bedingungslos« unterwirft. Wie die nicht prästabilierte Harmonie herzustellen sei, fand Meister Anton in einer »tiefgreifenden Analogie von Produktion und Erziehung«. Er folgerte, »daß sehr viele Details der menschlichen Persönlichkeit mit der Stanzmaschine serienweise hergestellt werden können, daß dazu aber eine besonders präzise Arbeit der Maschine erforderlich ist, peinlichste Behutsamkeit und Genauigkeit«. Das ist auch eine treffliche Beschreibung der Arbeit, die der Schriftsteller als »Ingenieur der menschlichen Seele« zu leisten hatte. Anton Makarenko fand in ihm den Inbegriff der Analogie.

»Weg ins Leben« und »Flaggen auf den Türmen« schildern, wie die neuen und wahren Menschen, die jeden Augenblick richtig handeln, in Serien hergestellt werden. Lassen sich die Details der Persönlichkeit in kollektiver Kritik und Selbstkritik nicht reibungslos auswechseln, führt der Erzieher eine öffentliche Kollision herbei, in der der Charakter explosiv zurechtgebogen oder zerbrochen wird. Die provozierte Kollision als erzieherische Methode ist einer zweiten Analogie entnommen. Sie entspricht der totalitären Transformation Sowjetrußlands mit den Akten der Kollektivierung und der Säuberung. Wer nicht umgeschmolzen werden kann, wird ausgemerzt. Auf diese Formel reduziert sich das Verfahren. Da es die Eigenart des Individuums so wenig anerkennt wie Tragik, kann ein Mensch, der im Widerstand verharrt, nur ein verbrecherisches Subjekt sein. Was in der gesellschaftlichen Praxis zum Terror führte, eröffnete in der Praxis der Literatur die Schwarz-Weiß-Malerei. Die privaten und allgemeinen Interessen söhnen sich in einer poststabilierten Harmonie aus, die in krassem Gegensatz zu der von antagonistischen Widersprüchen zerrissenen Realität steht.

Der sozialistische Realismus beherrschte die Sowjetliteratur in zwei Phasen absolut: von 1934 bis 1941 und von 1946 bis 1952. Beide Phasen waren in der gesellschaftlichen Wirklichkeit durch verstärkte Zwangsarbeit charakterisiert: die erste durch die industrielle Reservearmee der enteigneten Bauern, die zweite durch die industrielle Reservearmee der Kriegsgefangenen, Repatriierten und deportierten Völkerschaften. In der Schönen Literatur dieser Jahre findet man keine Spur von diesen Eigentümlichkeiten der ursprünglichen sozialistischen Akkumulation.

In dem Roman »Energie«, der in den Jahren spielt, da nach der Zwangskollektivierung Hungersnot das Land verheerte, findet der Leser nichts von diesen Rückschlägen und Schwierigkeiten: der Autor Fjodor Gladkow, der einst mit »Zement« das Muster eines revolutionären Aufbau-Romans geliefert hatte, läßt im Gegenteil am Ende die Drähte an den Masten Oratorien singen. Liest man den »Versunkenen Weg« von Michael Prischwin, den Tribut, den dieser bedeutende Dichter des russischen Waldes der neuen Richtung zollte, erscheint der Bau des Kanals vom Weißen Meer zur Baltischen See durch Sträflinge unter Aufsicht der GPU, der Tausende von Menschenleben kostete, als eine Stätte bukolischer Erziehungsprozeduren. Alexander Fadejew, der einst mit seinen »Neunzehn« das Muster eines revolutionären Bürgerkriegsromans schuf, stellte in seiner »Jungen Garde« den Zweiten Weltkrieg in Rußland so dar, als seien die deutschen Truppen in einen Garten Eden eingefallen; daß der Partisanenkampf am Anfang keineswegs selbstverständlich war, daß die Bevölkerung in den Deutschen sogar Befreier zu sehen sich vermaß, verdrängte er perfekt. Ilja Ehrenburg, der spätere Autor des epochemachenden »Tauwetters«, erzählte im »Sturm« vom Einmarsch der Roten Armee in Deutschland rührselige Szenen und nichts von den Racheakten, zu denen auch er die Soldaten angestachelt hatte. Pjotr Pawlenko, der im »Glück« die Ansiedelung der Kubankosaken in biederem Ton beschrieb, verschwieg, daß ihr die Zwangsaustreibung der Tataren voraufgegangen war. Semjon Babajewskij verriet im »Ritter des goldenen

Sterns« nichts vom Unmut der demobilisierten Soldaten, die im Krieg woanders bessere Verhältnisse kennengelernt hatten. Trotzdem erschien der Partei manches Werk noch so aszendent, daß sie auf Umschreibung drängte. Ehrenburg wurde vorgeworfen, daß die französischen Partisanen besser abschneiden als die russischen; aber er stellte sich taub. Fadejew wurde gerügt, die Rolle der Partei nicht gebührend gewürdigt zu haben. Er schrieb die »Junge Garde« um und kämmte auch seine »Neunzehn«. Scholochow reinigte den »Stillen Don«, Leonow bürstete seine »Dachse«, Gladkow übermalte sein »Zement«, und viele andere legten Hand an ihre früheren Werke, um sie dem sozialistischen Realismus anzupassen.

Die Elemente, mit denen der sozialistische Realist arbeitet, sind: im politischen Bereich – der optimistische Tenor (selbst bei traurigen Ereignissen), der agitatorische Gehalt (ob direkt oder indirekt verpackt, ist sekundär) und die byzantinistische Reverenz (vor dem Genossen Stalin oder vor der Parteiführung in Form von Szenen, in denen Parteiführer auftreten oder in Form von Resolutionen oder Telegrammen an Parteiführer); im menschlichen Bereich – Scheinfiguren (edle und verruchte Gestalten, Ikonen und Karikaturen), Scheinkonflikte (die auch noch restlos aufzulösen sind) und Scheingefühle (entsexualisierte Liebe, Sentimentalität und pauschaler Haß). Das Milieu, normalerweise Hintergrund, wird Vordergrund, bestritten von überbordenden Beschreibungen der Arbeitsabläufe und von landschaftlichen Architekturen nach Zuckerbäckerart.

Die Strukturen, mit denen der sozialistische Realist arbeitet, sind in Krieg und Frieden: der positive Held ist den Einflüssen rückständiger Elemente ausgesetzt, er überwindet sie mit Hilfe der Partei; der positive Held setzt mit Hilfe der Partei Neuerungen gegen Rückständige durch (auf die Ehe übertragen: ein Partner bleibt »gesellschaftlich« zurück, der Rückstand wird mit Hilfe der Partei aufgeholt oder der Rückständige muß zugrundegehen); der positive Held entlarvt Schädlinge, Saboteure, Diversanten, er macht sie mit Hilfe der Partei dingfest; der positive Held kämpft als Soldat oder Partisan gegen Klassenfeinde oder Volksfeinde, er siegt mit Hilfe der Partei; der positive Held opfert sich, die Partei lebt.

Die aktuellen Anlässe, die dieses stereotype, gestanzte Material bewegen, sind das jeweils von der Partei fixierte Soll und

Haben. Man kann danach die Entstehungszeit eines Werkes mühelos feststellen. In der Schönen Literatur drückt sich das allerdings so aus, als seien die Direktiven von oben nur Reflexe eines unbändigen Willens der Massen von unten. Die Belletristik erfüllt dadurch ihre simulierende Funktion.

Beobachtet man die Bewegung dieses sozialistischen Realismus in der Geschichte, so ergibt sich, daß ihr rezeptives Moment in dem Maße abnimmt, wie das repressive Moment in der Wirklichkeit zunimmt. Der sozialistische Realismus liefert von den Phänomenen nur Surrogate oder, wie Marx das sagen würde: Fetische. Die Dinge, die in der Literatur, die zur Spezies Kunst gehört, maximal Symbole sind, gerinnen in der Literatur des sozialistischen Realismus, die nicht zur Kunst gerechnet werden kann, zu Dingen, die nicht mehr transzendieren, sondern selbst Wesen sein wollen. Die Doppelbedeutung des Fetischs als Surrogat und Beschwörungsmittel setzt sich in einer Literatur, deren rezeptiver Charakter repressiv begrenzt ist, notwendig in Erbauung und Banalität um. Man kann deshalb den sozialistischen Realismus als eine repressiv-fetischistische Trivialliteratur definieren.

Der sozialistische Realismus führte in der Sowjetunion nicht nur zu einem Fiasko der russischen Literatur, sondern zu einem Fiasko des sozialistischen Realismus selbst. Stalin, der den sozialistischen Realismus einführte, hat ihn bezeichnenderweise selbst zweimal storniert: 1941, als er an alle Kräfte des Volkes, einschließlich die Kirche, appellierte, dem deutschen Vormarsch zu widerstehen, und 1952, als die Modernisierung der Industrie, die Veränderung der Produktivkräfte, erforderte, breitere Interessen zu berücksichtigen: Interessen, die außerhalb der Partei liegen, um das mit seinen eigenen Worten aus dem Brief an Bill-Belozerkowskij von 1930 zu illustrieren. War die Korrektur von 1941 ein taktisches Manöver, das abgeblasen wurde, als der Sieg errungen war, erscheint die Zurücknahme des sozialistischen Realismus von 1952 von grundsätzlicher Art. Sie korrespondierte dem Versuch Stalins (und Malenkows), mit einem zweiten großen Umschwung die führende Rolle der Partei auf verschiedenen Gebieten durch eine neue Rolle des Staates zu beseitigen. Durch Chruschtschows zweideutige Partei-Renaissance ist diese Überführung der totalitären Diktatur in ein sozialistisches Staatswesen wieder abgebrochen worden. Der Zusammenhang dieser

Erscheinungen wird dadurch bestätigt, daß Chruschtschow bemüht war, den sozialistischen Realismus wieder durchzusetzen. Es konnte freilich nicht mehr verbindlich bestimmt werden, welche Formen und welche Inhalte dem sozialistischen Realismus in seiner rekonstruierten Gestalt widersprächen.

Die russische Literatur hat sich seit 1952 irreversibel in vier Richtungen aufgefächert. Die unentwegten sozialistischen Realisten, für die Kotschetow und Tschakowskij wortführend geworden sind, schrumpften zu einem Häuflein zusammen. Die Mehrzahl wandte sich der Schilderung des Privatlebens zu; sie legten wie Vera Panowa, Viktor Nekrassow, Kasakow oder Solouchin verschüttete Wirklichkeiten frei: nicht Flucht aus dem Alltag, sondern Erwachen aus dem Alptraum des Kollektivs ist hier das Motto. Die dritte Strömung ist eine kritische Literatur, wie sie von Solschenizyn, Sinjawskij, Daniel oder Nagibin geschrieben wird. Während die zweite und dritte Gruppe zuweilen taktieren, um veröffentlichen zu können, verzichtet die vierte Gruppe, die Untergrundliteratur, auf jedwedes Zugeständnis; von ihr sind Ginsburg und Galanskow schnell berühmt geworden.

Der sozialistische Realismus hatte die russische Literatur entmaterialisiert und entformalisiert. Die Belletristik seiner beiden Phasen erscheint wie ein Fremdkörper in der Literaturgeschichte. Die repressiv-fetischistische Trivialliteratur hatte die Autoren dem naturwüchsigen Grund der russischen Traditionen enthoben – wie sie den natürlichen Austausch der Inspirationen mit anderen Ländern unterband. Das Fiasko dieser Lehre und Praxis besteht darin, daß die russische Literatur, als sie zu ihrer Eigengesetzlichkeit zurückkehrte, gerade da wieder anknüpfte, wovon sie für immer getrennt werden sollte: an die russische Literatur der zwanziger Jahre und an die zeitgenössische Weltliteratur. So ist der sozialistische Realismus in der russischen Literatur eine folgenlose Episode geblieben – mit einer Ausnahme. Die Anknüpfung konnte nur formal, nicht substanziell gelingen; die Schöne Literatur war zu verheert, als daß sie ihr früheres Niveau sogleich wiederherstellen konnte.

Der sozialistische Realismus bildete auch in der marxistischen Dogmengeschichte einen Fremdkörper. Er hatte selbst für Stalin nur periphere Geltung. Die Auffassungen, die Lenin, Plechanow oder Tschernyschewskij von einer mobilisierenden Rolle der

Künste hatten, verstießen nie gegen die Voraussetzungen einer engagierten Literatur. Marx und Engels hatten Bemerkungen hinterlassen, die sich eher in eine allgemeine Kunsttheorie einfügen als Bausteine einer »marxistischen Ästhetik« abgeben. Shdanow hatte wohlweislich seine Kodifizierung des sozialistischen Realismus mit keinem Marx- und Engels-Zitat legitimiert. Dagegen versuchten in diesen Jahren in der Sowjetunion Lukács, Luppol und Lifschitz mit künstlerischen Urteilen von Marx und Engels den sozialistischen Realismus einzudämmen; was die Apologeten zwang, mit schwindelerregenden Verdrehungen Marx und Engels in die Hagiographie einzuordnen.

Shdanow hatte 1934 ausgerufen: die Sowjetliteratur »fürchtet sich nicht vor dem Vorwurf, tendenziös zu sein«. Das war genau das, was Friedrich Engels bei der Entstehung einer sozialistischen Belletristik verhindern wollte, als er 1888 in seinem berühmten Brief an Margaret Harkness den Tendenzroman verwarf. Die Formel dieses Briefes von den »typischen Charakteren unter typischen Umständen« kann daher keineswegs bedeuten, daß sie sich an einer Tendenz orientieren soll, die auch noch von einer Partei bestimmt wird. Alles, was Marx und Engels über Kunst geschrieben haben, widerspricht einer solchen Auslegung. Engels hatte schon frühzeitig an der Belletristik der »wahren Sozialisten«, 1846, Züge kritisiert, die später, unter totalitären Umständen, im sozialistischen Realismus repressive Urstände feiern sollten: die Trivialität, den Fetischismus, den positiven Helden und die »kritische« Aneignung des klassischen Erbes. Karl Marx hatte in seinem Streit mit Freiligrath 1860 die Parteinahme des Schriftstellers nur »in großem historischen Sinn« für wünschenswert gehalten. Ein Jahr zuvor mußte Lassalle, der mit seinem »Sickingen« den Typus des ideologischen Dramas prägte, eine schroffe Abfuhr von Marx und Engels einstecken. Die Auseinandersetzung mit Lassalle ist vielleicht der Grund, warum Marx den experimentellen Versuch, die Kunst den »ideologischen Formen« zuzuschlagen, wieder aufgab, den er im Vorwort zur »Kritik der politischen Ökonomie« vom Januar 1859 unternommen hatte. Er trennte jedenfalls in den »Theorien über den Mehrwert«, 1862, die Kunst als eine »freie geistige Produktion« einer »gegebenen Gesellschaft« wieder von den »ideologischen Bestandteilen der herrschenden Klasse« und kehrte zu jener »Freiheit der Sphäre« zurück, die er 1842 in den »Debatten über

Preßfreiheit« für Kunst, Wissenschaft und Presse proklamierte, die selbstverständlich auch für die sozialistische Bewegung gelten sollte.

Es gehört zu den folgenschwersten Mißverständnissen der marxistischen Dogmengeschichte, aus den Analysen, in denen Marx und Engels bestimmte Erscheinungen von materiellen Verhältnissen ableiteten, zu folgern, es müsse umgekehrt jedes Phänomen notwendig bestimmten materiellen Verhältnissen gehorchen. Marx und Engels haben im Gegenteil immer wieder gefordert, der Mensch solle sich den Produkten und den Verhältnissen gegenüber frei verhalten und sich über die Miseren erheben. Das war der Sinn nicht nur ihrer Schriften, sondern auch ihres politischen Wirkens. Sie verhielten sich durchweg nach dieser Maxime und instruierten in diesem Sinn auch ihre Folger, was so weit ging, daß Engels selbst für die Parteipresse Unabhängigkeit vom Parteivorstand und vom Parteitag forderte, damit auch Programm und Taktik »frei« kritisiert werden können. »Abhängig zu sein, selbst von einer Arbeiterpartei, ist ein hartes Los«, so begründete er Bebel gegenüber diese Instruktion im Jahre 1892, in reiner Harmonie mit jenen früheren Schriften von Marx, die von den Hagiographen später als idealistische Jugendsünden despektiert werden sollten.

Die berühmte Basis-Überbau-Metapher aus dem Vorwort zur »Kritik der politischen Ökonomie« kann deshalb auch nicht bedeuten: Kunst als Überbau müsse sich nach der Basis strecken. Sie von einem analytischen Mittel in einen Leitsatz der Administration umzufunktionieren, wäre auch dann eine Fälschung, wenn sie, was nicht der Fall ist, für das Werk von Marx und Engels die umfassende heuristische Bedeutung hätte, die ihr die Hagiographie zuschreibt. Hätte Marx eine solche enge Kunstauffassung vertreten, würde er kaum, acht Wochen später, Lassalle vorgeworfen haben, im »Sickingen« Individuen als »bloße Sprachröhren des Zeitgeistes« auftreten zu lassen. Marx schätzte an Balzac, daß er prophetisch Gestalten schuf, »die unter Louis Philippe sich noch in embryonalen Zustand befanden und erst nach seinem Tode, unter Napoleon III., sich vollständig entwickelten«. Engels schätzte an Balzac, daß sein legitimistisches Engagement ihm nicht den Blick für die Wirklichkeit verstellte, und tadelte an Zola den Mangel eines derartigen, die Verhältnisse durchdringenden und übersteigenden Scharfsinns. Die Basis-

Überbau-Metapher als ein Instrument für eine »marxistische« Betrachtung von Kunstwerken zerschellt allein schon an dieser Vorliebe. Marx und Engels gaben nicht nur einer system-transzendenten Belletristik vor jeder system-immanenten Belletristik den Vorzug; system-transzendierende Eigenschaften galten ihnen als conditio sine qua non für die Entstehung bedeutender Kunstwerke. Marx und Engels rechneten nicht von ungefähr, selbst in ihrem Kommunistischen Manifest, die Weltliteratur nicht den Klassen, sondern den Nationen zu. In den »philosophisch-ökonomischen Manuskripten« hatte Marx dem Menschen sogar die Fähigkeit zugeschrieben, »nach dem Maß jeder Spezies« zu produzieren. Es kann deshalb nicht verblüffen, daß er die Künste hier unter die »ontologischen Wesensbejahungen« einreihte und an anderen Orten ihre Werke als »Selbstzwecke« gelten lassen wollte. Dichter müssen ihre eigenen Wege gehen, sagte er über Heine, der von den gemeinsamen kommunistischen Jugendträumen Abschied nahm.

Obwohl die Mehrzahl der Äußerungen von Marx und Engels über Kunst erst um 1930 bekannt geworden sind, wahrte die dogmengeschichtliche Diskussion in ästhetischen Fragen lange die Tradition der alten Meister des Marxismus. In ihr standen August Bebel und Wilhelm Liebknecht, als sie 1896 in der Naturalismus-Debatte des Gothaer Parteitags die Kunst für klassenlos und parteilos erklärten. Es gab damals nur zwei Probleme einer sozialistischen Kulturpolitik: die Teilnahme des Proletariats am Kunstgenuß zu erhöhen und mehr ökonomische Mittel für das künstlerische Schaffen bereitzustellen. Es waren Fragen der Verbreitung und der Verteilung. Eine Lenkung der Künste erschien den Folgern von Marx und Engels so unvorstellbar, daß niemand an sie dachte. Kautsky nicht, der durchaus einem starren Materialismus frönte; er schrieb: »Ist der Künstler in Beziehung auf seine Zwecke durch die Gesellschaft, in der er lebt, bedingt, so steht ihm andererseits die Wahl unter allen den Zwecken frei, die seine Gesellschaft bewegen.« Auch Mehring nicht, der in einem historischen Relativismus befangen war; als im »Vorwärts« von 1910 bis 1912 eine »proletarische Ästhetik« propagiert wurde, die nur Literatur als arteigen gelten lassen wollte, sofern sie von Bäckern, Schustern und anderen Handarbeitern stammte, schrieb Mehring wider diese »Propaganda für eine Ästhetik der schwieligen Faust«: »Man mag darüber streiten, ob die ästhetische Erziehung der Arbeiterklasse auch zu den Aufgaben der Sozialdemokratie gehört, aber wenn man die Frage bejaht, wie sie von der deutschen Partei längst bejaht worden ist, so muß man die Grenze zwischen Politik und Ästhetik zu ziehen wissen.« Auf einer solchen Position stand auch Karl Liebknecht, der an der Abspaltung einer deutschen kommunistischen Partei von der Sozialdemokratie maßgeblich partizipierte; seine »Apologie der Tendenzkunst« war allenfalls eine Mobilisierung der Künste in ihrer Eigenart: »Äußerliche, dem Wesen der Kunst fremde Nebenzwecke dürfen das Werk nicht von seiner künstlerischen komplementären, dem Vollkommenheitsbedürfnis entspringenden Bestimmung ablenken.«

Rosa Luxemburg erwartete vom Künstler sogar, daß er wie Goethe über den Dingen stehen sollte. Liebäugelten Kautsky, Mehring und Karl Liebknecht noch, in Maßen, mit einer Kunst von didaktischen und pädagogischen Antrieben, so verwarf Rosa Luxemburg gänzlich den Habitus, von künstlerischen Werken »soziale Rezepte« zu verlangen. Wie Marx Lassalle vorwarf, Individuen als Sprachrohre des Zeitgeistes auftreten zu lassen, kritisierte sie Zola, weil er Individuen als Mannequins für gesellschaftspolitische Thesen drillte. Wie Engels hielt sie die politische Einstellung eines Schriftstellers für zweitrangig; sie verfeinerte seinen Ansatz (ohne ihn vermutlich gekannt zu haben) sogar beträchtlich. Während Engels Balzac pries, trotz legitimistischer Vorurteile die Entwicklung der bürgerlichen Gesellschaft richtig gesehen zu haben, schätzte sie an Tolstoi, daß er die Entwicklung in Rußland richtig gesehen hatte, aber nicht trotz eines falschen Engagements, sondern weil er in derselben unerbittlichen Ehrlichkeit, mit der er das gesellschaftliche Leben an seinem Ideal kritisch prüfte, sein Ideal in das Ganze der Gesellschaft hineinstellte. Rosa Luxemburg erklärte deshalb nicht die Lösung, sondern die Tiefe, die Kühnheit und die Aufrichtigkeit, mit der ein Problem dargestellt wird, für künstlerisch entscheidend; Schablonen wie »Fortschrittler« und »Reaktionär« besagten ihr in der Kunst wenig. Die Tendenz eines Engagements ist nebensächlich, wenn das Engagement sich selbst transzendiert – auf diesen Satz läßt sich ihre Kunstauffassung reduzieren. Rosa Luxemburg bestimmte daher das künstlerische Interesse und das soziale Gewissen als unabhängige Instanzen.

Man kann diesen Rundblick erweitern auf die künstlerischen 53

Urteile von Lenin, Plechanow, Vandervelde, Jaurès, Lafargue, de Man oder Gramsci – es ergibt sich das gleiche Bild: Antezedenzien des sozialistischen Realismus finden sich in dieser Überlieferung nicht; ob es sich nun um orthodoxe, revisionistische, reformistische oder revolutionäre Marxisten handelt. Lenin sagte wohl einmal, Lunatscharskij müsse wegen seines Futurismus verprügelt werden, aber es ist nicht bekannt, daß er auf die Vollstreckung dieser Äußerung bestand. Es waren im Gegenteil in ihn noch Rudimente einer klassischen Staatsauffassung vorhanden, die ihn bewogen, zu Klara Zetkin zu sagen, der sowjetische Staat müsse die Künstler auch schützen. Der Übergang von der revolutionären Diktatur zur totalitäten Diktatur, dem der sozialistische Realismus entsprang, vollzog sich jenseits der marxistischen Dogmengeschichte.

Es lag auch nicht an der Struktur der bolschewistischen Partei, deren Genesis und Ausformung im illegalen Kampf noch heute verbreitet als wesentliche Ursache für Entwicklung der Sowjetunion angesehen wird, daß die KPdSU, die bisher in einigen Bereichen führte, in anderen kooperierte oder sich nur orientierte, eines Tages dazu überging, in allen Bereichen zu führen. Es lag in der politischen Situation selbst. Die Schwäche der revolutionären Diktatur bestand darin, daß sie ein Übergangsstadium ohne konzipiertes Ziel war, sie war lediglich utopisch intendiert. Sie konnte die wichtigste Aufgabe, die ihr nach der Machtergreifung zufiel, ein neues Staatswesen nach der Abschaffung des alten Staatswesens zu begründen, nicht erfüllen, weil die Abschaffung des Staates überhaupt auf dem kommunistischen Programm stand. Lenin hatte die Partei als einzigen Machtträger in einem zweideutigen Zustand hinterlassen. Sie mußte in ihr kritisches Stadium eintreten, sobald ein primärer Bereich der gesellschaftlichen Produktion, in dem sie führte, ihr Monopol zu bestreiten begann. Das war 1927 in der Ökonomie der Fall, die, wenn sie sich nach 1917 eigengesetzlich entwickelt hätte, entsprechende Produktions- und Eigentumsverhältnisse hervorgebracht haben würde, für die der Wille der einen Partei nicht der gemäße politische Ausdruck gewesen wäre. Die erste Phase einer straff ideologisch und zentralistisch geführten Wirtschaft, der sogenannte Kriegskommunismus oder, wie er präziser bezeichnet wird, die Kriegswirtschaft, endete 1920 in einem schweren, von Unruhen und Aufständen illuminierten Fiasko.

Lenin riß ohne Zögern das Steuer zur »Neuen ökonomischen Politik« oder, wie sie abgekürzt, NEP, genannt wird, in der die Wirtschaft bedingt freigesetzt wurde. Sie führte zu solchen Erfolgen, daß sie um 1927 im Begriff war, sich von einem integrierten Faktor zu einem integralen Faktor aufzuschwingen. Die Alternativen, die in dieser politischen Situation möglich waren, lauteten: 1. die Wirtschaft gänzlich auszugliedern; das hätte institutionelle Garantien verlangt, mit denen die Partei-diktatur sich sukzessiv zu einem sozialistischen Staatswesen bekehrt haben würde. 2. die führende Rolle der Partei in der Wirtschaft wieder gänzlich herzustellen; und das konnte nur vonstatten gehen, wenn man die differenzierten Formen, die sich in der Wirtschaft herausgebildet hatten, durch Vollsozialisierung wieder tilgen würde.

Es ist ungewiß, wie Lenin sich 1927 entschieden hätte. Stalin wählte die zweite Alternative, wobei er im Interesse der Partei aus der Parteidiktatur die letzten Schlüsse zog und, wie es dem Wesen einer totalitären Diktatur entspricht, für sie die Führung in allen Bereichen beanspruchte. Dabei lag es in der Natur der Dinge, daß die Antithetik von Kriegswirtschaft und NEP nicht gelöst, sondern auf einem immer höheren technischen Niveau institutionalisiert wurde. Stalins »großer Umschwung« war, wie der polnische Nationalökonom Oskar Lange scharfsinnig bemerkt hat, eine Variante der Kriegswirtschaft;[4] als Stalin später be-gann, an die materiellen Interessen der Werktätigen zu appellie-ren, rekurrierte er folgerichtig zu Vorstellungen der NEP.

Das perpetuum der totalitären Dialektik besteht in dieser Wechsellage, um einen Ausdruck von Arthur Spiethoff zu benutzen. Die Partei öffnet sich für Reformen, wenn das Desastre der zentralistischen Wirtschaftsführung zu handgreif-lich wird, und sie kehrt zu ihr zurück, wenn der Erfolg ökonomi-scher Modifizierungen das Herrschaftsmonopol gefährdet. Daß dies, parallel zur relativen Modernisierung der Wirtschaft und perfekteren Krisenregulierung, von Mal zu Mal differenzierter geschieht, ist selbstverständlich, vermag aber diese Dialektik nicht zu durchbrechen. Abstrakt gesprochen besteht die totalitäre Dialektik darin, daß die Partei sich als Teil, der sie faktisch ist,

---

4 O. Lange: Entwicklungstendenzen der modernen Wirtschaft und Gesell-schaft. Wien 1964, 32 f.

für das Ganze, das Totale setzt, das sie nur fiktiv sein kann. Ein Teil kann sich nur für das Ganze setzen, wenn es die anderen Teile willkürlich bestimmt. Die geschichtliche Dialektik bewegt sich in dieser Weise, wie das Carl Schmitt auf die knappste Formel gebracht hat, »um die Negation des Ganzen durch den Teil«[5]. Da das Ganze das Wirkliche ist, verläuft seine Negation durch den Teil reziprok in der Wechsellage der Entfremdung von der Wirklichkeit und Anerkennung der Wirklichkeit. Die usurpierten Teile vermögen in einer dialektischen Spirale eine, oft auch wieder rückläufige, relative Eigengesetzlichkeit zu erlangen; zu einem faktischen Ganzen, in dem allein das natürliche Widerspiel freier Kräfte möglich wäre, können sie sich nicht fügen. Die totalitäre Dialektik ist von ihrer immanenten Bewegung her nicht aufzuheben. Andererseits ist eine aufhebende Integrierung ihrer Ursachen durch die Partei selbst nicht möglich, weil die Partei die verschiedenen Bereiche immer nur mit sich selbst, aber nicht umgekehrt sich selbst mit diesen Bereichen identifizieren kann; es sei denn, sie gäbe sich auf. Stalin, der einst die totalitäre Dialektik angekurbelt hatte, erkannte in seinen letzten Jahren folgerichtig, daß ihr nur zu entrinnen sei, wenn die führende Rolle der Partei durch einen emanzipierten, wiedererstehenden Staat außer Kraft gesetzt werden könnte.[6]

Die Wechsellagen, die innerhalb der totalitären Dialektik für die Wirtschaft typisch sind, gelten in ähnlicher Weise auch für die Literatur. Würden die Schriftsteller über die Wirklichkeit in ihren Werken selbst entscheiden, wäre das Funktionieren des perpetuum mobile in Frage gestellt, das manipulierend Realität anerkennt, wenn es sie nötig hat, und zerstört, wenn sie schädlich wird. Der sozialistische Realismus folgt dieser reziproken Prozession. Er produziert eine neue Art von Makulatur, denn mit jeder wechselnden Lage hört die unbedingte Gültigkeit der betreffenden Werke auf. Er zerstört in seinen Produkten nicht nur die umfassende gesellschaftliche Wirklichkeit, sondern auch die künstliche, repressiv-fetischistische Trivialwelt seiner Produkte am laufenden Band. Was bleibt, sind partielle Züge, deren

---

[5] C. Schmitt: Verfassungsrechtliche Aufsätze aus den Jahren 1924–1954. Berlin 1958, 366.

[6] vgl. zum Scheitern aller bisherigen Versuche, einen Ausweg innerhalb des Zirkels zu finden: H.-D. Sander: Epitaph auf den Reformkommunismus. »Deutsche Studien«, 34/1971.

Addition schließlich die sozialistische Literatur ausmacht, die dabei auch noch als eine stete Aufwärtsentwicklung vorgeführt wird. Die Partei muß an der Lehre und Praxis des sozialistischen Realismus festhalten, solange sie ihre führende Rolle behaupten will, welche abrufbaren Konzessionen an Inhalt und Form sie auch macht. Sie muß selbst dann daran festhalten, wenn das Vermögen schwindet, ihre Ansprüche durchzusetzen. Die Belletristik wird in dem Maße, wie sie sich gegen diese Ansprüche durchsetzt, zu einem perennierenden Subjekt der Zersetzung. In einem wirklich sozialistischen Staatswesen hingegen bestünde diese doppelseitige Kalamität nicht.

Der Ablauf solcher Prozesse in den sozialistischen Ländern Ost- und Mitteleuropas versteht sich von selbst aus dem Vorbildcharakter der Sowjetunion, die sich für klassisch hält und ihr klassisches Profil, das insgeheim bestritten wird, anderen imperial aufdrückt. Diese Parallelen wären noch kein Grund, den Prozeß zu formalisieren. Mit ihnen wäre der beliebte Einwand, die totalitäre Diktatur als ein Spezifikum der russischen Geschichte zu verorten, nicht zu entkräften. Der Umschlag der revolutionären Diktatur in die totalitäre Diktatur mit seinen typischen Begleiterscheinungen und Folgen ereignete sich jedoch auch in sozialistischen Ländern, die nicht unter sowjetrussischer Hegemonie revolutioniert wurden.[7] Es geschah bezeichnenderweise auch im Zuge gewaltsamer Transformationen einige Jahre nach Eroberung und Festigung der Macht. Das war 1958 in China der Fall. Bevor Mao Tse-tung zum »großen Sprung vorwärts« ansetzte, hatte er tausend Blumen blühen lassen, wie seine berühmte Parole hieß. Er war deswegen lange das geheime Idol der intellektuellen Opposition im Vorlager der UdSSR gewesen.[8] Dann begannen die »Kampagnen zur Rektifizierung

---

[7] Wie M. Djilas mit Recht feststellte, kehrte Jugoslawien nach dem Schisma zu Praktiken zurück, wie sie in der SU zur Zeit der revolutionären Diktatur üblich waren (Die neue Klasse. München 1959, 189 ff.). Wie die weitere Entwicklung des Sozialismus in Jugoslawien zeigt, war dies keine Lösung, sondern ein Ausweichen vor der Kernfrage, die dieselbe geblieben ist.

[8] Die Berichte über Reisen in die chinesische Volksrepublik von S. Hermlin: Ferne Nähe. Berlin (Ost) 1954, von A. Kantorowicz, Deutsches Tageblatt, II. 443–532, oder von W. Bredel: Das Gastmahl im Dattelgarten. Berlin (Ost) 1956, lesen sich wie Beschreibungen von Pilgerfahrten. Ich erinnere mich, wie mir F. Erpenbeck, ein Mitglied der »Gruppe Ulbricht« im Jahre 1953 sagte: »Die Chinesen machen das alles viel klüger.« R. Havemann

von Kunst und Literatur auf breitester Front«. Sie waren wie in der Sowjetunion von Fremdenhaß akkompagniert. Der Fetischismus, der in ihrem Gefolge einzog, übertraf jedoch alles bis dahin Vergleichbare. Mit der Kulturrevolution changierte er sogar in massenhaften Götzendienst; Maos rotes Büchlein wurde selbst von den Spitzen der Partei und Regierung rituell gewedelt. Nach Mao avancierte Fidel Castro zum Idol der kommunistischen Künstler, die in der Entartung der sozialistischen Revolution einen Zufall politischer Geographie sehen. Kuba galt Jahre hindurch als Paradebeispiel, daß eine sozialistische Revolution nicht ihre eigenen Künstler zu verschlingen braucht.[9] Das änderte sich erst im Frühjahr 1971, als eine Kampagne gegen die abweichlerischen Künstler und Intellektuellen gestartet wurde. Sie ging aus der allgemeinen Radikalisierung hervor, die begann, als Fidel Castro im Sommer 1970 den wirtschaftlichen Bankrott öffentlich zugab, und prozedierte mit Prozessen gegen Sündenböcke, mit einer Militarisierung der Bürokratie und mit einem geschürten Fremdenhaß, der frühere Bewunderer Castros, die – wie Jean-Paul Sartre – die sinistre Wende kritisierten, als CIA-Agenten despektierte.

Der Umschlag der revolutionären Diktatur in die totalitäre Diktatur hatte sich auch im Dritten Reich ereignet, wodurch ein anderes Argument gegen die Formalisierung widerlegt ist, das einwenden könnte, dergleichen vollziehe sich nur in unterentwickelten Landstrichen. Allerdings lief dieser Prozeß in Deutschland so schnell ab, daß nur wenige damals seine Konturen bemerkten; er ist auch heute unerkannt, wenn nicht, zunutzen eines Diskriminierungsgewerbes, sogar tabuisiert. Die Bücherverbrennung am 10. Mai 1933 war noch ein revolutionärer Akt; ihm fehlten die totalitären Implikationen. Zur gleichen Zeit hielt Joseph Goebbels den Expressionismus noch für eine revolutionäre deutsche Kunst. Benn konnte noch am 29. März 1934 in seiner »Rede auf Marinetti« den Futurismus als einen faschisti-

schrieb noch 1969 im Rückblick auf seine China-Reise von 1951: »Die chinesische Kultur hat einen viel größeren Abstand von der Barbarei erreicht als die europäische« (Der Sozialismus von morgen. In: Das 198. Jahrzehnt – Eine Teamprognose für 1970 bis 1980. Hamburg 1969; auch: R. H.: Rückantworten an die Hauptverwaltung »Ewige Wahrheiten«. München 1971, 105).

[9] Pilgerfahrten von Künstlern aus der DDR auch hier: B. Uhse: Im Rhythmus der Conga – Ein kubanischer Sommer. Berlin (Ost) 1962.

schen Stil bezeichnen.[10] Die Kehre deutete sich an, als die
ingeniösen Versuche von Carl Schmitt und Ernst Forsthoff, die
»deutsche Revolution« des Nationalsozialismus als eine Wende
zum totalen Staat hin zu präjudizieren, von Alfred Rosenberg
gestoppt wurden, der erklärte, Ziel der Revolution sei »nicht die
sogenannte Totalität des Staates, sondern die Totalität der
nationalsozialistischen Bewegung«[11]. Das bedeutete nichts
anderes als die fiktive Totalität eines Teils, der sich an die Stelle
des Ganzen setzen wollte. Der Umschlag zur totalitären Diktatur ereignete sich vor aller Augen, als mit der »Röhm-Affäre«
am 30. Juni 1934 die revolutionären Antriebe ausgemerzt wurden.[12] Knapp acht Wochen später schrieb Benn, der von der
Konzeption des »totalen Staates« fasziniert war, an Ina Seidel:
»Ich lebe mit vollkommen zusammengekniffenen Lippen, inner-
lich und äußerlich. Ich kann nicht mehr mit. Gewisse Dinge
haben mir den letzten Stoß gegeben. Schauerliche Tragödie! Das
Ganze kommt mir allmählich vor wie eine Schmiere, die fortwährend ›Faust‹ ankündigt, aber die Besetzung langt nur für
›Husarenfieber‹. Wie groß fing das an, wie dreckig sieht es heute
aus. Aber es ist noch lange nicht zu Ende.«[13] Benn zog sich
enttäuscht zurück, aber auch anderen, die dem Nationalsozialismus näher gestanden hatten, ging es nicht anders. Benn erhielt
bald Publikationsverbot, Arnolt Bronnens, im Stil der »deut-

10 G. Benn: Gesammelte Werke, I. Wiesbaden 1959, 478 f.
11 C. Schmitt: Weiterentwicklung des totalen Staats in Deutschland (1933).
»Verfassungsrechtliche Aufsätze« a. a. O., 359 f.; ders.: Staat, Bewegung,
Volk. Hamburg 1933; E. Forsthoff: Der totale Staat. Hamburg 1933.
Dagegen A. Rosenberg: Totaler Staat? »Völkischer Beobachter«, 9.1.1934.
12 Über C. Schmitts Kommentar »Der Führer schützt das Recht«, der, wie
mir der Verfasser in einem Brief am 26. 10. 1968 mitteilte, im Auftrag
von Blombergs geschrieben wurde, um die Ehre der gemeuchelten Generäle
v. Schleicher und v. Bredow zu retten, ging die geschichtliche Entwicklung
naturwüchsig hinweg. Der unmittelbare Zweck wurde erreicht, der übergreifende, mit der Liquidierung der Revolution die Wiedereinführung der
Legalität und das Wiedererstehen des Staates zu postulieren, nicht. Die
Nationalsozialisten erkannten diesen Hintergedanken vom Standpunkt
der Abwehr sofort – im Gegensatz zu zahlreichen Zeitgeschichtlern, die
den Aufsatz noch immer als ein Schanddokument deutscher Misere
ansehen. Von den letzteren dürften nicht wenige verblüfft sein, wenn sie
erführen, daß die Zahl der Opfer dieser »deutschen Bartholomäusnacht«,
wie O. Strasser 1935 den 30. Juni nannte, sich auf 86 belief.
13 G. Benn: Ausgewählte Briefe. Wiesbaden 1957, 58. – Zu seinem Gebrauch
der Wendung »totaler Staat« vgl. vor allem: Die Kunst braucht inneren
Spielraum. Gesammelte Werke, a. a. O., I, 260.

schen Revolution« geschriebener Roman »Kampf im Äther«
wurde schon 1935, im Jahr seines Erscheinens, von Rosenberg
auf die Liste der unerwünschten Bücher gesetzt.[14]
Der sozialistische Realismus erhielt in der Kunstdoktrin des
Dritten Reiches sogar eine detaillierte Parallele. Dekadenzkritik,
Verteufelung der Moderne, Gemeinschaftskult, Führerkult, Ver-
drängung der Wirklichkeit durch Simulacra sollten auch hier eine
Kunst mit repressiven, fetischistischen, trivialen Zügen hervor-
treiben. Die Folgen wurden, wie in der Sowjetunion, verheerend.
Die deutsche Literatur konnte sich bis heute von ihnen nicht
gänzlich erholen.
Die Belletristik in der DDR mußte deshalb durch den Import
des sozialistischen Realismus schwerer getroffen werden als
andere Literaturen. Der Landstrich, den er hier heimsuchte, war
literarisch schon verödet. Der Verwüstungseffekt wurde durch
perfektere Lenkung noch gesteigert. Die Kulturpolitik, wie sie
sich unter den besonderen Verhältnissen der DDR entwickelte,
überbot die Kulturpolitik des Dritten Reiches in zwei wesentlichen Punkten: sie ließ den Künstlern keine Desiderate, und sie
brach sie moralisch durch eine endlose Kette erzwungener
Bekenntnisse zu repressiven Maßnahmen. Ein Werk in Stil und
Ziel der »Marmorklippen« von Ernst Jünger, das im Dritten
Reich 1939 erschien, hätte zu einer vergleichbar angespannten
Zeit in der DDR nie die Zensur passiert. Das Dritte Reich
erpreßte von den Künstlern auch keine Billigung der Röhm-
Affäre, der Kristallnacht oder der Konzentrationslager, so wie
die DDR die Unterdrückung von Volkserhebungen oder den Bau
der Mauer künstlerisch feiern lassen sollte.
Es sollte sich in der DDR sogar eine gewisse Wahlverwandtschaft zwischen NSDAP und KPD fortsetzen, die sich schon in
der Weimarer Republik ankündigte. Sie ist keineswegs auf die
bekannten Aktionen beschränkt, die gemeinsam im Parlament
und auf der Straße voranschritten. Ein Film wie »Kuhle Wampe«
von Brecht und Dudow strahlte einen Kollektivgeist aus, der
sich nur attributiv vom nationalsozialistischen Ideal unterschied.

---

14 A. Bronnen konnte damals den Roman bezeichnenderweise nur noch unter
   einem Pseudonym (A. H. Schelle-Noetzel) veröffentlichen; er wurde von
   der offiziellen Kritik im Inland wie von der Exilkritik im Ausland abgelehnt; vgl. hierzu: Arnolt Bronnen gibt zu Protokoll. Hamburg 1954,
   310 ff.

Dieser positiven Grundposition entsprach negativ die hervorstechende Lust, den bürgerlichen Individualismus und seine Emanationen zu beseitigen, die sich in Marschliedern und Drohungen gegen Künstler austobte, die nicht mitmarschieren wollten. Die Aktion »Weiße Mäuse«, die Arnolt Bronnen gegen den Film »Im Westen nichts Neues« startete, unterschied sich habituell nicht von den Barbarismen, mit denen Brecht Rilke, George und Benn anrempelte.[15]

Wie in der revolutionären Phase, setzte sich die Parallele auch in der repressiven Phase fort. So kam es 1937 zu einer phantastischen Koinzidenz zwischen der Ausstellung »Entartete Kunst« in München und der Expressionismus-Debatte im Moskauer Exil. Adolf Ziegler sagte in seiner Eröffnungsansprache über die »entarteten Werke«: »Es muß einem das Grausen ankommen, wenn man als alter Frontsoldat sieht, wie der deutsche Frontsoldat beschmutzt und besudelt wird, oder wenn in anderen Werken die deutsche Mutter als geile Dirne oder als Urweib und im Gesicht mit dem Ausdruck einer stupiden Blödheit durch solche Schweine verhöhnt wird ...«. Alfred Kurella beschimpfte im Schlußwort der Moskauer Debatte Benn, der »antike Gestalten« neben »Syphilitikern vom Belle-Alliance-Platz« stellte und märkische Wiesen mit Bordellen kombinierte; er nannte den Expressionismus einen »trüben, gurgelnden, bodenlosen Strom der Selbstzersetzung des bürgerlichen Denkens« und stimmte den Jubel an: »Nun ist dieses Erbe zu Ende ...«. Daß er den Text unter dem Pseudonym Bernhard Ziegler veröffentlichte, besiegelte die Koinzidenz mit der Pointe nomen est omen.[16]

Die Wahlverwandtschaft ging auf die Jugendbewegung zurück, die man, frei nach Lenin, als eine Kinderkrankheit des Nationalsozialismus und des Kommunismus bezeichnen könnte. In ihren Reihen begab sich der »Rembrandt-Deutsche« von Langbehn mit den »Alten und den Jungen« von Bartels unter dem Fähnlein des »Kunstwarts« von Avenarius auf die »Wege nach Weimar« von

---

[15] B. Brecht: Gesammelte Werke. Frankfurt a. M. 1967, XVIII, 60 ff. Hier steht auch der, dem Kampf gegen das Feuilletonistengeschmeiß gewidmete, vielsagende Satz: »Ich würde im Bedarfsfall vor völliger Existenzvernichtung keinen Augenblick zurückschrecken.«

[16] H. Brenner: Die Kunstpolitik des Nationalsozialismus. Reinbek 1963, 203; A. Kurella: Zwischendurch – Verstreute Essays 1934–1940. Berlin (Ost) 1961. Zur Zeit der Handlung glossierte das E. Bloch: Erbschaft dieser Zeit. Frankfurt a. M. ²1962, 264 f.

Lienhard: Bücher, die Gesundheit gegen Fäulnis, Harmonie gegen Verzerrung, Ideengehalt gegen Kritik, Heimatstolz gegen Dekadenz, Gemeinschaft gegen Einzelgängerei setzten. Aus diesen Kreisen kamen Alfred Rosenberg und Arthur Dinter, Johannes R. Becher und Alfred Kurella, aber auch Dissidenten wie Otto Strasser und Karl August Wittfogel.[17] So entsprangen die Tiraden von A. Ziegler und »B. Ziegler« demselben geistesgeschichtlichen Klima, das 1937 seine revolutionären Triebe allerdings schon versengt hatte.

Diese Affinität zu den Prämissen des sozialistischen Realismus erleichterte zweifelsohne den sowjetrussischen Import und befestigten seine Dominanz für viele Jahre. Shdanow hatte am Anfang der ersten Phase der repressiv-fetischistischen Trivialliteratur die bürgerliche Kunst als Verfall und Fäulnis bezeichnet und ihre Helden als Dirnen, Diebe, Detektive und Gauner klassifiziert; zu Beginn der zweiten Phase brandmarkte er Anna Achmatowa als »wildgewordene Salondame«, die sich »zwischen Boudoir und Betstuhl« bewegt. Das waren vertraute Töne.

Der Hallenser Germanist Günter Hartung hat in seiner Studie »Über die deutsche faschistische Literatur«, 1968, auf die »regressive Kunstanschauung« hingewiesen, die Bartels, Langbehn und Lienhard vertraten. Sie forderte »vom Gesichtspunkt der literarischen Technik aus« einen »bewußten Rückschritt« und deutete schon »auf die zwei Hauptverfahren der späteren faschistischen Literatur voraus: auf den oberflächentreuen Pseudorealismus und die klassizistische Monumentalkunst«. Bei der Analyse dieser Literatur fand Hartung heraus, daß sie auf Erlebnissen beruhte, in denen »durchweg abgeleitete, von den Bewußtseinsapparaten erzeugte oder gesteuerte Emotionen, bestenfalls genormte Verhaltensweisen«, sich ausdrücken. »Mit der ebenfalls gesteuerten Ideologie zusammen«, fuhr er fort, »bilden sie einen Bewußtseinszustand aus, der seinen Besitzern als einfach und natürlich erscheint, weil er sich ohne ihre Anstrengung hergestellt hat. Das Ziel einer daraus hervorgehenden Literatur kann nur die Bestätigung des ›Erlebnisses‹ durch Ausdruck und seine Über-

---

17 vgl. W. Laqueur: Die deutsche Jugendbewegung – Eine historische Studie. Köln 1962; H.-J. Schoeps: Rückblicke. Berlin 1963; ein Beispiel aus dem Diskriminierungsgewerbe: H. Pross: Jugend, Eros, Politik. München 1964.

tragung auf andere Personen sein. Grundsätzlich bezweckt die ns Technik eine unmittelbare Identifizierung des Aufnehmenden mit den ihm vorgesetzten Gestalten und Werten. Es wird nichts durchgelassen, das aus dem jeweiligen Affekt- und Ideologiekomplex hinausführte; die Gestalten sind so einlinig angelegt wie die Geschehnisse, und alles zusammen unterliegt einer ursprünglichen Determination. Dem Leser wird keine Freiheit gelassen, die Wirklichkeit mit ihrem Bilde zu vergleichen, nicht einmal Distanz: Man behandelt ihn wie die Reklame den Kunden. Daß die Literatur des NS ebenso wenig wie dessen politische Praxis Kritik förderte oder erlaubte, versteht sich bei alledem von selbst. Weit entfernt, die Kluft zwischen Dichtung und Volk schließen zu können, hat die faschistische Literatur sie vielmehr unerhört vertieft. Das Empfinden für Echtheit, für die jeweils in der Sprache sich offenbarende Moral der künstlerischen Arbeit ist weiter verdorben worden. Befestigt wurde das Verlangen nach leichter Eingängigkeit und Identifikation, das sowohl auf alle schwierige als auch auf alle widerspruchsreiche, verfremdende, dem Publikum kritisch gegenüberstehende Kunst mit Wut reagiert.«[18]

Es ist in dieser bestimmenden Beschreibung nicht ein einziger Satz, der nicht auch auf den sozialistischen Realismus zuträfe. Günter Hartung schilderte im Fortgang seiner Studie, als wollte er die Parallele noch mehr hervorheben, wie das Dritte Reich von seiner system-immanenten Belletristik stets ein »modernes credo quia absurdum est« forderte. Von den Elementen, die unterdrückt wurden, weil sie aus dem Affekt- und Ideologiekomplex hinausführten, behandelte er bevorzugt die Sexualität, wobei er mit legitimem Behagen einen der kritischen Sätze von Friedrich Engels über die zeitgenössische sozialistische Belletristik zitierte: »Es wird nachgerade Zeit, daß wenigstens die deutschen Arbeiter sich gewöhnen, von Dingen, die sie täglich oder nächtlich selbst treiben, von natürlichen, unentbehrlichen und äußerst vergnüglichen Dingen ebenso unbefangen zu sprechen wie die romanischen Völker, wie Homer und Plato, wo Horaz und Juvenal, wie das Alte Testament und die ›Neue Rheinische Zeitung‹.«

Die Parallele war kein Zufall. Das literarische Verfahren, nach

[18] G. Hartung: Über die deutsche Literatur. »Weimarer Beiträge«, 1968, Heft 3, 2. Sonderheft und Heft 4, 500 und 678 ff.

Makarenko, »sehr viele Details der menschlichen Persönlichkeit mit der Stanzmaschine serienweise« herzustellen, und, wie Hartung es für die system-immanente Belletristik des Dritten Reiches formulierte, mit »abgeleiteten, von den Bewußtseinsapparaten erzeugten oder gesteuerten Emotionen, bestenfalls genormten Verhaltensweisen« zu arbeiten, entsprach einer manipulativen Technik, die auch in der Gesellschaft angewandt wurde. Die schematischen Konflikte, Figuren und Lösungen hier und die einlinigen Gestalten und Geschehnisse da bezogen ihren Funktionsmodus von einer simulierenden Bürokratie. Das Exstirpieren der sozialen, psychologischen, erotischen und mythischen Komponenten der menschlichen Beziehungen hier und die Wahrung des Affekt- und Ideologiekomplexes da folgte einer kollektivistischen Praxis, die den einzelnen hier bedingungslos unterwarf und da zu unmittelbarer Identifikation zwang. Hier und da spendete ein Cäsaropapismus diesen tristen Zusammenhängen falschen Glanz, dem Verzicht auf Kritik gauklerische Gewißheit und dem credo quia absurdum est trügerische Absolution. Technik, Bürokratie, Kollektivismus und Cäsaropapismus sind die vier Grundelemente der totalitären Diktatur jedweder Couleur. Karl Marx hatte die tendenziellen Gefahren ihrer Verbindung am Regime Louis Bonapartes abgelesen und mit einem transzendierenden Vokabularium beschrieben. Vielleicht lag es an dieser mehr pittoresken Gestalt, daß die Warnungen verhallten.

3. Politische Prämissen

Die marxistische Tradition in Deutschland hätte die Dominanz des sozialistischen Realismus in der DDR eigentlich schnell auflösen müssen. In Polen versuchte man schon Anfang der 50er Jahre die sowjetrussische Dogmatik mit den Überlieferungen polnischer Marxisten zu unterlaufen. Krywicki, Kelles-Krauz und Abramowski wurden nicht nur zu Objekten von Untersuchungen, sondern durch Neudrucke auch zu Subjekten der Auseinandersetzung; wobei Krywickis Theorie der Mutation, die politische Ideen erleiden müssen, wenn sie in ein anderes Milieu einwandern, eine hervorragende Rolle in der Deklassierung des Sowjetmarxismus spielte.[1] In der DDR geschah nichts dergleichen. In anderen sozialistischen Ländern versuchte man auch durch Besonderheiten der nationalen Geschichte das sowjetrussische Modell ad hoc zu modifizieren. Es strömten dabei den Politikern wie den Künstlern aus dem Volk unschätzbare Impulse und Kräfte zu. In der DDR war das von Anfang an anders. War die Belletristik in der DDR schon wegen des eigenartigen Verhältnisses der deutschen Literatur zur Gesellschaft anfälliger und nach den Verheerungen des Dritten Reiches widerstandsschwächer, so hielt ein ebenfalls spezielles Verhältnis zu Partei, Geschichte und Volk die Künstler lange Zeit davon ab, den sozialistischen Realismus zu überwinden.

Es gibt wohl kaum ein trefflicheres Beispiel für das Mißverhältnis zur marxistischen Tradition in Deutschland als die Einleitung, mit der Fritz Erpenbeck, ein Mitglied der »Gruppe Ulbricht«, 1948 den Sammelband Karl Marx/Friedrich Engels »Über Kunst und Literatur« präsentierte, den Michail Lifschitz herausgegeben hatte. Während Lifschitz die Sammlung unter das Motto des Kampfes gegen die »Vulgärsoziologie« stellte, das Plechanow schlug, aber Stalin und Shdanow meinte,[2] benutzte Erpenbeck die Arkanformel, um den deutschen Marxismus zu denunzieren. Er schrieb: »Die vulgärsoziologische Betrachtungsweise unter fälschlicher Berufung auf Marx und Engels ist schon ursprünglich kein russisches, sondern vielmehr ein deutsches Mißverstehen oder Mißverstehenwollen der marxistischen Denkmethode, der historisch-materialistischen Dialektik, das nicht erst mit Kautsky begann, sondern nur von ihm in seiner Spätphase sozusagen zum System erhoben wurde. Aber nicht nur dieses schlechte Erbe eines verflachenden und verwässernden Revisionismus lastet auf uns; wir dürfen nicht vergessen, daß der Marxismus im Lande des Sozialismus, in der Sowjetunion, gerade zu der Zeit, da er bei uns weitgehend in Reformismus versank – von dem ein schematischer Radikalismus nur die

---

1 Nach Mitteilungen von O. Lange im Winter 1964 in Cortina d'Ampezzo. Der polnische Nationalökonom drückte dabei seine Verwunderung aus, warum in der DDR das Werk Kautskys vernachlässigt würde; von dem er besonders die 2bändige »materialistische Geschichtsauffassung« von 1927 und die Spätwerke »Krieg und Demokratie« und »Sozialisten und Krieg«, die im Prager Exil erschienen, hervorhob.

2 vgl. hierzu das Lifschitz-Kapitel in: H.-D. Sander, Marxistische Ideologie und allgemeine Kunsttheorie, a. a. O.

65

Kehrseite ist –, im Werk Lenins und Stalins in wundervoll theoretisch-praktischer Wechselwirkung sich weiterentwickelte und seine Probe mehr als bestand!«[3] Diese Sätze stellten die Weichen, und die Diskussion lief auf sowjetrussischem Kurs.

Ansätze zu einer Gegenposition blieben stecken.[4] Werner Krauss erinnerte in seinem Aufsatz »Literaturgeschichte als geschichtlicher Auftrag«, 1950, in schweigendem, aber deutlichem Gegenzug zum »sozialistischen Realismus« an den »heroischen Realismus« der frühen Sowjetliteratur. Er polemisierte gegen die »klassizistische Wertungsweise« von Georg Lukács, der im Kampf gegen die Moderne dem sozialistischen Realismus verhaftet blieb. Er stritt sogar gegen die heraufziehenden neuen kollektivistischen Tendenzen, indem er aus den Pariser Manuskripten von Marx den Satz zitierte: »Es ist vor allem zu vermeiden, die ›Gesellschaft‹ wieder als Abstraktion dem Individuum gegenüber zu fixieren.« Werner Krauss folgerte daraus: »Sozialismus heißt nicht, daß nunmehr überall die Gesellschaft die individuelle Position überrundet; vielmehr durchdringen sich beide in einem neuen Verhältnis.«[5] Zu ähnlichen Formeln fand in dieser Zeit auch Karl Polak, der in seinen Vorlesungen über die Staatslehre von Augustinus bis zu Lenin, im Rückgriff auf die Pariser Manuskripte, sagte: »Man muß, wenn man den Marxismus richtig verstehen will, immer im Auge behalten, daß er keine bloß ökonomische Lehre ist, sondern die Lehre von der Befreiung der Menschheit, von der Emanzipation des Menschen, das heißt von der Angleichung der gesellschaftlichen Verhältnisse

---

[3] K. Marx/F. Engels: Über Kunst und Literatur. Berlin (Ost) ²1951, VIII. Den beiden Redakteuren dieser Ausgabe, K. Thöricht und R. Fechner, war damals, wie sie mir später, 1966, in West-Berlin versicherten, durchaus aufgefallen, wie inkommensurabel der Band für den sozialistischen Realismus ist.

[4] Die Zeitschrift »Sinn und Form«, die P. Huchel leitete, druckte anfangs noch Aufsätze von unabhängigen Marxismus-Interpreten: »Über einige Motive bei Baudelaire« von W. Benjamin, und »Odysseus oder Mythos und Aufklärung« von M. Horkheimer/T. W. Adorno (4/1949), »Existentialismus« von H. Marcuse (1/1950). Es sollten 20 Jahre vergehen, ehe wieder Texte dieser Richtung in der DDR veröffentlicht wurden: eine Aufsatzsammlung »Lesezeichen« (1970) von W. Benjamin und vom selben die ursprüngliche, nach Auseinandersetzung mit T. W. Adorno als vulgärmarxistisch verworfene Fassung »Das Paris des Seconde Empire bei Baudelaire« (1971).

[5] W. Krauss: Studien und Aufsätze. Berlin (Ost) 1959, 69 f. und 59; der Aufsatz erschien 1950 in »Sinn und Form«, Heft 4 dieses Jahrgangs.

an das menschliche Wesen.«[6] Während die Position von Polak ein verlorener Posten blieb, den er selbst räumte, als er half, umgekehrt das menschliche Wesen in der DDR den gesellschaftlichen Verhältnissen anzupassen, konnte sich die Position von Krauss wenigstens in seinem Fachgebiet, der Romanistik auswirken; daß sie keine dogmengeschichtliche Relevanz gewann, hatte nicht zuletzt er selbst verhindert, indem er sich unberufen an der Denunzierung der »marxistischen Abweichungen in älterer und jüngster Zeit«[7] beteiligte.

Das gestörte Verhältnis zur marxistischen Tradition in Deutschland hängt mit einem tiefen Minderwertigkeitskomplex der deutschen Kommunisten zusammen. Es ist ihnen nicht eine einzige bemerkenswerte revolutionäre Erhebung geglückt. Der fatale Umstand, daß dieses Unvermögen gerade im Land von Marx und Engels, der ersten großen Arbeiterpartei und der ersten hervorragenden Lehrer des Proletariats statthaben konnte, erfüllte sie mit destruktiven Zweifeln an der eigenen Überlieferung. Andererseits sind in Deutschland alle bedeutenden marxistischen Theoretiker und Führer sukzessiv in schroffen Gegensatz zum Bolschewismus geraten. Das war der Fall bei Kautsky und Hilferding, bei Rosa Luxemburg und Paul Levi, bei Ruth Fischer und Thalheimer, bei Korsch, Arthur Rosenberg und Wittfogel, bei Heinz Neumann und Willi Münzenberg. So gesellte sich, vom Standpunkt der erfolgreichen russischen Revolution, dem Vorwurf revolutionärer Schwäche der Verdacht konterrevolutionärer Latenzen. Es fehlte ein revolutionärer Mythos, der die KPD mit ihrem außergewöhnlichen Fundus konzeptiver und operativer Talente legitimieren konnte, in der kommunistischen Weltbewegung einen schismatischen Prozeß einzuleiten. Auch waren die deutschen »Ketzer« schon sehr früh in die Fraktionskämpfe der KPdSU verstrickt, die mit der Prämie der ersten kommunistischen Macht rücksichtslos hantierte. So lernte die KPD eifrig, ihre eigenen Traditionen zu verachten und sich dem Sowjetmarxismus anzuschmiegen. Sie manifestierte das dogmen-

---

6 In: Karl Marx – Begründer der Staats- und Rechtstheorie der Arbeiterklasse. Aktuelle Beiträge anläßlich des 150. Geburtstages von Karl Marx, hrsg. v. d. Deutschen Akademie für Staats- und Rechtswissenschaft »Walter Ulbricht«. Berlin (Ost) 1968, 69 f.

7 W. Krauss: Über marxistische Abweichungen in älterer und jüngster Zeit. »Einheit«, 4/1947.

geschichtlich mit dem Buch »Der dialektische Materialismus« von Kurt Sauerland, das 1932 nach Stalinschen Direktiven die deutschen Linken einem Scherbengericht überantwortete, und rituell mit dem Gruß »Heil Moskau«, der, einzigartig in der Kommunistischen Internationale, sie vom deutschen Volk mehr und mehr entfremdete.

Für die Schriftsteller, die sich organisatorisch oder sympathetisch der KPD anschlossen, bedeutete das eine Option für den sowjetrussischen Weg, die mit schwer tilgbaren Hypotheken belastet war. Wie stark die unheilvolle Bindung wurde, zeigt die Dissidenz an, die unter Deutschen, blickt man vergleichend auf Frankreich, England oder auf die USA, ausgesprochen gering war. Nur drei deutsche Schriftsteller konnten den Pakt brechen: 1938 Kurt Kläber, 1941 Gustav Regler, 1947 Theodor Plievier. Ernst Ottwalt kam während der Säuberungen im Moskauer Exil um. Von den älteren kommunistischen Intellektuellen, die später die DDR verließen, waren bezeichnenderweise Ernst Bloch Philosoph, Alfred Kantorowicz und Hans Mayer Literaturwissenschaftler. Erst 1971 setzte sich mit Peter Huchel wieder ein Dichter dieser Generation ab.

Es war dabei gewiß nicht ohne Bedeutung, daß die kommunistische Belletristik in der Weimarer Republik ihren Höhepunkt erreichte, als Stalin in Rußland die totalitäre Diktatur errichtete. Nur wenige kommunistische Schriftsteller wie Arendt, Becher, Kläber, Berta Lask oder Alfred Kurella waren schon vorher mit charakteristischen Werken hervorgetreten. Die meisten veröffentlichten ihr erstes größeres Werk nach dem Ende der revolutionären Diktatur: 1929 – Karl Grünberg »Brennende Ruhr«, Ernst Ottwalt »Ruhe und Ordnung«; 1930 – Hans Marchwitza »Sturm auf Essen«, Willi Bredel »Maschinenfabrik N & K«, Adam Scharrer »Vaterlandslose Gesellen«, Ludwig Turek »Ein Prolet erzählt«, Theodor Plivier »Des Kaisers Kuli«; 1931 – F. C. Weiskopf »Das Slawenlied«; 1932 – Gustav Regler »Wasser, Brot und blaue Bohnen«; 1933 – Otto Gotsche »Märzstürme«. In dieser Periode fanden auch die meisten Übertritte zum Kommunismus statt: 1928 – Friedrich Wolf, Ludwig Renn, Anna Seghers, Louis Fürnberg; 1929 – Erich Weinert; 1930 Bodo Uhse und Bertolt Brecht; 1932 – Johannes Wüsten. In dieser Atmosphäre wurden auch die jüngeren Schriftsteller geprägt, die erst in der Emigration hervortraten, wie Eduard Claudius, Jan Petersen, Kuba, Max Zimmering, Stephan Hermlin oder Stefan Heym.

Dieser Periodik entsprach die Bereitschaft zur Verherrlichung der totalitären Diktatur in der Sowjetunion, wozu die kollektivistische Wahlverwandtschaft zwischen KPD und NSDAP auch ihr Scherflein beigetragen haben mag. Die Transformation der Sowjetgesellschaft, die Millionen Menschenopfer kosten sollte, konnte von deutschen Schriftstellern um so eher glorifiziert werden, als es ihnen in der Tradition der deutschen Literaturgeschichte am Spürsinn für gesellschaftliche Zusammenhänge mangelte.[8]

Ein paar typische Beispiele waren: für die Kollektivierung der Landwirtschaft »Kollektivdorf und Sowjetgut« von Berta Lask und »Was geht im kollektivierten Sowjetdorf vor?« von Grünberg (1931); für die Industrialisierung »Der große Plan – Epos des sozialistischen Aufbaus« von Becher (1931) und »Zukunft im Rohbau« von Weiskopf (1932); für die anhebenden Schauprozesse »Die Maßnahme« von Brecht (1931) und entsprechende Passagen bei Weiskopf und Becher. Man braucht nicht einmal zu den drei Büchern »Auf falscher Bahn«, »So geht es nicht!«, »Rußland nackt« (1930) zu greifen, in denen Panait Istrati seine Eindrücke von den ersten Jahren der totalitären Transformation niederlegte (und seinen Abfall vom Kommunismus begründete). Es genügt, zum Vergleich den Kollektivierungsroman »Neuland unterm Pflug« von Scholochow und den Industrialisierungsroman »Der zweite Tag« von Ehrenburg heranzuziehen, um den Realitätsgehalt jener Darstellungen zu prüfen. Selbst vor den gesiebten Partikeln dieser Romane aus der Übergangsphase zum sozialistischen Realismus wirken Aussagen wie »Mit unaufhaltsamer Kraft setzt sich der Massenwille durch« von Berta Lask oder Ansprüche wie »Gewaltiges haben / Vor uns gesungen / Die

---

8 vgl. die Sammlung von Optionen in: Aktionen Bekenntnisse Perspektiven – Berichte und Dokumente vom Kampf um die Freiheit des literarischen Schaffens in der Weimarer Republik. Berlin (Ost) 1966, 469 ff. Sogar F. Blei schrieb sykophantisch: »Wenn ich bei uns im Westen zuweilen höre, daß man in Rußland nicht die Freiheit besitze zu schreiben, was man wolle, frage ich den Urteilenden immer: ›Und was, mein Lieber, fangen Sie schon mit Ihrer Freiheit bei uns an?‹ « (525 f.). Daß es übrigens für einen deutschen Dichter nicht gänzlich unmöglich war, die sowjetrussischen Verhältnisse zu durchschauen, bezeugte der sympathisierende E. Toller mit seinen »Russischen Reisebildern« (Quer durch. Berlin 1930).

Dichter aller Zeiten / Das Gewaltigste aber / Blieb uns zu singen: / Wir singen / den Fünfjahrplan« von Becher mindestens wirklichkeitsfremd. Als skurril kann noch hingehen, daß Grünberg den notleidenden Bauern in der Weimarer Republik die Kollektivierung in Rußland zur Remedur empfahl. Er wußte weder, wie es hier noch wie es dort wirklich aussieht. Als gespenstisch muß jedoch »Die Maßnahme« von Brecht erscheinen, in der die physische Liquidierung von Genossen gerechtfertigt wird, die gegen die Parteilinie verstoßen. Dieses Stück partizipierte traumwandlerisch an dem allgemeinen Trend, der das europäische Recht verwüstete: Maßnahmen mit Gesetzen zu verwechseln und Gesetze durch Maßnahmen zu ersetzen.[9] Dagegen waren Bechers Ausfälle in der »Linkskurve« gegen Heinrich Mann, der 1932 gegen die Erschießung von 48 »Volksfeinden«, denen die von der Kollektivierung verursachte Hungersnot zur Last gelegt wurde, protestiert hatte, noch relativ harmlos. Er warf ihm nur vor, von der ruchlosen Schuld der Angeklagten nicht überzeugt zu sein.

Von 1933 an wurde der Minderwertigkeitskomplex der deutschen Kommunisten durch einen Schuldkomplex vertieft. Dem Trauma revolutionären Versagens gesellte sich das Trauma, Hitler nicht verhindert zu haben. Da die KPD dabei nur die Taktik befolgt hatte, die ihr von Moskau vorgeschrieben worden war, Moskau sich aber nicht bereit zeigte, diese Fehler einzugestehen, sondern die deutschen Kommunisten in der Kommunistischen Internationale als Sündenböcke hinstellte, war eine offene und gründliche Diskussion über diese Angelegenheit nicht möglich. Der Schuldkomplex war aus schlechtem Gewissen und Demütigung gemischt; bei den deutschen Kommunisten im sowjetrussischen Exil kam noch ein Gemenge aus Dankbarkeit gegenüber dem Gastgeber und aus Furcht hinzu, von den Säuberungswellen erfaßt zu werden. Das Verhältnis der KPD zur KPdSU trat in das Stadium politischer Perversion ein.

In diesem Zustand sahen sich die emigrierten Schriftsteller in der Sowjetunion dem sozialistischen Realismus konfrontiert. Alfred Kurella schwang sich in der deutschen Gruppe schnell zum

---

[9] vgl. zur juristischen Bedeutung und Verwendung des Begriffs »Maßnahme« in diesen Jahren: C. Schmitt, Verfassungsrechtliche Aufsätze, a. a. O., nach dem systematischen Sachregister.

Wortführer des Kampfes gegen »Formalismus« und »Naturalismus« auf. Friedrich Wolf griff sogar in die russischen Debatten ein, indem er die literaturtheoretischen Positionen von Bucharin und Radek rügte, die auf dem 1. Schriftstellerkongreß Einwände gegen den Shdanowschen Kodex erhoben hatten; er despektierte die berühmten sowjetischen Filme der zwanziger Jahre mit der Bemerkung, daß sie ihn an Taines Satz »Die Menschen sind Produkte wie Vitriol und Zucker« erinnerten, und er versuchte, den widerspenstigen Revolutionsdramatiker Wsewolod Wischnewskij von den Wohltaten des sozialistischen Realismus zu überzeugen.[10] Die ersten eklatanten Verheerungen dieser Literaturdoktrin in der deutschen kommunistischen Belletristik machten sich in der Lyrik von Johannes R. Becher bemerkbar, der sein bisheriges Schaffen verwarf und begann, jene Unmengen repressiv-fetischistischer Trivialpoesie zu verfassen, die lange Zeit vergessen ließen, daß er nicht nur früher ein bedeutender deutscher Dichter gewesen ist, sondern in einer Art Bewußtseinsspaltung fortfuhr, wenn auch in geringerer Zahl, bemerkenswerte Strophen niederzuschreiben. Noch schwerer traf die neue Literaturdoktrin Friedrich Wolf, dem nur noch ein einziges Mal ein Schauspiel gelingen sollte, das an seine besten Frühwerke, »Der arme Konrad« und »Die Matrosen von Cattaro« heranreichte: »Beaumarchais«, die Tragödie des revolutionären Intellektuellen, der sich von seinem Volk lossagt.

In den Jahren der Säuberungen schloß die totalitäre Apologie die eigene Existenzbedrohung ein. Friedrich Wolf sagte später, als ein Schauspieler ihn nach gemeinsamen liquidierten Freunden fragte: »Damals konnte jeder nur seine eigene Haut retten.«[11] Alfred Kurella schrieb 1937, im Jahr des Schreckens, als sein Bruder Heinrich verhaftet und ihm selbst die Ausreise nach Frankreich verweigert wurde, in seiner Kritik der Rußlandbücher André Gides: »Die Völker der Sowjetunion sind in den Händen guter und erhabener Pfleger, die wohl wissen, wie die herrlichen Anlagen des arbeitenden Volkes zur höchsten Ausbil-

---

[10] Zit. nach: H. Herting: Zur Diskussion um das sozialistische Menschenbild in den dreißiger Jahren. »Weimarer Beiträge«, 5/1968 ff. vgl. auch den Abschnitt »Die deutschen Schriftsteller und der 1. Unionskongreß der Sowjetschriftsteller«, in: Zur Tradition der sozialistischen Literatur in Deutschland – Eine Auswahl von Dokumenten. Berlin (Ost) ²1967, 591 ff.
[11] Mitteilung von W. Linke.

dung gebracht werden können. Die Glut der proletarischen Revolution ist eine gewaltige Glut der Läuterung und Umschmelzung des Menschen.«[12] Becher, der später, 1956, zugab, nachts in dem Moskauer Hotel »Lux« gezittert zu haben, aus Angst, daß die Schritte des Verhaftungskommandos auch vor seiner Tür enden konnten,[13] überbot das »Heil Moskau« der zwanziger Jahre mit Hymnen auf Moskau. »Von allen Städten, die ihr nennt und preist, / Ist sie die Stadt, die wächst und sich vollendet...«, so hob eines dieser Gedichte voll Prunk und Pomp an. Wie es wirklich in ihm aussah, bezeugen andere Gedichte dieser Zeit, »Der Krater« zum Beispiel, eine Paraphrase der Danteschen Hölle, die ein »großes Totenfest« beschwört und wohl kaum das Dritte Reich meinen konnte, das mit seinen Massenliquidationen erst später begann –, oder ein Gedicht mit der Strophe: »Das war die Angst: allein / zu sein im dunklen Zimmer. / Kein Lichtschein. Nicht ein Schimmer. / Das Dunkel kroch herein.«[14] Das waren zweifellos die Nächte im »Lux«, in denen kein Licht in der Finsternis, kein lux in tenebris zu sehen war. Im Kriege steigerte sich die Verzweiflung bis zu einem Selbstmordversuch.[15] Dennoch schrieb er nach seiner Heimkehr die »Hymne auf die UdSSR«, die pompös und prunkvoll mit den Versen anhob: »Du bist die Menschheitsfeste / Im Sturm der Barbarei! Du bist der Welten beste, / Denn dein Volk wurde frei.«[16]

Im westlichen Exil übertrumpfte Brecht die »Maßnahme«, die 1931 noch wenigstens Mitgefühl für den liquidierten Genossen kannte, durch die Notizen über die Moskauer Prozesse, in denen die Angeklagten als Verräter und Verbrecher, Schwächlinge und Memmen auftraten, die sich mit Geschmeiß, Parasiten, Berufs-

---

[12] A. Kurella: Zwischendurch, a. a. O., 125.
[13] Mitteilung von G. Zwerenz.
[14] J. R. Becher: Sterne unendliches Glühen. Die Sowjetunion in meinem Gedicht 1917–1951. »Sinn und Form«. Sonderheft »Johannes R. Becher«, 1951, 149; ders.: Der Glücksucher und die sieben Lasten – Verlorene Gedichte. Berlin (Ost) 1959, 119 f.; J. Rühle: Die Schriftsteller und der Kommunismus in Deutschland. Köln 1960, 156.
[15] R. v. Mayenburg: Blaues Blut und rote Fahnen. Wien 1969, 297. J. Hay, der Becher vorwiegend negativ zeichnete, berichtete in seinen Memoiren sogar von mehreren Selbstmordversuchen (Geboren 1900 – Erinnerungen. Hamburg 1971, 169).
[16] J. R. Becher: Sterne unendliches Glühen, a. a. O., 310.

verbrechern und Aasgeiern umgaben.[17] Ernst Bloch orakelte von Prozessen gegen greifbare Schlangenhäupter und bespie die Beschuldigten als politische Verbrecher und Schädlinge großen Ausmaßes.[18] Anna Seghers sagte über die Säuberungen: »Meine Methode: ich verbiete mir mit Erfolg, über derartiges nachzudenken.«[19] Wer beunruhigt war, beschwichtigte sein Gemüt mit der Glorifizierung der Moskauer Prozesse, die linksliberale Schriftsteller wie Heinrich Mann, der Schöpfer des deutschen »Untertan«, und Lion Feuchtwanger, der Kritiker korrupter Justiz in der Weimarer Republik, für klingende Münze lieferten.[20] Heinrich Mann billigte selbst den Pakt zwischen Stalin und Hitler, der sogar die KPD-Führung in einen schweren

---

[17] B. Brecht: Gesammelte Werke. XX, 111 f. Zum Fall des liquidierten Schriftstellers S. Tretjakow, mit dem er befreundet war, schrieb B. B., wie E. Schumacher (Drama und Geschichte – Bertolt Brechts »Leben des Galilei« und andere Stücke. Berlin [Ost] 1968, 411) verifizierte, das Gedicht »Ist das Volk unfehlbar?« (IX, 741 f.); er gestattete sich dabei die bohrende Frage »Gesetzt, er ist unschuldig«, die in allen sieben Strophen wiederkehrt, aber keine grundsätzlichen Zweifel in die Rechtmäßigkeit dieser Verfahren, die von »Söhnen des Volkes« in »Gerichte des Volkes« angestrengt würden – die Fehlbarkeit des »Volkes« reduzierte er auf den Satz: »Unter 50, die verurteilt werden, kann einer unschuldig sein.«

[18] E. Bloch: Kritik einer Prozeßkritik. »Neue Weltbühne«, 10/1937; ders.: Bucharins Schlußwort. ebd., 18/1938. Zit. nach: H.-A. Walter: Vor Tische las man's anders... Politische Messungen Ernst Blochs an Ernst Bloch. »Frankfurter Rundschau«, 12. 12. 1970; ein Aufsatz, der E. B. vorwirft, in der Ausgabe seiner politischen Schriften (Politische Messungen, Pestzeit, Vormärz. Frankfurt a. M. 1970) nicht nur diese Artikel stillschweigend fortgelassen, sondern auch in anderen, die Randbemerkungen über die Moskauer Prozesse enthalten, positive Bemerkungen in negative verkehrt zu haben.

[19] E. Sinko: Roman eines Romans – Moskauer Tagebuch. Köln 1962, 437.

[20] L. Feuchtwanger wurde, wie Elisabeth K. Poretski, die Gefährtin von I. Reiss, berichtete, mit einer Gesamtausgabe seiner Werke geködert, die in der SU bis dato wegen jüdisch-nationalistischer Einfärbung ignoriert worden waren (Les Nôtres. Paris 1969, 194 f.). L. F. beschrieb den Pjatakow-Radek-Prozeß, dem er beiwohnte, wie folgt: »Die Angeklagten selber waren gutgepflegte, gutgekleidete Herren von lässigen, natürlichen Gebärden, sie tranken Tee, hatten Zeitungen in den Taschen und schauten viel ins Publikum. Das Ganze glich weniger einem hochnotpeinlichen Prozeß als einer Diskussion, geführt im Konversationston, von gebildeten Männern, die sich bemühten, festzustellen, welches die Wahrheit war und woran es lag, daß geschehen war, was geschehen war. Ja, es machte den Eindruck, als hätten Angeklagte, Staatsanwalt und Richter das gleiche, ich möchte sagen, sportliche Interesse, die Geschehnisse lückenlos aufzuklären.« Er hielt das für Äußerungen einer ethischen Vernunft, die er verschmockt mit

Gewissenskonflikt stürzte.[21] Heinrich Mann zeigte sich von dem Vorwurf Willi Münzenbergs, das deutsche Volk werde deswegen einmal von ihm Rechenschaft fordern, durchaus unbeeindruckt.[22] Den Pakt priesen Brecht und Anna Seghers, Hermlin schrieb seine erste Stalin-Hymne im Jahr dieser unheilträchtigen Allianz, die mehr als das Münchner Appeasement den Zweiten Weltkrieg provoziert hat, und im fernen Israel desertierte Arnold Zweig zur Zeit des Paktes, seine zahlreichen Irrungen und Wirrungen durch neue ergänzend, vom Zionismus zum Kommunismus.

Die beliebte Gegenüberstellung liberale Westemigranten – doktrinäre »Moskowiter« stimmte schon im Exil nicht. Man kann im Gegenteil für die Schriftsteller, die in der Sowjetunion leben mußten, mehr Verständnis empfinden. Unter den führenden Kulturfunktionären, die später in der DDR den sozialistischen Realismus am rücksichtslosesten durchsetzten, gab es nur einen »Moskowiter«, Hans Rodenberg. Abusch, Hager und Gysi waren aus westlichen Ländern zurückgekommen. Holtzhauer,

»more geometrico constructa« umschrieb (Moskau 1937 – Ein Reisebericht für meine Freunde. Amsterdam 1937, 127 f. und 153). H. Mann wurde ab und zu aufmüpfig, was A. Kantorowicz dankenswerterweise festgehalten hat; z. B. den Satz über W. Ulbricht: »Sehen Sie, ich kann mich nicht mit einem Mann an einen Tisch setzen, der plötzlich behauptet, der Tisch, an dem wir sitzen, sei kein Tisch, sondern ein Ententeich, und der mich zwingen will, dem zuzustimmen.« (Deutsches Tagebuch, I. München 1959, 63) H. M. steuerte jedoch, wie mir Babette Groß, die Lebensgefährtin von W. Münzenberg mitteilte, immer wieder solche Ententeiche an, weil er von den Kommunisten finanziell abhängig war. H. M., für den bis dato der Begriff der Sünde keine sichtbare Rolle gespielt hatte, nannte die Prozesse, in denen »Wahrheit und Gerechtigkeit« triumphierten, Verhandlungen, in denen die Angeklagten »entsündigt« würden; der »Ruhm« der Moskauer Prozesse würde sogar von den siegreichen Krieg nicht verdunkelt werden können: »Gerade die Prozesse haben erwiesen – die Zeit wäre gekommen, es einzusehen –, daß die Sowjetunion für ihre Verteidigung gerüstet, moralisch gerüstet war.« (Ein Zeitalter wird besichtigt. Berlin [Ost] 1947, 119 f.) In Moskau hatte J. Hay den ideologischen Auftrag, L. F. zu einer günstigen Meinung über die Prozesse zu bewegen (Geboren 1900..., a. a. O., 216 f.). Die ideologische Betreuung H. M's. in Frankreich lag in der Obhut von A. Kantorowicz. Leider haben weder J. H. in seinen Memoiren noch A. K. in seinem »Deutschen Tagebuch« und »Exil in Frankreich – Merkwürdigkeiten und Denkwürdigkeiten« (Bremen 1971) nähere Einzelheiten über die Guru-Rollen mitgeteilt.

21 E. Fischer: Erinnerungen und Reflexionen. Reinbek 1969, 410 f.
22 B. Groß: Willi Münzenberg – Eine politische Biographie. Stuttgart 1967, 330; H. Mann: Ein Zeitalter wird besichtigt, a. a. O., Kapitel »Der Pakt«.

Ernst Hoffmann, Lauter, Gute und Girnus waren sogar politische Häftlinge im Dritten Reich gewesen. Kurella kehrte erst 1955 aus der Sowjetunion zurück, und Fritz Erpenbeck sollte in der Praxis Geschmeidigkeit und Diplomatie entfalten, die mitunter an Toleranz grenzten.

Die Option für die totalitäre Diktatur in Rußland hatte den Kampf gegen die totalitäre Diktatur des Dritten Reiches ins Zwielicht gerückt.[23] Da die deutschen kommunistischen Belletristen sich nicht gut als feindliche Brüder zu erkennen geben konnten, wappneten sie sich mit einem Moralismus, der mehr und mehr tartüffische Züge annahm. Dieser Antifaschismus konnte keine Kräfte gegen die totalitäre Entwicklung der DDR freisetzen. Als man aus Ost und West zurückkehrte, war der Wille, es besser zu machen als in Rußland, gewiß vorhanden, doch die Demoralisierung war gerade unter den Schriftstellern zu groß. Friedrich Wolf, der geträumt hatte: »Wenn wir einmal in unserem lieben befreiten Deutschland sein werden, so wird alles wie ein schwerer, ganz unglaubhafter Traum sein«,[24] spielte mit Entsetzen Scherz, indem er prahlte, seinen Sohn in der Uniform eines Offiziers der Sowjetarmee bei Theatern herumzuschicken, die seine neuen schlechten Stücke nicht spielen wollten.[25]

Das gespannte Verhältnis der deutschen Kommunisten zur marxistischen Tradition in Deutschland hatte Ende der Weimarer Republik die forcierte Option für den sowjetrussischen Weg begünstigt, und die Option verhinderte jetzt, daß man nach der Machtergreifung in der DDR dieses Verhältnis Stück um Stück normalisierte. Der »deutsche Weg zum Sozialismus«, den 1945 Anton Ackermann ausrief, war nur eine Camouflage für die

---

23 Das sowjetrussische Regime kostete, die Opfer kriegerischer Verwicklungen ausgenommen von 1917–1947, wie französisch-belgische Politologen und das Rote Kreuz übereinstimmend errechneten, 48 Millionen Menschenleben; davon kamen 4,5 Millionen im Bürgerkrieg bis 1921 um; 13 Millionen starben an den Folgen der Hungersnöte, die 1921 nach dem Kriegskommunismus und 1930 nach der Kollektivierung ausbrachen; 21 Millionen Tote gab es in den Konzentrationslagern; 8,5 Millionen fielen direkter Liquidierung anheim (einzelne Aufschlüsselungen: »Ost-West Echo«, München, 1/1968). Dagegen machten die Opfer des Dritten Reiches nur einen Bruchteil aus; selbst die legendären Zahlen, die in den ersten Nachkriegsjahren weitgehend geglaubt wurden, beliefen sich nicht einmal auf ein Drittel dieser Summe.

24 W. Pollatschek: Friedrich Wolf. Berlin (Ost) 1963, 88.

25 Mitteilung von P. Mochmann.

Bolschewisierung der ›Sowjetisch Besetzten Zone Deutschlands‹; er zeigte seine wahre Richtung schon dadurch, daß der NKWD den deutschen Boden mit einer Fahndungsliste im Gepäck betrat, auf der, bei Angabe der Adresse, Sozialisten, Marxisten und ehemalige Kommunisten verzeichnet waren, die ehemals den sowjetrussischen Weg für Deutschland verworfen hatten.[26] Es wurde auch kein ernsthafter Versuch unternommen, diesen angeblichen »deutschen Weg« dogmengeschichtlich abzugrenzen und zu untermauern. Man suchte bei Bebel, Liebknecht, bei Kautsky, Hilferding nur nach potemkinschen Zitaten, um die Sozialdemokraten in der SBZ für die Vereinigung mit der KPD zur SED zu ködern.[27] Als die Zitate ihre Schuldigkeit getan hatten, wurden sie zu jenem »schlechten Erbe« geworfen, vor dem Fritz Erpenbeck in seiner Einleitung zur Ausgabe K. Marx/F. Engels »Über Kunst und Literatur« warnte.

Die Folge war, daß niemand nach diesem Buche griff, als man begann, sich gegen den sozialistischen Realismus zur Wehr zu setzen. Man zweifelte offenbar nicht an der Übereinstimmung der sowjetrussischen Kodifizierungen mit den Klassikern. Als Becher 1953 begriff, daß die Dichtung von den Dichtern selbst verteidigt werden müßte, polemisierte er gegen die »Schnüffler«, die alle Dichtungen untersuchten, »inwieweit sie dem Marxismus-Leninismus entsprechen oder nicht«[28]. Er wußte einfach nicht, daß bei der Verteidigung der Poesie nicht nur Marx, sondern auch Lenin als Hauptzeugen hätten auftreten können. So mußte auch der Rückgriff auf Bebel oder Rosa Luxemburg unterbleiben. Das Tabu des Marxismus-Leninismus wirkte sogar über die deutsche Tradition hinaus. Stephan Hermlin bemerkte 1956 in seiner Rezension der »Briefe aus dem Kerker« von Antonio Gramsci mitnichten, welche befreienden literaturtheoretischen Ansätze sie gerade in diesem Jahr für die aufbegehrenden Schriftsteller in der DDR boten,[29] zu denen damals auch Hermlin selbst gehörte.

[26] Mitteilung von A. Weiland.
[27] W. Leonhard: Die Revolution entläßt ihre Kinder. Köln [2]1961, 435.
[28] J. R. Becher: Poetische Konfession. »Sinn und Form«, 6/1953, 69 und 84.
[29] S. Hermlin: Begegnungen 1954–1959. Berlin (Ost) 1960, 272 f. Zur kunsttheoretischen Position A. Gramscis: H.-D. Sander, Marxistische Ideologie und allgemeine Kunsttheorie, a. a. O., 130 f.

Das Mißverhältnis zur marxistischen Tradition, das in der DDR bis heute anhält, hätte sich wahrscheinlich mit den Jahren aufgelöst, wäre es nicht mit den Mißverhältnissen zur Geschichte und zum Volk verklammert gewesen. Im Gegensatz zum ersten, sind die beiden letzten nicht sowjetrussisch inauguriert. »Hinzu aber kommt«, schrieb Erpenbeck in jener Einleitung, »für uns überdies die furchtbare Zeit der Nazidiktatur . . .«. Die Abrechnung mit dieser Vergangenheit verhinderte die Schriftsteller in der DDR, im Gegensatz zu ihren Kollegen in anderen sozialistischen Ländern, die nationale Frage unbefangen zu stellen.

Als die Sowjetische Militär-Administration das Gebäude des »Völkischen Beobachters« in Berlin-Friedrichshain bezog, um die »Tägliche Rundschau« gemeinsam mit deutschen Kommunisten herauszugeben, erhielt auch Karl Grünberg ein Zimmer zugewiesen. Er betrat es in Begleitung eines russischen Offiziers, sah ein Bild Friedrichs des Großen an der Wand und riß es mit einem Wutschrei herunter. Der russische Offizier schüttelte den Kopf und fragte: »Warum? War doch ein großer Freund Rußlands!« Diese Begebenheit[30] ist ein aufschlußreiches Szenogramm für die bilderstürmerische Haltung zur deutschen Geschichte.

Ein typisches Beispiel aus der östlichen Emigration war die Nietzsche-Debatte der »Arbeitsgemeinschaft deutscher Schriftsteller« 1936 in Moskau, an der Becher, Kurella und Weinert teilnahmen. Der ungarische Schriftsteller Ervin Sinko berichtete darüber: »Bestürzt stellte ich fest, daß die deutschen kommunistischen Schriftsteller über Nietzsche genauso wie Rosenberg sprachen und mit der Auffassung des faschistischen Ideologen, Nietzsche sei ein Vorläufer der deutschen Nationalsozialisten gewesen, völlig übereinstimmten. Darüber konnte ich nicht schweigend hinweggehen und meldete mich zu Wort. Ich sagte nichts Außergewöhnliches, ja, ich habe das Gefühl, nur Sachen gesagt zu haben, die man sonst als selbstverständliche, existente Wahrheiten hingenommen hätten. Ich sagte dem Sinne nach: Wenn sich die Faschisten heute in Deutschland anschickten, Nietzsche für sich zu beschlagnahmen, sollten wir ihnen nicht helfen, einem der größten Denker des 19. Jahrhunderts das

---

30 Mitteilung von P. Mochmann.

Braunhemd überzuziehen.« Er erntete Konsternation, Schweigen und äußerste Entrüstung.[31]

Ein entsprechendes Exempel aus der westlichen Emigration ist das Sonett, das Brecht 1938 unter dem dänischen Strohdach über Kleists »Prinzen von Homburg« schrieb: »O Garten, künstlich in dem märkischen Sand! / O Geistersehn in preußisch blauer Nacht! / O Held, von Todesfurcht ins Knien gebracht! / Ausbund von Kriegerstolz und Knechtsverstand!« Des Prinzen Rückgrat wird zerbrochen, und, von Bütteln feixend in den Block geholt, wird er mit Todesschweiß geläutert und liegt am Ende mit allen Feinden Brandenburgs im Staub.[32] So das Sonett. Daß diese Verzerrung ein Preußen beschwört, das gerade in den »finsteren Zeiten«, wie Brecht seine Jahre gerne nannte, gleich Orplid, eine ferne Insel der Humanität war, erkannte der Sonetteschreiber nicht. Preußen war damals Antipode nicht nur des Dritten Reiches. Zu einem Gnadenakt, wie ihn der Große Kurfürst an dem ungehorsamen Prinzen ausübt, war 1938 auch Stalin absolut unfähig. Der Große Kurfürst war bei Kleist nicht einmal ein Kapitän Vere, der bei Melville den idealisch meuterischen Matrosen Billy Budd stoisch aufhängen läßt, um dem Gesetz Genüge zu tun.

Das alles hängt mit jener verhängnisvollen Konzeption der deutschen Misere zusammen, die von Feindpropaganda, nationaler Selbstkritik und einem Selbsthaß gesättigt war, der nach verlorenen Kriegen aus nicht immer reinen Motiven Eingang in Herz und Hirn findet. Sie besagt: alles, was sich je ereignet hat, war unmittelbar oder mittelbar auf Hitler angelegt. »O Deutschland, bleiche Mutter! / Wie sitzest du besudelt / unter den Völkern«, dichtete Brecht schon 1933, nicht nur die Weltgeschichte sondern auch das Zeitgeschehen verzerrend.[33] Stalin

---

[31] E. Sinko: Roman eines Romans, a. a. O., 80 f.

[32] B. Brecht: Gesammelte Werke. X, 612 f.

[33] ebd., 487. Sucht man in einer kommunistischen Quelle dieser Zeit nach einer Zahl über die politischen Opfer zu Beginn des Dritten Reiches, so findet sich in dem von W. Münzenberg herausgegebenen: Braunbuch II – Dimitrow contra Göring. Paris 1934, 405–461, eine Liste von 747 Personen, die sich zusammensetzt aus Menschen, die auf Grund von Todesurteilen hingerichtet wurden, die Willkürakten der SA zum Opfer fielen und die sich selbst den Tod gaben. Die Liste erstreckt sich vom 31. Januar 1933 bis zum 31. März 1934, also weit über den Zeitpunkt hinaus, zu dem Brecht das Gedicht verfaßte. Bis dahin waren die vielfältigen Opfer des Sowjetregimes, dem der Dichter anhing, schon über 20 Millionen ange-

sagte zwar schon am 23. Februar 1942: »Die Erfahrungen der Geschichte besagen, daß die Hitler kommen und gehen, aber das deutsche Volk, der deutsche Staat bleibt.«[34] Die »deutsche Misere« verhinderte jedoch, diesen Satz zu beherzigen, geschweige denn, was durchaus möglich war, ihn extensiv auszulegen. Als Becher am 25. September 1944 eine Disposition für die Beratung des ZK der KPD in Moskau über das neue Deutschland aufstellte, forderte er flagellantenhaft eine »gesamte Kritik der deutschen Geschichte«[35].

Dieses Programm erfüllten 1946 Alexander Abusch, der aus Mexiko zurückkehrte, mit dem »Irrweg einer Nation« und Ernst Niekisch, der aus den Zuchthäusern des Dritten Reiches kam, mit der »Deutschen Daseinsverfehlung«. Beide Bücher, die besonders die verwirrte und haltlose Jugend bannten, warfen deutsches Dasein in Religion (Reformation), Philosophie (Idealismus und Nietzsche) und Geschichte (Preußen) als verfehlt auf die Trümmerhalden des Zweiten Weltkriegs. Alles, was in Deutschland »lebenswert und zukunftsfähig« gewesen, sei von der Sowjetunion übernommen, weiterentwickelt und durch die Rote Armee den Deutschen zurückgegeben worden, meinte Becher noch im Jahr der Volkserhebung wider derartige Importe.[36]

In diesem Geiste sollte Brecht 1950 in seiner »Hofmeister«-Bearbeitung des ABC der »teutschen Misere« exerzieren: Kants Philosophie als Parallele zur Kastrationstragödie; wobei der Stückeschreiber die angeprangerte Entmannung des deutschen Geistes selber fortsetzte und im Gegensatz zum Philosophen wirklich betrieb. Er ertrug alsdann in seiner »Biberpelz«-Bearbeitung die Figur des durchaus fortschrittlich gesonnenen Dr. Fleischer nicht: er stutzte ihn mit schneidendem Hohn zu einem Hanswurst zurecht. Brecht ertrug in seiner »Urfaust«-Inszenierung auch den Faust nicht: Er machte ihn lächerlich, als sei er ein

stiegen; allein in der noch nicht lange zurückliegenden Kollektivierung wurden 750 000 umgebracht. Es gab auch unter den wildesten Bolschewistenhassern der russischen Emigration nicht einen einzigen, der diese Vorgänge, für die das Regime verantwortlich war, zum Anlaß genommen hätte, seine Heimat zu verunglimpfen und »O Rußland, bleiche Mutter! Wie sitztest du besudelt unter den Völkern...« zu singen.

34 J. Stalin: Über den großen vaterländischen Krieg der Sowjetunion. Berlin (Ost) 1952, 50.

35 J. R. Becher: Thesen für das neue Deutschland. »Sonntag«, 5/1970.

36 J. R. Becher: Poetische Konfession, a. a. O., 83.

Vorläufer des Professors Unrat (der auch mehr in der Phantasie Heinrich Manns als in der Realität existierte). Der Höhepunkt dieser Verwerfungen war das »Johann Faustus«-Libretto von Hanns Eisler, das die große mythische Figur deutscher Dichtung als einen Renegaten des Bauernkrieges veräußerte.

Entsprechend reagierte man auf einige Darstellungen der Gesellschaft des Dritten Reiches in der Emigrationsliteratur. Feuchtwangers Roman »Exil« erregte Unbehagen, weil die, Friedrich Sieburg nachempfundene, Figur des Journalisten Wiesener zu faszinierend angelegt worden sei. Anna Seghers erntete Vorwürfe, weil sie in ihrem, doch reichlich schematischen Roman »Die Toten bleiben jung« mit den Figuren des baltischen Barons Lieven, des Majors Wenzlow und des SS-Offiziers Klemm zu viel psychologisches Verständnis walten ließ. Die Misere-Inquisition ließ nicht einmal den deutschen Widerstand gegen Hitler unverschont. Zuckmayers noble Darstellung des Falles Udet in dem Theaterstück »Des Teufels General« wurde nicht nur von Fritz Erpenbeck, der aus der Sowjetunion zurückkehrte, sondern auch von Paul Rilla, der das Dritte Reich in Deutschland leidlich überstanden hatte, in Amokkritiken »erledigt«, die nur als politischer Masochismus rational verständlich sind. Rilla beseitigte auch den »Mythos des 20. Juli«[37]. Deutscher Widerstand sollte nur gelten, wenn er Moskau diente. Stephan Hermlin hatte das in seiner Novelle »Der Leutnant York von Wartenburg«, die er aus der Schweiz mitbrachte, sensibel erfühlt: er ließ seinen Helden des 20. Juli bei der Hinrichtung von der Sowjetunion träumen, in der die Wörter »Ehre, Treue, Pflicht, Heimat« richtig verstanden werden.

Im Jahre 1952 verfügte Walter Ulbricht eine Korrektur dieser schweifenden Aschestreuerei. Er sagte mit Recht: »Man kann aus der Geschichte des eigenen Volkes keine Kraft, keinen Mut und keine Zuversicht schöpfen, wenn man in ihr einzig und allein nur den ›Irrweg einer Nation‹ sieht oder ein unzeitgemäßes allgemeines fatalistisches Lamento über die ›deutsche Misere‹

---

[37] F. Erpenbeck: Lebendiges Theater – Aufsätze und Kritiken. Berlin (Ost) 1948, 293 f.; P. Rilla: Literatur – Kritik und Polemik. Berlin (Ost) 1950, 7 f. und 28 f. F. E. forderte dabei sogar eine imaginäre Entnazifizierung für das beifallspendende Publikum. P. R.'s Emotionen mögen daher rühren, daß er im Krieg Kontakte zur »Roten Kapelle« hatte, die für die Sowjetarmee Militärspionage trieb.

anstimmt.« Es folgte jedoch keine nationale Wende in der Historiographie, wie man in der Bundesrepublik voreilig (und oftmals auch noch in diffamierender Absicht) annahm. Die Korrektur institutionalisierte nur die Aufforderung, die Wilhelm Pieck schon zwei Jahre zuvor nach einem »Studium der revolutionären Bewegungen, an denen die deutsche Geschichte reich ist«, erhoben hatte.[38] Es war nur eine Wende von der Zerknirschung über permanentes revolutionäres Versagen zu einer Begeisterung über optimistische Niederlagen.

Die Abkehr von der vulgärmarxistischen Geschichtsbetrachtung, die im Leben eines Volkes nur Unterdrückung und Aufruhr sieht, fand nicht statt. Während man in der Sowjetunion schon lange gelernt hatte, in den Zaren nicht nur Schreckgespenster zu sehen, fuhr man in der DDR mit dem Klassenkampf in der Geschichtsschreibung fort, wobei man die nichtgeleisteten Königsmorde als Spätsiege über die Geschichte unerbittlich nachholte. So mußte die restaurierbare Ruine des Berliner Barockschlosses daran glauben, um den deutschen Kommunisten das Erlebnis eines Sturms auf die Bastille zu verschaffen. Die Rehabilitierung preußischer Reformer und Helden der Freiheitskriege, auf dem Umweg ihres Bündnisses mit Rußland gegen das napoleonische Frankreich, erstreckte sich bezeichnenderweise nicht auf Friedrich den Großen oder auf Bismarck, die doch auch Pakte mit Rußland zu schließen wußten. Trotz der Verbalpolemik gegen die »deutsche Misere« blieb das Mißverhältnis zur deutschen Geschichte bestehen.

Für die Schriftsteller bedeutete das auch eine Verwerfung der deutschen Literaturtraditionen. Die Ulbrichtsche Korrektur brachte allenfalls das Verhältnis zu den Klassikern ins Lot, was sansculottische Attacken auf sie unterband. Alexander Abusch, der den »Irrweg einer Nation« verschuldet hatte, beeilte sich nunmehr, Eislers »Faustus«-Libretto einen Mangel an echtem Patriotismus vorzuwerfen.[39] Verdächtig blieben jedoch Roman-

---

38 W. Ulbricht: Rede auf der 2. Parteikonferenz. Protokoll der Verhandlungen der II. Parteikonferenz der SED. Berlin (Ost) 1952; W. Pieck: Die gegenwärtige Lage und die Aufgaben der Partei. Protokoll der Verhandlungen des III. Parteitags der SED. Berlin (Ost) 1950, 104.

39 A. Abusch: Faust – Held oder Renegat in der deutschen Nationalliteratur? »Sinn und Form«, 3/4, 1953. Er warf auch bald einen eigenen positiven Beitrag auf den Markt: Schiller – Größe und Tragik eines deutschen Genius. Berlin (Ost) 1955.

tik und Moderne. Der Kampf, der unter dem Banner des sozialistischen Realismus geführt wurde, entbrannte in der DDR um so heftiger, als mit ihm auch ein Stück »deutscher Misere« getilgt werden sollte. Die Verquickung der Schuldfrage mit kulturpolitischen Maßnahmen ließen Gegenargumente schon im Anflug als frevelhaft erscheinen.

Hier setzten die Essays »Fortschritt und Reaktion in der deutschen Literatur« und »Deutsche Literatur im Zeitalter des Imperialismus« von Georg Lukács (1944/45), später zusammengefaßt als »Skizze einer Geschichte der neueren deutschen Literatur«, verhängnisvolle Maßstäbe, während seine Antiposition zum sozialistischen Realismus in der DDR ohne Folgen und in ihren arkanisierten Zügen auch durchweg unerkannt blieb.[40] Hier wurde gewarnt vor Arnim, Brentano, Schlegel, Tieck, Novalis, Kleist, Grabbe, Jean Paul und Mörike. Mit vorwiegend negativen Etiketten wurden versehen: Gerhart Hauptmann und Arno Holz, George und Rilke, Georg Heym und Wedekind, Georg Kaiser und Döblin, Ernst Jünger, der junge Becher und sogar der ganze Brecht (mit Ausnahme der schwachen Szenenfolge »Furcht und Elend des Dritten Reiches«); Anna Seghers wurde nicht verschont, sie erhielt eine sanfte Rüge, weil sie in ihrem »Siebten Kreuz« Psychologismen und Zuständlichkeiten erlegen sei. Hofmannsthal, Trakl und Benn, Kafka und Musil nannte Lukács erst gar nicht. Ein geringer Lichtblick war der Hinweis auf die mangelnde künstlerische Qualität der kommunistischen Belletristik in der Weimarer Republik, der Werke von Bredel und Marchwitza, von Weinert und Wolf. Übrig blieben nur die Gebrüder Mann und Arnold Zweig, bezeichnenderweise unter Verzerrung ihrer Intentionen, und der späte, klassizistische, Becher. Der »selbstverschuldete Absturz des deutschen Volkes«, legitimierte Lukács diese imaginäre Bücherverbrennung am Ende, »kann nur mit den Mitteln der unerbittlichsten Selbsterkenntnis, der schonungs-

---

[40] G. Caspar schrieb: »Wir alle werden auf Jahre hinaus in Georg Lukács unseren eigentlichen ›Doktorvater‹ sehen.« G. Cwojdrak beschrieb die Offenbarung, die kurz nach dem Krieg für ihn die »Deutsche Literatur im Zeitalter des Imperialismus« bedeutete. In: Georg Lukács zum 70. Geburtstag. Berlin (Ost) 1955, 14 und 17 f. Zur Antiposition von G. L. vgl. das Lukács-Kapitel in: H.-D. Sander, Marxistische Ideologie und allgemeine Kunsttheorie, a. a. O.

losesten Selbstkritik gutgemacht werden«. Die Folge war, daß die deutsche Literatur in der DDR entwurzelt wurde.

Das hätte, trotz der Verklammerung von nationaler und revolutionärer »Misere«, nicht geschehen können, wenn nicht die Schriftsteller auch zum Volk ein Mißverhältnis gehabt hätten. Diese Bewußtseinstrübung hängt mit der Emigration zusammen, in der, wie in jedwedem Exil, Größe und Verfall nahe nebeneinander hausten. Die Glorifizierung der Emigration nach 1945 verwischte den Sachverhalt, daß auch die Emigranten des Dritten Reiches diesem traumatischen Schicksal nicht entgingen. Wessen Kollaborateure fähig waren, ist mehr als ausreichend beschrieben worden. Was Emigranten denken konnten, möge der Brief andeuten, den der gewiß nicht bolschewistenfreundliche Kurt Tucholsky am 15. Dezember 1935 an Arnold Zweig schrieb. Es heißt in ihm: »Ich habe mit diesem Land, dessen Sprache ich so wenig wie möglich spreche, nichts mehr zu schaffen. Möge es verrecken – möge es Rußland erobern – ich bin damit fertig.«[41] Tucholsky besiegelte diese fürchterlichen Sätze vier Tage später durch Selbstmord. Er dachte wie viele andere, aber viele andere lebten mit solchen Gefühlen weiter und kehrten in das Land zurück, aus dem sie einst vertrieben wurden.

Als Walter Benjamin 1938 Brecht erzählte, wie miserabel das deutsche Publikum Goethes »Wahlverwandtschaften« aufgenommen hatte, bemerkte der Dichter unter dem dänischen Strohdach: »Das freut mich. – Die Deutschen sind ein Scheißvolk. Das ist nicht wahr, daß man von Hitler keine Schlüsse auf die Deutschen ziehen darf. Auch an mir ist alles schlecht, was deutsch ist.« Hanns Eisler, obwohl weniger radikal als sein Freund Brecht, sollte noch 1961 sagen, die Deutschen seien Scheißkerle und hätten die Spaltung verdient.[42]

Für die Schriftsteller, die sich in der Sowjetisch Besetzten Zone Deutschlands niederließen, brachte eine solche Haltung schwerwiegende Belastungen mit sich. Hatten sie durch ihre Option für Sowjetrußland die totalitäre Diktatur schon generell gebilligt, so

---

[41] K. Tucholsky: Ausgewählte Briefe 1913–1933. Reinbek 1962, 337.
[42] W. Benjamin: Versuche über Brecht. Frankfurt a. M. 1966, 132 f.; H. Bunge: Fragen Sie mehr über Brecht – Hanns Eisler im Gespräch. München 1970, 291.

empfanden sie nun ihren Import nach Deutschland als eine verdiente Strafe für das Volk.[43] Schon von sich aus wenig zur Kritik an ihrer Partei geneigt, waren sie schon gar nicht bereit, die Kritik aufzunehmen, die das Volk an den neuen Verhältnissen übte. Es bildete sich in ihren Kreisen eine Mentalität heraus, die ans Amoralische und Asoziale grenzte. War das schon charakterlich wenig bekömmlich, wirkte es sich künstlerisch geradezu katastrophal aus. Unwillig, sich in die Lage des Volkes einzufühlen, wurden sie unfähig, zu sehen, was sich vor ihren Augen abspielte. Das traditionelle Unvermögen der deutschen Schriftsteller, gesellschaftliche Zusammenhänge zu erkennen, wurde durch diese aktuelle Sehstörung ins Unermeßliche gesteigert.

Eduard Claudius hat in seinen Memoiren diese Lage eindrucksvoll beschrieben. Als er von der Schweiz zunächst nach Westdeutschland ging, erfuhr er an sich selbst: »Geschichten gab es genug allerwärts um uns herum, aber bohrte ich einer nach, geriet ich ins Leere. Es fehlte jede echte menschliche Beziehung und bei mir auch eine Bereitschaft, mich einzufühlen, denn in was hätte ich mich einfühlen müssen! In die Auffassung der unverdienten Niederlage? Zugleich entzog sich mir auch alles, wie mir schien, mit einem ironischen Gelächter, und mir war, als lohne es kaum, den Anblick der Ruine, die Menschen mit ihrem kläglichen Bemühen, wieder zurechtzukommen, all dieses Leid, den Kummer, das Selbstmitleid und das Bedauern, daß es so geendet hat, zu beschreiben. Und jene vielen zu beschreiben, die sich wie nasse Hunde schüttelten und davongingen, als seien Krieg und Nachkrieg nicht mehr als ein etwas kalt geratenes Bad gewesen, in welches man nur aus Versehen, aus Unachtsamkeit hineingestolpert sei.« Nicht anders fielen die ersten Eindrücke nach der Übersiedelung in die SBZ aus: »Neue Stoffe? Manchmal kam ich

---

43 Was die Schriftsteller empfanden, hat im Rückblick auf jene Jahre der Physiker R. Havemann offen ausgesprochen: »... in diesem elenden, zerrissenen, militärisch besetzten, hungernden Land war Demokratie nicht nur eine lächerliche Illusion, sie war einfach unangebracht. Was hätte schon herauskommen können, wenn diese Leute das Recht gehabt hätten, frei für sich selbst zu entscheiden? Nein, sie mußten geleitet werden, ohne gefragt zu werden, von klugen, fortschrittlichen und selbstlosen Leuten. Erfüllt von unserem Sendungsbewußtsein, hielten wir uns für die einzigen historisch Berufenen. Wir wurden zu Stalinisten, ohne es überhaupt zu merken.« (Fragen Antworten Fragen – Aus der Biographie eines deutschen Marxisten. München 1970, 71.)

mir wie blind vor, wie ohne Fähigkeit, Gegenstände und Umstände zu erkennen und wahrzunehmen.«[44] Er fuhr übers Land, warb auf zahllosen Versammlungen für den Kommunismus, spürte die beiderseitige Feindseligkeit zwischen sich und der Bevölkerung und flüchtete sich vor der Verzweiflung in Gelage mit den sowjetischen Kulturoffizieren, die doch nur einen schalen Geschmack hinterließen.

Als Becher in Bad Saarow sein »Traumgehäuse« bezog, schrieb er über die ersten Kontakte in sein Tagebuch: »Saarow, ein verstecktes Widerstandsnest der Ehemaligkeit. Überall sinnlos gewordene Existenzen mit ihren Verbindungen zum Westen hin, von dort her zu einer muffigen, gereizten Opposition stimuliert . . .« Er war nicht nur taub für das Leid der Leute im Lande. Er wollte sogar taub sein. An einer anderen Stelle des Tagebuches heißt es: »Ich weigere mich, einen Bürger anzuhören, der behauptet, er sei bei uns seines Lebens nicht sicher, als ob unter der Herrschaft des Bürgertums die Sicherheit des menschlichen Lebens garantiert gewesen sei. Man frage die über siebzig Millionen zählenden Opfer der beiden Weltkriege . . .« Ihn irritierte auch nicht der Beginn des Exodus, jener Abstimmung mit den Füßen, die bis zum Bau der Mauer drei Millionen DDR-Bürger, beileibe nicht nur »Faschisten« oder »Bürger«, sondern auch Arbeiter und Bauern, in die Bundesrepublik flüchten ließ. Es handele sich in den häufigsten Fällen um »kriminelle Elemente«, die »Greuelmärchen über ihre ›politische Verfolgung‹« verbreiten, schrieb er und forderte bundesrepublikanische Organisationen auf, ihnen das Asylrecht zu verweigern. Die Entfremdung vom Volk war bei Becher so kraß, daß er nicht zögerte, an mehreren Stellen des Tagebuches die Russen als die besseren Deutschen zu bezeichnen.[45]

Die absurdeste Konsequenz der nationalen Entfremdung trat bei Stefan Heym hervor, der als Offizier für psychologische Kriegsführung in der US-Armee nach Deutschland zurückgekehrt war. Bevor er sich in der DDR niederließ, hatte er in dem Roman »Kreuzfahrer von heute« die Amerikaner beschimpft, weil sie bei ihrem Einmarsch in Deutschland mit seinen ehemaligen

[44] E. Claudius: Ruhelose Jahre – Erinnerungen. Halle 1968, 57 und 306.
[45] J. R. Becher: Auf andere Art so große Hoffnung – Tagebuch 1950. Berlin 1951, 43, 559, 490, 647, 309, 266.

Landsleuten zu glimpflich umgesprungen seien, und in dem Roman »Die Augen der Vernunft« seine Befriedigung über die rücksichtslose Austreibung der Sudentendeutschen geäußert. In der DDR sollte er sich weigern, von Zeitungsartikeln abgesehen, in deutscher Sprache zu schreiben, wiewohl er seinen amerikanischen Paß abgab und wieder eine deutsche Staatsangehörigkeit annahm. Er fuhr fort, was er im amerikanischen Exil gelernt hatte, »amerikanisch« zu schreiben und ließ seine Romane und Erzählungen ins Deutsche übersetzen, wofür ihm ein Nationalpreis allerdings nicht unbillig erschien. Der oft geäußerten Vermutung, dieser sprachliche Boykott sei ein Protest gegen die Regierung in der DDR, hat er selbst widersprochen. Er sagte in diesem Zusammenhang, er sei beim Englischen geblieben, weil die deutsche Sprache Wirrköpfigkeit begünstige.[46]

Diese Entfremdung vom Volk konnte von den kommunistischen Schriftstellern, die im Lande geblieben waren, nicht aufgewogen werden. Ihre Erfahrungen in der Illegalität und in den Haftanstalten hätten die schrillen Folgen der nationalen und revolutionären »Misere« dämpfen können. Doch sie waren, im Vergleich zu den Emigranten, nicht bedeutend genug. Das war der Fall bei Otto Gotsche, Elfriede Brüning, Hans Lorbeer, Emil Rudolf Greulich, Georg W. Pijet, Bruno Apitz, Hasso Grabner, Wolfgang Joho und Fritz Selbmann. Gotsche war außerdem ein verstockter Funktionär, Elfriede Brüning eine hausbackene Unterhaltungsschriftstellerin. Lorbeer, Greulich und Pijet litten unter künstlerischen Minderwertigkeitskomplexen. Apitz und Grabner veröffentlichten ihre ersten Arbeiten erst 1958. Der intellektuelle Joho litt unter dem Komplex seiner bürgerlichen Herkunft. Der Interessanteste von ihnen, Fritz Selbmann, trat schriftstellerisch erst 1961 hervor, nachdem seine eigenwillige politische Karriere als Minister beendet war. Leider war auch er nicht frei von pauschalem Haß; er stand in Vorwürfen an die Amerikaner wegen zu milden Umgangs mit den Nationalsozialisten einem Emigranten wie Stefan Heym nur wenig nach.[47]

Die Dominanz der zurückgekehrten Emigranten konnte noch weniger von den profilierteren Schriftstellern bestritten werden,

46 S. Heym: Warum ich bin, wo ich bin. »Tagebuch«, Wien, 12/1964.
47 F. Selbmann: Alternative Bilanz Credo – Versuch einer Selbstdarstellung. Halle 1969, 386–409.

die nicht kommunistisch engagiert gewesen waren. Auch Ehm Welk, Hans Franck, Georg Maurer, Marianne Bruns oder Heinz Rusch waren nicht prominent genug; außerdem konnten von ihnen keine aktiven Impulse ausgehen, weil sie wegen ungehinderter Publikationsmöglichkeiten im Dritten Reich potentiell angreifbar waren.[48] Hans Franck, der von allem unberührt bleiben sollte, bis er 84jährig im Jahre 1964 starb, berührte auch andere nicht; sein Goethe-Roman »Marianne« (1952) und die letzten Erzählungen und Gedichte von 1955 und 1957 wirkten wie Nachklänge eines Werks, das seine Wurzeln in längst vergangenen Jahrzehnten hatte. Schriftsteller von internationalem Ruf und Ansehen starben überdies in den ersten Jahren: Gerhart Hauptmann und Hans Fallada noch vor der Gründung der DDR, Bernhard Kellermann 1951. Peter Huchel konnte als Einzelner die literarische Situation nicht verändern, wenn auch seine Gedichte alles übertreffen sollten, was Brecht, Becher, Arnold Zweig, Anna Seghers oder Hermlin nach ihrer Rückkehr verfaßten. Er veröffentlichte auch nur in Zeitschriften; bis zu seinem Exodus erschien in der DDR bezeichnenderweise von ihm kein einziger Gedichtband.

Eine Gegenbewegung konnte zunächst auch von den jüngeren Schriftstellern nicht ausgehen. Sie waren in der Mehrzahl Soldaten, Flakhelfer und Hitlerjungen gewesen, mehr oder weniger von der gerechten Sache des Dritten Reiches überzeugt. Von ihnen war Franz Fühmann in der SA und Jens Gerlach in der Waffen-SS gewesen. Mitglieder der NSDAP waren: Helmut Baierl, Günther Deicke, Hans-Jürgen Geerdts, Ruth Kraft, Joachim Kupsch, Herbert Otto, Helmut Sakowski, Bernhard Seeger oder Wolfgang Schreyer. Die Niederlage und die Greuel, die nach dem Zusammenbruch ans Tageslicht kamen, lösten in ihnen einen schweren Schock aus. Sie stilisierten sich zu einer betrogenen Generation, die später keine Hemmungen haben sollte, selber zu betrügen. Es bedurfte nicht in jedem Falle einer regelrechten Umschulung in Gefangenenlagern, durch die zum Beispiel Fühmann und Otto, Hermann Kant oder Hans Lucke

---

[48] Charakteristisch für diese Spezies: Einleitung und Kommentare zu »Parkettplatz 23 – Theodor Fontane über Theaterkunst, Dichtung und Wahrheit« von E. Welk (Berlin [Ost] 1949). Sie sind besinnlich, politisch schmiegsam, vieldeutig nur in raunendem Ton.

entscheidend geformt wurden, um emphatisch zu verwerfen, was sie vorher bejahten. So schlidderten sie in die Mißverhältnisse zur sozialistischen Tradition, zur deutschen Geschichte und zum Volk hinein, in die aus entgegengesetzten Gründen auch »rassisch« Diskriminierte wie Paul Wiens, Günter Kunert oder Dieter Noll verwickelt wurden.

Diese Bedingungen schufen für die Belletristik in der DDR eine Ausgangssituation, die ungleich schwerer war als in allen anderen sozialistischen Ländern. Die deutsche Spaltung verschärfte überdies die Prämissen. Sie mußte die nationale Profilierung, die an anderen Orten den sozialistischen Realismus Zug um Zug zurückdrängte, in der DDR mit hemmenden Imponderabilien belasten. Die Existenz eines ganz anderen Deutschlands setzte in der DDR die Profilierungsversuche unmittelbar dem Sog von Liquidationswünschen aus. Der Exodus sprach einen eindeutigen Text, der nur mit der Preisgabe künstlerischer Moral anders gelesen werden konnte. Wer an der DDR zu leiden begann, projizierte sein Mißbehagen nur allzu leicht auf die Bundesrepublik; man entstellte das andere Deutschland in seiner Phantasie, um sich ein Durchhaltealibi zu basteln.[49] Die Bedingungen, unter denen die Belletristik in der DDR antrat, verlängerten auf diese Weise die raison d'être dieses Schrifttums.

Als sich Kritik an der Nationalhymne der DDR regte, die Becher und Eisler geschaffen hatten, schrieb Becher in sein Tagebuch: »Antwort an diejenigen, denen die ›Nationalhymne‹ nicht

---

[49] Für diese Haltung lieferte nicht geringe Handhabe der Brief, den T. Mann nach seiner Teilnahme an den Weimarer Feiern zum 200. Geburtstag Goethes 1949 an einen schwedischen Journalisten schrieb, der die Fahrt skeptisch beurteilt hatte: »Sie sprechen viel von politischen Freiheiten und staatsbürgerlichen Rechten, die in den Westzonen Deutschlands dem Volke gewährt sind – und scheinen dabei zu vergessen, was Sie vorher über den Gebrauch gesagt haben, der meistens von diesen Gaben gemacht wird. Es ist ein unverschämter Gebrauch. Der autoritäre Volksstaat hat seine schaurigen Seiten. Die Wohltat bringt er mit sich, daß Dummheit und Frechheit, endlich einmal, darin das Maul zu halten haben. In der Ostzone habe ich keine schmutzigen Schmähbriefe und blöden Schimpfartikel zu sehen bekommen, wie sie im Westen vorkamen – und nicht nur ›vorkamen‹. Habe ich das allein der Drohung Buchenwalds zu danken – oder einer Volkserziehung, die eingreifender als im Westen Sorge trägt für den Respekt vor einer geistigen Existenz wie der meinen?« (»Neue Zeitung«, 13. 10. 1949). Zur Wirkung dieses Briefes vgl. A. Kantorowicz, Deutsches Tagebuch, I. a. a. O., 649; ders. hatte den Brief dramatisch an das Ende seines

revolutionär genug ist. Wir haben zwar nichts dagegen vermocht, daß Hitler zur Macht kam – vorher haben wir nicht vermocht, aus der Niederlage im Ersten Weltkrieg die entsprechenden geschichtlichen Folgerungen zu ziehen –, wir haben nichts dagegen vermocht, daß Hitler seine Macht ausübte –, wir haben nichts gegen den Hitler-Krieg vermocht – und wohl die überwältigende Mehrheit des deutschen Volkes war für den siegreichen Hitler –, aber wir haben ernsthaft auch nichts dagegen vermocht, um die Sache vor ihrem bitteren Ende zum Abschluß zu bringen: wir haben nichts dagegen vermocht, daß nicht wenige unserer Landsleute bis zu allerletzt verzweifelt gegen die Befreiung von Hitler kämpften – wir mußten uns von den Alliierten befreien lassen, und, keineswegs von allen Deutschen begeistert begrüßt, kann man wohl sagen, wurden in einem Teil Deutschlands solche geschichtlich längst notwendigen Maßnahmen durchgeführt wie die Enteignung des Großgrundbesitzes, die Entmachtung des Monopolkapitals und die Schulreform – also von einer siegreichen Revolution, wohin wir auch blicken in unserer Geschichte, der gegenwärtigen und der vergangenen, keine Spur, und auch von einem ernsthaften Willen zu einer revolutionären, das heißt gründlichen, menschenwürdigen Umgestaltung der Verhältnisse nur bei einer verhältnismäßig sehr geringen Minderheit die Rede – aber –: eine revolutionäre Nationalhymne wollen wir haben, in einer rrevolutionären Musik wollen wir ausleben, was wir – in der Praxis – nicht

Aufsatzes »Thomas Mann im Spiegel seiner politischen Essays« gestellt, Deutsche Schicksale – Neue Porträts. Berlin (Ost) 1949. Wie es mit dem Respekt vor der geistigen Existenz T. M.'s aussah, hörte ich von F. Erpenbeck, der mir mit der ihm eigenen liebenswerten Pfiffigkeit im Jahre 1955, als T. M. nach Weimar gefahren war, um an den Feiern zu Schillers 150. Todestag teilzunehmen, sagte: »Wenn wir jetzt Thomas Mann überall groß herausstellen, bedeutet das nicht, daß wir uns mit allem identifizieren, was er schreibt. Er ist für uns propagandistisch zur Zeit sehr nützlich.« T. M. hatte die neuerliche Pilgerfahrt nach Weimar angetreten, obwohl ihm bewußt gewesen sein mußte, daß das politische Echo jenes Respektes gleich Null war; er hatte im Juli 1951 an W. Ulbricht einen Brief geschrieben, in dem er sich mit dem Appell »Wer aber Gnade übt, der wird Gnade finden» für die Freilassung politischer Häftlinge in der DDR einsetzte. A. Kantorowicz veröffentlichte diesen Brief am 15. 6. 1963 in der »Welt« und versah ihn mit der Schlußbemerkung: »Daß Ulbricht dieser Beschwörung nicht mit Taten entsprochen hat, weiß die Welt.« Auch T. M. reizte offensichtlich eine Gesamtausgabe seiner Werke.

erreicht haben, rrevolutionäre Phrasen sollen uns über unsere geschichtliche Misere hinwegtäuschen ... Nein, sagt da der Dichter, ein solches Verlangen kann ich euch nicht erfüllen ... Also, nicht über die Verhältnisse leben! Bescheiden bleiben, wie wir nun einmal sein wollen, keine Angebereien, keine Hochstapelei, dann, und nur dann ›muß es uns doch gelingen, daß die Sonne schön wie nie über Deutschland scheint‹.«[50]

Die Stelle entbehrt nicht einer gewissen Prophetie. Die Belletristik in der DDR entwickelte sich in der Tat bescheiden. Sogar noch bescheidener, als Becher ahnte und beim Schreiben dieser Sätze gebilligt haben würde.[51]

[50] J. R. Becher: Tagebuch 1950, a. a. O., 138 f.
[51] Über die ähnliche Entwicklung der Schönen Literatur in der Bundesrepublik, die gleichfalls unter Mesalliancen zu Volk und Geschichte prozedierte, vgl. H.-D. Sander: Triste Belletristik; ders.: Schriftsteller – heute. In: »Politische Meinung«, Nr. 127 und 128 (2 und 3/1969).

II. Geschichte

4. Einfuhr des SU-Modells

In vulgärmarxistischer Sicht folgt die Literatur als ein Teil des Überbaus der politisch-ökonomischen Basis.[1] Je nach Organisation der Basis folgt ihr die Literatur mehr oder weniger schnell. Bewegt sich die Basis wesentlich spontan, kann der Abstand in der Folge erhebliche Ausmaße annehmen. Wird die Basis nach einer zentralen Planung organisiert, kann die Differenz auf Vergabe, Entgegennahme und Ausführung eines Auftrags zusammenschrumpfen. Die Literatur soll in diesem Falle den jeweiligen Stand der gesellschaftlichen Planung ausdrücken. Sie soll für die Planziele begeistern und bekämpfen, was, nach Ansicht der Planer, die Erfüllung behindert. Die totalitäre Diktatur in Sowjetrußland hatte sich zu diesem Zweck den sozialistischen Realismus geschaffen, der die Wirklichkeit in einer Entwicklung sieht, die von der Partei nicht nur bestimmt, sondern auch interpretiert wird. Die Partei bezieht mit dieser Lehre und Praxis nicht nur die Literatur in den Plan ein, sie plant damit die Literatur selbst. Die Literatur wird instrumentalisiert und der Literat eine Art Funktionär.

»Der Einzelne hat zwei Augen. Die Partei hat tausend Augen.« So versuchte Brecht in seinem berühmten »Lob der Partei«, das er in der »Maßnahme« angestimmt hatte, die Unterordnung als vernünftig hinzustellen. Da aber in praxi die Partei bekanntlich nicht mit tausend Augen sieht und ihre Einschätzung der Lage schon oftmals als fehlerhaft bezeichnet und revidiert hat, ist

---

[1] vgl. dagegen die Lehren der Klassiker in: H.-D. Sander, Marxistische Ideologie und allgemeine Kunsttheorie, a. a. O., Kapitel »Marx und Engels«.

dieses Verhältnis zwischen Literatur und Planung per se problematisch und voller potentieller Konflikte.

Glaubt der Schriftsteller, seinen eigenen Augen mehr trauen zu müssen als den »tausend Augen« der Partei, gerät er zur Partei in einen Gegensatz, durch den diese ihr Formulierungsmonopol gefährdet sieht. Sie wehrt sich dagegen mit den Mitteln der Zensur, die als Behörde, aber auch als Verlagsdisziplin wirken kann; sie verstümmelt Bücher, verbietet ihre Veröffentlichung oder läßt sie einstampfen. In exzessiven Zeiten wehrt sich die Partei mit Verhaftung oder Liquidierung von Schriftstellern. Traut der Schriftsteller hingegen der Partei mehr als sich selbst, teilt er alle ihre Irrtümer und sinkt zum puren Propagandisten herab; jedes seiner Werke kann durch jede neue Maßnahme erledigt sein. Brecht hatte einen Instinkt für Vokabeln. Wie er die »Maßnahme« schrieb, als auch die bürgerliche Rechtswissenschaft begann, Maßnahmen für Gesetze zu halten, so ließ er, als der lange Bürgerkrieg in Deutschland anhob, in seinem Erstling »Baal« über den sterbenden Helden den Satz fällen: »Du bist eine völlig erledigte Angelegenheit.«

So entsteht ein permanentes Spannungsfeld zwischen Literatur und Planung, dessen Wechsellagen sich von den Schriftsteller-Kongressen ziemlich genau ablesen lassen. Es gibt Kongresse, auf denen die Partei in ihren Direktiven unangefochten dominiert. Es gibt Kongresse, auf denen die Partei mit den Schriftstellern Kompromisse eingeht. Es gibt aber auch Kongresse oder Konferenzen, auf denen die Schriftsteller der Partei das Heft aus der Hand nehmen. Das sollte 1956 in Polen und Ungarn und 1967 in der Tschechoslowakei passieren, wo die Bindungen rissen und eine Lage entstand, die von der Partei trotz aller Restriktionen nicht wieder unter Kontrolle gebracht werden konnte. Die Partei verliert auf solchen Explosiv-Kongressen ihre psychologische Gewalt über die Dichter, die sie auf Direktiv-Kongressen absolut und auf Kompromiß-Kongressen gewissermaßen konstitutionell ausübt.

Die SED begann mit der Planung der Literatur, noch bevor die DDR gegründet wurde.

Es herrschte nach 1945 zunächst eine euphorische Vielfalt. Am 8. August 1945 wurde in den Räumen der ehemaligen Reichsfilmkammer, den genius loci scheinbar exorzierend, der »Kulturbund« gegründet. Es hieß in seinem Manifest: »Wir, die wir heute zur Gründung des Kulturbundes zur demokratischen Erneuerung Deutschlands zusammengekommen sind, versprechen, die wiedergewonnene Freiheit des Geistes zur Tat werden zu lassen. Nachdem wir zwölf Jahre lang durch den Nazismus in unserer freien Entwicklung behindert waren, sind wir von dem einen Willen beseelt: diese Freiheit zu wahren und zu festigen.«[2] Ricarda Huch wirkte im Kulturbund in Weimar. Hans Fallada war Bürgermeister eines mecklenburgischen Dorfes. Am Deutschen Theater inszenierte Gustaf Gründgens, am Mecklenburgischen Staatstheater Lucie Höflich, Karl-Heinz Martin leitete die Volksbühne. In Dresden wirkten Erich Ponto als Generalintendant, Joseph Keilberth als Generalmusikdirektor, Will Grohmann als Ministerialdirektor für Volksbildung. Hans-Georg Gadamer war Philosophieprofessor in Leipzig, Max Bense Dozent in Jena. Eduard Spranger war der erste Rektor der Ostberliner Universität, Rudolf Pechel der erste Chefredakteur des sowjetzonalen CDU-Organs »Neue Zeit«. Bis 1947 erhielten 225 Verlage eine Lizenz, die keineswegs ausgerichtete Literatur publizierten. Karl Rauch verlegte in Leipzig den »Fremden« von Camus, Gustav Kiepenheuer brachte in Weimar eine Neuauflage des Bandes »Beim Bau der chinesischen Mauer« von Kafka, herausgegeben und mit einem Nachwort von Hans-Joachim Schoeps. Am 25. August 1946 öffnete in Dresden die 1. Deutsche Kunstausstellung ihre Pforten. Alle modernen Richtungen von Kokoschka bis zu Willi Baumeister waren vertreten. Sowjetische, amerikanische, englische und französische Kulturoffiziere hatten sich zu dem Festakt eingefunden. Auf dem Dresdner Künstlerkongreß, der sich der Ausstellung im Oktober anschloß, zitierte Oberst Tulpanow, Chef der Informationsabteilung der Sowjetischen Militär-Administration, Verse von Alexander Blok und bagatellisierte Nachrichten über die Verfolgung der Künste in der Sowjetunion, die unter Shdanows Parole »Nieder mit den Schriftstellern, die über den Menschen an sich schreiben!« einem neuen Höhepunkt zutrieb. Major Dymschiz, Chef der Kulturabteilung der SMA, dämpfte mit der Devise »Frei arbeiten lassen und helfen, wo wir können« Mißtrauen und Unruhe. Doch der Teufel steckte im Detail. Der Satz über die Freiheit des Geistes

2 zit. nach: G. Friedrich: Der Kulturbund zur demokratischen Erneuerung Deutschlands – Geschichte und Funktion. Köln 1952, 122.

aus dem Manifest des Kulturbundes war bezeichnenderweise nicht in das gleichzeitig beschlossene Programm des Kulturbundes eingegangen. Hinter der opulenten Kulisse zog man kräftig an den Drähten.

Der SED schien Eile nicht nur geboten, weil die Künstler sich an die wiedergewonnene Freiheit des Geistes zu sehr hätten gewöhnen können. Es hatte eine Auseinandersetzung mit der nationalsozialistischen Kunstauffassung begonnen, die für die Übernahme des sozialistischen Realismus mindestens peinlich geworden wäre. In den ersten Heften des »Aufbau« erschienen positive Artikel über Proust und Valéry, über Kafka und Broch; wenig später sollte über diese Dichter die Tabus des Formalismus und der Dekadenz verhängt werden. Im »Aufbau« schrieb Hermann Henselmann über die Architektur der Nationalsozialisten: »Sie behängten und bekleisterten ihre Stahl- und Betonskelette, die sie notwendig bauen mußten, mit Dekorationen aus Kalkstein und mit den Kunstformen längst abgestorbener Epochen... Künstlerisch gesehen ein absoluter Schwindel, wie der ganze Nationalsozialismus.« Just in dieser Manier sollte Henselmann selbst bald Häuser in der Stalin-Allee bauen.[3] Die Zeitschrift »Bildende Kunst« veranstaltete unter ihrem Herausgeber Carl Hofer einen Aufklärungsfeldzug gegen den, vom Dritten Reich verdorbenen, Geschmack der Massen. Anlaß war die Meinung eines Maschinenschlossers: »Ich lehne alle Bilder ab, die nicht der Natur gleichen, die rein private Phantasien sogenannter Künstler sind.« Just aus diesem Grunde sollte man bald ganz offiziell die moderne Malerei verwerfen. Carl Hofer, der das nicht mitmachen wollte, zog sich aus dem Ostsektor zurück; Heinz Lüdecke, der eben noch aus der destruktiven Anlage der Moderne ihren revolutionären Charakter abgeleitet hatte, behauptete schnell und willig das Gegenteil.

Der sozialistische Realismus wurde auf dem I. Schriftsteller-Kongreß vom 4.–8. Oktober 1947 eingeführt. Schon dieser Kongreß ging, wie Alfred Kantorowicz in seinem Tagebuch notierte, über die Köpfe der Dichter hinweg.[4] Auch er war schon

---

[3] Zu Architekturparallelen im Dritten Reich und in der UdSSR vgl. H.-D. Sander, Marxistische Ideologie und allgemeine Kunsttheorie, a. a. O., Kapitel »Raphael«.

[4] A. Kantorowicz: Deutsches Tagebuch, I., a. a. O., 379.

eigentlich kein Kongreß mehr, auf dem Fachleute zusammen-
kommen, um ihre beruflichen Probleme zu beraten und ihre
Interessen wahrzunehmen. Er diente bereits der Zustimmung
und Diskussion von Entscheidungen, die vorweg an anderen
Orten von Funktionären getroffen worden waren. Ihm war, wie
das bei allen Schriftsteller-Kongressen in der DDR der Fall
werden sollte, die bestimmende Konferenz vorweggegangen.
Die Weichen für den I. Schriftsteller-Kongreß wurden auf dem
1. Bundes-Kongreß des Kulturbundes vom 19.–21. Mai 1947
gestellt. Becher hielt eine zwieschächtige Rede, in der noch von
geistiger Freiheit und nationaler Wiedergeburt gehandelt, aber
auch schon der »Vorrang« der sowjetrussischen Erfahrungen
betont wurde. Alexander Abusch wußte schärfere Akzente zu
setzen. Er denunzierte die »Freiheit der Persönlichkeit« als
»Waffe der Mächte des Rückschritts« und bezeichnete Einwände
als organisierte »Hetze«, wobei er drohend an den Antibol-
schewismus des Dritten Reiches erinnerte. Den entscheidenden
Satz sprach jedoch Oberst Tulpanow aus. Er lautet, von
urwüchsig imperialistischem Anspruch getragen: »Für Deutschland und die ganze Welt gilt als Prüfstein der Ehrlichkeit und
der Konsequenz eines jeden Demokraten, ich sage schon nicht
von denen, die sich Sozialisten nennen, sein Verhältnis zur
Sowjetunion.«[5] Die demokratische Erneuerung sollte nach
sowjetrussischen Mustern zugeschnitten werden, deren kritische
Reflexion von vorneherein als Nationalismus und Faschismus
kriminalisiert war. Major Dymschiz beschleunigte das Tempo,
als er ein paar Wochen später mahnte: »Leider stellen sich die
deutschen Leser nicht mit genügender Klarheit vor, welch
ungeheure geistige Reichtümer ihnen die Überwindung der
Grenzen nationaler Beschränktheit und besonders das aktive
Studium der Kultur der Sowjetvölker verheißt.«[6] Nach diesen
organisatorischen und psychopolitischen Vorbereitungen konnte
der Import des sozialistischen Realismus beginnen.
Der I. Schriftsteller-Kongreß tagte noch in allen vier Sektoren;
er fand noch eine relativ starke westdeutsche Beteiligung. Ri-

5 Der erste Bundeskongreß – Protokoll der ersten Bundeskonferenz des
   Kulturbundes zur demokratischen Erneuerung Deutschlands am 20. und
   21. Mai 1947 in Berlin. Berlin (Ost) 1947, 54 f., 101, 159.
6 »Sonntag«, 1. 7. 1947; zit. nach: G. Friedrich, Der Kulturbund, a. a. O.,
   43 f.

carda Huch war seine Präsidentin. Elisabeth Langgässer hielt ein bedeutendes Referat über »Schriftsteller unter der Hitler-Diktatur«. Der amerikanische Journalist Melvin J. Laski konnte Fragen stellen über Schriftsteller unter der Stalin-Diktatur. Das alles konnte nicht verhindern, daß für die Schriftsteller in der SBZ die Literatur des sozialistischen Realismus verbindlich wurde, über die sowjetrussische Delegierte – Boris Gorbatow, Valentin Katajew, Wsewolod Wischnewskij – sprachen. Becher überwölbte die Gegensätze in friedenstiftenden Worten, die den I. Schriftsteller-Kongreß als ersten Kompromiß-Kongreß erscheinen lassen, der die Zügel locker, aber fest in der Hand hält.

Die transzendierenden Elemente der Rede von Elisabeth Langgässer dürften sogar den wenigsten Teilnehmern aufgefallen sein; selbst Alfred Kantorowicz, der den Text in seiner Zeitschrift »Ost und West« veröffentlichte, hat ihn in seinem Tagebuch nicht sonderlich hervorgehoben. Dabei hätte allein schon ihre noble Geste, mit der sie die Legitimationsquerelen zwischen innerer und äußerer Emigration zu bannen suchte, primäre Beachtung verdient. Sie erklärte gleich anfangs: »Die Summe der Quälereien, die jeder von uns zu ertragen hatte, kann man nicht gegenseitig aufrechnen, weil niemand wissen kann, welche Bedeutung sie für den anderen hatte; wie schwer er sie empfunden, und welche Erkenntnis er aus ihr gemünzt hat.« Aber vermutlich waren die heimgekehrten Emigranten, die den Kongreß dominierten, gar nicht willens, solche Worte auf sich wirken zu lassen; sie waren empfänglicher für Thomas Manns hochtrabende Malveillancen. Deshalb blieben wohl auch die Überlegungen ohne tiefere Wirkung, die sie im Anschluß an den Satz von Oskar Loerke: »Ich hatte mein Erleben heimzuleiten in die Form seiner Existenz durch Sprache« vortrug: »Lassen Sie uns einen Augenblick lang bedenken, was mit diesen überwältigend einfachen und ungeheuerlichen Worten ausgesagt ist. Es ist vor allem damit gesagt, daß der Schriftsteller eine Aufgabe hat, die in ihrer Art unvertauschbar und ganz unabdingbar ist – einerlei, unter welchen Himmelsstrichen, in welcher Atmosphäre und unter welchen äußeren Bedingungen sie sich vollzieht (wobei natürlich der Modus dieser Aufgabe sich jedesmal wandeln wird; ich sage: der *Modus*, nicht die Aufgabe selbst). Daß ferner diese Aufgabe dem Schriftsteller *als* Schriftsteller und nicht – was vielleicht banal klingt, es aber keineswegs ist! – als Politiker, Quäker, Christ, Humanist, Demokrat, Pazifist oder was sonst noch, übertragen werde. Mit dieser Einsicht fällt logischerweise auch die Unterscheidung in Dichter der inneren und der äußeren Emigration, und selbstverständlich auch die gegenseitige Aufrechnung ihrer Prüfungen und Leiden, die, soweit man von den Dichtern spricht, in erster Linie Prüfungen sind, die sich auf ihr Verhältnis zum Wort beziehen; also zu dem gemeinsamen Gegenstand ihrer Leiden, ihrer Entzückungen, ihrer Siege und ihrer Niederlagen. Denn in Wirklichkeit sind ja weder die Dichter der äußeren, noch der inneren Emigration ›ausgewandert‹. Wohin hätten sie auch als Dichter auswandern sollen, wenn nicht immer tiefer in den Raum der Sprache hinein, der sich gleichzeitig mehr und mehr für beide zusammenzog, während das Vakuum um sie anwuchs, die Wüste, der Dschungel, die Kasematte.« Jede einzelne Silbe dieses Textes sagte der Schönen Literatur, wie sie im Bereich der SBZ anheben sollte, das gleiche Schicksal voraus: ihre Zerstörung als Kunst, wenn die Schriftsteller ihre Aufgabe nicht als Schriftsteller, sondern als Politiker und Sozialisten ausführen sollten, und ihre Wiedergeburt als Kunst, wenn die Schriftsteller die Leiden und Prüfungen, denen sie entgegengingen, als Prüfungen erkennen würden, die sich auf ihr Verhältnis zum Wort beziehen. Mit dieser einzigartigen Rede überbrückte Elisabeth Langgässer nicht nur nachträglich die auseinandergefallene deutsche Literatur während des Dritten Reiches, sondern auch vorweg die gerade auseinanderbrechende deutsche Literatur im Zuge der Spaltung, die ihre Ursache im Zerwürfnis der Sieger des Zweiten Weltkrieges hatte.

Auf dem I. Schriftsteller-Kongreß hielten jedoch die Autoren in der Mehrzahl eine solche Wiederkehr des Gleichen für unwahrscheinlich. Es wurde sogar, von keinem anderen als von Johannes R. Becher versichert, als er, der wußte, was bevorstand, wie ein Tartuffe der Kulturpolitik, mit Blick auf das Dritte Reich und das »principiis obsta!« ausrufend, sagte: »Wir haben es erfahren, daß von der Literatur gefordert wurde, sich den politischen Bedürfnissen zu unterwerfen, um so zu einer Art kunstgewerblich aufgeputzten Fassade der Staatsführung zu werden. Die Politik verschlingt die Literatur, wenn nicht die Literatur auf eine ihr eigentümliche Art politisch wird.« Er verkündete von der Tribüne herab sogar: »Es ist verwerflich, während man der ›Verbannten Literatur‹ und der vergangenen Scheiterhaufen gedenkt, die Scheiter zu neuen Scheiterhaufen zusammenzutragen, indem man eine Kritikhetze, die nicht das geringste mit objektiver Kritik zu tun hat, gegen Schriftsteller betreibt . . .« Doch das war glitzernder Sand, den er dem Auditorium in die Augen streute. Während er das sagte, wurden die Scheiter zu den neuen Scheiterhaufen im Bereich der SBZ bereits gehackt. Becher selbst sollte nicht müßig sein, sie zusammenzutragen und die Werke zu bezeichnen, die verdammt werden würden. Es ist sicher, daß Becher dies während seiner Rede ahnte; unsicher ist, ob er in diesem Augenblick auch die Peripetie kommen sah, nach der er, der den Anfängen mitnichten wehren, sondern sie befördern sollte, dieselben Worte, die er hier gegen das zerschlagene Dritte Reich schleuderte, gegen die äußerst lebenskräftige Kulturpolitik in der späteren DDR kehren würde.

Die Regie war nahezu perfekt.[7] Daß Ricarda Huch und Rudolf Hagelstange nach dem Kongreß ihre Wohnstätten in Thüringen aufgaben, um das Weite im Westen zu suchen, mochte bedeutungslos sein; es waren Entscheidungen von »bürgerlichen« Schriftstellern. Von den kommunistischen Belletristen war wegen ihrer erprobten Option für Moskau mit Recht Raison erwartet worden. Es gab nur einen Schönheitsfehler. Theodor Plievier, der im sowjetrussischen Exil die »geistigen Reichtümer« kennen-

---

[7] J. R. Becher: Vom Willen zum Frieden. »Aufbau«, 11/1947, bestritt lebhaft, daß eine »Ausrichtung« und »Lenkung« bevorstünde. W. Harich bagatellisierte in seinem Kongreßbericht (Im Gespräch bleiben. »Die Weltbühne«, 2. Oktober-Heft 1947) Fakten der angebrochenen Shdanowtschina in der SU, auf die westliche Teilnehmer angespielt hatten, zu »totalitärem« Kinderschreck. A. Dymschiz spielte in seinem Bericht für die »Neue Welt«, Oktober 1947, die sowjetrussischen Beiträge betont in den Hintergrund; sein späterer Rückblick (Ein unvergesslicher Frühling – Literarische Porträts und Erinnerungen. Berlin [Ost] 1970, 361 f.) fiel, gemäß der Einleitung, daß er »weder beauftragt noch berechtigt« sei, einen »historischen Abriß über die Tätigkeit der Sowjetischen Militäradministration« zu schreiben, noch farbloser aus: es fehlte hier nicht nur das 1947 geäußerte Bedauern, daß es nicht zu einer Aussprache gekommen sei über den Gegensatz, der sich zwischen den Referaten von E. Langgässer und E. Weinert aufgetan hatte – es fehlte sogar ein Hinweis, daß E. L. überhaupt teilgenommen hatte, deren Rede in »Ost und West«, 4/1947, veröffentlicht wurde. Wie weit die Aktivitäten der sowjetrussischen Delegation hinter den Kulissen ging, kann man einem Bericht der Hochschulzeitschrift »Forum«, 10/1947, 357, entnehmen, der anzeigt, daß die drei Schriftsteller B. Gorbatow, V. Katajew und W. Wischnewskij die sowjetrussische Vorstellung von Realismus auch an den Universitäten vor Studenten vertraten.

gelernt hatte und wußte, was ihr »aktives Studium« mit sich bringen würde, hatte sich wenige Tage vor dem Kongreß nach München abgesetzt. Am 25. Oktober gab er eine Erklärung ab, in der es hieß: »In einem Land, in dem Denken nur auf Schienen gestattet und möglich ist, in dem alles vorgedacht ist und in vorgedachten Linien zu schreiben ist, da ist eben schlecht zu schreiben. Das ist kein Boden für einen Schriftsteller . . .« Becher konnte sich lange nicht über diesen »Verrat« beruhigen. Er bewarf Plievier noch im Tagebuch von 1950 hemmungslos mit Dreck. Was nicht unverständlich ist, denn genau das, was der Dissident prophezeit hatte, erfüllte sich mit der Planung der Literatur.

Gleich das erste Konzept der zentralen Verwaltungswirtschaft, der Zweijahresplan für 1949/50, rief die Schriftsteller auf den Plan. Die Parolen gab Alexander Abusch 1948 in seiner Rede »Die Schriftsteller und der Plan« aus.[8] »Der Mensch steht im Mittelpunkt des Plans«, formulierte er mit domestiziertem Gespür für das Verhältnis, das nicht den Plan, sondern den Menschen dienstbar machen sollte, und folgerte: »Der arbeitende Mensch, seine materielle und kulturelle Pflege, seine fachliche und geistige Höherentwicklung, muß auch in den Mittelpunkt unserer Kulturarbeit gestellt werden.« Für die Schriftsteller bedeutete das, sich von den Überresten »der Zersetzung und der Dekadenz« zu befreien, denn: »Die Zeit der Erziehung neuer Menschen muß auch die Zeit der Überwindung der pessimistischen, in sterilen Abstraktionen und formalistischen Experimenten sich erschöpfenden Strömungen in der Kunst sein.« Er forderte deshalb die »Schriftsteller und andere Kulturschaffende« aus zweierlei Gründen auf, in die Betriebe und auf die Dörfer zu gehen: um den Plan zu propagieren, eine »optimistische Atmosphäre für ihn zu schaffen«, und um selbst vom Plan erzogen und verändert zu werden. An dieser Rede ist bemerkenswert, daß sie, ein Jahr vor Gründung der DDR, schon alle wesentlichen Punkte, mit denen die Partei ihren Kulturkampf führen sollte, im Keim enthielt. Allerdings erwartete Alexander Abusch noch keine bedeutenden Kunstwerke von diesen ersten Schritten. »Wir denken«, sagte er, »dabei zunächst an die Form

8 A. Abusch: Literatur im Zeitalter des Sozialismus – Beiträge zur Literaturgeschichte 1921–1966. Berlin (Ost) 1967, 575 ff.

der literarischen Reportage, durch die man die Aktivisten und ihre Bemühungen in den volkseigenen Betrieben und auf dem Dorfe darstellen kann.« Zu diesem Zwecke schwärmten aus: Anna Seghers und Friedrich Wolf, Jan Petersen und Willi Bredel, Eduard Claudius und Karl Grünberg, Kuba und Stephan Hermlin, Dieter Noll und Helmut Hauptmann. Was sie einbrachten, unterbot indessen alle Erwartungen so beträchtlich, daß Walter Ulbricht im Juni 1950 auf einem Empfang für Ilja Ehrenburg den Schriftstellern »Tempoverlust« vorwarf. »Die Bande!«, sagte Lotte Ulbricht zu Stephan Hermlin, »die muß man viel schärfer anpacken – die werden noch was erleben!«[9] Das sollte geschehen und sich in Tadel, Drohung, Vollstreckung oftmals wiederholen.

Die Inkubationsperiode des sozialistischen Realismus wurde auf dem II. Schriftsteller-Kongreß vom 4.–6. Juli 1950 abgeschlossen. Die Weichen waren auf dem 2. Kongreß des Kulturbundes vom 25.–26. November 1949 gestellt worden, wenige Wochen nach der Gründung der DDR. Der frischgebackene Volksbildungsminister Paul Wandel erklärte den Künstlern: »Wir wollen keinen Zwang auf künstlerisches Schaffen legen, keine Verbote oder etwas Ähnliches aussprechen... Aber es wird – und ich spreche das mit genügendem Nachdruck aus – in der nächsten Zeit für manche fühlbar werden, daß anstelle der früheren feudalen und kapitalistischen Auftraggeber neue Auftraggeber getreten sind... Wer nicht versteht, das zu gestalten, was den neuen schaffenden, schöpferischen Menschen wirklich Freude, Erbauung, Kraft, Optimismus und Zuversicht gibt, der muß seine Auftraggeber in jener vergehenden und zersetzenden Welt suchen, aus der er sehr oft seine Impulse schöpft.«[10] Der neue Auftraggeber gab damit ziemlich offen zu, was er von den Künstlern erwartete; was die Künstler freilich von ihm zu erwarten hatten, verschleierte diese Ansprache eher.

Jedenfalls dürfte kaum jemand einen inneren Vorbehalt erwogen haben, als der Ministerpräsident Otto Grotewohl die Schriftsteller auf ihrem II. Kongreß als »Kampfgenossen der Regierung« begrüßte. Die Übereinstimmung erstreckte sich gewiß auch auf die Bezeichnung »Werkzeuge der Wandlung«, die Becher hier

[9] A. Kantorowicz: Deutsches Tagebuch, II., a. a. O., 110 ff.
[10] »Aufbau«, 12/1949. Der Text fehlt in seinen »Reden zur Kulturpolitik« (1955).

über seine Kollegen und sich fand. Der sowjetrussische Delegierte Konstantin Fedin stellte mit Recht fest: »Wir sprechen die gleiche Sprache.« Was Nikolaj Tichonow, ein anderer sowjetrussischer Delegierter, von der »staatlichen Funktion« der Künste sagte, war als unbestrittene Aufgabe bereits akzeptiert worden. Wenn Kuba die Schriftsteller aufforderte, den Mißständen in der Plandurchführung entgegenzutreten, dachte niemand an die Mißstände der Planwirtschaft. Daß der »Weg in eine lichte Zukunft« begonnen hatte, wie Bodo Uhse das im Hauptreferat des II. Schriftsteller-Kongresses sagte, bezweifelte niemand.

Der Eintritt von der negativen Phase in die positive Phase des Übergangs erfordere, plädierte Uhse, der zum Vorsitzenden des Schriftsteller-Verbandes gewählt wurde, einen »anderen Ton«. Er machte sich die, wenige Tage zuvor geäußerte Kritik Ulbrichts am »Tempoverlust« der Schriftsteller zu eigen und tadelte: »Das Leben auf den Feldern der Neubauernhöfe, in den volkseigenen Betrieben, in Planungsämtern und auf Maschinenausleihstationen, also die durch die Bodenreform, Umsiedlung, Enteignung wichtiger Industrieanlagen und ihre Überführung in Volkseigentum hervorgerufenen Umwälzungen und ihr Echo im Bewußtsein unserer Menschen, haben bisher – mit der Ausnahme einiger Versuche – keinerlei Gestaltung erfahren.« Es galt als ausgemacht, daß »auf dem Marsch ins unbeschrittene Territorium« sich die deutlichsten »Landmarken« im sozialistischen Realismus finden. Im Unterschied zu Abusch, der in seinem Referat »Die Diskussion in der Sowjetliteratur und bei uns« das »große Vorbild« rein mechanisch übernahm, begründete Bodo Uhse das Lernen von der Sowjetunion im vollen Bewußtsein des Realitätsdefektes der deutschen Literatur. Weil »die deutsche Prosa an gesellschaftsschildernden Werken von jeher besonders arm war«, müsse sie sich das »traditionsgemäß fehlende Rüstzeug« aus der Sowjetliteratur aneignen.

Der II. Schriftsteller-Kongreß wurde zum ersten Direktiv-Kongreß. Die Übereinstimmung zwischen der Literatur und ihren Planern sollte nie wieder so überzeugend klingen. Die Schriftsteller hatten sich zweifellos durch die Gründung des »ersten Arbeiter- und Bauernstaates auf deutschem Boden« in eine pseudorevolutionäre Hitze hineingesteigert. Auch stand das Fiasko der Literaturplanung erst bevor. Noch glaubte man an eine reiche Ernte, wenngleich der »andere Ton« in den Werken, die Becher und Wolf in der Sowjetunion unter dem Einfluß des großen Vorbildes geschrieben hatten, Zweifel hätte setzen sollen. Die Schriftsteller zollten auf ihrem II. Kongreß auch der repressiven Seite der proklamierten Kulturpolitik ihre uneingeschränkte Zustimmung. Bodo Uhse polemisierte gegen »das verlogene Schlagwort von der ›Freiheit der Kultur‹«, über die sich auch Brecht in diesen Monaten eifrig mokierte. Becher bramarbasierte: »Wir zittern nicht davor, daß diese gleiche Sprache, die wir alle sprechen, unsere persönliche Ausdrucksweise beeinträchtigt, solche hauchdünnen Nippesfiguren sind wir nicht ...« Den Widersätzlichen, denen nicht zu helfen ist, rief er die Stalinsche Losung zu: »Wenn der Feind sich nicht ergibt, muß er vernichtet werden!«[11]

Brecht glaubte noch 1947 vor dem Kongreßausschuß für unamerikanische Betätigung, die USA über künstlerische Freiheit belehren zu müssen. Er sagte: »Zurückschauend auf meine Erfahrungen als Stückeschreiber und Dichter in dem Europa der letzten Jahrzehnte möchte ich sagen, daß das große amerikanische Volk viel verlieren und viel riskieren würde, wenn es irgend jemandem erlaubte, den freien Wettbewerb der Ideen auf kulturellem Gebiet einzuschränken oder gegen die Kunst einzuschreiten, die frei sein muß, um Kunst zu sein.« Als dies in der DDR geschah, sollte er sich nicht so eindeutig äußern. Er legte sich ein zwiespältiges Bewußtsein zu und brachte es auf die Formel: »Keine Regierung darf sich durch den Kunstwert eines Werks einschüchtern lassen, ein Gift freizusetzen. Wehe ihr allerdings, wenn sie Medizin für Gift hält.«[12] Die entscheidende Frage »wie kann verhindert werden, daß die Regierung Medizin für Gift hält?« stellte er nicht.

Becher schwelgte in seinem Tagebuch von 1950 geradezu in liquidatorischen Phantasien. »Erfahren soeben den Tod von Orwell. Aufgenommen wie die Nachricht vom Tod eines Menschenfeindes«, notierte er über den Verfasser des berühmten Bürgerkriegsreports »Hommage to Catalonia« und der anti-

[11] B. Uhses Referat zit. nach: Gestalten und Probleme. Berlin (Ost) 1959, 301 ff.; A. Abuschs Referat nach: Literatur im Zeitalter des Sozialismus, a. a. O., 583 ff.; J. R. Bechers Referat nach: Tagebuch 1950, a. a. O., 357 ff.

[12] B. Brecht: Gesammelte Werke, a. a. O., XX, 305; XIX, 539.

totalitären Romane »Farm der Tiere« und »1984« vom Range Jonathan Swifts. Koestler rechnete er zu den Autoren, vor denen »jede menschliche Gemeinschaft, die den Frieden will, sich schützen« muß; er empfahl, ihn ins Gefängnis oder in ein Irrenhaus zu stecken. Ernst Jünger hatte in den »Strahlungen« zum guten Ton, Nietzsche zu steinigen, raisoniert: »Nach dem Erdbeben schlägt man auf die Seismographen ein«; Becher apportierte hierzu das Entrefilet: »Der Seismograph war ein Mensch, hat Menschen in einer bestimmten Richtung beeinflußt, und das Erdbeben wurde von Menschen erzeugt. Wenn ein Seismograph die Menschen dahingehend beeinflußt, ein ›Erdbeben‹ zu erzeugen oder nicht zu verhindern, so steht anderen Menschen das Recht zu, Seismographen außer Funktion zu setzen.«[13] Die Angst, die Becher weiland im »Lux« hatte, selbst als ein solcher Seismograph außer Funktion gesetzt zu werden, schien vergessen, verdrängt oder nicht mehr aktuell, da er sich einbilden mochte, nunmehr unter die Exekutoren aufgerückt zu sein.

Arnold Zweig feierte in »Jalta 1952« freundlich, ohne Erbeben, die Beratungen zwischen Stalin und Roosevelt von 1944. Er labte sich an dem Schicksal, daß die Eindringlinge im Schwarzen Meer von den Argonauten bis zu den Faschisten ereilte. Daß von der Beratung jene Linie ausging, mit der Rußland und Amerika Europa in Einflußzonen teilten, so wie im 15. und 16. Jahrhundert unter geistlicher Autorität Spanien und Portugal sich mit den Rayas über den Erwerb andersgläubiger Länder in Übersee einigten, oder wie im 16. und 17. Jahrhundert protestantische und katholische Mächte, einer gemeinsamen Autorität entbunden, mit den amity lines die Neue Welt als einen Raum ausgrenzten, in dem das Recht des Stärkeren regiert, war dem Liebhaber weltgeschichtlicher Betrachtungen nicht aufgefallen. Während seine Landsleute unter der russischen Hegemonie wie unter einem jugurthischen Joch ächzten, entzückte sich der Dichter in jaltesischem Aprillicht: »Wenn Lenin in seinem Mausoleum lächeln würde: jetzt würden wir ihn lächeln sehn.«[14]

---

13 J. R. Becher: Tagebuch 1950, a. a. O., 62, 642 und 87.
14 Sieg der Zukunft – Die Sowjetunion im Werk deutscher Schriftsteller. Ausgewählt und eingeleitet v. A. Abusch. Berlin (Ost) 1952, 446–449. Zu den Rayas, den amity lines (auch über die Linie der westlichen Hemisphäre) vgl. C. Schmitt, Der Nomos der Erde, a. a. O.

Die Leichtfertigkeiten rächten sich wie jede politische Frivolität. Ob Arnold Zweig oder Bodo Uhse, ob Becher oder Brecht – sie sollten es an Leib und Werk erfahren.

5. Kulturkampf und Neuer Kurs

»Nein, wir verbieten *nicht* Kafka«, schrieb Becher. »Er ist nur in unserer gesellschaftlichen Entwicklung nicht mehr drin, zu unserem eigenen Erstaunen einfach lautlos herausgefallen. Viele derartige Fälle, die sich im Zug einer bestimmten geschichtlichen Entwicklung von selbst erledigen . . .«[1] Er verfaßte diese wirklichkeitsfremde Notiz am 28. April 1951. Zu diesem Zeitpunkt hatte die Formalismus-Kampagne nach sowjetrussischem Modell ihre ersten Exzesse schon zelebriert. Ihre Wortführer fanden, daß auch vieles, was kommunistische Künstler in der DDR produzierten, »nicht mehr drin« ist. Und sie warteten auch nicht ab, bis sich dergleichen lautlos von selber erledigt. Sie warfen es mit großem Lärm hinaus.

Die Kampagne gegen den Formalismus war der erste Kulturkampf, den die SED gegen die Künste und die Künstler anstrengte. Er begann im Januar 1951 mit den provokatorischen N.-Orlow-Artikeln in der »Täglichen Rundschau«. Die SED institutionalisierte die Kampagne auf dem 5. Plenum ihres ZK vom 15.–17. März. Das Hauptreferat hielt Hans Lauter, der später beschuldigt werden sollte, als KZ-Häftling für die Gestapo Spitzeldienste geleistet zu haben. Er beschwor den Geist des »unvergeßlichen Genossen Shdanow« und prangerte den Formalismus als Hauptursache für »das Zurückbleiben der künstlerischen Leistungen« an, weil er die Künstler beeinflußt, abstrakt oder verzerrt, in unwirklichen Gestalten oder in disharmonischen Tönen sich auszudrücken. »Wie auf allen Gebieten des Aufbaus muß auch hier zu einer planmäßigen Arbeit übergegangen werden«, sagte Lauter und forderte zu diesem Behufe, »die Bildung einer Staatlichen Kommission für Kunstangelegenheiten vorzunehmen«. Die Künstler, die an der Sitzung teil-

[1] J. R. Becher: Auf andere Art so große Hoffnung – Tagebuch 1950 – Eintragungen 1951. Berlin (Ost) 1955, 624.

nahmen, waren zu einer »offenen Aussprache« ermuntert worden, aber ihre Meinungen wurden nicht beachtet. »Ein Künstler«, höhnte Lauter, »der sich der Kritik verschließt, soll sich nicht wundern, wenn es ihm nicht gelingt, seine Mängel und Schwächen zu überwinden.« In der »Diskussion« rühmte Ernst Hoffmann: »Man kann sagen, daß die Orlow-Artikel wie ein Posaunenstoß gewirkt haben und in die formalistischen Mauern von Jericho schon eine ziemlich starke Bresche geschlagen haben.«[2] Die Mannschaft, die sich zum Ziel setzte, diese Mauer gänzlich zu schleifen, bestand neben Lauter und Hoffmann aus Kurt Margritz, Wilhelm Girnus, Herbert Gute, Hans Rodenberg, Egon Rentzsch, Werner Besenbruch und Helmuth Holtzhauer. Sie errichteten eine Aufsicht über die Künste, deren Sachkunde die Denunzierung »amerikanische Agenten« makellos wiedergibt, mit der Margritz Verteidiger der Werke von Barlach und Käthe Kollwitz mundtot machen wollte.[3]

Die Kampagne richtete sich gegen die Maler Lingner, Ehmsen, Mohr und Strempel, gegen die Bildhauer Seitz, Cremer, Grzimmek, gegen den Bühnenbildner Kilger und den Architekten Stam. Der Film »Das Beil von Wandsbek« nach dem gleichnamigen Roman von Arnold Zweig wurde als pessimistisch diffamiert. Auf dem Theater galt die »Antigone« von Brecht als Musterbeispiel des Formalismus; Brechts »Mutter« wurde Proletkult vorgeworfen. Auf der Musikbühne ereilte die Brecht-Dessau-Oper »Das Verhör des Lukullus« und das Ballett »Don Quixote« von Tatjana Gsovsky und Leo Spies das Schicksal; es teilten selbstverständlich auch Orffs »Antigonae«, Hindemiths »Mathis der Maler« und von Einems »Dantons Tod«; selbst

---

[2] Der Kampf gegen den Formalismus in Kunst und Literatur, für eine fortschrittliche deutsche Kultur – Referat von Hans Lauter. Diskussion und Entschließung von der 5. Tagung des ZK der SED vom 15.–17. März 1951. Berlin (Ost) 1951. E. Schubbe hat in seiner Sammlung »Dokumente zur Kunst-, Literatur- und Kulturpolitik der SED«, Stuttgart 1972, von N. Orlow den Artikel »Wege und Irrwege der modernen Kunst« aus der »Täglichen Rundschau«, 20./21. 1. 1951, übernommen. Daß die nach außen beschwichtigenden Kulturoffiziere den Import der Shdanowschen Kampagne selbst bewerkstelligten, geht einwandfrei aus den, von E. S. ebenfalls übernommenen, einführenden Artikeln von A. Dymschiz hervor: »Probleme der heutigen Sowjetkunst« (»Tägl. Rdsch.«, 11., 13. und 15. 10. 1946) und »Über die formalistische Richtung in der deutschen Malerei« (»Tägl. Rdsch.«, 19. und 24. 11. 1948).

[3] A. Kantorowicz, Deutsches Tagebuch, II., a. a. O., 208.

Inszenierungen klassischer Opern wurden als formalistisch verschwefelt: »Ruslan und Ludmilla« und »Undine«.

Es ist bezeichnend für diesen ersten Kulturkampf der SED, daß er nicht einmal durch ein Zuviel an Kritik ausgelöst worden ist. Brecht hatte zwar in der »Mutter« von 1932 den Arbeiter als den Herren der neuen Welt aufgefordert: »Lege den Finger auf jeden Posten, frage: wie kommt er hierher«, aber gerade in dieser Periode dachte kein Künstler daran, die ersten Schritte der neuen Republik nach dieser Maxime zu beurteilen. Es gab kein entsprechendes Werk der Literatur, daß dieser Kampagne zum Opfer fallen mußte. Die Repressalien, von denen auch literarische Produkte nicht verschont geblieben sind, hatten andere Ursachen. »Der spanische Krieg« von Ludwig Renn wurde abgelehnt, weil der Verfasser den Spanischen Bürgerkrieg in einigen Zügen zu objektivistisch gesehen hatte; das Buch war überdies schon in der Emigration entstanden. »Die Verbündeten« von Alfred Kantorowicz, ein Stück aus der Résistance, verstießen ebenfalls nur geringfügig gegen die Wechsellagen der Bündnispolitik. Und das Libretto »Johann Faustus« von Hanns Eisler war zu tief in die »deutsche Misere« verwickelt, aus der man heraus wollte. Werke wie die Erzählungen von Sostschenko oder die Gedichte von Anna Achmatowa, die in der Sowjetunion 1946 das Modell dieser Kampagne ausgelöst hatten, gab es in der DDR nicht. Um so greller mußte der Jubelruf von Kurt Margritz klingen: »Der Formalismus ist in offener Feldschlacht geschlagen.«[4]

Die Partei bediente sich dabei der vielfältigsten Mittel. Ein Wandbild von Horst Strempel wurde übermalt, ein Skizzenbuch von Gustav Seitz aus China eingestampft. Renns Spanienbuch erhielt keine Druckerlaubnis. Das Stück von Kantorowicz wurde abgesetzt, die Barlach-Ausstellung der Akademie der Künste vorzeitig geschlossen. »Das Beil von Wandsbek« verschwand aus den Kinos. Hanns Eisler verlor die Lust, den »Johann Faustus« zu komponieren. Man griff sogar zum Massenterror; da er beim »Lukullus« ins Gegenteil umschlug und in Ovationen endete, wurde er allerdings nicht wiederholt.[5]

---

[4] Diesem Detail und anderen ohne Beleg bis 1957 liegen eigene, zur Zeit nicht näher verifizierbare Notizen oder Erinnerungen zugrunde.

[5] B. Brecht wandte sich vor allem gegen den »ungeduldigen und eifernden Ton« im letzteren Fall. Er leitete seine Eingabe mit der halb taktischen, halb überzeugten Reverenz ein: »Die Barlach-Ausstellung und die Dis-

In vielen Fällen wurde die Verantwortlichkeit und Zuständigkeit verschleiert. Was Becher gerade noch für passé gehalten hatte, ereignete sich in potenzierter Form: die Aktualität Kafkas. Alfred Kantorowicz schrieb am 16. April 1952 als Nachlese zur »Verbündeten«-Affäre an den Intendanten des Deutschen Theaters Wolfgang Langhoff: »Es hat sich bei uns eine Kafkasche Atmosphäre entwickelt. Wahrhaftig, das merkwürdige, mir bislang schwer eingängige Genie des Verfassers von ›Der Prozeß‹ ist mir erst durch die Erfahrungen der jüngst vergangenen Zeit verständlicher geworden. Es ist eine unheimliche Realisation. Da werden Entscheidungen über einen gefällt, von denen man nichts erfährt; Beratungen werden über einen geführt, aber man kennt die Mitglieder des beratenden Gremiums nicht; irgendwo liegen Akten, man weiß nicht, was in ihnen steht; der Richtspruch bleibt in suspens, und man rätselt, an wen gegebenenfalls zu appellieren sei; der, von dem man vermutet, er habe ein wohlerwogenes Urteil gefällt, gibt öffentlich seiner Verwunderung darüber Ausdruck, daß aus geheimnisvollen Gründen das (von ihm exekutierte) Schauspiel nicht mehr am Leben sei, ist aber seither zu keiner weiteren Äußerung zu bringen ...«[6] Das ging auch Brecht so, der alle Hebel in Bewegung setzte, um die Verantwortlichen für die Absetzung seiner »Antigone« zu er-

kussionen darüber müssen als Zeichen für die Bedeutung gewertet werden, welche der Kunst in der DDR beigelegt wird.« (Notizen zur Barlach-Ausstellung. »Sinn und Form«, 1/1952; auch: »Gesammelte Werke. XIX, 511). Es war B. B. sicher nicht bewußt, daß G. Benn im Herbst 1933 gegen die anhebende Kriminalisierung des Expressionismus ein Plädoyer verfaßt hatte, das mit einer ähnlichen Reverenz begann: »Das Maß an Interesse, das die Führung des neuen Deutschlands den Fragen der Kunst entgegenbringt, ist außerordentlich. Ihre ersten Geister sind es, die sich darüber unterhalten, ob in der Malerei Barlach und Nolde als deutsche Meister gelten dürfen, ob es in der Dichtung eine heroische Literatur geben kann und muß, die die Spielpläne der Theater überwachen und die Programme der Konzerte bestimmen, die mit einem Wort die Kunst als eine Staatsangelegenheit allerersten Ranges der Öffentlichkeit fast täglich nahebringen.« (Expressionismus. Gesammelte Werke, I, 240). Beide Eingaben wurden von ihren Adressaten nicht berücksichtigt. Während dies für G. B. zu den Erfahrungen gehörte, die ihn ein halbes Jahr später bewogen, sich aus der Bewegung zurückzuziehen, veränderte es B. B.'s Engagement in keiner Weise. Die »Thesen zur Faustus-Diskussion«, die B. B. zwei Jahre später aufstellte, um H. Eisler zu verteidigen (XIX, 533 f.), stimmten teilweise mit den Vorwürfen überein. In eigener Sache schrieb er mit P. Dessau die »Lukullus«-Oper, den Kritiken entgegenkommend, um.

[6] A. Kantorowicz: Deutsches Tagebuch, II., a. a. O., 218.

mitteln. Die Verschleierer setzten ihre Taktik sogar noch fort, als sie in den ersten Wochen nach dem 17. Juni Selbstkritik üben mußten. Brecht hat es epigrammatisch festgehalten: »Trotz eifrigsten Nachdenkens / Konnten sie sich nicht bestimmter Fehler erinnern, jedoch / Bestanden sie heftig darauf / Fehler gemacht zu haben – wie es der Brauch ist.«[7]

Diese Atmosphäre mußte um so eher zur Kritik herausfordern, als die Künstler keinerlei Arglist gegen das Regime im Sinn hatten. Ihre Einsprüche blieben jedoch vergeblich. Auf der Formalismus-Tagung des ZK verteidigte Arnold Zweig mit beredten Worten die Oper »Das Verhör des Lukullus«. Er schilderte, wie in der Geschichte schon oft die Tonsprache eines Komponisten erst »zehn oder zwanzig Jahre nach ihrem ersten Auftreten« akzeptiert wurde und forderte die Partei auf: »Sie müssen davon überzeugt sein: Das öffentliche Leben reguliert den Kunstgeschmack. Das öffentliche Leben hat noch immer auf die Dinge, die wirklich positiv, die wirklich wertvoll waren, dadurch reagiert, daß es sie im Laufe der Zeit akzeptiert hat, und es hat immer auf die Dinge ablehnend reagiert, die sich als nicht wertvoll, als nicht positiv erwiesen haben.« Fred Oelssner quittierte das mit der Anrempelung: »Entschuldigen Sie, Genosse Zweig, aber das ist eine Anbetung der Anarchie und der Spontaneität auf dem Gebiet des künstlerischen Schaffens.« Otto Nagel verteidigte seine Maler-Kollegen mit dem Argument, daß sie im Dritten Reich als »Entartete« verfolgt und nach dem Zusammenbruch als Opfer des Faschismus zu Lehrkräften an die Hochschulen der DDR berufen wurden. Walter Ulbricht rief ungerührt dazwischen: »Es gab schon vor Hitler Entartete!« Der Filmregisseur Kurt Maetzig wollte wenigstens die Bilder Max Lingners vor dem Autodafé retten. Er zitierte gegen die Überbetonung des Inhalts Mao Tse-tung, der damals noch als bester Schüler Stalins galt: »Was wir brauchen, ist die Einheit von Politik und Kunst, Inhalt und künstlerische Form. Wir sind gegen die Tendenz, den Inhalt überzubetonen und über die Form völlig hinwegzusehen. Das würde Kunst und Literatur zu einer Sache machen, die man politische Klebezettel nennen könnte. Deshalb müssen wir den Kampf an dieser doppelten Front führen.« Es nützte nichts. Die Partei hielt mehr von Klebezet-

[7] B. Brecht: Nicht feststellbare Fehler der Kunstkommission. Werke. X, 1007.

teln. Die Bilder von Lingner wurden in der Entschließung des ZK als Beispiele des Formalismus genannt.[8]

Brecht schrieb am 26. September 1951 einen »Offenen Brief an die deutschen Künstler und Schriftsteller«, in dem er sie aufforderte, von ihren Volksvertretungen »völlige Freiheit« des Buches, des Theaters, der bildenden Kunst, der Musik und des Films mit einer Einschränkung zu ersuchen; die Einschränkung war: »Keine Freiheit für Schriften und Kunstwerke, welche den Krieg verherrlichen oder als unvermeidbar hinstellen, und für solche, welche den Völkerhaß fördern.«[9] Man kann nicht sagen, daß auch dieser Vorstoß taube Ohren fand; das genaue Gegenteil war jedoch seine Folge. Am 31. September, fünf Tage später, berief Otto Grotewohl die Staatliche Kommission für Kunstangelegenheiten, die das Monopol der Partei auf die Regulierung des Kunstgeschmacks institutionalisierte. Was der Ministerpräsident von der Einheit der Kunst und der Politik oder gar von der völligen Freiheit der Künste mit einer Ausnahme hielt, sagte er in seiner Gründungsansprache: »Literatur und Bildende Künste sind der Politik untergeordnet, aber es ist klar, daß sie einen starken Einfluß auf die Politik ausüben. Die Idee der Kunst muß der Marschrichtung des politischen Kampfes folgen ... Was sich in der Politik als richtig erweist, ist es auch unbedingt in der Kunst.«[10] Die Gründung der Kunstkommission stellte die Weichen für den III. Schriftsteller-Kongreß, auf dem die Dichter, vom 22.–25. Mai 1952, dieser Unterordnung akklamierten.

Der III. Schriftsteller-Kongreß wurde zum zweiten Direktiv-Kongreß, wenngleich er ungeteilte Zustimmung nicht mehr her-

---

[8] Der Kampf gegen den Formalismus..., a. a. O. Es entspricht den politischen Prämissen, daß F. Oelssner in seinem Diskussionsbeitrag gegen Brechts »Mutter« die Engelssche Formel »typische Gestalten in typischer Umgebung« repressiv auslegte, die in der SU die Abkehr von der Shdanowtschina begründen sollte; vgl. zum letzteren: H.-D. Sander: Marxistische Ideologie und allgemeine Kunsttheorie, a. a. O., Kapitel »Begriffswandel und Rekonstruktion«.

[9] B. Brecht: Werke. XIX, 495 f.

[10] zit. nach: G. Friedrich, Der Kulturbund, a. a. O., 107. J. R. Bechers Tagebuch weist für diese Zeit nur kahle Stellen auf. Die erste Dezember-Notiz: »Wie lange keine Eintragung mehr vorgenommen, was keineswegs bedeuten soll, daß sich nichts Eintragenswertes ereignet hätte. Ganz im Gegenteil. Vielleicht allzuviel, was mir die Sprache verschlagen hat und Schweigen gebot ...« (Tagebuch 1950 – Eintragungen 1951, a. a. O., 672).

vorrufen konnte. Brecht ließ sich wegen Krankheit entschuldigen. Bodo Uhse, der sich zu passiv verhalten hatte, wurde in der Führung des Schriftsteller-Verbandes von Kuba abgelöst. Friedrich Wolf, der die Reglementierung zur Sprache bringen wollte, wurde von Bredel gestoppt. Alexander Abusch, den Alfred Kantorowicz den »Zeremonienmeister« des Kongresses nannte, überspielte Becher, der inzwischen auch nachdenklich geworden war. Becher äußerte auf dem II. Kongreß, der im Zuge der Distanz zur Misere-Konzeption das Stichwort Nationalliteratur lancierte, den vergeblichen Vorschlag: »Es muß den verschiedenen Gruppierungen die Möglichkeit gegeben werden zu arbeiten, in einen freien, künstlerisch-geistigen Wettkampf miteinander zu treten. Aber die Herausbildung solch einer Nationalliteratur ist nicht das Monopol des Schriftstellerverbandes, sondern selbstredend auch sind die Akademie der Künste, die verschiedensten Redaktionen zur Mitarbeit an diesem großen, vaterländischen Werk aufgerufen.«[11] Er wurde dabei auch von Hermlin überspielt, der das signifikante Referat des Kongresses über den »Kampf um eine deutsche Nationalliteratur« hielt.[12] Hermlin nannte sie, im Stile Shdanows oder Adolf Zieglers, eine »Literatur der Ehre«,[12] er hatte nur das Pech, daß zu diesem Zeitpunkt in der Sowjetunion die Ära Shdanow schon beendet war.

Der II. Schriftsteller-Kongreß vom 4.–6. Juli 1950 war bereits nicht mehr gänzlich synchron zur sowjetrussischen Entwicklung verlaufen. Zwei Wochen zuvor, am 20. Juni, hatte die »Prawda« Stalins ersten Beitrag über den »Marxismus und die Fragen der Sprachwissenschaft« veröffentlicht; die Wende, die er für das Geistesleben brachte, zeichnete sich jedoch noch nicht sichtbar ab. Es ergriffen zunächst auch nur die Logik und die Naturwissenschaften die Chance ihrer Exemtion. Aktivitäten,

---

[11] Becher-Archiv.; zit. nach: J. R. Becher: Über Kunst und Literatur. Berlin (Ost) 1962, 81. Auch hierfür gibt es, in Stoßrichtung und Mißerfolg, eine genaue Parallele bei G. Benn, der um die Jahreswende 1933/34 schrieb: »Je strenger, einheitlicher, unerbittlicher dieser Grundsatz in der Richtung des Politischen von Verlegern und Buchhändlern durchgeführt wird, um so weitherziger wird man im Geistigen sein dürfen. Um so mehr wird man den Künsten jenen inneren Spielraum lassen können, den sie ihrem Wesen nach ja unbedingt brauchen.« (Die Dichtung braucht inneren Spielraum. »Gesammelte Werke«, I, 259).

[12] S. Hermlin: Die Sache des Friedens – Aufsätze und Berichte. Berlin (Ost) 1953, 308–346.

wie sie 1951 die Kunstkommission entfaltete, hätten in der Sowjetunion schon nicht mehr durchgeführt werden können. Als sich am 7. April 1952 die »Prawda« hinter die Kritik stellte, die der Dramatiker Nikolaj Pogodin an der »konfliktlosen« Dramatik geübt hatte, kündete sich die Exemtion auch für die Literatur ab. Stephan Hermlin schwärmte auf dem III. Schriftsteller-Kongreß von einer Kunstauffassung, die in der Sowjetunion bereits ihren Vorbildcharakter verlor. Mit dem III. Schriftsteller-Kongreß brach für die Schöne Literatur in der DDR eine eigengesetzliche Entwicklung an, die infolge ihrer Prämissen sie für lange Zeit von der zum Teil recht stürmischen Entwicklung der anderen sozialistischen Literaturen isolierte.

Stephan Hermlin ist ein Paradeprodukt der »besonderen Lage der DDR«. Bevor er 1947 in die SBZ übersiedelte, hatte er am Beispiel Bechers hellsichtig die Gefahren erfaßt, die der deutschen Literatur, und nicht zuletzt auch ihm selbst, vom sozialistischen Realismus bereitet würden. Er schrieb in den »Bemerkungen zur Situation der zeitgenössischen Lyrik« freimütig: »Tragisch ist der Fall eines der bedeutendsten Lyriker des heutigen Deutschland, der Fall des Johannes R. Becher. Sein letzter Gedichtband (›Heimkehr‹, Aufbau-Verlag, Berlin) beweist neuerlich, daß Becher in seiner von sehr ernsten politisch-ästhetischen Motiven bestimmten Erneuerung, die er seit etwa fünfzehn Jahren unternommen hat, über jedes mit seiner hohen dichterischen Begabung verträgliche Ziel hinausgeschossen ist. Dieser Fall ist sehr kompliziert und erfordert eine gründliche Auseinandersetzung. Es liegt aber unleugbar der Beweis vor, daß die Bemühung um einen neuen Realismus hier die Substanz und Eigengesetzlichkeit des Lyrischen zerstört hat: Becher ist in neoklassizistischer Glätte und konventioneller Verseschmiederei gelandet. Er hat eine politisch richtig gestellte Aufgabe mit dichterischen Mitteln falsch gelöst. Die Mittelmäßigkeit unserer Lyrik: muß das sein?«[13] Die gründliche Auseinandersetzung unterblieb indessen.

Ein Jahr später, auf einer Reise in die Sowjetunion, führte er mit Alexander Fadejew ein Gespräch über den sozialistischen Realis-

13 S. Hermlin/H. Mayer: Ansichten über einige Bücher und Schriftsteller. Berlin (Ost) o. J., 191.

mus, aus dem folgende Partien bekanntgeworden sind. Hermlin: »In der Bildhauerkunst und Malerei der UdSSR sahen wir keine nackten menschlichen Körper. Die sowjetischen Künstler bekleiden sie gewöhnlich mit Badehosen. Das ist weit entfernt von der Offenheit und Wahrhaftigkeit, mit der die Griechen den menschlichen Körper darstellten. Weshalb diese Verschleierung? Passen Feigenblätter zum Realismus?« Fadejew: »Von einer Furcht, den nackten Körper zu zeigen, kann selbstverständlich keine Rede sein ... In der sowjetischen Kunst besteht überhaupt keine Begeisterung für die Darstellung des Menschen als zoologisches Wesen. Um ein Beispiel herauszugreifen: in unserer Literatur wird die Liebe nicht in dem betont physiologischen Sinne behandelt, wie das heute bei den Schriftstellern des Auslandes der Fall ist. Unsere Literatur steht in dieser Beziehung der klassischen, insbesondere der russischen klassischen Literatur nahe, die, ich möchte sagen, bei aller Realistik der Darstellung durch und durch keusch ist.« Hermlin: »Wir haben gehört, daß auch Scholochow sein ›Neuland unterm Pflug‹ umarbeitet. Wie Ihre ›Neunzehn‹ ist es ein Meisterwerk. Ist es denn zulässig, Werke vom heutigen Standpunkt aus umzugestalten, die Denkmäler einer Epoche sind? Wenn die Gestalten der Bücher umgemodelt werden, wenn man den Helden Badehosen anlegt, so wird das Aroma der Epoche verschwinden, das für die Geschichte und für die Literatur charakteristisch ist.« Fadejew: »Die Säuberung eines Werkes von groben Ablagerungen bedeutet nicht eine Entstellung der Epoche, um so mehr als sie den Charakter der Helden nicht ändert, vielleicht gerade im Gegenteil ... Ich habe das Recht, das Werk von solchem Naturalismus zu säubern, um die große Epoche nicht herabzuwürdigen. Ich muß zugeben, daß ich persönlich einen Hang zu naturalistischen Einzelheiten habe, längst wurde mir aber bewußt, daß das den Leser verletzt und ... in keiner Hinsicht bereichert.« Hermlin: »Führt diese ständige Orientierung nach dem Leser nicht zum Verlust der Selbständigkeit des Schriftstellers?« Fadejew: »Nein. Wir passen uns nicht an jede Geschmacksrichtung des Lesers an. Wir orientieren uns nach den fortschrittlichen Lesern, im Vergleich zu denen wir noch fortschrittlicher sein wollen und müssen. Die Schriftsteller, die sich dem schlechten Geschmack der Leser dienstbar machen, können bei uns vielleicht auch manchmal Erfolg haben, aber es ist ein schnell vorübergehender, kurzfristiger.«[14] Eine spöttische Distanz ist in diesem Dialog noch sichtbar, wenn auch schon behutsam abgeschattet. Auf derselben Reise bedachte er aber bereits Eduard Claudius mit »mißbilligendem Blick«, weil er es wagte, noch offenere und freimütigere Fragen an Sowjetbürger zu stellen.[15] Der Sog des großen Vorbildes begann zu wirken. Die Verwerfung der sozialistischen Traditionen in Deutschland, die Dämonisierung der deutschen Geschichte und das Mißtrauen in das eigene Volk – diese Prämissen für den Verfall der kommunistischen Belletristik in der DDR an den sozialistischen Realismus, höhlten auch Hermlin aus, dessen surrealistische Verskunst zu höchsten Erwartungen berechtigte. Die hermetische Strenge, die sich 1949 in den Terzinen der »Erinnerung« noch behauptete, brach bald aus in schepperndes Pathos, das byzantinistische Verseschmiederei verlautete. Schon im Juni 1950 konnte die »Tägliche Rundschau« aus Moskau berichten: »Als ein hervorragendes Werk wurde auch Stefan Hermlins Dichtung ›Stalin‹ bezeichnet. Hier hat sich der Dichter von den formalistischen und surrealistischen Tendenzen befreit, die seine glänzende und eigenartige Begabung eine Zeitlang beeinträchtigten.«[16] Er trat in enkomiastischen Wettstreit mit Becher und Kuba. Die Becher-Kritik von 1947 büßte Hermlin ab, indem er sich als publizistischer Paladin aufspielte, der den Meister der neoklassizistischen Glätte vor »verleumderischen« und »widerlichen« Angriffen aus dem Westen verteidigte.

Hermlin zog das Fazit dieser ästhetischen Konversion auf dem Kongreß junger Künstler in Berlin vom 28.–29. April 1951, an dem teilzunehmen Becher mit einem Vexierspiel verschmähte. »Liebe Freunde!«, entschuldigte sich Becher in einem Brief, »leider bin ich verhindert, an Eurer Konferenz teilzunehmen, da ich mich in München aufhalte, um auch dort in meiner Geburtsstadt für das Zustandekommen eines gesamtdeutschen Gesprächs zu wirken...« In seinem Tagebuch findet sich unter dem Datum des 26. April jedoch der Satz: »Zurückgeflogen bei herrlichem Sommerwetter.« Und am Tage der Eröffnung des Kon-

[14] Kritik in der Zeit – Der Sozialismus, seine Literatur und ihre Entwicklung. Halle 1970, 134 f.
[15] E. Claudius: Ruhelose Jahre, a. a. O., 328.
[16] A. Kantorowicz: Deutsches Tagebuch, II, a. a. O., 113.

gresses notierte er: »Wieder im Traumgehäuse in Saarow ...«[17] Er hatte seine Gründe. Der Kongreß junger Künstler sollte den Richtlinien der Formalismus-Tagung des ZK vom März des Jahres akklamieren. Für Becher, der sich schon auf dem Formalismus-Plenum betont zurückhaltend geäußert hatte, wäre das eine Umkehr gewesen, die er vielleicht auch für unnötig gehalten haben mochte; denn er dürfte, mindestens durch seine Frau Lilly, die sicherheitsdienstliche Verbindungen hatte, von dem beginnenden Klimawechsel in der Sowjetunion Kunde gehabt haben. Für Hermlin war der Auftritt vor dem Kongreß willkommene Gelegenheit, seine Bekehrung zu beweisen. Er ließ seinem konvertitenhaften Eifer so hemmungslosen Lauf, daß er sogar mit Magritz, Hoffmann, Lauter, Girnus und Genossen in Wettstreit trat.

Nach einer Reverenz vor den N.-Orlow-Artikeln ging er zum Angriff über auf die »vielen fortschrittlichen, unserer Sache ergebenen Künstler«, die »manchmal die Neigung haben, nicht nur in der Diskussion mit anderen, sondern auch in der Auseinandersetzung mit sich selbst, so viel wie möglich von ihrer bisherigen Position zu wahren.« Er forderte sie auf zu »gesundem Mißtrauen« gegen sich selbst und ihre bisherigen »Produktionsgewohnheiten«. Unter den Widersetzlichen hob er den Maler Arno Mohr hervor, der seine »Unklarheiten« auch noch als Hochschullehrer vor Studenten verbreitete. Hermlin distanzierte sich zwar von Margritzens Methode, Widerborstige als »amerikanische Agenten« zu beschimpfen, kannte jedoch keine Skrupel, folgende Sätze niederzuschreiben und öffentlich auszusprechen: »Der Formalismus ist also der malerische, musikalische, literarische Ausdruck des imperialistischen Kannibalismus, er ist die ästhetische Begleitung der amerikanischen Götterdämmerung. Eine gewisse politische Form des sterbenden Kapitalismus vermochte ihm als Faschismus in Deutschland, Italien und Japan vor vielen Menschen den Anschein des ›Neuen‹ zu geben, bis er unter den Schlägen der Roten Armee zusammenbrach und endgültig als das ganz Alte entlarvt wurde.« Man kann dieser verantwortungslosen metaphorischen Denunziation jene nominelle Denunziation sogar noch vorziehen, weil sie unter Umstän-

[17] J. R. Becher: Tagebuch 1950 – Eintragungen 1951. 604 und 623; der Brief ist hier im Datum des 1. Mai (!) untergebracht.

den eine gewisse Haftpflicht des Denunzianten verbürgt. Hermlin wußte mit der Gleichung Faschismus = Formalismus auch Ulbrichts dreiste Verhöhnung der »entarteten« Kunst zu überflegeln. Wenn er unterstellte, Hitler habe die Formalisten nur aus Unverständnis verfolgt, vergaß er freilich hinzuzufügen, Hitler habe offenbar ebenfalls nur aus Unverständnis mit neidischem Respekt am Beispiel der Baukunst den sozialistischen Realismus bewundert, auf den die jungen Künstler ihren Fahneneid ablegen sollten. »Wenn der Künstler«, parolierte Hermlin, »sofern er seine Aufgabe heute wirklich erfüllen will, sich so eindeutig auf das Neue orientiert, wie es ihm die Entwicklung der Natur und der Gesellschaft selbst vorzeichnet, so muß er in der Kunst der Sowjetunion das letzte, bisher höchste, fortgeschrittenste Stadium in der Entwicklung der Kunst erblicken und sich nach den Erfahrungen dieses Stadiums orientieren.« Wie alles in dem Referat, sind auch diese Sätze fatal. Was Hermlin als das letzte Stadium dünkte, war in Wirklichkeit das vorletzte. So rangierte er Stalins Abhandlung über die Sprachwissenschaft auf dasselbe Geleis wie die N.-Orlow-Artikel, stellte mit Fadejews »Junger Garde«, Schostakowitschs »Lied von den Wäldern«, Aragons »Kommunisten« oder Pablo Nerudas später Lyrik, die der Entwicklung Bechers kongruierte, Vorbilder auf, die im kommunistischen Bereich zu verblassen begannen.[18]

Auf dem III. Schriftsteller-Kongreß beschrieb Hermlin die Lage so, als ob Forderungen nach künstlerischer Freiheit und Unabhängigkeit nur von westlichen Demagogen erhoben würden. Er behauptete, er und seine Freunde in der DDR hätten »nicht die geringste Sympathie für die sogenannte ›Demokratie‹ nach angelsächsischem Muster«, und machte sich lustig über die »panische Angst vor irgendwelchen ›Zensurmaßnahmen‹«. Hermlin zitierte Herder: »Warum schrein die Deutschen nicht? Ja,

18 Wegen dieser Rede schrieb ich als sympathisierender Student aus Westberlin S. Hermlin ziemlich aufgebracht zwei Briefe. Er antwortete am 13. 5. und 21. 8. 1951 ungerührt, ihm habe auch die »Lukullus«-Oper heftig mißfallen. Zum Aufführungsverbot, dem die Werke I. Strawinskys unterlagen, erklärte er mir, man solle dabei doch nicht vergessen, daß I. S. im spanischen Bürgerkrieg die Partei Francos ergriffen und kürzlich in den USA Schostakowitsch beleidigt habe. Zwei Jahre später distanzierte sich S. H. auf seine Art von dieser Rede, die am 1. Mai 1951 in der »Jungen Welt« erschienen ist, indem er sie in dem Sammelband »Die Sache des Friedens« nicht mehr übernahm.

schrei / und schrei und schrei! / ... Und doch sind sie in ihrer Herren Dienst / So hündisch-treu!«. Er bezog das aber keineswegs auf sich und seine Freunde in der DDR, die sich anschickten, ihre Option für Moskau, die bisher der Sowjetunion insgesamt galt, auf den reaktionärsten Flügel der KPdSU zu übertragen. Die Verse von Herder waren auf die deutschen Intellektuellen in der Bundesrepublik gemünzt, die sich nicht in die kommunistische Weltfriedensfront einreihen wollten.

Tragisch ist nicht der Fall des Johannes R. Becher, sondern der Fall des Stephan Hermlin. Er zögerte nicht, auf dem III. Kongreß auch das Omega des Bekehrungsalphabetes auszusprechen. Er ließ Verse von Becher (und Brecht) auf der Zunge hergehen, die er selbst einst als konventionelle Verseschmiederei bezeichnet hatte, während Becher, nicht zuletzt unter dem Einfluß der Hermlinschen Kritik von 1947, die Konsequenzen aus seiner Krise zu ziehen begann. Er hatte in seinem Tagebuch über die kritische Beweisführung Hermlins notiert: »Den Kunstgewerblern, den preziösen Konfektionären, den literarischen Schaufensterdekorateuren insbesondere, war ich schon immer ein Greuel, und umgekehrt, aber dieser ›unleugbare Beweis‹, von keinem aus diesem Gewerbe geliefert, hat mir immerhin zu denken gegeben, und ich habe ihn bis heute nicht verschmerzt. (Denn er enthält irgendwo irgendwie etwas Richtiges.)«[19] Die Auseinandersetzung kehrte sich um. Auf der Strecke blieb der Dichter Hermlin, dessen Begabung so über jedes verträgliche Ziel hinausschoß, daß sie alsbald verstummte.

War mit dem II. Schriftsteller-Kongreß die Inkubationsphase des sozialistischen Realismus abgeschlossen, so zeichnete sich auf dem III. Kongreß schon ab, daß die Partei gesonnen war, fürderhin am sozialistischen Realismus festzuhalten, auch wenn er an anderen Orten mehr oder weniger fallen gelassen werden würde. Jürgen Rühle, der in diesen Jahren als Kulturredakteur in der »Berliner Zeitung« arbeitete, hat die sich daraus ergebene Praxis mit den treffenden Sätzen umschrieben: »Die Leute, die fortwährend das Schlagwort von der ›Aneignung sowjetischer Erfahrungen‹ auf den Lippen führten, unterschlugen die neuesten

---

[19] J. R. Becher: Tagebuch 1950, 81. S. Hermlin hat dagegen noch 1958, im Todesjahr Bechers, an seinem revidierten Becherbild festgehalten (Begegnungen, a. a. O., 229 f. und 262 f.).

sowjetischen Auffassungen, weil die Menschen in der DDR für sie ›noch nicht reif genug‹ seien.«[20] Das Argument der mangelnden Reife war keineswegs eine Ausrede, es war tief im Mißtrauen gegen das eigene Volk verwurzelt, das nicht nur zu lernen, sondern auch zu büßen hatte und überdies im Irrglauben steckte, daß seiner westlichen Hälfte das glücklichere Los zuteil geworden war. So wurde die Belletristik in der DDR vom Volk isoliert und gegenüber dem Westen wie gegenüber dem Osten abgeschirmt. Sie bildete sich in einem laboratorienhaften Klima heran, das ihre homunculeischen Gestalten erklärt. Auf diese Weise war der Primat der Planung der Literatur vor der Bewegung der Literatur auf lange Zeit gesichert.

Überblickt man unter den Aspekten der Planung die Literatur, die sich von der Gründung der DDR im Oktober 1949 bis zum 17. Juni 1953 erstreckt, so ergibt sich ein folgendes Bild, das von drei Fakten gewissermaßen symbolisch bestimmt ist. 1949 läßt Stephan Hermlin seinen Erzählungsband »Die Zeit der Gemeinsamkeit« erscheinen, der in den »Weg der Bolschewiki« ausläuft: deutsche KZ-Insassen beschließen, das Vermächtnis eines sterbenden russischen Offiziers, der darunter leidet, nicht Parteigenosse geworden zu sein, zu erfüllen, indem sie den Kurzen Lehrgang der Geschichte der KPdSU (B) studieren wollen. 1950 widmet Anna Seghers ihren Erzählungsband »Die Linie« Josef Wissarionowitsch Stalin zum 70. Geburtstag, dessen Weisungen sie an Beispielen aus China, Frankreich und Rußland im Herzen des Volkes und im Gehirn der Geschichte verortet. 1951 führte Brecht seine »Mutter« wieder auf. Das »Lob des Kommunismus« hatte in der ersten Bühnenfassung von 1932 über den Kommunismus gesungen: »Die Ausbeuter nennen ihn ein Verbrechen. / Aber wir wissen: / er ist das Ende ihrer Verbrechen.« Jetzt verkündete das »Lob des Kommunismus«: »Er ist das Ende der Verbrechen.«[21] Vor dem Hintergrund der Schauprozesse des Jahres 1949 in Albanien, Bulgarien und Ungarn und der Judenverfolgungen des Jahres 1950 in der Sowjetunion war das eine

[20] J. Rühle: Kulturpolitik im Tauwetter. »Der Monat«, Heft 82, Juni 1955, 332.

[21] B. Brecht: Die Mutter. »Versuche«, Heft 7, Berlin 1933, 26. Die erste Version galt noch in der Basler Ausgabe, 1946, 85. Die zweite Version tauchte in dem mir damals zugänglich gewesenen Bühnenmanuskript für die Inszenierung des Stücks im »Berliner Ensemble«, 1950, auf. Sie wurde

beklemmende Korrektur. Sie bedeutete zumindest, daß Brecht nicht gesonnen war, den »Finger auf jeden Posten« zu halten. Und so sah auch die offizielle Belletristik dieser Jahre aus, deren Gegenstand die Sowjetisierung Mitteldeutschlands war.

Die erste Aneignung der neuen Wirklichkeit in literarischen Reportagen wurde 1950 erkennbar in: Willi Bredel »Fünfzig Tage«, Eduard Claudius »Vom schweren Anfang«, Jan Petersen »Fahrt in eine neue Zeit«, Stephan Hermlin »Es geht um Kupfer«, Anna Seghers »Friedensgeschichten«, Helmut Hauptmann »Das Geheimnis von Sosa«; 1951 in Peter Nells »Bauplatz DDR«; ihnen folgte in Haltung und Aussage 1952 Dieter Noll mit »Neues vom lieben, närrischen Nest« und 1953 derselbe mit der »Dame Perlon« und Herbert A. W. Kasten mit »Logger ahoi!«. Vergleicht man sie mit den Rußland-Reportagen der Jahre von 1930 bis 1933, fällt sogleich der Bruch auf, den der sozialistische Realismus in der deutschen kommunistischen Belletristik herbeigeführt hat. Bei der Beschreibung ihrer »Rußlandfahrten« – wie ein Band von Ludwig Renn aus dem Jahre 1932 hieß – waren die Schriftsteller noch bemüht gewesen, sich in die, für sie exotische, Atmosphäre einzufühlen; trotz allen propagandistischen Aploms ließen sie doch etwas von den ungeheuren Schwierigkeiten des sozialistischen Aufbaus als Folie des Heroismus durchschimmern. Bei ihren Fahrten durch die DDR schienen ihnen nur Gemeinplätze aufgefallen zu sein. Das unverwechselbare Milieu eines Ortes oder eines Betriebes ist in keiner dieser Reportagen eingefangen. Schwierigkeiten beim sozialistischen Aufbau ergaben sich anscheinend nur aus der Natur und den Produktionsmitteln, aus Unwetter und Engpässen. Schwierigkeiten menschlicher, gesellschaftlicher und politischer Art wurden nicht wahrgenommen. Die Partei sagt das Richtige. Die Massen tun das Richtige: kraftvoll und enthusiastisch. Die Wenigen, die skeptisch sind, werden schnell, meistens auf humorige Art, überzeugt. Die Seltenen, die verstockt bleiben, sind Karikaturen oder Bösewichte: sie bekommen die Faust der Ar-

veröffentlicht in der ersten Ausgabe der »Stücke«, V, Berlin (Ost) 1957, 49, und in den »Gesammelten Werken«, II, 852. Die erste Version der Stelle wurde noch einmal in der Neuauflage der »Versuche«, Heft 5–8, Berlin (Ost) 1963, 193, abgedruckt, bei denen es sich, laut Anmerkung von E. Hauptmann um eine »textgetreue Wiedergabe der ersten Ausgabe dieser Hefte« handelte.

beiterklasse zu spüren. Alles ist von einem solchen Optimismus durchdrungen, daß nur eines unverständlich ist: warum die Partei händeringend von den Schriftstellern erwartete, sie sollten Begeisterung für die Planziele erwecken und Hindernisse bekämpfen, die der Planerfüllung im Wege stehen.

Diese literarischen Reportagen mißlangen nicht nur als Literatur, sondern auch als Reportagen. Um so verhängnisvoller wirkte es sich aus, daß die hier entwickelte Art zu schreiben auch bei den epischen Darstellungen der Wirklichkeit dominierte. Die »Friedensgeschichten« von Anna Seghers sind ein verblüffendes Beispiel für diese Konvergenz. 1954 reihte sie sie noch in ihrem Sammelband »Frieden der Welt« unter ihre publizistischen Arbeiten ein. 1963 erschienen sie im dritten Band des »Bienenstocks« unter ihren gesammelten Erzählungen; ihr muß inzwischen aufgefallen sein, daß sie sich von ihren neueren epischen Arbeiten in nichts unterschieden.

Die Aufbau-Romane aus dem landwirtschaftlichen Bereich scheiterten so kraß, daß es von niemandem ernsthaft bestritten wurde. Hier sind zu nennen: »Tiefe Furchen« von Otto Gotsche und »Die Hungerbauern« von Paul Körner-Schrader (1949), »Herren des Landes« von Walter Pollatschek (1951), »Der kleine Kopf«, »Vom Weizen fällt die Spreu« (1952) und »Diese Welt muß unser sein« (1953) von Werner Reinowski. Die Kritik schwankte zwischen Mitleid und Verriß. Friedrich Wolf, der 1950 mit seinem Stück »Bürgermeister Anna« ein ähnliches Fiasko erlebte, stellte sich ritterlich vor seinen Paladin Pollatschek; ihm konnte indessen nachgewiesen werden, daß er die »Herren des Landes« allenfalls angelesen hatte.

Etwas besser schnitten die Industrie-Romane ab: »Menschen an unserer Seite« von Eduard Claudius (1951), »Stahl« von Maria Langner und »Die aus dem Schatten treten« von August Hild (1952) und »Helle Nächte« von Karl Mundstock (1953). Eduard Claudius und Maria Langner erhielten den Nationalpreis, obwohl »Stahl« sich von den Landwirtschaftsromanen kaum unterschied und »Menschen an unserer Seite«, wie »Helle Nächte«, der Vorwurf nicht erspart blieb, die Wirklichkeit in einzelnen Zügen nicht so gezeigt zu haben, wie sie der Partei darstellungswürdig erschien. Die Industrie-Romane waren im Detail nuancierter, blieben im Ganzen jedoch nicht weniger pauschal in der Konzeption und schematisch in der Ausführung. Alexander Abusch hatte an dem Roman von Eduard Claudius auszusetzen: »Ist die Haltung der Arbeiter vor ihrer Gewinnung für die Aktivistenleistung nicht zu sehr schwarz in schwarz geschildert, so daß die Entwicklung des Neuen zu plötzlich kommt? Vernachlässigt Claudius' Methode der psychologisierenden Detailmalerei nicht zu sehr die ideologische Entwicklung besonders in einer Reihe von Nebenfiguren im Zusammenhang mit ihrer Vergangenheit?«[22] Wie wenig trotzdem von der Wirklichkeit in den Roman eingedrungen ist, zeigt das spätere Schicksal des Stoffes vom Aktivisten Hans Garbe, den der Verfasser Ähre nannte. Brecht ließ bald von seinem Versuch »Hans Garbe – Zeitstück über einen Stoßarbeiter« ab; die schärferen Konturen, die eine szenische Darstellung erforderte, hätten die Konflikte zwischen der Partei und den Arbeitern in einer Weise manifestiert, die ihm selbst als vermeidbarer Störfaktor erschien. Für den Verzicht auf das Aktivistenstück mag dieselbe Begründung gegolten haben, die er im Falle des fallengelassenen Plans, ein Rosa-Luxemburg-Stück zu schreiben, anführte: es würde »eine wahrheitsgemäße Bearbeitung nur den Zwiespalt in der Arbeiterbewegung vertiefen, alte Wunden wieder aufreißen ... Ich hätte in bestimmter Weise gegen die Partei argumentieren müssen. Aber ich werde doch den Fuß nicht abhacken, nur um zu beweisen, daß ich ein guter Hacker bin.«[23] Heiner Müller, der sich 1957 in seinem Stück »Der Lohndrücker«, in dem Garbe als Balke auftritt, weder scheute, den Widerstand der Arbeiter gegen das, was sie Normenschinderei nannten, zu zeigen, noch die Methoden (einschließlich der Denunziation) zu verherrlichen, mit denen ihr Widerstand gebrochen wurde, erschien der Partei als ein ungerufener und unberufener Ausplauderer der arcana reipublicae. Erst Ende der 60er Jahre erschien es der Partei opportun, mit dem Hennecke-Porträt von Karl-Heinz Jakobs vom Schleier über der ursprünglichen sozialistischen Akkumulation in der DDR einen Zipfel lüpfen zu lassen.[24] Das letzte Wort sprach schließlich Claudius selbst. Er lieferte in seinen Erinnerungen fast zwanzig Jahre später von den ersten Jahren der DDR ein

22 A. Abusch, Literatur im Zeitalter des Sozialismus, a. a. O., 617.
23 E. Schumachers Nachruf auf Brecht. »Neue Deutsche Literatur« (im Folgenden NDL), 10/1956.
24 Die erste Stunde. Porträts, hrsg. v. F. Selbmann. Berlin (Ost) 1969.

atmosphärisches Bild, das man in dem Roman »Menschen an unserer Seite« vergeblich sucht.

Der lesbarste Aufbau-Roman war bezeichnenderweise die Geschichte der Trümmerfrau »Anna Lubitzke« von Ludwig Turek (1952). Sie spielte nicht in der Landwirtschaft und nicht in der Industrie. Es ging darin nicht um Arbeiter und nicht um Bauern. Anna Lubitzke ist eine Kleinbürgerin aus dem Berliner Osten, die aus der »Steinzeit« heraus will und eine Frauenkolonne anführt, um die Kriegstrümmer der Frankfurter Allee wegzuschaffen. Ludwig Turek konnte ihr Milieu rücksichtslos aufzeichnen. Es barg keine Fußangeln wie das Milieu der Arbeiter und Bauern in der DDR, die von der SED als ein »Arbeiter- und Bauernstaat« bezeichnet wird.

Dieses Haupt- und Staatsmilieu reckte seine Dornen selbst in die Vergangenheit. Erwin Strittmatter bekam sie zu spüren bei seinem Debüt »Ochsenkutscher« (1950), in dem er seine Jugend auf dem Lande während der Weimarer Republik vorzeigte; der schnurrige Zufall einer günstigen Besprechung aus der Feder von Alfred Kantorowicz in der sowjetamtlichen »Täglichen Rundschau« rettete das Buch vor dem Verbot.[25] Theo Harych erntete mit den autobiographischen Romanen »Hinter den schwarzen Wäldern« (1951) und »Im Geiseltal« (1952), die sein Proletarierleben beschreiben, wegen der Darstellung der Klassenbeziehungen und des historischen Hintergrunds den Vorwurf der »politischen Unklarheit«: ihm fehle, bemängelte man, der Kompaß des Marxismus-Leninismus.[26] Er wurde dadurch früh entmutigt und wohl auch in seinem Leiden bestärkt, das ihn für Jahre aufs Krankenlager warf. Das Leben der Arbeiter und Bauern, das Harych und Strittmatter beschrieben hatten, war, nach dem sozialistischen Realismus, nicht stubenrein genug und zu wenig kämpferisch. Ehm Welks Roman »Im Morgennebel« (1953), der von der Revolution 1918 in Braunschweig erzählte, wurde aus dem Verkehr gezogen; die elementaren Ausbrüche und wüsten Szenen der Revolutionstage, die, nach Meinung der damals noch bellizistischen Christa Wolf eine »geheime Vorliebe für die Spontaneität der Ereignisse« verrieten,[27] waren aller-

[25] A. Kantorowicz, Deutsches Tagebuch, II, 578 ff.
[26] R. Müller: Theo Harych – ein schreibender Arbeiter. NDL, 11/1959, 112 f.
[27] C. Wolf: Probleme des zeitgenössischen Gesellschaftsromans. NDL, 1/1954.

dings ohne Absicht und Witterung des Verfassers durch den 17. Juni ins Zwielicht gerückt – trotzdem ist das Buch später nicht wieder aufgelegt worden. Dagegen hatte er mit dem nicht weniger »spontanen« Erinnerungsbuch »Mein Land, das ferne leuchtet« (1952), das bürgerlicher Thematik verpflichtet war, keinen Anstoß erregt.

Sogar der Roman »Die Toten bleiben jung« (1949), den Anna Seghers fast fertig aus dem Exil mitbrachte, wurde wegen der Darstellung der Arbeiter angegriffen. Die »richtige Perspektive« war vorhanden, von der Revolution 1918 bis an die Schwelle der DDR. Die Arbeiterklasse erschien auch als die Klasse, die jetzt zur Führung der Nation berufen sei, aber ihre Vertreter wirkten im Gegensatz zu den bürgerlichen und faschistischen Helden des Romans zu farblos, zu unprofiliert, zu bedeutungsarm. Dagegen bestand Wolfgang Joho mit dem biederen Familienroman »Der Weg aus der Einsamkeit« (1953), der von der Schwelle der DDR bis an den Beginn des Jahrhunderts zurückging; er hatte sich auf die Beschreibung bürgerlichen Milieus beschränkt.

Die Erzählungen vermittelten bis 1953 kein erfreulicheres Bild. Für die ersten Jahre waren charakteristisch: 1949 – Anna Seghers »Die Rückkehr«; 1951 – Willi Bredel »Das schweigsame Dorf«, Stephan Hermlin »Die erste Reihe«, August Hild »Ein Mann kehrt heim«, Erich Loest »Liebesgeschichten«, Jurij Brezan »Auf dem Rain wächst Korn«; 1952 – Anna Seghers »Der Mann und sein Name«[28], Boris Djacenko »Wie der Mensch Gesicht bekam«; 1953 – Anna Seghers »Der erste Schritt«, Erwin Strittmatter »Eine Mauer fällt«, Erich Loest »Sportgeschichten«. Bei Anna Seghers zeichnete sich bereits das Unvermögen ab, sich in das neue Milieu einzufühlen. Hermlin lieferte Lebensbilder junger Antifaschisten, die im Dritten Reich hingerichtet worden waren, der »millionenfachen zweiten Reihe«, der FDJ gewidmet und in einem Berichtsstil verfaßt, dessen emotionales Potential allein auf ein jugendliches Publikum wir-

---

[28] A. Seghers widmete diese Ausgabe dem »Genossen Mátyás Rákosi zum 60. Geburtstag«, dem ein rundes Jahr danach N. Chruschtschow sagen sollte: »Wenn die Situation nicht unverzüglich und grundlegend geändert wird, wird man Sie mit Mistgabeln aus dem Lande jagen.« (T. Aczel/ T. Meray: Die Revolte des Intellekts – Die geistigen Grundlagen der ungarischen Revolution. München 1959, 153) Was sich in etwa auch erfüllte.

ken konnte. Strittmatter zeigte, daß er sich die Kritik am »Ochsenkutscher« zu Herzen genommen hatte; die Szenen ländlichen Lebens, die er hier präsentierte, waren in ihrer Mehrzahl Charakterbilder, wie nach einem Parteilehrbuch zurechtgeschnitzt. Aus dem thematischen Rahmen dieser Jahre fiel nur der Erzählungsband von Djacenko, der mit eigenwilligen Ansätzen als erster Autor in der DDR die Kriegsthematik anschnitt, die später in mehreren Wellen, nicht immer zur Zufriedenheit der Literaturplanung hereinbrechen sollte. Erich Loest fiel noch nicht auf; seine Liebes- und Sportgeschichten waren mehr Produktionsgeschichten.

Was an jüngerem und älterem Nachwuchs verheißungsvoll schien, war 1951 in zwei programmatischen Anthologien gesammelt worden: der Aufbau-Verlag stellte in dem Band »Neue deutsche Erzähler«, herausgegeben von Michael Tschesno-Hell, als »neuen Typus von Schriftstellern« vor: Christa Reinig, Herbert A. Langner, August Hild, Erwin Strittmatter, Jurij Brezan, Theo Harych, Martin G. Schmidt, Benno Pludra, J. C. Schwartz und Heinar Kipphardt; der Mitteldeutsche Verlag, Halle, sammelte als literarische Erzeugnisse von Planbedürfnissen, Auftragserteilung und Arbeitsplanung, wie sie der Herausgeber Vilmos Korn selbst nannte, in dem Band »Offen steht das Tor des Lebens« Geschichten von Hildegard Maria Rauchfuß, Walter Basan, Karl Mundstock, Heinz Rusch, Kaspar Germann, Martin Gregor, Eduard Billecke, Hans Lorbeer, Rosemarie Rutte-Diehn, Rudolf Bartsch, Erwin Strittmatter, Cornelia Holm, August Hild, Ernst Kirschneck-Freißlich und Manfred Künne. Der überwiegende Anteil der neueren Autoren an diesen Erzählungen, Kurzgeschichten und Skizzen brachte ebenfalls keine belebenden Impulse für eine sozialistische Belletristik hervor. Nicht wenige der Verfasser versanken alsbald im Journalismus, andere schrieben nur noch Unterhaltungsliteratur und Jugendbücher. Atmosphäre hatte nur, was in der Kriegszeit oder in den ersten Nachkriegsjahren spielte, oder, wie bei Harych, noch früher angesiedelt war. Die Darstellung des neuen Lebens scheiterte auch hier. Selbst das sorbische Milieu in der DDR, dem Jurij Brezan später manche Farbe abgewann, war hier gänzlich auswechselbar; es trat nur in Personennamen hervor. Und von den Kriegserzählungen Mundstocks oder Kipphardts war nicht abzulesen, welche Ausbrüche diese Verfasser sich nur wenige Jahre danach in diesem Genre leisten würden. Die beste Erzählung der beiden Anthologien, »Das Fischerdorf« von Christa Reinig, hatte bezeichnenderweise das Mittelmeer zum Ort ohne Angabe einer bestimmten Zeit. Die gesellschaftliche Wirklichkeit des sozialistischen Aufbaus in Stadt und Land entzog sich auch dem kürzeren epischen Zugriff.

Noch deutlicher zeigte sich das Fiasko in der Dramatik; und nicht nur, weil ein Mißerfolg auf der Bühne eklatanter ist: er spielt sich in aller Öffentlichkeit ab, während der Verdruß an einem schlechten Buch meistens nicht einmal unter vier Augen ausgetragen wird. Die Anfänge der sozialistischen Dramatik waren von einem alles unterbietenden Tiefstand. Den üblichen Imponderabilien bei der Rezeption der sozialistischen Gegenwart gesellte sich in den meisten Fällen auch noch ein hahnebüchener handwerklicher Dilettantismus. Keine große Bühne konnte eine Aufführung dieser Stücke riskieren; was einen ihrer Schreiber, Karl Grünberg, in einen donquijotesken Kampf gegen die Diktatur der Fachleute auf dem Theater trieb. Die bezeichnenden Titel waren: Karl Grünberg »Golden fließt der Stahl«, Hermann Werner Kubsch »Die ersten Schritte« (1949); Friedrich Wolf »Bürgermeister Anna«, Gustav v. Wangenheim »Du bist der Richtige« (1950); »Wir sind schon weiter« (1951); »An beiden Ufern der Spree« (1952); Horst Ulrich Wendler »Der Fall Merzbach«, Paul Herbert Freyer »Der Dämpfer«, Erich Blach »Der Mensch lebt nicht vom Brot allein« (1953). Es waren nicht einmal Ansätze, die weiterführen konnten. Grünberg, Wolf und v. Wangenheim demonstrierten in geradezu abschreckender Weise die theatralischen Folgen des sozialistischen Realismus, den sie sich im sowjetrussischen Exil angeeignet hatten. Bei ihnen kündigte sich das Ende ihrer schriftstellerischen Existenz an, während man bei den neueren Dramatikern bezweifeln mußte, ob es für sie überhaupt den Anfang eines literarischen Lebens geben konnte. Belebende Anstöße blieben auch von einer anderen Thematik her aus. Widerstandsstücke wie »Die Verbündeten« von Alfred Kantorowicz (1951) und »Söhne Garibaldis« von Eduard Claudius (1952) waren dramaturgisch zu schwach; Hedda Zinners »Teufelskreis«, der ein großer Erfolg wurde, partizipierte zu sehr von den Protokollen des Reichstagsbrand-Prozesses, als daß mehr aus ihm gesprochen hätte als die Gunst eines einmaligen Stoffes. Friedrich Wolf, der mit seinem letzten Stück »Thomas Münzer« (1953) zu sich selbst zurückfinden wollte, indem er in eine Stoffwelt eintauchte, in der er sich mit dem »Armen Konrad« früh bewährt hatte, scheiterte, weil ihm die Partei aus kirchenpolitischen Gründen verwehrte, Luther als Gegenspieler auftreten zu lassen.

Für die Entwicklung der Dramatik in der DDR wirkte sich Brechts Verzicht, das Garbe-Stück zu schreiben, wie das Unterlassen einer Initialzündung aus. Strittmatters »Katzgraben« (1953), den Brecht inszenierte, war dafür kein Ersatz. Es kam bei Kritik und Publikum so schlecht an, daß er es zurückzog und einer nochmaligen Bearbeitung unterwarf. Als es 1954 im Spielplan auftauchte, war es jedoch nur durch artifizielle Regie »gerettet« worden. Die notwendigen Maßstäbe setzte auch das erfolgreichste Stück, das in diesen Jahren geschrieben wurde, nicht. Heinar Kipphardts »Shakespeare dringend gesucht« (1953), wenige Tage nach dem 17. Juni uraufgeführt, war ein Abgesang auf eine Theatermisere, kein Aufbruch in ein neues Terrain. Der Autor hatte sich den Ruf nach neuen Gogols und Stschedrins zunutze gemacht, der seit April 1952 in der Sowjetunion erscholl. Was er schrieb, war keine Komödie, kein Lustspiel. Es waren amüsante Szenen in kabarettistischer Manier, satirische Sketche, lose geknüpft, ein geschicktes Arrangement ohne eigene Bühnenphantasie. Es war ein brillantes Strohfeuer, das auf natürliche Art erlosch. Daß es in der DDR keine Schule machen konnte, war so folgerichtig wie Kipphardts eigener Weg, der ihn, als er in die Bundesrepublik übersiedelte, zum Dokumentationstheater führen sollte.

Die Lyrik dieser Jahre lebte davon, die Leere der Literatur mit großen oder schlichten Worten zu übermalen. Becher setzte zunächst mit seinem Band »Glück der Ferne, leuchtend nah« (1951) seinen Niedergang fort. Doch nicht nur Hermlin eiferte ihm nach mit dem »Mansfelder Oratorium« (1951) und dem »Flug der Taube« (1952). Brecht hielt durchaus Schritt in den »Kinderliedern« (1950) und der »Erziehung der Hirse« (1951) mit den Versen, die diese lyrische Periode in umfassender Weise ausdrücken: »Träume! Goldnes Wenn! / Sieh die schöne Flut der Ähren steigen! / Säer, nenn, / Was du morgen schaffst, schon heut dein Eigen!« Erich Arendt füllte seine beiden Gedichtsammlungen »Trug die Nacht den Albatros« und »Bergwindballade« (1951) mit Strophen auf, die kompromittierten, was er in den zwanziger Jahren und im Exil geschrieben hatte. Sogar das dürftige Talent eines Kuba unterbot mit seiner Aufbau-Lyrik und seiner Stalin-Kantate noch seine ungefügen, aber von einem gewissen rauhen Charme erfüllten Emigrationsverse (»Gedichte«, 1952); der hemdsärmelige Byzantinismus des »Poems vom Menschen« (1948) – »Eh‹, wird Stalin sagen / und am Barte drehn...« – wurde von einem bösartigen Byzantinismus abgelöst, der sich an den Krallen der Friedenstaube delektierte. Dem Niedergang der Meister entging, in Maßen, nur Peter Huchel. Er veröffentlichte in seiner Zeitschrift »Sinn und Form« in langen Intervallen Gedichtstücke über die Umwälzung auf dem Lande, die primär poetisches Interesse zeigten. »Das Gesetz«, wie der Zyklus hieß, wurde freilich nie vollendet.

Die neuen Talente waren 1951 in der Anthologie des Aufbau-Verlages »Neue deutsche Lyrik« vorgestellt worden, der eine gültigere Auswahl bot als der entsprechende Erzählerband. Von den Autoren spielten später hervorstechende, wenn auch mitunter wechselhafte Rollen: Uwe Berger, Horst Bienek, Hanns Cibulka, Günter Deicke, Franz Fühmann, Armin Müller, Helmut Preißler, Christa Reinig, Paul Wiens und Max Zimmering. Brezan, Hild, Kipphardt und Strittmatter gingen gänzlich zu anderen literarischen Gattungen über. Zu eigenen Gedichtbänden brachten es bereits: 1950 – Günter Kunert »Wegschilder und Mauerinschriften«; 1951 – Max Zimmering »Friedens- und Kampflieder für die Freie Deutsche Jugend«; 1952 – U. Berger/M. H. Kieseler/P. Wiens »Begeistert von Berlin«; 1953 – Paul Wiens »Beredte Welt«, Jens Gerlach »Ich will deine Stimme sein«, Armin Müller »Seit jenem Mai«, Max Zimmering »Im herben Morgenwind«, Franz Fühmann »Die Nelke Nikos« und »Die Fahrt nach Stalingrad«, Georg Maurer »Hochzeit der Meere« und »42 Sonette«. Während Berger und Deicke als reine Becher-Epigonen auftraten, schwankte Kunert zwischen Becher und Brecht. Pure Propaganda-Gedichte schrieben Gerlach, Armin Müller, Preißler und Zimmering. Cibulka, Fühmann, Maurer und Wiens zeigten ehrgeizigere Ambitionen, ohne freilich, wie Kunert, Berger und Deicke, den Vorhof der Vorbilder passieren zu können. Ein eigener Ton war damals nur hörbar in den wenigen Strophen von Christa Reinig und Bienek.

Der pauschale Charakter dieser Lyrik, Dramatik und Epik

wurde noch um etliche Klafter unterboten, wenn es darum ging, westliche Verhältnisse und Probleme zu konterfeien. »Blut und Dreck in Wahlverwandtschaft / Zog das durch die deutsche Landschaft, / Rülpste, kotzte, stank und schrie: / Freiheit und Democracy!« Diese Strophe aus der, 1947 geschriebenen, 1951 in den »Hundert Gedichten« veröffentlichten Ballade »Der anachronistische Zug oder Freiheit und Democracy« von Brecht ist typisch für die schrillen Klänge, mit denen hier, entgegen dem Sinnen und Trachten der Bevölkerung, deren Blicke von Anfang an westwärts gerichtet waren, Gegenwart bewältigt wurde. In diese Kerbe schlugen das Philipp-Müller-Gedicht von Becher (1952), die Romane »Menetekel« von Friedrich Wolf (1951), »Die Westmark fällt weiter« von Erich Loest (1952), »Philomela Kleespieß trug die Fahne« von Gotthold Gloger (1953), Brechts szenischer »Herrnburger Bericht« und die Theaterstücke »Auch in Amerika...« von Gustav von Wangenheim, »Menschen an der Grenze« von Boris Djacenko (1950), »Die Moorbande« von Horst Beseler«, »Prozeß Wedding« von Harald Hauser (1953); in dieselbe propagandistische Richtung zielten »Dschungel« von Djacenko (1951) und »Auf verlorenem Posten« von Paul Herbert Freyer (1952). Von dieser Literatur war nur »Dschungel« bemerkenswert, das eine elementare Begabung des Verfassers verriet, wenn es auch im Gegensatz zu den Stücken Freyers und v. Wangenheims, die in diesen Jahren die Bühnen beherrschten, nur einmal gespielt worden ist.

Der erste Außenminister der Bundesrepublik, Heinrich v. Brentano, fühlte sich durch betreffende Gedichte Brechts mit Fug und Recht an Horst Wessel erinnert. Das Geheul, das darob die westliche Literaille anstimmte, ist inzwischen auf sie selbst zurückgefallen. Brentanos Mißbehagen war damals aber durchaus nicht exklusiv. Irma Loos, bis dahin von Hermlin als bedeutendste westdeutsche Lyrikerin gerühmt, warf als Gast des III. Schriftsteller-Kongresses Becher wegen des Philipp-Müller-Epitaphs Geschmacklosigkeit vor. Auch in der literarischen Welt der DDR regte sich Entsetzen. Alfred Kantorowicz notierte über die Verse Bechers auf den Tod des FDJ-lers, den in Essen eine verirrte Polizeikugel getroffen, in sein Tagebuch: »Wenn wir annehmen, daß das Opfer ein braver, beklagenswerter Junge war, so ist diese versifizierte Haß- und Hetzpropaganda mit dem Kehrreim: ›Die Mordtat bleibt den Mördern unvergessen –

denkt stets an jenen elften Mai in Essen‹ eine Leichenschändung; im Horst-Wessel-Gedicht hieß die Entsprechung: ›Kameraden, die Rotfront und Reaktion erschossen – ziehen im Geist in unseren Reihen mit.‹«[29]

Für die Literatur, die von 1950 bis 1953 in der DDR erschien, ist die scharfsichtige Kritik, die Hans Mayer über Bechers »Tagebuch 1950« schrieb, überaus bezeichnend. Der Dichter sah sein Tagebuch als Gegenstück zu dem Roman seiner Jugend. Im Gegensatz zum »Abschied« von der alten Gesellschaft, sollte »Auf andere Art so große Hoffnung« die Ankunft in der neuen Gesellschaft auf andere Art episch erzählen. Die neue Gesellschaft wurde indessen kaum sichtbar. Der Dichter beschreibt seinen Verkehr mit politischen und künstlerischen Zelebritäten, seinen Ärger über beckmesserische und banausenhafte Funktionäre, seine Wut über westliche Animositäten gegen seine Person, seine geistige Produktion, seine körperliche Erholung in Bad Saarow und Ahrenshoop; es gibt alarmierende Selbsterkenntnisse – die Gesellschaft bleibt schemenhaft am Horizont: dunkle Existenzen, die er verflucht oder bedroht (Saarower Bürger, Koestler usw.), oder lichthafte Gestalten, die er segnet (einen jungen Volkspolizisten und seine Gefährtin).

Der Kritiker schreibt dazu: »Wesentliche Bereiche unseres Lebens kommen zu kurz, sind entweder nur mit wenigen Hinweisen abgetan oder gar nicht erst gestaltet. Da hier vielleicht der wesentlichste kritische Einwand gegen Bechers bemerkenswertes Buch gemacht werden muß, soll es noch deutlicher gesagt werden. Sehr oft klagt der Tagebuchschreiber selbst über Langeweile, die ihm sein Lebenslauf verursacht: Sitzungen, bürokratischer Leerlauf, menschliche und geistige Kontaktlosigkeit, unergiebige Repräsentationen – Becher wird nicht müde, sie zu beklagen oder mißmutig zu registrieren. Ist es aber nicht so, daß Langeweile immer mit einem Gefühl der Leere, der Entwirklichung zu tun hat? Muß man nicht im Angesicht dieses Jahresablaufs von Johannes R. Becher fragen, ob Becher in diesem geschilderten Lebenslauf genügend Möglichkeiten hat, an Menschen und Mitmenschen zu erleben?«[30]

[29] A. Kantorowicz: Deutsches Tagebuch, II, 273.
[30] H. Mayer: Deutsche Literatur und Weltliteratur – Reden und Aufsätze. Berlin (Ost) 1957, 678.

Der Dichter reproduzierte die Einwände noch viel deutlicher als sie der Kritiker ver- und entklausulierte: »Also die Begegnungen, die plastischen Beziehungen zu Menschen fehlen. Was heißt das? Heißt das, daß ich so abseits des Menschlichen gelebt habe, daß mir nicht bemerkenswerte Menschen (aber welcher Mensch wäre nicht bemerkenswert?) begegnet sind oder hat in mir selber eine Rückbildung (oder Verhärtung) des Menschlichen stattgefunden, so daß die menschlichen Begegnungen ohne tiefere Folge, ohne poetische Folgerung geblieben sind? Dürfen wir das annehmen? Wir wollen uns selber bei dieser Frage ohne Wimperzucken in die Augen blicken.«[31]

Becher sollte diese Einwände gegen sein Verhältnis zur Wirklichkeit genauso ernst nehmen wie Hermlins Kritik an seiner lyrischen (Massen-)Produktion. Von 1950 bis 1953 galt jedoch der Aufweis der Beziehungslosigkeit für die veröffentlichte Belletristik insgesamt.

Im »Deutschen Tagebuch« von Alfred Kantorowicz ist unter dem Datum des 15. November 1950 über die bevorstehende Umwandlung der provisorischen Regierung in eine endgültige Regierung zu lesen: »Das Geschimpfe darüber hört man schon tagelang vorher in den Straßen. Die da, wie eine Hammelherde zusammengetrieben, begeistertes Volk darstellen müssen, murren immer erbitterter ob solchen Zwanges. Die einen murren, weil sie über alles murren, was diese Regierung von ihnen fordert, die anderen, Gutwillige und im allgemeinen Fügsame, murren, weil sie genug haben vom Marschieren. Die Stimmung ist schauderhaft... Bedichten wir's einmal à la Becher mit veränderten Vorzeichen: ›Sie sehen die Welt im rosigen Licht, / Die führenden Funktionäre. / Sie kennen die Stimmung im Lande nicht, / Sie hören nur ihre Claqueure. Sie kommen in Autos angesaust / Aus ihren Regierungspalästen / Und denken, wenn rhythmischer Beifall braust, / Es stünde alles zum besten‹.« Becher, der an diesem Tage nach Warschau fuhr, schrieb am 14. November in sein Tagebuch: »Über ein gutes Lied (Anläßlich Fürnbergs prächtig geglücktes ›Du hast ja ein Ziel vor den Augen‹.) Das gute Lied läßt uns in der Reihe gehen, wir gehen einen singenden Schritt, und dann erhebt sich der Schritt, und im Lied weht die

31 J. R. Becher: Tagebuch 1950 – Eintragungen 1951, 676.

Fahne, zu der wir singend aufsteigen. Zum Aufatmen wird das Lied, das zu einem Sich-über-sich-selbst-Erheben, und Gewißheit des Siegs und: unser Leben jubelt ...«

Becher ist vielleicht wenig zu Fuß auf die Straße gegangen. Aber hätte er die schauderhafte Stimmung wahrgenommen, würde er sie als unangebracht und veränderungswürdig im Sinne einer Umerziehung betrachtet haben. Dabei war die Stimmung unter den Künstlern während des ersten Kulturkampfes der SED keineswegs rosig.

Die ersten Abgänge sprechen eine deutliche Sprache. Noch im Gründungsjahr der DDR, 1949, setzten sich Günter Bruno Fuchs und Hans-Christian Kirsch in den Westen ab. Ihnen folgten Johanna Moosdorf (1950) und Carl Guesmer (1951). Verhaftet wurden Horst Bienek (1951) und Martin Pohl (1953), die Mitte der fünfziger Jahre nach ihrer Entlassung sofort in den Westen gingen. Friedrich Wolf drängte es geradezu, 1950/51 als Botschafter nach Warschau überzusiedeln. Im ersten Jahr der DDR beging Susanne Kerckhoff Selbstmord.

Den meisten Schriftstellern wäre es damals jedoch noch als eine abgrundtiefe Häresie erschienen, zwischen der Formalismus-Kampagne, unter der sie ächzten, und der Normenschinderei, unter der die Arbeiter stöhnten, oder der fiskalischen Expropriation der Bauern und Unternehmer, gesetzt den Fall, sie hätten diese Modalitäten und Folgen der ursprünglichen sozialistischen Akkumulation überhaupt bemerkt, einen Zusammenhang herzustellen. So wurden die Künstler in der DDR vom 17. Juni 1953 völlig überrascht.

Es traf auch Alfred Kantorowicz wie ein Schock, der ihn augenblicklich sprachlos machte. Daß sich in der veröffentlichten Belletristik von 1950 bis 1953 auch nicht die Spur von dem andeutete, was sich langsam zusammenbraute und plötzlich sich entlud, war das Menetekel-upharsim dieser Literatur, die sich als sozialistisch empfand und ausgab. Sie wurde von der Geschichte zu leicht befunden. Die Künstler verharrten jedoch, wie in der biblischen Legende der König Belsazar, in der Pose der Verstockung. Die Erschütterung war da, ohne daß die Seismographen der Literatur das Beben angezeigt hatten. Es ist für die nächste Periode bezeichnend, daß sie in der Mehrzahl weiterhin unfähig waren oder sich weigerten, die Ausschläge zu registrieren.

130 »Nachtgedanken. Zurück zum Hier und Heute«, notierte Kan-

torowicz am 20. Juni, als er die Sprache wiedergewann. »Was tun wir? Warum haben wir Intellektuellen und alten Sozialisten uns nicht an die Spitze der Bewegung gestellt? Was außer passiver Resistenz, außer Raunzen, Klagen, äußerstenfalls geistiger Selbstbehauptung haben wir getan? Uns hat der explosive Ausbruch ebenso unvorbereitet gefunden wie die Funktionäre, gegen die er sich richtete. Noch ehe wir zur Besinnung kamen, waren von beiden Seiten her vollendete Tatsachen geschaffen. Die höhere Gewalt hat eingegriffen. Der Ausnahmezustand ist verkündet. Jetzt kann man nur noch von innen her für Veränderungen wirken. Die Ratlosigkeit ist allgemein.«

Es gab für die Ratlosigkeit, für das Versagen in einem revolutionären Moment dieselben Gründe wie für die Passivität, für die mangelnde Rezeptivität in den Jahren davor. Die Wenigen, die wagten, den Dingen ins Gesicht zu sehen, wurden von schlechtem Gewissen gebeutelt, das nicht gerade zu Aktivität anstachelte. Daß gerade Friedrich Wolf, der, zurück aus Polen und seinen »Thomas Münzer« im Parteiauftrag verschandelnd, sein wachsendes Unbehagen jedem bekanntgab, der es wissen wollte, am Morgen des 17. Juni auf dem Wege zum Schriftstellerverband aus dem Auto gezerrt und verprügelt wurde, mochte viele in ihrer zwiespältigen Stellung zwischen Partei und Volk bestärkt haben; Wolf selbst überlebte es nicht lange, er starb am 5. Oktober 1953.[32] Das Verhalten von Stefan Heym, Kuba und Brecht mag erklären, warum das Verhalten zwangsläufig prozedierte.

Stefan Heym, der erst 1952 von den USA in die DDR übergesiedelt war, um sich dem polizistischen Trend der McCarthy-Zeit zu entziehen, beklagte sich am Vormittag des 17. Juni im Haus des Schriftstellerverbandes in der Jägerstraße über das Ausbleiben der Polizei. »Wo bleibt nur die Polizei? Wo bleibt nur die Polizei?«, rief er, aufgeregt von einem Fenster zum

---

[32] F. Wolf erlebte auch die Uraufführung seines »Thomas Münzer« nicht mehr, dessen Verzicht auf Luther aus kirchenpolitischen Gründen zu seiner vorzeitigen physischen Zerrüttung beigetragen hatte. Wie die Unterwerfung an ihm fraß, geht aus einem Brief hervor, den er am 21.3.1952 an F. Wisten geschrieben hatte: »Nur soll jeder Münzer-Dramatiker sich klar sein, daß er ohne den Kampf Münzers gegen das ›sanftlebige Fleisch von Wittenberg‹ – den reaktionären Luther nach 1523 (Sendbrief gegen ›die rottischen Bauern‹) – Geschichtsfälschung triebe.« (Briefe – Eine Auswahl. Hrsg. v. E. Wolf und W. Pollatschek. Berlin [Ost] 1969, 331).

anderen laufend. Der vor der Unterdrückung Geflohene empörte sich über das Ausbleiben einer Unterdrückung, gegen die jene amerikanischen Vorgänge Spiele in einem Puppenheim waren. Mehr als der Aufruhr des Volkes erregte ihn die mangelnde Zuverlässigkeit der Ordnungshüter, gegen die es rebellierte. Den Deutschen war nicht einmal als Volkspolizisten zu trauen. Als die sowjetrussischen Panzer vollendete Tatsachen geschaffen hatten, schrieb Stefan Heym in einem jener Zeitungsartikel, für die ihm die deutsche Sprache offensichtlich nicht zu wirr dünkte: »In der Nähe des Arnswalder Platzes ging ein Sowjetsoldat die Straße entlang. Es war nach einem Regen, und seine Stiefel waren lehmbeschmiert. Hinter ihm ging eine Frau. Sie war relativ gut gekleidet, ihr Haar hatte jene Strohfarbe, die sich ergibt, wenn die Wasserstoffsuperoxydmischung zu stark gewesen ist. Ihre Augen waren verkniffen, ihr Mund verbissen. Mit diesem verbissenen Mund sagte sie, ziemlich laut: ›Diese Russen – nicht mal die Stiefel können sie sauber halten!‹ Der Sowjetsoldat drehte sich um und erwiderte in gebrochenem Deutsch: ›Stiefel schmutzig – aber hier –‹ und er deutete mit dem Finger auf seinen Kopf – ›hier im Kopf sauber!‹«[33] Aus der Wiedergabe dieses Vorfalls, falls er überhaupt sich so ereignet hat, spricht nicht nur Unwille, sich in die Lage der unglücklichen Bevölkerung einzufühlen, sondern auch Haß. Stärker kann sich der Gegensatz zu der Solidarität zwischen den Intellektuellen und dem Volk, wie sie sich 1956 in Budapest und 1968 in Prag abspielte, kaum artikulieren. Stefan Heym setzte die apokryphe Bemerkung des Sowjetsoldaten sogar als Titel über die Sammlung der Zeitungsartikel, was nichts anderes heißt als, daß er mit ihnen die unsauberen Gedanken seiner Landsleute exorzieren wollte. Das febrile Mißtrauen gegen das Volk, noch verstärkt durch die Zurückhaltung der Volkspolizei, stilisierte den 17. Juni in dieser Weise zu einem neuen Akt der deutschen Misere. Stefan Heym verdrängte dabei nicht nur die interkommunistischen Verwicklungen und Aspekte der Erhebung, sondern ebenso die rühmens- und bedenkenswerte Tatsache, daß unter den Insurgenten

[33] S. Heym: Im Kopf sauber – Schriften zum Tage. Leipzig 1954, 31 f. Zum Ablauf des 16. und 17. Juni: S. Brant: Der Aufstand – Vorgeschichte, Geschichte und Deutung des 17. Juni 1953. Unter Mitarbeit von K. Bölling. Stuttgart 1954; A. Baring: Der 17. Juni 1953. Bonn 1957.

des 17. Juni, die füsiliert wurden, sich auch Soldaten der sowjetrussischen Besatzungstruppen befanden. Es war nicht Stefan Heyms letztes Wort, aber es bewirkte, daß er erst elf Jahre später ernsthafte Konsequenzen zu ziehen begann. Daß der Roman, den er über den 17. Juni schrieb, laut höchster Anordnung nicht veröffentlicht wurde, mochte er zunächst noch als einen weiteren Akt der deutschen Misere betrachten. Auch als sich 1956 andere Völker gegen ihre kommunistischen Regimes kehrten, überprüfte er seine Haltung noch nicht entscheidend, sondern zog sich noch lange hinter der letzten Bastion zurück, die in der Selbstbeschwichtigung besteht, das Volk sei politisch noch nicht reif genug, um die Wahrheit zu erfahren.

Kuba hatte die Bauarbeiter der Stalin-Allee hymnisch besungen, solange sie die Fron ertrugen. Als von ihnen die Unruhen sich ausbreiteten, ließ er am Vormittag des 17. Juni das Haus des Schriftstellerverbandes verbarrikadieren. Er ging nicht zu ihnen, um sie zu fragen, was sie an der Arbeiter- und Bauernmacht auszusetzen hätten, und er ging nicht in sich, um zu prüfen, ob er sich nicht vielleicht geirrt haben könnte. Er telephonierte hysterisch um Hilfe. Am 20. Juni beschimpfte er sie im »Neuen Deutschland«. Er redete sie an: »Sonnengebräunte Gesichter unter weißleinenen Mützen, muskulöse Nacken – gut durchwachsen, nicht schlecht habt ihr euch in eurer Republik ernährt«, und beschuldigte sie: »Es gibt keine Ausrede! Und es gab keine Ursache dafür, daß ihr an jenem, für euch – euch am allermeisten – schändlichen Mittwoch nicht Häuser bautet« und appellierte: »Da werdet ihr sehr viel und sehr gut mauern und künftig sehr klug handeln müssen, ehe euch diese Schmach vergessen wird.« Er nahm ihnen offenbar übel, daß sie das trügerische Bild, das er von ihnen entworfen hatte, unter ihren Füßen zertraten. Aber es stand nicht nur sein Ruf als Schriftsteller zur Debatte, sondern auch sein Ruf als Generalsekretär des Schriftstellerverbandes, der sich darin gefallen hatte, seine Kollegen in die Betriebe zu schicken, damit sie die Stimmung der Massen besser kennenlernen sollten. Er trat die Flucht nach vorn an, konnte jedoch seine Abberufung nicht verhindern. Schon am 28. Juni erhielt er im »Neuen Deutschland« einen Fußtritt von seiner eigenen Partei. Sein bisheriger Mitstreiter Wilhelm Girnus schrieb über seine Aussprache mit den Bauarbeitern der Stalin-Allee: »Obwohl der Genosse Kuba mehrere Stunden im Betrieb zugebracht hatte, 133 zeigten seine Antworten, daß er nicht genügend über die einzelnen Fragen, die die Bauarbeiter gegenwärtig bewegen, informiert war. Manche Fragen beantwortete er überhaupt nicht. Besonders aber muß man kritisieren, daß er die Neigung zeigte, ›heiße‹ Fragen zu verwischen.« Kuba hatte im »Gedicht vom Menschen« jeden Fußtritt gesegnet, weil er aus dem Sklaven Spartakus einen Insurgenten mache. Das war sehr optimistisch gedacht. In den meisten Fällen werden Schmerzen über Fußtritte nämlich abreagiert, indem man die Fußtritte an seinesgleichen weitergibt – wie das Kuba tun sollte, der sich nach dieser Undankbarkeit seiner Partei zu einem wahren Literaturprofoß mauserte.

Brecht hatte die pointierteste Anekdote des 17. Juni geliefert. Als Kuba auch im Berliner Ensemble anrief, um Hilfstruppen gegen die anbrandenden Massen zu mobilisieren, sagte er lakonisch: »Kuba in Erwartung der Leser«. Brecht erteilte auch Kubas Appellation an die Bauarbeiter – wer allerdings prügelte in diesen Tagen nicht auf den armen Kuba ein? – eine berühmte Abfuhr, die auf die unsinnigen Konsequenzen seiner Vorwürfe wies: »Nach dem Aufstand des 17. Juni / Ließ der Sekretär des Schriftstellerverbands / In der Stalinallee Flugblätter verteilen / Auf denen zu lesen war, daß das Volk / Das Vertrauen der Regierung verscherzt habe / Und es nur durch verdoppelte Arbeit / Zurückerobern könne. Wäre es da / Nicht doch einfacher, die Regierung / Löste das Volk auf und / Wählte ein anderes?«[34] Wie tief die Sehnsucht nach einem erlösenden Wort nicht nur im Volk, sondern auch in intellektuellen Kreisen ging, wird von der Bereitschaft bezeugt, mit der beinahe jeder annahm, dieses Epigramm sei auf die Regierung gemünzt. Es war aber nicht so gemeint gewesen. Es war ausschließlich an die Adresse Kubas gerichtet. Die Solidarität mit der SED, der Regierung der DDR und der Sowjetunion, die Brecht am 17. Juni in Briefen an Ulbricht, Grotewohl und den Botschafter Semjonow erklärte, war kein taktischer Zug, um eine grundsätzliche Kritik loyal zu enkadrieren. Sie war so aufrichtig wie die Geste, mit der er am 17. Juni am Brandenburger Tor dem Stadtkommandanten Dibrowa zuwinkte, der in einem Jeep den eingreifenden Panzern

 34 B. Brecht: Gesammelte Werke, X, 1009 f.

vorauffuhr.[35] So wenig wie bei dem stornierten Garbe-Projekt dachte er jetzt daran, den Fuß abzuhacken, um seine Hackkünste zu beweisen. Die gekürzte Wiedergabe seines Briefes an Ulbricht im »Neuen Deutschland« vom 21. Juni, das nur die Solidarisierung veröffentlichte, hat ihn in die unfreiwillige Rolle eines Märtyrers gesetzt. Es lag ebenfalls an der Sehnsucht nach befreienden Worten, daß die Notiz Brechts, mit der die Kürzung im »Neuen Deutschland« am 23. Juni wieder wettgemacht wurde, unbeachtet blieb. Sie lautete: »Ich habe am Morgen des 17. Juni, als es klar wurde, daß die Demonstration der Arbeiter zu kriegerischen Zwecken mißbraucht wurden, meine Verbundenheit mit der Sozialistischen Einheitspartei Deutschlands ausgedrückt. Ich hoffe jetzt, daß die Provokateure isoliert und ihre Verbindungsnetze zerstört werden, die Arbeiter aber, die in berechtigter Unzufriedenheit demonstriert haben, nicht mit den Provokateuren auf eine Stufe gestellt werden, damit nicht die so nötige große Aussprache über die allseitig gemachten Fehler von vornherein gestört wird.« Das unterschied sich in nichts von den offiziellen Verlautbarungen dieser Tage. Die Partei beteuerte eifrig, eine solche Aussprache anzustreben und die Arbeiter von den Provokateuren unterscheiden zu wollen; sie kritisierte Kuba, der sich in der Aussprache mit den Bauarbeitern drücken wollte. Der entscheidende Punkt war, daß Brecht die Falsifikation annahm, Provokateure hätten am 17. Juni einen Krieg auslösen wollen. Er schrieb schon in einem Statement, das der Notiz voraufging: »Organisierte faschistische Elemente versuchten, diese Unzufriedenheit für ihre blutigen Zwecke zu mißbrauchen.«[36] Das war am Morgen des 17. Juni keineswegs zu sehen. Wäre das der Fall gewesen, hätten die Sowjettruppen nicht erst nachmittags und durchweg behutsam, sondern schon in der Frühe und hart zuschlagend eingegriffen. Brecht hatte diese »Information« allein aus dem »Neuen Deutschland« bezogen, das an diesem Tage den ersten, in den nächsten Tagen bezeichnenderweise nicht wiederholten, Vorstoß unternahm, die Unruhen mit einem Putschversuch zu synchronisieren. Verbindlich

---

[35] M. Wekwerth hat in seinem »Brief an einen westdeutschen Journalisten« (»Kürbiskern«, 2/1968, 188 f.) B. Brechts Haltung am 17. Juni 1953, die bis dahin umstritten erscheinen konnte, klargestellt.

[36] B. Brecht: Gesammelte Werke, XX, 327.

wurde diese Version erst am 23. Juni, als das Kommuniqué des 4. ZK-Plenums veröffentlicht wurde, das den 17. Juni als einen »Tag X« erklärte, der von langer Hand vom Westen aus vorbereitet gewesen sei.

Die Legende vom Tag X war der Zopf, an dem sich die Partei aus dem Sumpf ihres Versagens und ihrer falschen Politik ziehen wollte. Die Erhebungen waren von niemand anderem als von Walter Ulbricht provoziert worden, der sich hartnäckig der Reformpolitik widersetzte, die von Moskau ausstrahlte. Informiert von der wachsenden Unzufriedenheit der DDR-Bevölkerung, hatte die Regierung Malenkows der SED mehrmals dringend eine Kurskorrektur nahegelegt. Der Neue Kurs, den die SED schließlich am 9. Juni unter aktiver Nachhilfe Semjonows beschloß, entsprach nicht allen Erwartungen der Sowjetunion. Er kam eher den Mittelschichten und den Intellektuellen entgegen als den Arbeitern. Daß ausgerechnet die Interessen der »führenden Klasse« weiterhin mißachtet werden sollten, trieb die Stimmung unter den Arbeitern dem Siedepunkt zu. Rudolf Herrnstadt, der Chefredakteur des »Neuen Deutschland« und das Sprachrohr der Sowjetrussen, brachte zwischen dem 11. und 16. Juni Artikel heraus, die auch auf eine Revision der Normen hoffen ließen. Als jedoch der Ulbricht nahestehende FDGB-Funktionär Otto Lehmann am 16. Juni in der »Tribüne« erklärte, die Normen würden in vollem Umfange aufrechterhalten, war die Geduld der Arbeiter zu Ende. Es formierte sich am Block 40 der Stalinallee der berühmte Demonstrationszug, um dem FDGB-Vorstand und der Regierung die Forderung nach der Herabsetzung der Normen vorzutragen. Die Dinge nahmen ihren Lauf, der zunächst einspurig als Kundgebung berechtigter Unzufriedenheit der Arbeiter anerkannt, alsbald doppelspurig mystifiziert als Demonstration und Putschversuch, und schließlich wieder einspurig, aber nur noch als faschistische Provokation verfälscht wurde.

Der »Tag X« war indessen auch für die Künstler eine nicht gänzlich unwillkommene Legende. Viele griffen, wie Brecht, nach ihr, schon als ihre ersten Konturen auftauchten: leichtgläubig, weil ihr Mißtrauen gegen das Volk augenscheinlich werden ließ, was sie mit ihren Augen nicht sahen, und begierig, weil sie ihnen ersparte, ihren politischen und künstlerischen Bankrott einzugestehen. Mit der Legende vom Tag X kriminalisierte die Partei grundsätzliche Zweifel an dem von ihr bestimmten Weg. Indem die Künstler in ihrer Mehrheit die Legende übernahmen, verzichteten sie weiterhin darauf, ihren eigenen Augen zu trauen. Daß die Partei nach dem bewährten Prinzip divide et impera bei der Verkündung des Neuen Kurses versprochen hatte, den Interessen der Intellekteuellen entgegenzukommen, erleichterte den Schriftstellern gewiß diese erneute Unterwerfung; es mochte in ihnen die Spekulation genährt haben, daß die Forderungen der Arbeiter vielleicht doch weit über das zur Zeit Mögliche hinausgeschossen waren. Als in den offiziellen Verlautbarungen immer weniger von der berechtigten Unzufriedenheit der Arbeiter und endlich von ihr gar nicht mehr die Rede war, kam jedenfalls von den Schönen Künsten, auch von Brecht, keine Demarche an die Parteiführung, an die Regierung oder an den sowjetrussischen Botschafter.

Die Künstler waren damit befaßt, die Früchte der relativen Freizügigkeit, die ihnen ohne eigene Anstrengung in den Schoß gefallen waren, zu sammeln. Da sie aber verschmähten, die Lage im Ganzen zu durchdenken, wuchs nicht nur nichts nach, was sie sicher in der Hand zu haben glaubten, wurde ihnen auch noch sukzessiv streitig gemacht. So verrieten sie nicht allein die Interessen der Arbeiter, sondern handelten auch ihren eigenen Belangen zuwider.

Die Resolution, zu der sich die Akademie der Künste am 30. Juni, zwei volle Wochen nach den Erhebungen, aufraffte, war, in den Augen von Kantorowicz, schon weder »Fisch noch Fleisch«.[37] Sie forderte zwar, die Verantwortung für die Künstler wiederherzustellen, und von den staatlichen Organen Enthaltung in administrativen Maßnahmen bei der künstlerischen Produktion, rief auf, in »allen Gebieten der Kunst differenzierte und die verschiedenen Schichten der Bevölkerung ansprechende Themen und Gestaltungsarten« zu entwickeln; sie bot sich selbst als Gutachter und Berater bei »allen die Kunst betreffenden Verordnungen und Gesetzen« an, aber in allen diesen Punkten war bereits der Ansatz zu ihrer Drosselung gegeben. Nicht Enthaltung, sondern Verbot der administrativen Maßnahmen wäre zu fordern gewesen. Differenzierte Themen und Gestal-

[37] A. Kantorowicz: Deutsches Tagebuch, II. 400; Resolution der Akademie, in: »Sinn und Form«, 3 und 4/1953.

tungsarten, um die verschiedenen Schichten der Bevölkerung anzusprechen, bedeutete, die tagespolitischen Erwägungen und Aufträge der Partei schmackhafter aufzubereiten und nicht, was im Interesse der Künste notwendig gewesen wäre, sich von diesen Rücksichten zu emanzipieren. Das Angebot der Akademie, bei Gesetzen und Verordnungen als Gutachter und Berater zu fungieren, erkannte der Parteiführung und Regierung sogar ausdrücklich weiterhin das Recht zu, Gesetze und Verordnungen über künstlerische Fragen zu erlassen.

Nichts kennzeichnete die Absichten des Regimes besser als der Widerstand, auf den diese bedenkliche Resolution noch innerhalb und außerhalb der Akademie stieß. Während sie intern gegen Abusch, Kuba und andere durchgesetzt werden mußte, verbot Hermann Axen, der im ZK-Sekretariat damals für Presse und Rundfunk verantwortlich war, zunächst ihre Veröffentlichung. »Unter Führung Brechts«, notierte Kantorowicz, »der sich entschlossen und mutig zeigte, wollte daraufhin die gute Hälfte der Akademiemitglieder aus der Akademie austreten. Dann griff Grotewohl ein und gestattete die Veröffentlichung«.

Nichts kennzeichnete die Bereitschaft der Künstler, sich überrollen zu lassen, besser als das Gedicht »Nicht so gemeint«, das Brecht nach den stürmischen Auseinandersetzungen verfaßte.[38] Die erste Strophe beschreibt: »Als die Akademie der Künste von engstirnigen Behörden / Die Freiheit des künstlerischen Ausdrucks forderte / Gab es ein Au! und Gekreisch in ihrer näheren Umgebung / Aber alles überschallend / Kam ein betäubendes Beifallgeklatsche / Von jenseits der Sektorengrenze.« Die dritte Strophe heißt: »Dem Judaskuß für die Arbeiter / Folgt der Judaskuß für die Künstler. / Der Brandstifter, der die Benzinflasche schleppt / Nähert sich feixend / Der Akademie der Künste.« Es genügte ein mysteriöser Anschlag, um den Aufbegehrenden ins Glied zurücktreten zu lassen. So sei die Freiheit, die er meinte, nicht gemeint gewesen.

Am 7. Januar trat ein »Ministerium für Kultur« an die Stelle der »Staatlichen Kunstkommission«. Der erste Kulturminister wurde Johannes R. Becher; zu seinem Stellvertreter und Aufpasser reüssierte Abusch. Das Ministerium sollte das Prinzip der Eigenverantwortung der Künstler durchsetzen, aber es war eine Eigen-

[38] B. Brecht: Gesammelte Werke, X, 1008.

verantwortung innerhalb der Planung, die von der Partei bestimmt und von den Künstlern nicht grundsätzlich bezweifelt wurde. So schützte das Ministerium die Schönen Künste vorbeugend vor unsachlichen, aber nicht vor sachfremden Eingriffen. Brecht sollte sich weiterhin darüber ärgern, daß seine Stücke in der DDR nicht gespielt wurden. Immerhin waren gewisse Chancen vorhanden; daß sie wenig genutzt werden sollten, zeigte, wie stark die Verflechtung von Partei und Künsten in der DDR noch war und wie schwach die Erschütterungen im Grunde waren, die der 17. Juni in der Mehrzahl der Schriftsteller hinterlassen hatte.

Der weitaus größte Teil der Schönen Literatur von 1953 bis 1956 liest sich, als habe es 1953 überhaupt keine Erhebung gegeben. Die Reportagenbände »Sonne über den Seen« von Dieter Noll, »Unser Kumpel Max der Riese« von Jan Koplowitz (1954) und »Lockende See« von Herbert A. W. Kasten (1955) haben leitmotivische Titel für diese Periode.

Vor allem setzte sich der Aufbau-Roman in einer verblüffenden Lückenlosigkeit fort. Im Industrie-Milieu spielten: Klaus Beuchler »Schwarzes Land und rote Fahnen« (1954); Hans Marchwitza »Roheisen«, Rudolf Fischer »Martin Hoop IV« (1955); Harry Thürk »Herren des Salzes« (1956); erstmals im Fischereimilieu: »Silber des Meeres« (1955) und »Menschen im Seewind« (1956) von Herbert A. W. Kasten. Sie brachten, verglichen mit den Industrie-Romanen von 1950 bis 1953, eher noch einen Abfall. »Roheisen«, mit dem Nationalpreis, und »Martin Hoop IV«, mit dem Heinrich-Mann-Preis ausgezeichnet, fielen in der Rezeption der Wirklichkeit weit hinter den preisgekrönten Roman »Menschen an unserer Seite« von Eduard Claudius zurück. Marchwitzas Roman hatte denselben Gegenstand wie Mundstocks »Helle Nächte«: den Aufbau des Eisenhüttenkombinats-Ost in einer industriell unerschlossenen Gegend, nahe der Oder-Neiße-Grenze, wo es auf die Lieferungen von russischem Erz und polnischer Kohle warten mußte, um deutschen Stahl zu machen. Die Grundübel der verfehlten Anlage, die Standortproblematik, die Zulieferungsschwierigkeiten, die zwischen sozialistischen Ländern unberechenbar sind, und die starre Walzstraßenausrüstung, die das Werk noch heute nicht rentabel arbeiten lassen, finden sich gewiß auch nicht bei Mundstock; Marchwitza, der sie gleichfalls ignoriert, zeigte sich in »Roheisen« jedoch auch bei der Herstellung von Atmosphäre unfähig, die die »Hellen Nächte« immerhin noch hervorhebt. Einen Anstieg innerhalb der Gattung des Aufbauromans brachte dagegen der Landwirtschaftsroman, der die farblosen Anfänge von Gotsche, Körner-Schrader, Pollatschek und Reinowski vergessen ließ. Es zogen mit dem Industrieroman gleich: 1954 – Erwin Strittmatter »Tinko«, August Hild »Das Lied über dem Tal«; 1955 – Margarete Neumann »Der Weg über den Acker«, Irma Harder »Das Haus am Wiesenweg«, Lori Ludwig »Unruhe um Käte Born«. Strittmatter überbot mit »Tinko« sogar das bisherige Niveau; die erfrischende Schilderung, die er aus der Perspektive seines kindlichen Titelhelden gewann, war allerdings auf Kosten einer Einfachheit erkauft, die oft die Grenze zur Primitivität passierte. Eine Ausnahme, die das starre Schema der Industrie- und Landwirtschaftsthematik durchbrach, machte Erich Loest mit dem »Jahr der Prüfungen« (1954), einem Roman aus dem Milieu der Arbeiter- und Bauern-Fakultäten. Doch es war eine Ausnahme nur in der Themenwahl. Der Realitätsgehalt war auch hier gering, gemessen an dem, was zehn Jahre später über dieselbe Zeit der ABF-Roman »Die Aula« von Hermann Kant, loyal abgesteckt und sehr gefiltert, zu Tage fördern sollte.

Die Malaise der Aufbau-Dramatik setzten fort: »Elektroden« (1954) von Karl Grünberg, »Die Straße hinauf« (1954) und »Kornblumen« (1955) von Paul Herbert Freyer. Harald Hauser ging in dem Stück »Am Ende der Nacht« (1955) dramaturgisch geschickter und argumentatorisch elastischer vor, doch er verhüllte auch seinen Stoff – aus dem Bereich der sowjetrussisch geführten und expropriierten Betriebe vor ihrer Übergabe an die DDR – mit einem pathetischen Schleier; der Film »Sonnensucher«, den Konrad Wolf und Paul Wiens über den sowjetrussischen Abbau des erzgebirgischen Urans machen wollten, konnte, da er zu viel Realität einfing, nicht zu Ende gedreht werden. Eine Parallele zu dieser wenig erquicklichen Gegenwartsdramatik bildete die linientreue Umdeutung geschichtlicher Themen, für die Hedda Zinner mit dem Jambendrama »Die Lützower« und Horst Ulrich Wendler mit »Thomas Müntzer in Mühlhausen«, einem Versuch, shakespearesche Elemente in den sozialistischen Realismus einzubringen, 1954 heimlich und offen belachte Exempel postierten.

Während die Epik und Dramatik in andere Richtungen ausbrachen, blieb die Lyrik am wenigsten berührt von dem Einschnitt des 17. Juni. Die Gedichtbände, die erschienen, fügten den Publikationen der Jahre 1950–1953 keinen neuen Aspekt hinzu. Die wichtigsten Titel waren: 1954 – Heinz Kahlau »Hoffnung lebt in den Zweigen der Caiba«, Günter Deicke »Liebe in unseren Tagen«, Walter Stranka »Gesänge unserer Kraft«, Hanns Cibulka »Märzlicht«; 1955 – Günter Kunert »Unter diesem Himmel«, Max Zimmering »Seht wie uns die Sonne lacht«, Reiner Kunze/Egon Günther »Die Zukunft sitzt am Tische«, Georg Maurer »Die Elemente«, Uwe Berger »Straße der Heimat«; 1956 – Georg Maurer »Bewußtsein«, Kurt Steiniger »Jahr ohne Ende«, Bernhard Seeger »Millionenreich und Hellerstück«. Das alles verließ den Bereich der üblichen Aufbaulyrik oder der epigonalen Orientierung nicht. Daß sich bei manchen bald eine überraschende Wendung ereignen würde, war von diesen Gedichtbänden nicht abzulesen.

Die Möglichkeiten einer differenzierteren Thematik und erweiterter Ausdrucksformen, die via Eigenverantwortlichkeit innerhalb des Plans wirksam werden konnten, machten sich erstaunlich wenige Schriftsteller zu nutze. Der Neue Kurs begünstigte in der sozialistischen Belletristik nur drei Richtungen, die überdies mit der Problematik, die am 17. Juni hervorgebrochen war, keine unmittelbaren Intentionen gemeinsam hatte: die Kriegsliteratur, eine unkonventionelle historische Dramatik und eine humorvolle Bürokratie-Kritik.

Die erste Welle der Kriegsliteratur wurde in der DDR 1954 eröffnet mit den Romanen: »Die Patrioten« von Bodo Uhse, »Phosphor und Flieder« von Max Zimmering, »Als die Gewitter standen...« von Otto Bernhard Wendler, »Herz und Asche« von Boris Djacenko und »Unternehmen Thunderstorm« von Wolfgang Schreyer. Es folgten 1956 »Die Lüge« von Herbert Otto und »Die Frau am Pranger« von Brigitte Reimann. Als Nachschlag kam 1957 Ludwig Renns »Krieg ohne Schlacht«. Dazu gehören die Erzählungen »Kameraden« von Franz Fühmann (1955) und »Unteroffizier Bronn« von Djacenko (1956). Während Uhse und Renn mit ihren neuen Kriegsromanen bewiesen, daß für die zurückgekehrten Emigranten auch die Darstellung des Zweiten Weltkriegs von lähmenden Imponderabilien belastet war, trat mit Fühmann ein vielversprechendes er zählerisches Talent auf den Plan, der unbefangenere Schilderungen verhieß. Während Djacenko weiter die Erwartungen schürte, die er schon mit seinen ersten Veröffentlichungen erregte, kündigte sich mit Schreyer eine Begabung an, deren Metier Abenteuer- und Kolportage-Literatur werden sollte. Die Darstellung des deutschen Soldaten war in dieser ersten Welle noch recht schematisch. Die Zerknirschung verdrängte die Psychologie, wodurch die obligate Bewunderung der Sowjetsoldaten eine schwer erträgliche Penetranz annahm. Es charakterisierte diese Periode, daß Hans Pfeiffers Erzählung »Die Höhle von Babie Doly«, die, 1953 geschrieben, weit über diesen Bannkreis hinausreichte, erst 1957 veröffentlicht wurde, als die zweite Welle anhob, die die Ansätze radikalisierte, tiefer faßte.

Die kleine Gruppe interessanter historischer Dramen bestand aus: »Nachtlogis« von Hans Pfeiffer, »Insurrektion« von Manfred Thon, »König für einen Tag« von Joachim Kupsch (1954/55), »Heinrich VIII. oder Der Ketzerkönig« (1955) und »Der Tambour und sein Herr König« (1956) von Joachim Knauth. Zu ihnen stieß 1955, aus München nach Ostberlin kommend, Peter Hacks mit der »Schlacht von Lobositz«. Diese Stücke waren inspiriert von der Ironie, die eine unorthodoxe materialistische Geschichtsbetrachtung spenden kann, und von der Zweideutigkeit der historischen Dimension, die gewollte und unbeabsichtigte Aktualitäten hervorruft; merkwürdigerweise im Gegensatz zum historischen Roman dieser Jahre, für den »Der Soldat und sein Lieutnant« von Gotthold Gloger und »Flandrisches Finale« von Egon Günther (1955) typisch waren – im Bereich des Arbeiter- und Bauernmilieus gelang Benno Voelkner, »Die Leute von Karvenbruch« (1955), und Herbert Nachbar, »Der Mond hat einen Hof«, sogar das gewünschte Ahnenbild, das Harych und Strittmatter zu Beginn der fünfziger Jahre nicht geliefert hatten. In den historischen Stücken jedoch wurden zum ersten Mal diskutable Konturen einer sozialistischen Belletristik sichtbar, die nicht sofort an unüberschreitbare Grenzen stieß.

Von diesen Hindernissen war die humoristische Bürokratie-Kritik von vornherein benachteiligt. Sie leisteten im Roman: Alf Scorell mit dem »Nixenkrieg in Schlössing« (1953), der, Kipphardt und »Shakespeare dringend gesucht« vergleichbar, den

Neuen Kurs vorausgeahnt hatte, oder Rudolf Bartsch mit »Tür

zu – es zieht« (1955); auf dem Theater: Hans Lucke mit »Taillenweite 68« (1953), Hans-Otto Kilz mit »Tomaten und Stahl (Der Querkopf)« (1954) und Fritz Kuhn mit »Leicht bewölkt, vorwiegend heiter« (1956). Diese Richtung war darauf beschränkt, mit revolutionärem Grimm Lappalien aufzuspießen.

Das Zwielicht des Neuen Kurses erklärt sich nicht allein aus der unbesiegten Administration, die im Hintergrund auf ihre Stunde lauerte; es wurde vor allem von den Schriftstellern selbst erzeugt, die sich von den Prämissen der Schönen Literatur in der DDR nicht lösen konnten. So setzte sich die von Ressentiments und Alibitis gespeiste Anti-West-Literatur nach dem 17. Juni nicht nur ungebrochen fort; an ihr beteiligten sich mit ernsthaftem Engagement auch Schriftsteller, die durchaus gesonnen waren, den Neuen Kurs nicht abtreiben zu lassen. Jan Petersen, der sich in den Akademiedebatten wacker für künstlerische Freiheit geschlagen hatte, verplemperte Zeit mit dem Film-Roman »Der Fall Dr. Wagner« (1954), verlor sich in den bizarren Banalitäten einer Greuelgeschichte, die allein westliche Abwerbungen für die Flucht von Fachkräften in den Westen verantwortlich machte. Alf Scorell und Heinar Kipphardt, die zu den Schrittmachern des Neuen Kurses gezählt hatten, fanden Geschmack daran, mit der wahren Saisongeschichte vom Diamantenschwindel, der in Bonn kurzweilige Furore gemacht hatte, den Kapitalismus zu entlarven, Scorell mit dem Roman »Große Fische, kleine Fische«, Kipphardt mit dem Stück »Der Aufstieg des Alois Piontek« (1956). Das erste erfolgreiche Kriminalstück der DDR, »Kaution« von Hans Lucke, prangerte mit seiner ideologischen Fassade politische Gleichschaltungstendenzen in den USA an. Günter Felkels Reißer »Narkose« (1956) bildete eine gewisse Ausnahme; der Autor machte eine obskure Agentenstory, in der ein Molotow-Sonderzug in die Luft gesprengt werden soll, zum Vehikel einer Abrechnung mit dem sozialistischen Establishment, das den 17. Juni unbeschadet überstanden hatte; das Stück wurde allerdings nie aufgeführt.

Der Neue Kurs scheiterte am Tabu des 17. Juni, das die Partei verhängte und das die Künstler in der Mehrzahl akzeptierten. Die erste Darstellung des 17. Juni, die veröffentlicht wurde, war die Erzählung »Die Kommandeuse« von Stephan Hermlin (1954). Er schildert darin, wie eine ehemalige KZ-Aufseherin während der Erhebungen aus der Strafanstalt mit dem Ruf 143

befreit wird: »Solche wie Sie suchen wir gerade!«, wie sie auf dem Marktplatz die Menge aufputscht, um eine nationalsozialistische Diktatur zu restaurieren, wie sie von Volkspolizisten abgeführt, vor Gericht zum Tode verurteilt wird, dem sie mit demselben dumpfen tierischen Haß entgegengeht, den sie bei ihrer Befreiung empfand. Der Verfasser hatte sich mit dieser erbärmlichen Erzählung der einspurigen Version angeschlossen, die nur noch von faschistischen Umtrieben sprach. Auf der Suche nach einer Quelle für dieses phantastische Produkt, bei dem die Phantasie Hermlins verdorrte, kann man zwei Sätze von Walter Ulbricht aus einer Rede in Lauchhammer finden, die das »Neue Deutschland« am 18. Juli 1953 abgedruckt hat: »Vergessen wir nie, daß die Provokateure am 17. Juni mit dem Angriff gegen die Gefängnisse begannen, in denen SS-Leute, Kriegsverbrecher und feindliche Agenten ihre Strafe verbüßten. Leider sind einige dieser Elemente herausgelassen worden, und sofort haben sie ihre feindliche Tätigkeit gegen die Republik wieder aufgenommen.« Hermlins »Kommandeuse« wäre damit ein geradezu vollkommenes Musterbeispiel der Literaturplanung, aber sie ist das ebenso vollkommene Musterbeispiel für die Absurdität, die in dieser Planung nistet. Kaum war sie erschienen, wurde ihr Verfasser mit heller Wut attackiert, sich in das Seelenleben eines SS-Weibes versenkt zu haben, das er nun wirklich nicht einfühlsam beschrieben, sondern in umgekehrtem »Stürmer«-Stil zugehauen hatte. Die Folge war, daß dieser unbedingte Vollstrecker zur Partei in ein bedingtes Verhältnis trat.[39]
In ein ähnliches Stadium der Entfremdung geriet wegen seiner Darstellung des 17. Juni Stefan Heym, und zwar ebenfalls als Folge beflissenen Gehorsams. Er hatte unter dem Titel »Der Tag X« einen Roman geschrieben, der in den Wochen konzipiert wurde, als noch die zweispurige Version galt. Als er fertig war, galt sie als überholt, und der Roman konnte nicht erscheinen. Der Verfasser zog an allen möglichen Drähten, vergebens; Gro-

[39] A. Kantorowicz notierte folgende Äußerung seines Schülers und Kontrolleurs, des späteren Schriftstellers H. Kant, über S. Hermlin von 1955: »Er sei Nachbar und Freund Hermlins, und er solle mir ausrichten, daß Hermlin über meine Zurückhaltung ihm gegenüber bedrückt sei. Der nach außen hin so sicher auftretende und repräsentierende Hermlin sei in Wahrheit völlig vereinsamt und tief verzweifelt.« (Deutsches Tagebuch, II. 582 f.).

tewohl entschied endgültig: »Wir wollen auf diese Dinge nicht mehr zurückkommen.« Viele Jahre später äußerte sich Stefan Heym auf einer Veranstaltung der Literarischen Gesellschaft in Hannover, nach einem Bericht der »Frankfurter Rundschau« vom 27. 12. 1965, über den Roman: »Die ›antisozialistischen Leute‹ würden sicherlich enttäuscht sein von dieser Darstellung, weil sie die ›Legende‹ zerstöre, der 17. Juni sei ein spontanes Ereignis gewesen. Heym vertrat in der Diskussion um diese Frage die Ansicht, daß zwar eine große Unzufriedenheit der Bevölkerung mit den damaligen Verhältnissen in der DDR den Boden für einen Aufstand bereitet habe, doch er sei anhand seiner Quellen überzeugt, daß der Aufstand von westlicher Seite gesteuert worden sei.«[40]

Ein dritter Versuch über den 17. Juni, eine Arbeit von Theo Harych über den Bau der Stalinallee, blieb unvollendet.[41] Die konforme Darstellung, die so wenig Anstoß wie Beachtung fand, lieferte Uwe Berger in seinem Erzählungsband »Die Einwilligung« (1955).

[40] R. Havemann, der in seinen Memoiren ein recht anschauliches Bild des 17. Juni entwirft und den Roman im Manuskript gelesen hat, schrieb dazu in der Retrospektive: »Ich war damals für die Veröffentlichung. Inzwischen habe ich meine Meinung geändert. Stefan Heym sollte der Partei dankbar sein, daß ›Der Tag X‹ nie erschienen ist. Heym übernimmt nämlich die grundfalsche offizielle Lesart, wonach der ›17. Juni‹ ein von den westlichen Geheimdiensten organisiertes konterrevolutionäres Unternehmen war. Heym zeichnet zwar ein treffendes Bild der stalinistischen Parteibürokratie und beleuchtet die ökonomischen Hintergründe der Unzufriedenheit der Arbeiter in den volkseigenen Industriewerken. Diese Erscheinungen werden aber von einer Gruppe von Spezialisten der CIA in raffinierter Weise für die Vorbereitung der Konterrevolution ausgenutzt. Ausgekochte Agenten gewinnen einfältige sozialdemokratische Arbeiter und Gewerkschafter, mit deren Hilfe die Belegschaft eines Großbetriebes aufgehetzt wird. Planmäßig wird der Tag X in Szene gesetzt. Nirgends in der Welt geschieht irgend etwas, ohne daß die Geheimdienste, die westlichen wie die östlichen, ihre Finger darin haben. Auch im Berlin des Jahres 1953 waren sie sicher nicht fern. Aber es ist eine Naivität, zu glauben, daß diese Finger die Weltgeschichte bewegen. Der Ausbruch des Juniaufstandes kam überraschend für alle.« (Fragen Antworten Fragen, a. a. O., 142 f.). In der Bundesrepublik verhinderte das Büro F. J. Raddatz im Rowohlt Verlag das Erscheinen des Romans 1964/65, als S. Heym es selbst noch wollte, wie es heißt aus künstlerischen Gründen; was ohne Zweifel bedauerlich ist, da, bei der spärlichen Literatur zu diesem Thema, auch eine abgebogene Darstellung interessant genug ist, um veröffentlicht zu werden; im übrigen ist der »Tag X« allein durch sein Schicksal ein zeitgeschichtliches Dokument.

[41] Mitgeteilt von R. Müller, a. a. O., ohne nähere Angaben.

Brecht hat in dem Gedicht »Böser Morgen« (1953) das schlechte Gewissen aufgezeichnet, das der 17. Juni in ihm hinterließ: »Die Silberpappel, eine ortsbekannte Schönheit / Heut eine alte Vettel. Der See / Eine Lache Abwaschwasser, nicht rühren! / Die Fuchsien unter dem Löwenmaul billig und eitel. / Warum? / Heut nacht im Traum sah ich Finger, auf mich deutend / Wie auf einen Aussätzigen. Sie waren zerarbeitet und / Sie waren gebrochen. / Unwissende! schrie ich / Schuldbewußt.« Er ließ dieses Gedicht jedoch zu seinen Lebzeiten nicht veröffentlichen,[42] und er ist auch, in dieser Periode, dem Schuldgefühl nicht nachgegangen, was die Anrede Unwissende in Wissende verwandelt haben würde. Er flüchtete in anti-westliche Polemik und ergötzte sich in seinem Stück »Turandot oder Der Kongreß der Weißwäscher« an der Liquidierung korrupter Intellektueller, die den Kapitalismus weißwaschen.

Die Zweideutigkeit des Neuen Kurses, die aus einer relativen Freizügigkeit und Ausweglosigkeit zusammengesetzt war, ließ indessen einige Werke entstehen, die zunächst als Abseite oder Nachhut erschienen, in Wirklichkeit aber den Auftakt einer Literatur bildeten, die sich regenerierte, indem sie sich der sozialistischen Problematik in positivem und negativem Sinne entzog.

Peter Huchel, dessen Bruchstücke aus dem »Gesetz« immer spärlicher fielen, und Erich Arendt kehrten nur scheinbar zu ihren alten Themen zurück. Annemarie Bostroem, die nach 1945 mit ihren »Terzinen des Herzens« einen starken Publikumserfolg gehabt hatte, trat mit drei Gedichten aus ihrem Schweigen hervor, die Vorstellungen und Empfindungen ausdrückten, von denen man angenommen hatte, daß sie endgültig der Vergangenheit angehörten. Mit Johannes Bobrowski kündigte sich indessen ein neuer Lyriker an, dessen erste Gedichte bereits aus einer anderen Welt zu kommen schienen. Diese verstreuten Gedichte, nicht mehr als ein Dutzend, erschienen in »Sinn und Form« von 1953 bis 1955, aus der sogenannten Welt von Gestern, erwiesen plötzlich, daß die Lyrik der sogenannten Welt von Heute oder Morgen als Lyrik gar nicht existent war. Ehm Welks garnigmaritime Schnurre »Mutafo« (1955) konnte ähnliche Überlegungen über die sozialistische Romanliteratur nahelegen.

[42] B. Brecht: Gesammelte Werke, X, 1010. Es wurde im 2. Sonderheft Bertolt Brecht, »Sinn und Form«, 1957, 341, zum ersten Mal veröffentlicht.

In eine hysterische Verwirrung geriet die Planung der Literatur durch Alfred Matusches Theaterstück »Die Dorfstraße« (1955), das für den sozialistischen Realismus wie für jede kommunistische Belletristik überhaupt inkommensurabel war. Es war ein Konfliktbündel aus Kriegsschluß, Umsiedler-Milieu schlesischer Flüchtlinge und Bodenreform, in dem ein alter Tagelöhner namens Hiob Neiße auf Scheiße reimte. Am schärfsten reagierte, aus Alibitis zelotisch, die Presse der kollaborierenden bürgerlichen Parteien. Karl Reinhold Döderlin zog im CDU-Organ »Neue Zeit« bei dieser Gelegenheit gegen die »Verfechter der ›agitationslosen‹ Literatur« vom Leder; ihn störte an der »Dorfstraße« die Doppelbödigkeit, »die offensichtlich in der ungenügenden Herausarbeitung des parteilichen Standpunktes durch den Autor begründet liegt«. Heinz Hofmann ereiferte sich in der »Nationalzeitung«, weil das Stück zum Typischen nicht vorstoße und die Bodenreform zu einer Farce erniedrige. Dagegen pries das »Neue Deutschland« das Stück als einen Durchbruch zu »atemberaubender Realistik«; noch eine Woche nach dem Rücktritt Malenkows fragte der Rezensent Horst Knietzsch herausfordernd: »Denn geht es nicht gerade darum, daß unsere jungen Autoren lernen, echte Konflikte zu gestalten und Kämpfe auszutragen, auf der Bühne nicht mit Papier zu rascheln, sondern das Dichterwort zu stärkerem Ansehen als bisher zu bringen und nicht den Journalismus.«[43]

Wie idyllisch indessen diese spärlichen Ausbrüche aus dem Bezirk des Programmierten waren, zeigt ein Seitenblick auf entsprechende Werke, die von 1953 bis 1956 in der Sowjetunion und in Polen erschienen. Schon im Sommer 1953 verhöhnte der russische Poet Alexander Twardowskij in seinem Poem »Unendliche Weite« die Lehre und Praxis des sozialistischen Realismus, die Hirse-Dichter (zu denen in der DDR auch Brecht zählte). Im selben Jahr erneuerte Vera Panowa mit den »Jahreszeiten« die Tradition des russischen Gesellschaftsromans, die in den letzten Jahrzehnten verkümmern mußte. 1954 erschien Ehrenburgs Roman »Tauwetter«, dessen Titel sofort symbolische Kraft annahm, und Pasternaks Gedichte aus dem Roman »Dr. Schi-

---

43 H. Kähler bezichtigte später bei der Zusammenstellung dieser Zitate den ND-Rezensenten, ohne seinen Namen zu nennen, der Blindheit und warf ihm vor, das Stück nicht richtig eingeschätzt zu haben (Gegenwart auf der Bühne. Berlin [Ost] 1966, 60 f.).

wago«, von dem es hieß, daß er kurz vor dem Abschluß stünde. In Polen leitete 1955 Adam Wazyk mit seinem »Gedicht für Erwachsene« das Tauwetter ein. Ihm folgten in diesem Jahr mit Erzählungsbänden Andrzejewski (»Der Goldfuchs«), Maria Dombrowska (»Der Morgenstern«), 1956 Brandys mit dem Band »Das rote Käpplein«, das die im Oktober 1955 geschriebene »Verteidigung von Granada« enthielt.

Die Prämissen der Belletristik in der DDR gestatteten zu dieser Zeit keine Werke, die auch nur annähernd an diese Regenerationserscheinungen der Schönen Literatur in anderen sozialistischen Ländern heranreichten. Trotzdem rüstete sich die SED zur Gegenoffensive, die mit Chruschtschows Partei-Renaissance synchron lief. Am Heiligen Abend 1954 hatte sich das Ende der Ära Malenkow abgezeichnet. An diesem Tag erschien Chruschtschows Interview über den Vorrang der Schwerindustrie. Am 25. Januar 1955 bezichtigte er die Anhänger des Primats der Konsumgüterproduktion der rechten Abweichung. Am 8. Februar trat Malenkow zurück. Der Versuch, mit einer Stärkung des Staates die führende Rolle der Partei zu brechen, war gescheitert.

Die Gegenoffensive der SED begann am 27. Januar quasi »von unten«, als die Gewerkschaftszeitung »Tribüne« den »Offenen Brief an unsere Schriftsteller« veröffentlichte, in dem Arbeiter des VEB Braunkohlewerks Nachterstedt die Schriftsteller aufforderte, sich nicht in Nörgeleien zu ergehen: »Gestalten Sie den werktätigen Menschen so, wie er ist, von Fleisch und Blut, wie er arbeitet, liebt und kämpft. Zeigen Sie den Enthusiasmus, die Leidenschaft und das große Verantwortungsbewußtsein, das die Arbeiter im Kampf um das Neue beseelt.« Ihnen entgegnete am 13. März, kritisch geworden durch das Schicksal seines »Tages X«, Stefan Heym: »Wenn die Arbeiter vom Schriftsteller verlangen, daß er sie so darstelle, wie sie hier und heute sind, dann kann der Schriftsteller, will er ehrlich sein, nicht allzu viel von ›Enthusiasmus‹, ›Leidenschaft‹ und ›großem Verantwortungsbewußtsein‹ schreiben. Wenn der Schriftsteller andererseits aufgefordert wird, vom Enthusiasmus der Arbeiter, von ihrer Leidenschaft, von ihrem großen Verantwortungsbewußtsein im Kampf um das Neue zu schreiben, wie soll er solchen Arbeitern da Fleisch und Blut geben? – denn in Wirklichkeit ist ihr Fleisch oft genug schwach, und ihr Blut sehnt sich nach allem Möglichen, aber nur selten nach dem ›Kampf ums Neue‹.« Es entspann sich die Nachterstedter Diskussion, in deren Verlauf Stefan Heym mehr Rüffel und Stüber einsteckte als Ermutigungen erntete, aber am 5. April seine Position mit zwei wichtigen Sätzen präzisierte: »Der Schriftsteller kann sich nicht die Augen vor dem verschließen, was ist.« – »Die Schönfärberei jedoch ist einer der Todfeinde des Sozialismus, und *der* Todfeind jeder echten Literatur.«[44]

Dem »Ruf von unten« folgte die Direktive von oben. Am 1. Juni sagte Walter Ulbricht auf dem 24. Plenum des ZK, das den Neuen Kurs korrigierte: »Im Zusammenhang mit dem Begriff ›Neuer Kurs‹ haben sich bei manchen Leuten seltsame Gedankenverbindungen ergeben, die darauf hinauslaufen, daß man mehr verbrauchen kann als produziert wird, daß die Löhne schneller steigen können als die Arbeitsproduktivität wächst, daß man die Produktion der Leichtindustrie steigern kann, ohne von der Schwerindustrie die Maschinen und Rohstoffe dafür zu erhalten ... Auch auf ideologischem Gebiet zeigen sich merkwürdige Erscheinungen, die vielfach bis heute noch nachwirken. Es verstärken sich die Tendenzen der Neutralität gegenüber den Einflüssen der bürgerlichen Ideologie ... Wir hatten niemals die Absicht, einen solchen falschen Kurs einzuschlagen und werden ihn auch niemals einschlagen.«[45] Auf diesem Plenum wurden die Weichen für den IV. Schriftstellerkongreß gestellt, der der erste Kompromiß-Kongreß in der DDR werden sollte. Die Chruschtschowsche Partei-Renaissance kostete Opfer. Die kompromittierte Partei mußte sich wenigstens in Maßen rehabilitieren, um den Anschein revolutionärer Legitimität zu wahren. Der XX. Parteitag stand vor der Tür. Deshalb wurde auf dem 24. Plenum des ZK der SED der Neue Kurs nur revidiert, nicht abgeschafft. So erhärtete die Partei ihren Standpunkt, ohne den Künstlern das Recht streitig zu machen, innerhalb der planmäßigen Eigenverantwortlichkeit ihre Interessen wahrzunehmen. Die Folge war natürlich eine Profilierung der Gegensätze. Auf der einen Seite

---

44 Der Nachterstedter Brief ist wiederabgedruckt in: Kritik der Zeit, a. a. O., 319 f.; S. Heyms Beiträge in: Offen gesagt – Neue Schriften zum Tage. Berlin (Ost) 1957, 253 ff. Die ganze Debatte: Der Nachterstedter Brief, Heft 2 der Beiträge zur Gegenwartsliteratur (1955).
45 zit. nach H. Frank: 20 Jahre Zone – Kleine Geschichte der DDR. München 1965, 105 Fn.

bezeichnete Paul Wandel die Frühjahrsausstellung der Akademie der Künste als den »Rummel einer abstrakten Camarilla« und Wilhelm Girnus äußerte sich über die Grenzen der künstlerischen Freiheit. Auf der anderen Seite verteidigte Minister Becher als Repräsentant der Eigenverantwortung die Poesie, theoretisch mit den Reflexionsbänden »Poetische Konfession« (1954) und »Macht der Poesie« (1955), aus denen folgendes Zitat seine Position trefflich wiedergibt: »Manche unserer Schriftsteller lassen sich treiben, das heißt sie leben (dichterisch) von Auftrag zu Auftrag... Aber sie vergessen, daß, wenn von gesellschaftlichem Auftrag die Rede ist, zwar dieser gesellschaftliche Auftrag auch den einschließt, der uns erteilt wird, aber auch *den*, den wir uns selber erteilen. Diesen letzten sollen wir nicht vergessen und nicht zurückstellen hinter die Aufträge, die *man* uns erteilt, und besonders sollen die Aufträge, die *man* uns erteilt, nicht solche sein, die uns das Denken abnehmen und uns ein Thema allzu begrenzt vorschreiben, sondern solche, die uns eine gewisse freie Bewegung im Stoff ermöglichen.«[46]

Der IV. Schriftsteller-Kongreß fand vom 8.–14. Januar 1956 statt. Becher versuchte in seiner Rede »Von der Größe unserer Literatur« die Gegensätze mit dem Stichwort der Literaturgesellschaft zu überwölben, das die Literatur nicht nur mit der Gesellschaft verflocht, sondern sie als eine eigene Gesellschaft in der Gesellschaft etablierte, als ein »um so höher organisiertes Gebilde, je reichhaltiger und vielartiger sie sich gliedert«[47].

[46] J. R. Becher: Poetische Konfession. Berlin (Ost) 1954, 39. Es ist beinahe unmöglich, auch an dieser Stelle nicht an G. Benns Forderung von 1934, »Die Kunst braucht inneren Spielraum«, zu denken.

[47] zit. nach J. R. Becher: Über Kunst und Literatur, a. a. O., 649. Das Protokoll des Kongresses ist in Heft 1 und 2 der vom Schriftsteller-Kongreß hrsg. »Beiträge zur Gegenwartsliteratur«, 1956, erschienen; vgl. auch G. Maurer: Nach dem IV. Deutschen Schriftstellerkongreß. »Sinn und Form«, 1/1956; T. Wieser: Der ostdeutsche Parnaß. »Der Monat«, Heft 90; A. Bronnen: Deutschland kein Wintermärchen – Eine Entdeckungsfahrt durch die DDR. Berlin (Ost) 1956, 17 f.; R. Giordano: Die Partei hat immer recht. Köln 1961, 180 ff.; M. Jänicke: Der dritte Weg. Köln 1964, 128 ff.; M. Reich-Ranicki: Deutsche Literatur in Ost und West. München 1963, Kapitel »Die kommunistische Erzählerin Anna Seghers«. Die Begebenheiten in der Sektion Dramatik beruhen auf eigener Erinnerung. – Der Begriff Literaturgesellschaft tauchte bei J. R. Becher schon in der »Macht der Poesie« (1955, 229 f.) auf, wo es bündig heißt: »Die Literatur ist nicht nur ein gesellschaftliches Phänomen, sie bildet auch eine Literaturgesellschaft in sich«.

Unterhalb dieser metaphorischen Kuppel prallten jedoch die Gegensätze unvermittelt aufeinander: Primat der ideologischen Klarheit auf der Seite der Funktionäre – Primat der künstlerischen Meisterschaft auf der Seite der Dichter. Wilhelm Girnus trug die Forderungen der Partei so aufreizend vor, daß ihm zwei Schriftsteller in die Parade fuhren, die bisher eifrig bemüht gewesen waren, sich den Standpunkt der Partei zu eigen zu machen. Willi Bredel verbat sich den »anmaßenden Oberlehrerton«, die »Unduldsamkeit und Sturheit« von Girnus und fragte unter dem Beifall des Kongresses, wer ihn denn beauftragt habe, hier zu sprechen; auf dem III. Schriftsteller-Kongreß im Mai 1952 hatte er noch einen ähnlichen Protest von Friedrich Wolf abgewürgt. Stephan Hermlin mokierte sich in der Sektion Lyrik über das Klappern der Gebetsmühlen, das ihn plötzlich nicht mehr zu berauschen schien. In der Sektion Dramatik stießen Brecht und Besenbruch zusammen. Brecht sagte zu dem Vorwurf der Partei, die Theater kümmerten sich zu wenig um die Legion der Nachwuchsdramatiker, kurz und bündig, es habe nur Zweck, sich um Talente zu kümmern, im Grunde sei es sogar nur sinnvoll, sich um große Talente zu bemühen. Besenbruch konterte zischend: »Lächerlicher Geniekult.«

Die interessanteste Auseinandersetzung gab es zwischen Stefan Heym und Walter Ulbricht. Der Romancier sprach Behinderungen an, die eine Literatur noch mehr lähmen als administrative Maßnahmen, Behinderungen, die aus der parteilichen Haltung des Schriftstellers stammen, über die er sich aber hinwegsetzen sollte, ohne seine parteiliche Haltung aufzugeben. Die wesentlichen Partien seines Diskussionsbeitrages lauteten: »In meiner Erinnerung taucht ein Gespräch auf mit einem amerikanischen Dramatiker, das vor ein paar Jahren stattfand. Dieser Mann sprach mir davon, wie schwer ihm das Schreiben doch falle, denn bei jeder Dialogzeile müsse er sich fragen: Ist das noch tragbar, kann man das im heutigen Amerika auf dem Broadway-Theater noch spielen? Sie sehen aus diesem kurzen Zitat, daß auch im Kapitalismus der Schriftsteller sich sehr wohl Gedanken darüber macht, was er schreiben kann und soll ... Daraus ergeben sich jene merkwürdigen Bücher, in denen hier und da etwas Ernsthaftes angetippt wird, nur um wieder verschleiert zu werden. Daraus ergibt sich manchmal auch der Verrat des Schriftstellers an seiner Berufung ... Es sind allerdings ganz andere Motive, 151 die den Schriftsteller bei uns, wo der Kapitalismus entmachtet ist und man seiner Berufung frei folgen kann, veranlassen, sich sehr scharf zu überlegen, was und wie er schreibt. Aus Bonn wird behauptet, bei uns gäbe es eine Zensur. Ich wünschte manchmal, wir hätten eine, wir könnten uns viel kostbares Papier ersparen, das für blühenden Unsinn verdruckt wird... Nein, es gibt keinen Maulkorb und keine Zensur bei uns. Aber es gibt bei uns eine Verantwortlichkeit des Schriftstellers der Sache gegenüber, der Sache des Friedens und der Demokratie und des Sozialismus, der Zensor, von dem immer gesprochen wird, sitzt im Herzen des Schriftstellers. Und bei jedem Satz fragt dieser Zensor: Ist das, was du schreibst, auch im tiefsten Sinne wahr? Regt es zum Denken an, zum Denken in der richtigen Richtung? Hilft es unserer Sache? Bringt es die Menschen weiter? Natürlich gibt es Dinge, über die man schreiben, Sätze, die man aussprechen könnte, die aber der Sache schaden würden, der großen Sache... Und hier schreitet der Zensor in unserem Herzen ein. Denn wir stehen nicht mehr in Opposition zu der herrschenden Klasse, wie jeder ehrliche, klar denkende Schriftsteller im Westen stehen muß, und können nicht mehr so einfach drauflosschlagen, ohne genauestens zu berechnen, wo der Schlag landen wird. Wir haben eine neue, ganz anders herrschende Klasse und sind ein Teil von ihr und sind ihr verantwortlich... Aber der Schaffensprozeß des Schriftstellers ist eine einsame Angelegenheit. Und bei dem Zwiegespräch zwischen der Leidenschaft und dem Zensor, das dauernd in unserem Herzen stattfindet, ist es nicht immer leicht zu entscheiden, wer recht hat. Wer von uns ist denn so sicher in seinen Lebens- und Kampferfahrungen, in dem, was er gelernt und gesehen hat, daß er stets genau weiß: Ja, dies kann ich und muß ich sagen, und jenes bleibt besser ungesagt? Man hat von Mangel an Mut bei Schriftstellern gesprochen. Ich halte das – verzeihen Sie mir – für oberflächlich. Ich glaube, die Mehrheit von uns sind keine Feiglinge, wir haben keine Angst vor Kritik und vor dem erhobenen Zeigefinger und den erhobenen Augenbrauen großer und kleiner Päpste. Aber für manchen von uns gibt es manchmal Augenblicke, da wir zaudern angesichts der Tatsache, daß die neue Zeit noch gar so neu und ungewohnt ist, und daß der verschlungene Weg vor uns sich gar zu oft gabelt und kreuzt und überschneidet. Und in solchen Augenblicken mag die Verantwortung, die auf uns liegt, zu schwer erscheinen und die Versuchung, nichts zu sagen oder nichtssagend zu werden, tritt an uns heran. Aber wir dürfen dieser Versuchung nicht nachgeben. Ihr nachgeben hieße unsere Berufung verraten und damit gleichzeitig die große Sache.« Obgleich der Romancier noch einen zu langen und verschlungenen Weg vor sich hatte, um an Ort und Stelle die Konsequenzen aus diesem Dilemma ziehen zu können, erkannte der Parteichef doch blitzartig die Gefährlichkeit einer solchen Argumentation. Er bog die Debatte ab, indem er erklärte, es bedürfe niemand in der DDR Mut, um gegen kleinbürgerliche Ideologen oder Kriegsbrandstifter zu kämpfen. Die Literatur solle, präzisierte er in seinem Referat »Fragen der neuen deutschen Nationalliteratur«, den unveränderten Standpunkt der Partei, in erster Linie die sozialistischen Helden in der DDR darstellen und die Kriegspolitiker in Bonn entlarven.

Es war wohl nur der gerade zugereiste Arnolt Bronnen, der Ulbrichts Entgegnungen als eine souveräne Lektion in materialistischer Dialektik pries. Denn noch sensationeller als die offen ausgetragenen Differenzen war eine Übereinstimmung, die den Kongreß beherrschte. Ob Schriftsteller, ob Funktionäre – man war sich der Mehrheit des Bankrotts der geplanten Literatur bewußt. Er wurde im Hauptreferat von Anna Seghers offen zugegeben: »In unseren Büchern (kommt) vielfach gar kein echter Konflikt zustande, sondern ein Scheinkonflikt, vielfach keine echte Entwicklung, sondern eine Scheinentwicklung, so daß der Leser kalt bleibt ...« Sie führte das darauf zurück, daß die Autoren das Entwicklungsziel vorwegnehmen, »von dem sie den Leser in dem Buch überzeugen sollten. Das können sie nur, wenn sie einen durch alle Widerstände geführt hätten, die man im Leben durchmachen muß.« Statt dessen hängen die Autoren »ihren Personen ›Plakate‹ an, wie Gorkij das nannte. Man erkennt augenblicklich, wie in den Mysterienspielen des Mittelalters, die Engel an ihren Flügeln und die Teufel an ihren Hörnern. Und die Personen handeln, wie es ihren Insignien entspricht.« Dieser Schematismus entsteht immer dann, wenn die Autoren »die Lehren und Anweisungen unserer Partei als Dogmen« betrachten. Diese »scholastische Schreibart ist Gift, wie marxistisch sie sich auch gebärdet ... Denn sie bewirkt Erstarrung, statt Bewegung, sie bewirkt Faulheit statt Initiative. Keine Erregung erschüttert den Leser solcher Bücher. Mit Nachdenken braucht er 153 sich gar nicht erst anzustrengen. Er kennt ja das Schema, nach dem das Buch montiert ist, so gut wie der Autor.« Niemand widersprach diesem Referat, das Anna Seghers aus Krankheitsgründen von Stephan Hermlin verlesen ließ. Sogar Alexander Abusch bestätigte ihre Analyse, indem er sagte, der Sieg des Sozialismus sei keineswegs ein mechanisch funktionierender Automatismus, und die objektiven Perspektiven seien keineswegs fatalistisch.[48]

Der Primat der ideologischen Klarheit war angesichts der literarischen Malaise nicht durchzusetzen. Ideologische Klarheit und künstlerische Meisterschaft lautete daher der Kompromiß des Kongresses, den Anna Seghers als neue Präsidentin des Schriftstellerverbandes nach der Faustregel von Mao Tse-tung (gute Propaganda durch gute Kunst) durchsetzte. Es war indessen nur ein institutioneller Kompromiß, der künstlerische Meisterschaft tendenziell garantieren sollte. Praktikabel war er nicht, da die Partei in der gleichwertigen Forderung nach ideologischer Klarheit einen Hebel hatte, um in das Ringen nach künstlerischer Meisterschaft einzugreifen, wann immer sie es für angebracht hielt. Praktikable Vorschläge, wie sie Lukács und Brecht machten, hatten keine Chance, offizielle Formeln zu werden. Lukács trachtete danach, die Darstellung der Wirklichkeit in ihrer revolutionären Entwicklung, wie Shdanows Formel heißt, mit einer großzügig und weitherzig ausgelegten Perspektive von der jeweiligen kurzfristigen und kurzsichtigen Prognostik der Tagespolitik unabhängig zu machen. Brecht empfahl, damit »der große Kampf in vielfacher Weise dichterisch ausgebaut« werde, neben dem Studium der materialistischen Dialektik das Studium der »Weisheit des Volkes«, wobei das Junktim freilich andeutete, daß dieses Studium nicht vorbehaltlos und vorurteilslos betrieben werden sollte.[49]

Der IV. Schriftsteller-Kongreß, der vom 8.–15. Januar 1956 stattfand, war zu einem Zeitpunkt angesetzt worden, den die

[48] S. Heym hat seine Rede in dem Band »Offen gesagt« wiederabgedruckt (a. a. O., 269 ff.). A. Abusch ließ seine Rede vermutlich wegen ihrer Übereinstimmung mit G. Lukács in dem Band »Literatur im Zeitalter des Sozialismus«, a. a. O., weg, nicht jedoch die scharfe Replik auf die Rede von S. H. (646 ff.).

[49] G. Lukács: Das Problem der Perspektive. Schriften zur Literatursoziologie, hrsg. v. P. Ludz. Neuwied 1961, 254 f.; B. Brecht: Rede auf dem IV. Deutschen Schriftstellerkongreß. Gesammelte Werke. XIX, 554 f.

Partei ahnungsvoll und geschickt bestimmt hatte. Hätte er im Frühjahr stattgefunden, wäre es nicht ein Kompromiß-Kongreß, sondern ein Explosiv-Kongreß geworden, auf dem die Dichter der Partei das Heft aus der Hand genommen haben würden oder ihr geharnischter entgegengetreten wären. Genau einen Monat nach dem Schriftsteller-Kongreß fand, vom 14.–25. Februar in Moskau, der XX. Parteitag der KPdSU statt, auf der Chruschtschow mit der Enthüllung von Halbwahrheiten der Partei den Nimbus verschaffte, den sie brauchte, um eine neue lange Periode der Parteiherrschaft zu begründen. Die halb heruntergerissenen Hüllen sollten nicht nur den Zweck für einige Zeit verdecken, sie setzten eine Eigengesetzlichkeit frei, die zu schweren Erschütterungen im Satellitengürtel führte. Am 15. März fand in Budapest die erste Sitzung des Petöfi-Klubs statt, dessen Diskussionen sich von künstlerischen und wissenschaftlichen Fragen bald auf die ganze Lage des Landes erstreckten und eine revolutionäre Atmosphäre schufen. Vom 24.–25. März fand in Warschau die XIX. Sitzung des polnischen Kultur- und Kunstrates statt, auf der der sozialistische Realismus in Polen für alle Zeiten despektiert werden sollte. Vom 22.–29. April tagte in Prag der II. tschechoslowakische Schriftsteller-Kongreß, auf dem Autoren bekannten, in ihren Werken über den sozialistischen Aufbau gelogen zu haben. Am 28. Juni brach in Posen der Generalstreik aus, der Umwälzungen ankündigte. Die Mehrzahl der Schriftsteller in der DDR wurden von einem wahren Fieber gepackt. Was ihre eigenen Querelen mit der Partei, was die Erhebungen deutscher Arbeiter nicht auslösen konnten, ereignete sich jetzt. Fremdes Schicksal entflammte mühelos ihre Phantasie und ihr Gewissen.[50]

[50] A. Abusch hat vergeblich versucht, diese Tendenz mit der heuchlerischen Versicherung zu stoppen: »In der Diskussion nach dem XX. Parteitag der Kommunistischen Partei der Sowjetunion und der 3. Parteikonferenz der Sozialistischen Einheitspartei Deutschlands, die auch in unseren kunsttheoretischen Anschauungen manche dogmatische Erstarrung oder Überreste von ihnen zu lösen beginnt, haben einige Künstler auf die Diskussion über diese Fragen in diesem oder jenem volksdemokratischen Land verwiesen und sich gewundert, daß sie bei uns sich teilweise anders entwickelt. Das hat seine guten Gründe: Wir haben eine andere nationale Situation in der Deutschen Demokratischen Republik, im gespaltenen Deutschland – und wir haben auch eine andere Entwicklung in unserer Literatur und Kunst. Eine Gleichförmigkeit in der Diskussion wäre eine neue Art von Schematismus.« (»Zu einigen Fragen der Literatur und Kunst«. ND, 27. 7. 1956.)

Brecht erkannte wie in einer Peripetie Zusammenhänge, die er 1953 nicht sehen wollte: »Vor dem 17. Juni und in den Volksdemokratien nach dem XX. Parteitag erlebten wir Unzufriedenheit bei vielen Arbeitern und zugleich hauptsächlich bei den Künstlern. Diese Stimmungen kamen aus ein und derselben Quelle. Die Arbeiter drängte man, die Produktion zu steigern, die Künstler, dies schmackhaft zu machen. Man gewährte den Künstlern einen hohen Lebensstandard und versprach ihn den Arbeitern. Die Produktion der Künstler wie der Arbeiter hatte den Charakter eines Mittels zum Zweck und wurde in sich selbst als erfreulich oder frei angesehen. Vom Standpunkt des Sozialismus aus müssen wir, meiner Meinung nach, diese Aufteilung, *Mittel* und *Zweck, Produzieren* und *Lebensstandard,* aufheben. Wir müssen das Produzieren zum eigentlichen Lebensinhalt machen und es so gestalten, es mit so viel Freiheit und Freiheiten ausstatten, daß es an sich verlockend ist.«[51]

Helmut Hauptmann hat in einer später veröffentlichten Publikation »Aus den Tagebüchern« die Erschütterung beschrieben, die ihm im April die ADN-Meldung aus Sofia »Personenkult förderte Ungesetzlichkeiten / Traitscho Kostoff zu Unrecht verurteilt« bereitete; er mußte dabei an den 17. Juni 1953 denken, als er die aufbegehrenden Arbeiter, Deutsche wie er, mit dumpfem Ressentiment betrachtet hatte: »Ich haßte diese tobenden Leute. Ich haßte sie für das, was sie in Scherben hauen wollten. Und ich bemitleidete sie. Ich hätte sie mögen an die Hand nehmen, ihnen alles erklären wie Kindern, alles, was mir klar war. Ich haßte sie wegen ihrer Dummheit. Ihrer Dummheit wegen.«[52]

Armin Müller brach im Mai in dem Gedicht »Diese Nacht« den Stab über die Aufbau-Lyrik, die er jahrelang geschrieben hatte: »Denn es erwachten die Nächte, / die ohne Schlaf blieben / und ohne mein Wort. / Der Zweifel mähte / mit schmerzender Sichel / Strophe um Strophe mir. / Noch auf den Lippen, / unausgesprochen, / starben die Worte / und fielen herab wie tote / im Glühen des Mittags vertrocknete Beeren.« Als es der »Sonntag«, am 5. August, veröffentlichte, erklärte er dazu: »Ich habe meine Nase erst in die Literatur gesteckt, als die Wegschilder der

[51] B. Brecht: Gesammelte Werke, XX, 327 f.
[52] H. Hauptmann: Über Kostoff und unser Gewissen. NDL, 3/1965.

Dogmatiker schon aufgestellt waren. Ich kam blind aus der Vergangenheit, erlebte voller Hoffnung die Veränderungen, erlebte sie aktiv. Ich hatte keine Veranlassung, an der Nützlichkeit der Schilder zu zweifeln. Ich machte mit und war der festen Überzeugung, dem Neuen durch meine Verse zu dienen. Wo, ich bitte Euch, hätte der Widerstand, von dem Ihr sprecht, herkommen sollen?«

Es war, als habe sich Günter Kunert, der Sänger der »Wegschilder und Mauerinschriften« sich von den »Wegschildern der Dogmatiker« persönlich getroffen geführt. Er erweiterte im »Sonntag« vom 30. September den Lagebericht Armin Müllers durch präzisierende Sätze: »Die Tragik der jungen Schriftsteller oder Dichter ist, daß sie zuviel geglaubt und zu wenig gewußt, zuviel gefühlt und zu wenig gedacht haben. So wurden ihre Gedichte zu Behauptungen, die den Beweis schuldig blieben, weil die Dichter auch keinen hatten.« Was er in den letzten Jahren nicht gewußt, woran er nicht gedacht, was er nicht gefühlt und nicht geglaubt hatte, umschrieb er in der Goya-Paraphase »Wenn die Vernunft schläft, kommen die Ungeheuer hervor«, die sinnigerweise am 17. Juni im »Sonntag« erschienen war. Darin hieß es: »Aus den Ämtern kriechen Spinnen, blind und / Blasig weiß die Augen, weben ihre Netze / Um die Häuser, Türen, Fenster. In den Wasserröhren / Hausen Quallen, strecken ihre weichen / Fühler durch die Zimmer in die Töpfe und / Die Kannen, voll von Neugier, eiseskalter« ... »Wehe, die Vernunft erwacht!« ... »Da sinken sie zurück ins Wesenlose, / Die Fledermäuse schrumpfen ein, die Eulen, / Weinerlich und kahl, fallen zu Boden, rollen / In die dunklen Ecken, wo sie der / Schatten schluckt.«

Während sich in Posen der Generalstreik zusammenbraute, kam es Ende Juni auf dem II. Kongreß junger Künstler in Karl-Marx-Stadt (Chemnitz)[53] zu einer öffentlichen Manifestation des Unbehagens. Heinz Kahlau, Jens Gerlach, Manfred Streubel und Manfred Bieler verwandelten das Podium in eine Barrikade. Kahlau erklärte: »Bis auf wenige Ausnahmen wurden die Künstler zu Ausrufern von Parteibeschlüssen, von Regierungs-

---

[53] vgl. S. Brandt: Die deutschen Rabiaten. In: J. Rühle: Die Schriftsteller und der Kommunismus in Deutschland, a. a. O.; R. Giordano, a. a. O., 212 ff.; H. Kersten: Aufstand der Intellektuellen. Stuttgart 1957, 147 f.

verordnungen. Sie machten Kunstwerke über diese und jene Maßnahmen, Begebenheit oder These, rechtfertigten die Fehler und ignorierten die Wirklichkeit.« Was das für die Literatur und ihre Wirkung bedeutete, sagte Streubel: »Wir haben gute Begriffe inflationiert: Frieden, Freundschaft, Heimat usw. bedeuten nichts mehr. Wir haben uns heiser geschrien und die Leute taub gemacht auch für die Wahrheit.« Gerlach griff die Organisationen an, die es den jungen Schriftstellern schwer machten, Dichter zu sein und forderte die Auflösung von Instanzen, die über Veröffentlichungen befinden. Politisch richtete sich der Angriff auf die Bagatellisierung des XX. Parteitages durch die SED. Wenn von Irrtümern und Fehlern gesprochen werde, müsse man hinzufügen, daß es Verbrechen gewesen wären, die den Sozialismus und die Partei geschändet hätten, meinte Kahlau und forderte Konsequenzen, denn mit den Leuten, die dafür verantwortlich seien und die DDR zum Spiegelbild der Sowjetunion gemacht hätten, könne die neue Politik nicht gemacht werden. Am zweiten Kongreßtag nahmen sie jedoch schon diesen Angriff zurück und beteuerten, nicht an der Partei rütteln zu wollen. Der Umfall geht indessen keineswegs nur darauf zurück, daß der »dogmatische« Kuba ihnen am Abend angekündigt hatte, sie bis aufs Messer zu bekämpfen, und der »liberale« Walther Victor sie am Morgen beschworen hatte, die Finger von der Partei zu lassen. Der Umfall hatte seinen tiefsten Grund darin, daß die Kritik genauso rhetorisch war, wie vordem ihre Akklamationen rhetorisch gewesen waren. Kahlau hatte nämlich nicht nur die Partei angegriffen, sondern mehr noch die Arbeiter, die kleinbürgerlichen Neigungen fröhnten: »Von Leuten, die um ihr Sofa bangen, kann man keine kämpferische Auseinandersetzung verlangen, genau so wenig, wie man sie von Funktionären verlangen kann, die alle Wege mit dem Dienstwagen erledigen.« Dieser verräterische Satz zeigt, daß sich Kahlau durchaus sein idealistisches Soll-Bild von der Arbeiterklasse bewahrt hatte. Er war im Wesentlichen doch nicht bereit, die Wirklichkeit zur Kenntnis zu nehmen, nicht anders als Brecht, dessen Unterscheidung von Freude an der Produktion an sich und Freude an der Produktion in sich eine dunscotische Transaktion darstellte, welche die soeben verabschiedete Scholastik nicht etwa durch die Hintertür, sondern durch die Vordertür zurückbeförderte.

Die Belletristen in der DDR, deren Gewissen und Phantasie sich in ihrer Mehrheit an den Vorgängen in den anderen sozialistischen Ländern gewissermaßen byronesk enzündet hatten, sahen wohl verdammenswerte und abschaffenswerte Praktiken der Parteidiktatur, die sich an allen Orten glich, aber das Volk schien ihnen doch nicht überall gleich zu sein. Das Mißtrauen, die Verachtung, mitunter sogar der Haß, diese Vorurteile, die sie dem eigenen Volk nach wie vor entgegenbrachten, bedingten nicht nur ihr Nachgeben vor den Gegenoffensiven der Partei, sondern auch die begrenzte Reichweite der literarischen Werke, die nach dem Anbruch dieses Zweifels entstanden. Die literarische Situation in der Sowjetunion wurde von 1956 bis 1958 bestimmt durch Dudinzews Roman »Der Mensch lebt nicht vom Brot allein«, durch Kirsanows Poem »Die sieben Tage der Woche« und durch Erzählungen von Granin, Jaschin, Nagibin, Tendrjakow, Kasakow oder Nikolaj Shdanow, welche die Anfänge des »Tauwetters« weit hinter sich ließen; während mit Vera Panowas »Sentimentalem Roman« die russische Literatur ihre sublime Seite zurückgewann, stellte Sinjawskij-Terz um den Preis des Untergrundes mit der Erzählung »Der Prozeß beginnt« ihre Aggressivität wieder her. In Polen erschienen in diesen Jahren »Der Höhenflug« von Iwaszkiewicz, »Der erste Schritt in den Wolken« und »Der achte Tag der Woche« von Hlasko, die epischen Satiren »Der Elephant« und die dramatische Satire »Die Polizei« von Mrozek. In der DDR erschien von 1956 bis Anfang 1959 nichts Vergleichbares, und dennoch entstand durch die byronesken Attitüden eine gänzlich veränderte literarische Situation.

Der byroneske Antrieb ließ die neuen Tendenzen vor allem in der Lyrik dominieren. Es erschien eine imposante Reihe von Gedichtbänden, die auf eine, von der Partei sogleich befehdete, Renaissance der Lyrik hoffen ließen: 1956 – Heinz Kahlau »Probe«, Manfred Streubel »Laut und leise«; 1957 – Paul Wiens »Nachrichten aus der dritten Welt«, Angelica Hurwicz »Windflüchter«, Franz Fühmann »Aber die Schöpfung soll dauern«, Erich Arendt »Gesang der sieben Inseln«; 1958 – Peter Jokostra »An der besonnten Mauer«, Wolfgang Hädecke »Uns stehn die Fragen auf«, Johannes R. Becher »Schritt in der Jahrhundertmitte«; 1959 – Erich Arendt »Flugoden«, Hanns Cibulka »Zwei Silben«, Reiner Kunze »Vögel über dem Tau«,

Karl-Heinz Jakobs »Guten Morgen, Vaterlandsverräter«. Was in den alten Positionen beharrte, wurde von diesem Strom beiseite gedrückt, wie Helmut Preißler »Stimmen der Toten«, »Stimmen der Lebenden« (1957); Uwe Berger »Der Dorn in dir«, Max Zimmering »Es ruft der Tag« (1958); oder von ihm zum Teil mitgerissen wie Walter Werner »Licht in der Nacht«, Georg Maurer »Selbstbildnis« (1957); Werner Lindemann »Mosaiksteine« (1958).

In der Epik wurde der Bankrott des Betriebsromans, der auf dem IV. Schriftsteller-Kongreß festgestellt wurde, vollkommen. Es erschien kein einziges Buch dieser Richtung mehr. Dagegen wandten sich die Romanciers, zwar ungelenk und wenig überzeugend, im landwirtschaftlichen und industriellen Milieu der Ehe- und Liebesproblematik zu. Es erschienen 1957 gleich vier Bücher mit dieser Thematik: Eduard Claudius »Von der Liebe soll man nicht nur sprechen«, August Hild »Die Ehe des Assistenten«, Benno Voelkner »Die Liebe der Gerda Hellstedt«; auch Johos Arztroman »Die Wendemarke«, die Fortsetzung des »Weges aus der Einsamkeit«, gehört zu diesen Bemühungen. Daß sie mißlangen, offenbarte die Verheerungen, die der sozialistische Realismus angerichtet hatte, wie die Notwendigkeit, ihm zu entrinnen, was allerdings wegen der anhaltenden Schwierigkeiten, die Gegenwart darzustellen, fast blockiert war.

Die Folge war, daß sich die Mehrheit der Schriftsteller der selbsterlebten, zum Teil autobiographischen Vergangenheit zukehrten. Das geschah, geschickter und erfolgreicher als in den Jahren davor: 1957 – Ludwig Renn »Meine Kindheit und Jugend«, Erwin Strittmatter »Der Wundertäter«, Jurij Brezan »Christa«, Herbert Jobst »Der Findling«; 1958 – Jan Petersen »Yvonne«, Bruno Apitz »Nackt unter Wölfen«, Wolfgang Joho »Die Nacht der Entscheidung«, Jurij Brezan »Der Gymnasiast«; 1959 – Theo Harych »Im Namen des Volkes?«, Herbert Jobst »Der Zögling«, Otto Gotsche »Die Fahne von Kriwoi Rog«, Ludwig Turek »Klar zur Wende«, Boris Djacenko »Aufruhr in der Königsgasse«. Herbert A. W. Kasten schrieb mit »Karsten Sarnow« (1958) aus dem Hanse-Milieu einen reinen historischen Roman.

Der Zug ins Vergangene und Private beherrschte auch die Erzählungen. Ihm folgten: 1957 – Bodo Uhse »Mexikanische Erzählungen«, Bernhard Seeger »Wo der Habicht schießt«;

1958 – Ehm Welk »Der Hammer will gehandhabt sein«, Irma Harder »Das siebente Buch Moses«, Werner Reinowski »Das Lied vom braven Manne«; 1959 – Ludwig Turek »Die Flucht der Grüngesichtigen«. Der Anthologie »Treffpunkt heute«, die Martin Gregor 1958 im Mitteldeutschen Verlag herausgegeben hatte, warf die »Neue Deutsche Literatur«, 6/1958, vor, daß »212 Seiten von insgesamt 360« Themen der Vergangenheit behandeln und 6 von den sieben Geschichten einer »durchweg abseitigen Thematik« frönen. Der Vorwurf war ungerecht. Die neuen Autoren, die hier vorgestellt wurden – Paul Schirdewahn, Martin Viertel, Werner Neubert, Irene Richter de Vroe, Katharina Kammer, Hans Gert Lange, Willi Weißgüttel –, verhielten sich nicht anders als ihre arrivierten Kollegen auch. Die Partei verkannte die Lage, wenn sie erwarten konnte, von neuen Autoren unterstützt zu werden; erst als der Zug der Zeit sich änderte, wechselten zwei von ihnen, Martin Viertel und Werner Neubert, von der Position des Privaten in den apologetischen Sektor über.

Die Erschütterungen des Jahres 1956 lösten indessen auch in der erzählenden Literatur eine imposante Strömung aus, die auf eine, von der Partei noch heftiger befehdete, Renaissance hoffen ließ: die zweite Welle der Kriegsliteratur in der DDR. Im Unterschied zur ersten Welle 1954–1955/56 wurde, bei gleichbleibender Glorifizierung der Sowjetarmee, so sie auftauchte, die deutsche Seite in einer Weise differenziert, die höchst unerwünschte Nebeneffekte entstehen ließ. Die realistische Schilderung des Krieges hemmte auf der einen Seite die hurrah-sozialistische Verteidigungsbereitschaft wie sie auf der anderen Seite nationale Emotionen wachrief, die sich der Umfunktionierung widersetzten. Es konnte befürchtet werden, daß die Schriftsteller in gleicher Weise realistisch auch die Gegenwart darstellen würden. Außerdem beschwor diese Literatur das Schicksalsmotiv wieder herauf, daß die Partei längst im Orkus bürgerlicher oder sogar feudalistischer Ideologien wähnte.

Diese Imponderabilien bereiteten der Literaturplanung die Erzählungen beziehungsweise Erzählungsbände: 1957 – Hans Pfeiffer »Die Höhle von Babie Doly« (geschrieben 1953), Egon Günther »Dem Erdboden gleich«, Joachim Kupsch »Die Bäume zeigen ihre Rinden«, Martin Gregor »Der Mann mit der Stoppuhr«, Heinar Kipphardt »Der Hund des Generals«, Erich Loest 161

»Aktion Bumerang«, Karl Mundstock »Bis zum letzten Mann«; 1958 – Karl Mundstock »Die Stunde des Dietrich Conradi«; 1959 – Karl Mundstock »Sonne in der Mitternacht«, Franz Fühmann »Stürzende Schatten«, Hans Pfeiffer »Sperrzone«. Von ihnen stellten »Der Mann mit der Stoppuhr« und »Sperrzone« den Atomkrieg dar, verfielen aber, da sie Angst und Schrecken verbreiteten, der gleichen Kondemnation. Die entsprechenden Romane waren: »Der kretische Krieg« von Egon Günther, »Im Garten der Königin« von Horst Beseler, »Die Stunde der toten Augen« von Harry Thürk (1957) und »Geliebt bis ans bittere Ende« von Rudolf Bartsch (1958). Die Fortsetzung des Romans »Herz und Asche« von Djacenko wurde noch vor der Auslieferung eingestampft.

Was sich unter dem Eindruck der Ereignisse des Jahres 1956 mit der Gegenwart der DDR kritisch auseinandersetzte, hatte keine Chancen, zu erscheinen. Von diesen Versuchen ist bekannt geworden, daß Erich Loest kurz nach dem XX. Parteitag eine Erzählung über den Staatssicherheitsdienst am 17. Juni geschrieben hat, deren Veröffentlichung untersagt wurde.[54] Veröffentlicht wurden, 1958, nur zwei verschlüsselte Versuche: die Kurzgeschichte »Hoher Nachmittag auf der Brücke« von Egon Günther, die mehr Stimmung als Fakten enthielt, und der Roman »Die gestohlene Insel« von Herbert Nachbar, ein halb phantastischer Roman gegen die Anforderungen der Gesellschaft an die Künstler. Während der Roman so gut wie totgeschwiegen wurde, erschien die Kurzgeschichte bezeichnenderweise innerhalb eines langen Aufsatzes von Christa Wolf als corpus delicti der (abzulehnenden und abgelehnten) Frage »Kann man eigentlich über alles schreiben?«[55]

Die Brisanz der Probleme, die das Jahr 1956 aufgeworfen hatte, führte die Dramatik in eine ausgesprochene Krise. Die gattungsbedingte Radikalisierung, die entsteht, wenn eine Geschichte oder ein Problem szenisch dargestellt wird, konnte unter den gegebenen Umständen wenig zu Vorstößen ermuntern. So setzte für das Theater, während die Lyrik und die Epik an Terrain

[54] vgl. R. Giordano, a. a. O., 227, und G. Zwerenz: Immer noch stalinistische Terrorjustiz – Der exemplarische Fall des Schriftstellers Erich Loest. SBZ Archiv, 2/1959, der infolge ungenauer Datierungen einige irreführende Schlußfolgerungen zog.
[55] NDL, 6/1958.

gewann, eine rückläufige Entwicklung ein: für das leichte satirische Genre wie für das doppelbödige historische Drama. Die Bühne wurde nicht zum Tribunal sondern zu »Glatteis«, wie ein Stück von Hans Lucke aus dem Jahre 1956 hieß, das dieser Epoche in der DDR im Unterschied zum sowjetrussischen »Tauwetter« den Namen hätte geben können, wenn sein Sujet angemessen dargestellt worden wäre. Die ursprüngliche Idee des Autors war, einen überzeugten SED-Funktionär eine Fabrik in der Bundesrepublik erben zu lassen und dabei zu zeigen, wie über Ablehnung, Annahme, um den Kampf der Gewerkschaften zu unterstützen, bis zur hemmungslosen Besitzgier die ideologische Fassade abbröckelt. Noch bevor Lucke zu schreiben begann, verwandelte sich ihm unter der Hand der Held in den Angehörigen einer bürgerlichen Blockpartei. Als das Stück schließlich auf die Bühne kam, war es gänzlich entschärft und im Grunde gegenstandslos: der Erbe war nun der parteilose Leiter einer HO-Drogerie, der im Herzen immer schon kapitalistisch gesonnen war und nur der Not gehorchend, sich ideologisch getarnt hatte.[56] Ebenso wurde Hedda Zinners Lustspiel »Was wäre, wenn –?« substanzlos. Sein Sujet war die Bewußtseinslage eines Dorfes nahe an der Zonengrenze, in dem sich das Gerücht festsetzt, es würde in Bälde durch eine Grenzkorrektur der Bundesrepublik zugeschlagen; als es 1959 aufgeführt wurde, diente es nur noch dazu, Reaktionäre zu entlarven, die immer schon reaktionär gewesen waren. Die Beschränkung des Komischen auf das Ablebende, auf das, was nach offizieller Ansicht überholt war, führte zum Ruin dieses Genres. Lucke wandte sich bezeichnenderweise in seinem nächsten Stück, »Der Keller«, 1958, einem Kriegsstoff zu, ohne freilich die Höhe der Kriegserzählungen dieser Jahre zu erreichen. Aus ähnlichen Gründen verebbte das historische Drama. Klaus Eidams dreister »Münchhausen« war schon nicht mehr aufführbar. Fritz Kuhn mußte in seinem venezianischen Mantelstück »Glas« soviel Kolportage entfesseln, daß der aktuelle Impetus, die Agentenhysterie zu persiflieren, im Mummenschanz verlorenging. Peter Hacksens antifriderizianisches Stück »Der Müller von Sanscoussi« (1957/58), gedanklich so derb wie matt im Witz, ließ erkennen,

---

[56] Selbst in dieser Fassung stieß das Stück bei der Uraufführung in Dresden auf mißtrauische Ablehnung durch die SED-Bezirksleitung.

daß die Zukunft dieses Genres für lange Zeit nur noch in billiger Legendenkillerei bestand.

Leider war, wie die Geschichte von »Glatteis« zeigt, die Selbstverstümmelung der Dramatik nicht nur ein Zwang sondern auch ein Hang. Ein noch verhängnisvollerer Fall war die Abbiegung des »Laternenfestes« von Hans Pfeiffer. Der Autor heimste damit einen klingenden Bühnenerfolg ein, der ihm die Existenz eines freien Schriftstellers eröffnete, aber das Theater der DDR um eine Renaissance der Tragödie brachte. In der ursprünglichen Idee sollte das Stück eine moderne »Romeo und Julia«-Version in den Kulissen Hiroshimas sein. Die Väter, an denen die Liebenden zerbrechen sollten, waren einer der amerikanischen Atombomberpiloten und ein japanischer Samurai. In einer Zeit, da nun auch jeder wußte, daß sich in der Realität des Kommunismus Tragödien von unerhörten Ausmaßen abgespielt hatten, wäre dies ein thematisch nicht einmal sonderlich belasteter Versuch gewesen, die »Happy-End«-Bürokratie des sozialistischen Realismus zu durchbrechen. Hans Pfeiffer entschloß sich am Ende jedoch zu einem Schluß, an dem sich die Liebenden, die überleben, dem Kampf um den Frieden anschließen. »Laternenfest« wurde dadurch zu einem Friedensstück mit antiamerikanischen Tendenzen, die auch in der ursprünglichen Fassung schon angelegt waren; Pfeiffer hatte den amerikanischen Bombenpiloten als einen Bonbon-Lutscher angelegt, um ihn psychoanalytisch zu entlarven, brachte aber dadurch diese Rolle um jegliche Ernsthaftigkeit. Es ist charakteristisch für die Geisteslage der Belletristik in der DDR, daß ihre Prämissen auch nach dem byronesken Einbruch von 1956 im Wesentlichen noch funktionierten. Auch Fritz Kuhn hielt es in diesen Jahren noch für aktuell, mit seinem Stück »Der künstliche Mond geht auf« den amerikanischen Imperialismus zu entlarven.

Das Zwielicht aus Fortschritt und Reaktion auf dem Theater begünstigte dagegen eine Richtung, die aus entgegengesetzten Gründen der Partei zuwiderlief: das dialektische Theater, das die Härten des sozialistischen Aufbaus nicht verschwieg, aber sie nicht kritisierte, sondern sie für historisch notwendig erklärte und in der Perspektive der historischen Notwendigkeit dialektisch aufhob. Das erste Produkt war »Der Lohndrücker« (1957), Heiner Müllers Radikalisierung des Garbe-Stoffes, den Claudius bagatellisiert und Brecht beiseitegelegt hatte. Im selben Jahr folgte die (1958 erschienene) »Korrektur«, ein »Bericht vom Aufbau des Kombinats ›Schwarze Pumpe‹«. Formal knüpfte diese Richtung an Brechts »Lehrstücke« und an das Agitproptheater der zwanziger Jahre, das noch bis 1955 als formalistisch galt. Für das Programm dieser Richtung sind folgende Sätze des Parteisekretärs aus der »Korrektur« signifikant: »Wir können es uns leisten, den Sozialismus auch mit Leuten aufzubauen, die der Sozialismus nicht interessiert. Soweit sind wir. Wir können nicht auf sie verzichten. Soweit sind wir noch nicht. Und wenn wir soweit sind, ist es nicht mehr nötig, weil sie sich interessieren werden für den Sozialismus.« Der Partei paßte diese Richtung nicht, weil sie die Fiktion zerstörte, daß die Mehrheit der Bevölkerung von Anfang an schon glühende Anhänger des Sozialismus waren. Heiner Müllers Stücke trafen jedoch auf eine so günstige Situation – Bankrott der Aufbauliteratur und Knebelung der Kritik –, daß sie schon 1958 zwei Folger fanden: Peter Hacks, der die Arbeit an seinem Stück »Die Sorgen und die Macht« aufnahm, und Helmut Baierl, der mit seinem Stück »Die Feststellung« die Republikflucht eines Bauernehepaares untersuchte; er übernahm die formalen Prinzipien, verwässerte aber den programmatischen Ansatz, was ihm einen beträchtlichen Theatererfolg einbrachte.

Unbekümmert und unbeeindruckt von dem Gang der Dinge brachte 1958 Alfred Matusche »Nacktes Gras«, sein zweites inkommensurables Stück auf die Bühne. Es war ein weiteres Konfliktbündel aus Widerstand, Untergang Dresdens und einer wildflackernden Erotik und wurde zum bedeutendsten Theaterereignis dieser Jahre. Claus Hammel, auf dem Wege, ein forschfröhlicher Partei-Dramatiker zu werden, nannte Matusche in seiner Kritik (»Sonntag«, 1/1959) mit herablassendem Wohlwollen einen »Außenseiter«. Er befand sich damit indessen nicht ganz auf der Höhe der Realität. Die ersten Keime dieser scheinbar abseitigen Literatur, die von 1953–1955 durchgebrochen waren, waren von 1956 bis 1959 schon merklich ins Kraut geschossen. Zu diesem Wildwuchs gehörten ein erheblicher Teil der Lyrik, mindestens einige Kriegserzählungen von Pfeiffer, Fühmann, Günther, Mundstock, der Kriegsroman von Günther, vermutlich auch der eingestampfte Kriegsroman von Djacenko, Djacenkos Flegelroman »Aufruhr in der Königsgasse« und sein unterdrücktes Drama »Bockums Pilgerfahrt zur Hölle«.

6. Kulturkampf und NÖS

Das Schrifttum der Jahre 1956–1958 stellte den kuriosen Sachverhalt dar: die Schriftsteller hatten sich der Planung der Literatur weitgehend entzogen, ohne die Prämissen ihrer subjektiven Beschränkung, ihre speziellen Verhältnisse zu Partei, Geschichte, Volk zu durchbrechen. Die Folge war, daß sie der Gegenoffensive der Partei weder Moral noch Argumente entgegensetzen konnten. Noch bevor die sowjetrussischen Panzer in Budapest vollendete Tatsachen schufen, übernahmen Becher, Hermlin, Kuba und Marchwitza behende die offizielle Interpretation der ungarischen Ereignisse durch die SED.[1] Mit Ausnahme von Alfred Kantorowicz unterzeichneten alle die Resolution des Schriftstellerverbandes zur Liquidierung der ungarischen »Konterrevolution«. Ihre Haltung zum 17. Juni mochte ihre Bereitwilligkeit erhöht haben; die Chimäre internationaler Verschwörungen verscheuchte in willkommener Weise die Bedenken, die sie, mit schlechtem Gewissen, hatten passieren lassen.

Es war wiederum Stephan Hermlin, der die Kurve in idealtypischer Manier kratzte. Am 30. Oktober 1956 wehklagte er gen Ungarn »Mörder über Euch!« Es hieß in diesem Artikel: »Schwere Fehler waren beim Bau eines neuen Ungarn, eines menschlicheren Ungarn sichtbar geworden. Die an Ungarn bauten, die um Ungarn fieberten, hatten sich in den Kampf geworfen gegen diese schreckliche Krankheit, die da sichtbar geworden war, mit der ganzen Leidenschaft des Kommunisten, dessen Leben Tag und Nacht von dem Gedanken beherrscht ist, wie er die Interessen des Volkes besser wahrnehmen kann, wie er dem Volk seine wahren Interessen begreiflich machen kann. Und hinter dem Rausch, den Versammlungen, den geschwungenen Fahnen, den sich überstürzenden Erklärungen war plötzlich ein halbvergessenes Gesicht aufgetaucht, das Wolfsgesicht...« Er spezifizierte es mit scharfer Einstellung seines Opernstechers, durch den er von seinem machtgeschützten Domizil in Berlin-Niederschönhausen die Ereignisse in Ungarn betrachtete: »Das Gesicht der patentierten Freiheitstrompeter und Verteidiger der Menschlichkeit, die über die Städte Westeuropas und des nordamerikanischen Kontinents herrschen und jetzt die Horden der

[1] A. Kantorowicz: Deutsches Tagebuch, II. 682.

verjagten Weißen, der ehemaligen ungarischen SS und der Paladine der Stefanskrone loslassen, aus Toronto und München, aus Zürich und Wien, über das unglückliche Land.« Und er fragte alle jene, die am Ort »um Ungarn fieberten« und in ihrem »Rausch« das »Wolfsgesicht«, das er aus 700 Kilometern Entfernung so sinnenklar erkannte, nicht bemerkten, melodramatisch: »Wo seid ihr, Arbeiter von Miszkolc, die ich kenne, ihr, die ihr euren Staat besser haben wolltet und gerechter und die ihr jetzt das Weiße im Auge der Weißen erblickt? Wo bist du, Georg Lukács, Freund und Genosse, großartiger Gelehrter und Kenner der Literaturen? Zum zweitenmal Minister in einer Regierung Ungarns, die Kultur gegen den weißen Pöbel verteidigend. Wo bist du, Julius Hay, mein vorschneller Freund, wem stehst du jetzt gegenüber? Und du, Tibor Déry ... Wo seid ihr? Ist euch das Ende Lorcas bestimmt?« Kaum jemals wurde ein kommunistischer Schriftsteller in seinem Appell so schnell und kraß der Lügen gestraft. Lukács, Hay und Déry wurden nicht von »weißem Pöbel« bedroht, sondern von den »roten« Sicherheitsorganen, die sie nach der russischen Intervention vom 4. November verhafteten. Die Konsequenz, die Hermlin daraus zog, bestand jedoch darin, daß er, als er diesen Artikel 1960 in einer Aufsatzsammlung wieder veröffentlichte, die Sätze über Lukács, Hay und Déry strich.[2]

Trotz solcher Willfährigkeit, respektive Treue, – »Ich bin voll Freude«, bekannte Marchwitza am 6. November im »Neuen Deutschland« –, entschloß sich die Partei, tabula rasa zu machen. Wer von den Schriftstellern die Ungarn-Resolution unterzeichnet hatte, um »weiter schreiben zu können«, wurde bitter enttäuscht. Die SED begann ihren zweiten Kulturkampf. »Dem aus allen Knopflöchern schießenden Liberalismus eins vor den Bug zu knallen« war die Parole, die Kuba kongustiös formuliere. Den Auftakt bildeten die Verhaftung und die Prozesse gegen die Harich-Gruppe, die, mit Billigung Brechts und Bechers, eine partei-interne Reformdiskussion anfachen wollte, wofür, wie später eines ihrer Mitglieder, Heinz Zöger, ausführte, statt der langjährigen Haft höchstens Disziplinarmaßnahmen

---

[2] S. Hermlin: Mörder über Euch! »Sonntag«, 45/1956, und: Begegnungen, a. a. O., 119–120; vgl. auch J. Rühle, a. a. O., 177.

hätten verhängt werden dürfen.[3] Diese polizistischen Maßnahmen stellten die Kulissen des zweiten Kulturkampfes, den
Alexander Abusch mit dem Satz begründete: »Der Genosse
Schriftsteller unterliegt, wie jedes andere Mitglied, der Disziplin
unserer Partei.«[4] Die Schriftsteller wurden von drei Restriktionskonferenzen überrollt.

Die erste Restriktionskonferenz war die Kulturkonferenz des
ZK der SED, die am 23. und 24. Oktober 1957 in der Parteihochschule »Karl Marx« in Klein-Machnow stattfand. Becher
hatte in der Vorbereitungsdiskussion versucht, die Positionen, die
er als Kulturminister ausgebaut hatte, durch eine Flucht nach
vorn zu retten. »Es kann keine Rede davon sein«, räumte er ein,
»sämtliche Kräfte schöpferisch zu vereinigen ohne die Führung
der Partei ... Es wäre ein Zerfall unserer Kultur, wenn wir auf
die vereinigende, anleitende Rolle unserer Partei verzichten
würden.« Indem er von einer schöpferischen Vereinigung sämtlicher Kräfte sprach, wollte er seinen Begriff der Literaturgesellschaft vor den Restriktionen schützen. Er versuchte auch,
pauschalen Angriffen auf die Schriftsteller vorzubeugen, indem
er forderte: »Man muß den Künstler hören, bevor man ihn
verurteilt.«[5] Wie Abusch auf der Kulturkonferenz referierte,
war die Ansicht verbreitet: »Ist es denn jetzt noch nötig, die
politischen Schwankungen mancher Schriftsteller und Künstler in
den Diskussionen des Jahres 1956 noch einmal so gründlich zu
erörtern, zumal sich fast alle diese Genossen inzwischen überzeugt haben, wie richtig die prinzipienfeste Politik unserer Parteiführung auch in der damaligen Zeit gewesen ist?«[6] Die Ein-

---

[3] H. Zöger: Die politischen Hintergründe des Harich-Prozesses. »SBZ
Archiv«, 13/1960; ders.: Falsche Kronzeugen, ebd., 20/1961. Die Sympathie
B. Brechts für diese Gruppe bietet keine Gewähr für die Annahme, daß
er sich, wäre er nicht im August 1956 gestorben, im November des Jahres
wesentlich anders als Becher verhalten hätte. Nach der Veröffentlichung
seiner Schriften »Zur Politik und Gesellschaft« in den »Gesammelten Werken« von 1967, Band XX, ist eher anzunehmen, daß er wiederum der
»Großen Ordnung« seinen Tribut entrichtet haben würde. Zu diesen
Schriften vgl. H.-D. Sander: Brecht, storica personalita. »Deutschland
Archiv«, 3/1970.
[4] A. Abusch: Schriftsteller und Politik. »Einheit«, 1/1957, und: Literatur im
Zeitalter des Sozialismus, a. a. O., 651 f.
[5] J. R. Becher: Weil das Licht heller wurde ..., ND, 19. 10. 1957.
[6] A. Abusch: Die Entwicklung der sozialistischen Kultur in der Zeit des
zweiten Fünfjahrplans. ND, 24. 10. 1957. Der Abdruck enthält nur einen

wände und Vorbeugungen halfen nichts. Abusch sagte, diese
Fragen müßten bis auf den Grund geklärt, aus ihrer Abstrakt-
heit herausgeführt werden und einen praktischen Sinn
bekommen. Der praktische Sinn war ein Defilee der Selbstbezichtigungen, das in der Parteihochschule vor einem Auditorium
abgehalten wurde, das sich aus dem ZK, aus Einheiten des
Staatssicherheitsdienstes und der Volksarmee zusammensetzte.
Die Demütigung war beispiellos.

Abusch, der das Hauptreferat hielt, griff seinen Vorgesetzten,
den Minister Becher, und alle anderen an, die den XX. Parteitag
mißverstanden, sich allzu sehr persönlichen Erschütterungen hin-
gegeben und ihre Kämpferpflicht versäumt hätten. Hans Rodenberg verhöhnte am Beispiel Hermlins die Schwankungen,
Unklarheiten und Verzweiflungen der Schriftsteller: »Die Partei
sagt ihnen, was richtig und was falsch ist. Daran kann niemand
deuteln.« Und er zerfetzte die unerhörte Meinung, daß die
Partei den Künstlern etwas schulde, mit der totalitären Apologie: »Wir sind vom ersten Tage des Eintritts in die Partei ihr
Schuldner und bleiben es bis zum Tode. So müssen wir den
Kampf um den Sozialismus, den Kampf um die DDR, zur
höchsten Aufgabe jedes Parteimitgliedes machen, sei es seelisch
noch so zart besaitet. Das Seelisch-zart-besaitet-sein nehmen
nämlich nicht nur Künstler für sich in Anspruch. Wir können
auch das Spiel nicht mehr weiter spielen, bei dem jeder Eingriff
der Partei als Behinderung angesehen wird. Es ist also an der
Zeit, einmal Fraktur zu sprechen.«[7]

Becher eröffnete das Defilee mit einer Generalbezichtigung:
»Der Fehler von mir war, dem prinzipiellen Kampf auszuweichen, der dazu führen mußte, Kantorowicz vor den Vorstand des
Schriftstellerverbandes zu laden und ihn aus dem Hauptvor-
stand bzw. aus dem Schriftstellerverband auszuschließen. Das
haben wir nicht getan. Dadurch hebt sich eine Organisation von
selbst auf.« Demselben Fehler sei er im Kulturbund verfallen,
»der dem Treiben von Bloch zuschaut, der duldet, daß Bloch den
Präsidenten und die anderen Präsidialratsmitglieder beschimpft

---

Auszug, und selbst dieser Auszug fehlt, offensichtlich, damit Gras über die
Differenzen dieser Zeit wachse, in dem Band »Literatur im Zeitalter des
Sozialismus«.
[7] H. Rodenberg: Wo steht ihr, Kulturschaffende? ND, 25. 10. 1957.

und Angst hat, ein Wort darüber zu reden, wenn Bloch erscheint ... Das ist kein Gebrauch der Macht, die uns das Proletariat in die Hand gegeben hat. Das widerspricht dem Rat der Partei, die Macht zu gebrauchen. Wenn man ausweicht, dann weicht man auf ... Den Harich und seine Konzeption habe ich nicht ernst genommen ... Die große Lehre für uns: Man muß die Macht ausüben, um die Macht zu behalten; läßt man die Macht fahren, gerät man in einen Zustand der Machtlosigkeit, in welchem man das Gesetz des Handelns verliert ...« Der Intendant des Deutschen Theaters Wolfgang Langhoff bekannte, es sei falsch gewesen, daß er sich zu lange mit den Fragen beschäftigt habe, »wie es zu den vom (XX.) Parteitag festgestellten Abweichungen von den Leninschen Normen des Parteilebens kommen konnte.«[8] Sein Chefdramaturg Heinar Kipphardt wurde wegen allgemeiner Redensarten vom Podium gezerrt. Anna Seghers wurde mit einer Katze verglichen, die um den heißen Brei herumgeht. Bredel übte Selbstkritik wegen Mängeln in der Leitung der »Neuen Deutschen Literatur«, Uhse wegen fehlerhafter Leitung des »Aufbau«. Uhse erklärte, er habe »den Feind aus den Augen verloren«, weil nach dem XX. Parteitag sein Blick von Tränen getrübt gewesen sei. Hermlin bat um Verständnis für seine »inneren Schmerzen« und versicherte, es handele sich bei ihm keineswegs um ideologische Schwankungen, sondern um den »natürlichen Geburtsschmerz der neuen Epoche«.

Abusch entwarf das Programm der Gegenoffensive, indem er die Schriftsteller aufforderte zu begreifen, »daß unsere Partei das kollektive sozialistische Gewissen des Volkes ist und daß der Schriftsteller oder Künstler nur dann dieses Gewissen verkörpert, wenn er ein allezeit ergebener, selbstloser, opferbereiter Kämpfer im großen Kollektiv unserer Partei ist.« Damit war, wenn nicht namentlich, so doch sachlich Bechers Begriff der Literaturgesellschaft, der die Literatur als eine Gesellschaft innerhalb der Gesellschaft institutionalisieren wollte, liquidiert. Becher hatte noch in der vorbereitenden Debatte erklärt, eine »echte Verbundenheit mit dem Leben« bestünde »nicht darin, daß man das Leben besucht, daß man es bereist oder wie ein Panorama von außen her betrachtet«, sondern darin, »daß man

[8] ND, 25. und 26. 10. 1957.

das Leben lebt«; die Funktionäre möchten dabei doch nicht vergessen, daß sie »auch mit den Künstlern und ihren Werken, wie sie in einem Volke wirken«, verbunden sein müßten, »um das Leben ganz genau zu kennen«. Abusch bezeichnete es dagegen als »Kernfrage«, daß sich die Schriftsteller »wirklich mit dem Leben unserer Menschen in den volkseigenen Betrieben, in den Maschinen-Traktoren-Stationen und in den landwirtschaftlichen Produktionsgenossenschaften tief vertraut machen, aber auch gleichzeitig die ganze Kühnheit, Weitsicht und selbstkritische Härte in der Politik unserer Partei bei der Lösung vieler komplizierter Probleme an den Schwerpunkten unseres zweiten Fünfjahrplans im Leben selbst verstehen lernen«. Damit war eine Praxis restauriert, die, wie Abusch selbst auf dem IV. Schriftstellerkongreß zugeben mußte, zu einem literarischen Bankrott geführt hatte. Abusch belebte auch wieder die Kampagne gegen den Formalismus, der ein »charakteristisches Produkt der Ideenlosigkeit und geistigen Fäulnis der spätbürgerlichen Gesellschaft« sei und dessen Schaffensmethoden »nicht übertragen werden können auf die Kunst der aufsteigenden Arbeiterklasse«. Indem er »Pessimismus, Lebensangst, Pornographie, vergebliche Suche nach dem Sinn des Lebens und hoffnungslose Verzweiflung« als Lebensgefühle der spätbürgerlichen Dekadenz aufzählte, kehrte er zu jenem Konzept zurück, das er auf dem IV. Schriftstellerkongreß verworfen hatte: zur Vorstellung vom Sozialismus als einem mechanisch funktionierenden Automatismus, dessen Siege der sozialistische Realismus in Scheinkonflikten darstellt. Gleichzeitig rief er auf, die Arbeit im Ministerium für Kultur, in den Verlagen und Theatern gründlich zu verändern.

Die zweite Restriktionskonferenz, der Becher, schon dem Tode nah, fernblieb, war die Theoretische Konferenz der Parteigruppe im Schriftstellerverband vom 6. bis zum 8. Juni 1958.[9] Die Hauptreferate hielten Johanna Rudolph und Max Zimmering. Sie hatten zu beweisen, daß die Werke, die auf dem IV. Schriftstellerkongreß allgemein als schematisch bezeichnet worden waren, in Wirklichkeit große Siege des sozialistischen Realismus darstellten. Das führte zu Äußerungen, die unter anderen Umständen eine stürmische Heiterkeit hervorgerufen haben würden.

9 NDL, 7 und 8/1958.

Zimmering sagte: »Wenn also in den Rezensionen mancher Roman vom ›Steckenbleiben‹ in der Reportage gesprochen wird, so drückt sich darin ein literarisches Vorurteil aus.« Als Sündenböcke mußten hauptsächlich Georg Lukács und Hans Mayer herhalten. Bredel beschwerte sich darüber, von Lukács schon Anfang der dreißiger Jahre unterschätzt worden zu sein. Gotsche forderte: »Man muß den Ignoranten das Handwerk legen, die sich vor ein Forum wie etwa in der Berliner Universität oder anderswo hinstellen und sagen: ›Ich habe ja das Buch ›Tiefe Furchen‹ nicht gelesen, aber wir sind uns wohl alle einig, daß das keine Literatur ist.‹ Das hat ein Mann gesagt, der jahrelang bei uns marxistische Literaturkritik zu schreiben vorgab, sogar Marxist zu sein vorgab, ohne es zu sein. (Zurufe: Namen nennen! Wer war das?) Er wollte mich auch nicht kennen. Ich heiße Gotsche, und ich kenne viele Mayers. Aber diesen Mayer will *ich* nicht kennen.« Abusch, der im übrigen seinen Fauxpas auf dem IV. Schriftstellerkongreß bedauerte, klagte darüber, daß Lukács »zeitweilig fast eine Monopolstellung« eingenommen habe und andere Auffassungen kaum beachtet oder totgeschwiegen worden seien: »Ich spreche nicht pro domo, wenn ich sage, daß es dem Genossen Girnus, der Genossin Rudolph, mir und einer ganzen Reihe anderer Genossen mit literaturtheoretischen Arbeiten und Büchern vor einigen Jahren so ging.«

Bredel, der auf dem IV. Schriftstellerkongreß in vorderster Linie gegen die Dogmatiker gestanden hatte, fiel in seine repressive Haltung zurück, die er auf dem III. Schriftstellerkongreß gezeigt hatte. »Ich frage«, sagte er: »ist es nicht an der Zeit, daß nicht nur einzelne von uns, sondern daß wir als großes Schriftstellerkollektiv offen und ehrlich erklären: Daß unsere führenden Genossen im Zentralkomitee und im Politbüro unbeirrt, standhaft und fest blieben, war gut, war großartig und bewundernswert. Was für Folgen es gehabt hätte, wenn es einem politischen Abenteurer wie Harich gelungen wäre, mit seiner konterrevolutionären Konzeption zum Zuge zu kommen? Es hätte Auswirkungen gehabt, die die grausigen Vorkommnisse in Budapest noch in den Schatten gestellt hätten. Die Diversanten, Agenten und Bravos der deutschen Reaktion lauern doch unmittelbar vor unserer Haustür darauf, über unsere Menschen herzufallen.

Wäre es nicht an der Zeit, daß wir Schriftsteller dies offen aussprechen, daß wir unserer Partei und der Regierung, unserem Zentralkomitee und seinem Ersten Sekretär Walter Ulbricht für ihre feste, klare Haltung, die mancher damals als nur ›stur‹ empfunden hat, danken?« Das Protokoll verzeichnete stürmischen, langanhaltenden Beifall, der bei Anwesenheit Ulbrichts sicher in eine Ovation übergegangen wäre. An Ort und Stelle verpflichteten sich Herbert Nachbar, Kurt Stern und Helmut Preißler mit Sack und Pack in die Betriebe zu ziehen. Wie Zimmering in seinem Referat bekanntgab, arbeiteten viele Schriftsteller wieder an Betriebsromanen: Anna Seghers, Hans Jürgen Steinmann, Günter Görlich, Martin Viertel, Erich Köhler. Erwin Strittmatter verkündete, einen LPG-Roman zu planen. Er gestand, daß auch er damit geliebäugelt hätte, in einer Komödie die schlechte Arbeit der Funktionäre anzugreifen, es seien ihm aber dabei folgende Bedenken gekommen: »Wirst du nicht dabei der Held von Spießbürgern werden, die sich die Hände reiben, wenn du das eigene Nest bekleckerst?« Er griff Kollegen an, die »von einem wieder eingeführtem ›harten Kurs‹ in der Kulturpolitik« sprechen: »Wieso denn ›harter Kurs‹? Weil mit unserer Kulturkonferenz einem gewissen Liberalismus, der sich in der Kunst breitzumachen suchte, Halt geboten wurde? Vielleicht lesen jene Kollegen einmal jene Hefte der ›Tangenten‹-Reihe[10] des Mitteldeutschen Verlages, um sich zu informieren, was für Tendenzen sich da bei uns eingeschlichen hatten. Dem Einhalt zu gebieten, ist doch nicht ›harter Kurs‹, sondern wirkliche Notwendigkeit.« Er war es auch, der die Unterwerfung in die quietistische Formel faßte: »Wir werden eine gute Kunst und Literatur schaffen, wenn wir die Hilfe der Partei in Anspruch nehmen, wenn wir uns von ihrer kollektiven Weisheit den Weg weisen lassen. Wir müssen akzeptieren, daß unsere Arbeit ihre Funktion hat in dem großen Plan, der unser aller Leben bestimmt.«

Die Linien dieses »großen Plans« zeichneten sich im Juli 1958 auf dem V. Parteitag der SED ab, auf dem Ulbricht nach dem Sturz der letzten Oppositionsgruppe Schirdewan seine Allein-

10 In den »Tangenten« waren ausschließlich Kriegserzählungen erschienen: M. Gregor: Der Mann mit der Stoppuhr; E. Günther: Dem Erdboden gleich; J. Kupsch: Die Bäume zeigen ihre Rinden; als Import aus dem Westen: W. Weyrauch/U. Becher: Bericht an die Regierung/Der schwarze Hut.

herrschaft institutionalisierte. Ulbricht rief aus, die Bundesrepublik einzuholen und zu überholen, aber das war nur eine Parole, um die Transformation der DDR-Gesellschaft anziehend zu machen, die Stalins »großen Umschwung« Ende der zwanziger Jahre ähnelte. Es wurde die endgültige wirtschaftliche Integrierung in den Ostblock und die Vollsozialisierung der DDR beschlossen, der anderthalb Jahre später die Bauern zum Opfer fielen. Ulbricht verkündete seine »Zehn Gebote der sozialistischen Moral«, die den Weg vom »Ich zum Wir« bestimmen sollten und die Kulturrevolution, in der die Arbeiter aufgerufen waren, die »Höhen der Kultur zu erstürmen«. Er definierte sie wie folgt: »Die sozialistische Kulturrevolution ist ein notwendiger Bestandteil der gesamten sozialistischen Umwälzung, in der die kulturelle Massenarbeit mit der politischen Massenarbeit, mit der sozialistischen Erziehung und allen Maßnahmen zur Steigerung der sozialistischen Produktion und der Produktivität der Arbeit auf das engste verbunden ist. Es kommt jetzt vor allem darauf an, die noch vorhandene Trennung von Kunst und Leben, die Entfremdung zwischen Künstler und Volk zu überwinden.«[11]

Was das für die Literatur bedeutete, offenbarte am 24. April 1959 eine Autorentagung des Mitteldeutschen Verlages in Bitterfeld, die 1. Bitterfelder Konferenz, die mit der Parole »Greif zur Feder, Kumpel« den »Bitterfelder Weg« markierte. Es war die dritte Restriktionskonferenz zur Zähmung der Schriftsteller. Ulbricht selbst hielt das wegweisende Referat. »Ich will ganz offen sagen«, rügte Ulbricht, der schon öfter den Tempoverlust der Literatur kritisiert hatte: »Es geht zu langsam! Die Aktivisten, die Mitglieder der Brigaden der sozialistischen Arbeit haben ein schnelleres Tempo als ein Teil unserer Schriftsteller und unserer Künstler. Aber es kann doch niemand sagen, daß die Arbeiter eine höhere Bildung als die Schriftsteller und Künstler haben, daß es diesen an den notwendigen Kenntnissen fehlte.« Das Rezept lautete, im Zuge der verschärften Sozialisierung: »Glaubt einer, daß es unmöglich ist, große Kunstwerke zu schaffen ohne jede Kollektivität der Arbeit?« Die Sozialisierung der Literatur sollte dadurch gewährleistet werden, daß »die Schriftsteller im Zentrum des Arbeiterlebens und im Zentrum

[11] ND, 18. 7. 1958; SBZ Archiv, 16/1958.

des Lebens der genossenschaftlichen Entwicklung stehen« müßten und daß, »wenn ein Mitglied des Verbandes ein bedeutendes Werk geschrieben hat, der Vorstand des Verbandes ein paar Schriftsteller nennt, die mit ihm dieses Werk durchdiskutieren«. Die »Talente aus dem Volk« sollten dabei im Wettkampf die Schriftsteller antreiben und gegebenenfalls überholen.[12] So trat die Vergesellschaftung der Literatur an die Stelle der Literaturgesellschaft. Becher hat die Bitterfelder Konferenz nicht mehr erlebt. Der neue Minister für Kultur war Alexander Abusch.

Erwin Strittmatter als neuer Sekretär des Schriftstellerverbandes postierte sich als Vollstrecker. Er stellte gleich zu Beginn seiner Rede die mangelnde Kompetenz der Schriftsteller für die Literatur fest, als er fragte: »Haben wir den poetischen Begriff ›Held der Arbeit‹ geprägt? Nein, den haben die Politiker geprägt. Und sie waren in diesem Falle poetischer als wir.« Er griff die Genossen Schriftsteller an, die über schöpferische Einsamkeit klagen, aber gleichzeitig über den Unwert von Diskussionen ideologischer und künstlerischer Art im Verband seufzen und, wenn sie »sich auf diesen Sitzungen hätten aussprechen und erklären sollen«, einfach weggehen, weil »ihnen die Fragen unbequem werden«. Und er griff die Genossen Verleger an, die sich beklagen, daß bei manchen ihrer Autoren ideologische Unklarheiten bestünden, aber die Namen nicht nennen und die Manuskripte nicht ausliefern wollen. Einerseits griff er die Schriftsteller an, die der Wirklichkeit nicht ausweichen wollen: »Wir sind soeben dabei, eine Diskussion über die sogenannte ›harte Schreibweise‹ vorzubereiten. Einige unserer jungen und einige unserer nicht mehr ganz jungen Autoren haben sich diese Schreibweise von nicht sehr fortschrittlichen amerikanischen und westdeutschen Schriftstellern abgeguckt. Sie sagen etwa so: Was faselt ihr davon, daß die Helden unseres Werktags poetische und liebenswerte Menschen sind? Die Realität ist hart. Das Kombinat Schwarze Pumpe wird nicht von weißen Lämmern aufgebaut. – Nein, freilich nicht. Es wird aber auch nicht nur von Radaubrüdern, Säufern, Glücksrittern und solchen Arbeitern aufgebaut, die ihre Kräfte um der dicken Lohntüte willen verdoppeln und verdreifachen.« Andererseits griff er aber auch die

12 W. Ulbricht: Fragen der Entwicklung der sozialistischen Literatur und Kunst. Beilage zur NDL, 6/1959.

Schriftsteller an, bei denen sich in der letzten Zeit ein Rückfall in den Schematismus bemerkbar gemacht habe; ihnen warf er vor, den Konflikten auszuweichen: »Wenn man fragt: ›Warum das?‹, so bekommt man zur Antwort: ›Ja, über die Konflikte kann ich nicht schreiben, da komme ich bei der Partei doch nicht durch.‹ Meist eine Ausrede dafür, daß der Autor die Konflikte selber nicht lösen kann, daß er politisch versagt. Das ist noch eine gutwillige Einstellung. Es gibt aber auch so etwas wie eine böswillige Einstellung zu solchen schematischen Machwerken. Da heißt es dann: ›Na, Mensch, jetzt ist wieder ein harter Kurs, die wollen so etwas haben.‹« Wie man freilich unter solchen Verhältnissen politisch nicht versagen soll, ohne literarisch zu versagen, das verriet der neue Sekretär des Schriftstellerverbandes nicht. »Nehmen wir an, unsere Partei berät uns nicht schlecht«, orakelte er am Ende. »Verpassen wir den Anschluß an unsere Entwicklung, so werden wir eines Tages vom Leben als gewesene Schriftsteller in die Ecke gestellt. Es sind junge Talente im Anmarsch. Das Leben wartet nicht auf uns. Es finden sich Stimmen, die es besingen und bejahen. Gehn wir mit!« Die jungen Talente waren in Bitterfeld schon aufmarschiert. Werner Bräunig nannte die sozialistischen Brigaden als den Ort des Wandlungsprozesses für die Schriftsteller und die Kumpel, die zur Feder greifen. Reiner Kunze fragte provokatorisch: »Strittmatter sprach von Leuten, die eine ›harte Schreibweise‹ propagieren. Diese Leute führen vielleicht ein zu ›weiches‹ Leben?«[13]

Die »harte Schreibweise« war der Sammelbegriff, unter dem die SED ihren zweiten Kulturkampf gegen Formalismus und Objektivismus führte. Diese Kampagne wurde bezeichnenderweise von Damen exekutiert, deren Empfindsamkeit in beredtem Gegensatz zu der Art und Weise stand, in der sie mit den Deliquenten verfuhren. Annemarie Auer, Marianne Lange, Eva Strittmatter und Christa Wolf errichteten ein Regiment, das die Kunstaufsicht, die Margritz, Girnus, Hoffmann und andere während des ersten Kulturkampfes ausgeübt hatten, an sturer und muffiger Borniertheit noch überbot. Nachdem sie 1958 in Rezensionen der »Neuen Deutschen Literatur« die Debatten angeheizt hatten, veranstalteten sie am 21. 2. 1959 im Zentralen Haus der Freund-

---

[13] NDL, 6/1959; Mitteilungen des Deutschen Schriftstellerverbandes (DSV), 5/1959.

schaft in Berlin unter dem Motto »Die Parteilichkeit des Schriftstellers« und am 11. Juni 1959 im Berliner Schriftstellerverband zum Thema »Die Realität ist hart – was ist mit der harten Schreibweise?« hysterische Scherbengerichte, auf denen sie den Angeklagten Schuldbekenntnisse und Bußbeteuerungen abverlangten. Angeklagt waren die Schilderungen der harten Realität in der Gegenwart und im Zweiten Weltkrieg. Da aber die ersteren, die nicht veröffentlicht wurden, auch nicht bekannt werden sollten, beschränkte sich die inquisitorische Topographie der Politrukessen auf die Kriegsliteratur. Sie ereiferten sich über die Darstellungen der Tapferkeit faschistischer Soldaten und der Liquidierung von Sowjetarmisten. Sie hielten es für untragbar, daß ein junger SS-Offizier eines echten Liebesgefühles fähig sein konnte und daß eine positive Frau einem negativen Manne sexuell hörig sein könnte. Die Beschreibung all dieser Greuel fanden sie scheußlich, widerwärtig, ekelerregend, dekadent, pathologisch, zynisch. Die Tendenz dieser Literatur sei nihilistisch und pazifistisch, und die Autoren seien vom Laster der Spontaneitätstheorie und der Ketzerei des Revisionismus befallen. »Deshalb«, sagte Christa Wolf auf der letzten dieser Tagungen, »möchte ich auch dafür plädieren, daß wir, wo wir sie sehen, wirklich den Anfängen wehren. Ich glaube nicht, daß wir die Gefahr verkleinern dürfen und verringern, denn gerade die Zeit, die hinter uns liegt, und das, was an Literatur über unsere Gegenwart in der Zeit erschienen ist, und noch vielmehr das, was nicht erschienen ist, zeigt uns, wieweit uns eigentlich diese Art zu denken und unsere Wirklichkeit zu beurteilen, abgeführt hat, von dem, was wir hier bei uns erreichen wollen und erreichen müssen.«

Um diesen Anfängen zu wehren, errichteten die Politrukessen einen Negativkatalog von Stilmitteln. Danach müßten sich die Schriftsteller hüten, zuviel Dialog auf einer Seite zu haben, weil sie dadurch den Verdacht erregen, sich um eigene Stellungnahmen zu drücken, oder sich vor zu vielen Details in acht nehmen, die klare Parteilichkeit verwischen und den Leser in Verwirrung stürzen. Wenn sie in Dialogen Sätze abbrechen lassen, könnten sie beschuldigt werden, die Welt agnostizistisch nicht als Ganzes sondern in Splittern wiedergeben zu wollen. Sterotype Redewendungen wären danach ein Ausdruck nihilistischer Einstellung, minutiöse Schilderungen negativer Vorfälle Hang zum Wühlen in Blut und Schmutz. Danach entsprängen groteske Übertreibungen verleumderischen Absichten, interessante Widersprüche klamaukhaften Neigungen. Krasse Einzelheiten und Kraftausdrücke verrieten Behagen am Unflat, sachliche Schilderungen Mangel an leidenschaftlicher Anteilnahme, Theoriefeindlichkeit und Absage an die Ideologie der Arbeiterklasse.[14]

Der spiritus rector des zweiten Kulturkampfes war Alfred Kurella. 1954 aus der Sowjetunion zurückgekehrt, war er sogleich als Widersacher Bechers aufgetreten. Er bemerkte mit sbirrenhaftem Blick die eximierenden Tendenzen der Becherschen Reflexionsbände »Verteidigung der Poesie« (1952), »Poetische Konfession« (1954), »Macht der Poesie« (1955): »Wenn man sich die Mühe machte, die eigentlich philosophischen Gedanken der Bücher aneinanderzureihen und noch die Ansätze philosophischer Gedanken aus dem Tagebuch dazu, so bekäme man ein wenig erfreuliches Bild«, und versuchte die theoretischen Bemühungen des Dichters lächerlich zu machen: »Becher ist kein eigentlich philosophischer Kopf und sollte sich auf diesem Gebiet zurückhaltender bewegen ... Jedem von uns – nicht nur dem Dichter und auch dem Dichter – gehen natürlich Hunderte und Tausende von Gedanken durch den Kopf. Dazu ist der Kopf da ... Das alles gehört zum normalen Leben eines Menschen und eines Dichters; aber von diesen Prozessen gehört nicht so viel auf das Papier, wie hier gedruckt ist.« Seinem Vorschlag, aus den vieldeutigen, vielschichtigen Bänden ein nutzbringendes, eindeutiges Kompendium zusammenzustellen, wußte sich Becher nicht nur zu widersetzen, er setzte diese Art der Selbstverständigung in dem Band »Das poetische Prinzip« (1957) unbeeindruckt fort. Hingegen gelang es ihm nicht, Kurellas Plan eines Nürnberger Trichters neuen Typs zu verhindern. »Ein tolles Stück«, notierte er sarkastisch: »Der ... Akademie der Künste wird ein Entwurf zur Bildung eines Literatur-Erziehungs-Instituts (Internats) eingerichtet als Mittel, realistische Kunst zu erzielen ... ›ideologische Durchblutung‹ wäre die Aufgabe des Literaten-Seminars, meint der unfreiwillige Spaßmacher.«[15]

---

14 Die Parteilichkeit der Schriftsteller von heute. »Beiträge zur Gegenwartsliteratur«, a. a. O., Heft 16, 1959; Mitteilungen des DSV, 8 und 9/1959.
15 zit. nach J. Rühle: Die Schriftsteller und der Kommunismus in Deutschland, a. a. O., 159 ff. – Für die Kritik an der »Poetischen Konfession« rächte sich J. R. Becher, indem er seine Kritiker »sektiererische Dummköpfe

Kurella setzte den Plan im ZK durch und wartete als Direktor dieses Institutes, das in Leipzig gegründet (und nach dem Tod des Dichters »Institut für Literatur Johannes R. Becher« genannt) wurde, auf seine Stunde. Sie kam, als für Becher die Stunde der Generalbezichtigung nahte. Am 19. Oktober 1957 rüssierte Kurella auf dem 33. Plenum zum Leiter der Kommission für Fragen der Kultur beim Politbüro des ZK der SED, um die Konzeption und die Etappen der Kulturrevolution zu entwerfen.[16]

Kurella gab schon am Vorabend der Kulturkonferenz den zweiten Kulturkampf als eine Kulturrevolution aus. »Allzuviele Dinge gehen ihren alten Trott oder tanzen gar zu unbekümmert aus der Reihe«, intervenierte er jakobinisch. Die Künstler huldigen dekadenten Kunstauffassungen und die Arbeiter gehen spießbürgerlichen Gewohnheiten nach. Indem die Kultur unter Führung der Partei »aus einer ›Sparte‹ in das Anliegen aller« zu verwandeln sei, soll mit »diesen hemmenden und abwegigen Einflüssen und Tendenzen« Schluß gemacht werden. In seinem Schlußwort auf der theoretischen Konferenz schilderte er, wie »bereits gesicherte Auffassungen, feste Bestandteile unserer Kulturbewegung« seit 1954 sukzessiv abbröckelten; sie sollten in einem Prozeß der »kulturellen Massenarbeit« wieder hergestellt werden. Die Partei sei nicht nur berechtigt, sie sei geradezu verpflichtet, in diesem Sinn in die künstlerischen Prozesse einzugreifen. Auf der Bitterfelder Konferenz gab er seiner Hoffnung administrativen Ausdruck, als er prophezeite, das wiederholte Zurückbleiben der Literatur werde durch Integration in die sozialistischen Brigaden überwunden werden. Kurella hatte nicht nur im Fall Becher gesehen, daß dergleichen nicht von selbst geht. Er beschwor im Herbst 1957 auf einer Tagung des Schriftstellerverbandes in Potsdam zu Fragen der Kriegsliteratur, die jungen Schriftsteller, den Zweiten Weltkrieg nicht als

und ästhetisierende Querulanten« nannte (Macht der Poesie, 1955, 262). Er war durchaus gesonnen, wider solche Konsortien einen »Kreuzzug der Dichtung« zu führen (ebd., 8).

[16] Wie das »Lexikon sozialistischer deutscher Literatur – Von den Anfängen bis 1945. Monographisch-biographische Darstellungen«, Leipzig 1964, 307, vermerkt, war A. Kurella »maßgeblich an der Ausarbeitung der sozialistischen Kulturpolitik (Bitterfelder Konferenz) beteiligt«. J. Pischel rechnete ihn zu den Initiatoren der Bitterfelder Konferenz (Positionen – Beiträge zur marxistischen Literaturtheorie in der DDR. Leipzig 1968, 371).

einen faschistischen, sondern als einen anti-sozialistischen Krieg darzustellen; nur so seien sie »fähig, ihr eigenes Erleben über das unmittelbar Erlebte hinaus zu einer Fabel zu machen, die in dem gewählten Ausschnitt eine Totalität erfaßt.« Wie Marianne Lange auf der Kriegsliteratur-Tagung im Februar 1959 feststellte, hatte sich danach niemand sonderlich gerichtet. Die Schriftsteller waren von sich aus so wenig zu einer Kulturrevolution bereit, wie bei den Arbeitern ein entsprechendes Bedürfnis bestand. Die Trennung von Kunst und Leben zu überwinden oder, wie Kurella später das Ziel der Kulturrevolution präzisierte, die »Einheit von Politik, Wirtschaft und Kultur für das ganze Volk praktisch« herzustellen, konnte nur auf diktatorischem Wege in einer Massenretorte künstlich vonstatten gehen.[17]

Aus diesem Konzept sprachen eine kollektivistische Mystik, ein kollektivistischer Fanatismus, die in der Sowjetunion – trotz der Partei-Renaissance – verblichen waren. Wenn Alfred Kurella am Vorabend der Kultur-Konferenz auf das Vorbild der Sowjetunion wies und ausgerechnet die letzten Artikel Lenins zitierte, so war das eine hagiographische Finte. Auf der Theoretischen Konferenz äußerte er sich etwas deutlicher, als er die Praxis pries, »die sich besonders in der Sowjetunion entwickelt hat, aber auch vor allem in China«. Im redaktionellen Leitartikel der »Neuen Deutschen Literatur« über die Bitterfelder Konferenz war von der Sowjetunion gar nicht mehr die Rede. Es hieß hier: »Wir gehen zum Frontalangriff auf die Überreste der Klassengesellschaft über; wir bekämpfen sie – systematisch und organisiert – dort, wo sie die tiefsten Wurzeln geschlagen haben und am schwierigsten herauszureißen sind: im Denken und Fühlen der Menschen. Der Sieg der sozialistischen Kulturrevolution bedeutet den Sieg des neuen, sozialistischen Menschen über die geistige und seelische Verkrüppelung durch die Ausbeutergesellschaft. Die sozialistischen Brigaden mit ihren Verpflichtungen, ihre Mitglieder zu Sozialisten zu erziehen, sind ebenso Bestandteil dieser großen Bewegung wie ein neuer Roman, die aufrüttelnde Inszenierung eines Theaterstücks.« Der Leitartikel brachte diese Sätze dogmengeschichtlich exakt mit den Lehren von Mao Tse-tung, besonders mit seinen Reden über Kunst in den Berghöhlen von Yenan 1942, in ihren latenten Zusammenhang.

[17] A. Kurella: Für eine sozialistische deutsche Literatur. ND, 23. 10. 1957;

Ulbrichts Glaube an eine Kollektivität der Arbeit, die große Kunstwerke erzeugt, seine Forderung, die Trennung von Kunst und Leben aufzuheben, Kurellas Entwurf einer kulturellen Massenarbeit, seine Vision der Einheit von Wirtschaft, Politik und Kunst für das ganze Volk – das alles entspricht in Wort und Tat dem Begriff der Gesellschaft als Schmelztiegel, der bei Mao seit 1928 auftaucht. Die Parallele zwischen Bitterfeld und Yenan mögen vier Sätze aus den Reden Maos über die Kunst unterstreichen: »Wir fordern jedoch die Einheit der Politik und der Kunst, die Einheit des Inhalts und der Form, die Einheit des revolutionären politischen Inhalts mit der möglichst vollkommenen Form.« – »Ein revolutionärer Schriftsteller oder Künstler ... muß in die Massen gehen, ... in den Schmelztiegel des Kampfes, zu der einzigen überaus starken und reichen Quelle des Schaffens ...« – »Es bedeutet, daß das Denken und Fühlen unserer Literatur- und Kunstschaffenden mit dem Denken und Fühlen der breiten Massen der Arbeiter, Bauern und Soldaten zu einer Einheit verschmelzen muß.« – »Wenn man will, daß die Massen einen verstehen, muß man mit ihnen zu einer Einheit verschmelzen und dazu muß man die Entschlossenheit aufbringen, einen langen und sogar quälenden Umerziehungsprozeß durchzumachen.«[18] Die Schriftsteller in der DDR, die sich auf Mao berufen hatten, um Kunst von Agitation abzugrenzen, verkannten den zweideutig-provokatorischen Charakter seiner Pronunciamenti. Als die SED ihren zweiten Kulturkampf begann, konnte sie sich auf Worte und Taten Maos berufen, der sich gerade anschickte, das Unkraut zu jäten, das er in der Periode der Hundert Blumen ins Kraut hatte schießen lassen, um es besser zu erkennen und kräftiger an der Wurzel herauszureißen.

Der Bitterfelder Weg war eine sozialistische Chinoiserie. 1959, im Jahr seiner Proklamation, standen die Beziehungen zwischen Pankow und Peking auf ihrem Höhepunkt. Schon im Dezember 1957 wurde in der DDR verfügt, Funktionäre aus allen Berei-

Theoretische Konferenz: NDL, 8/1958; Bitterfelder Konferenz: NDL, 6/1959; Kriegsliteratur-Konferenz: NDL, 12/1957; A. Kurella: Das Eigene und das Fremde – Neue Beiträge zum sozialistischen Humanismus. Berlin (Ost) und Weimar 1968, 285.

18 Mao Tse-tung: Ausgewählte Schriften. Berlin (Ost) 1956, IV, 100, 113 und 87; der Begriff Schmelztiegel tauchte zum ersten Mal in I, 93, auf.

chen an die Basis zu schicken, wo sie körperlich arbeiten und Erfahrungen sammeln sollten. Die Nationale Volksarmee übernahm kurzfristig den periodischen Mannschaftsdienst für Offiziere. Der V. Parteitag bejubelte eine deutsch-chinesische Einheitsfront gegen den jugoslawischen Revisionismus. Ulbrichts Parole, mit verschärfter Sozialisierung die Bundesrepublik zu überholen, war eine Miniatur des »großen Sprunges vorwärts«, den Mao zelebrierte. Im Januar 1959 zeigte sich Grotewohl in Peking von der Rolle der Volkskommunen auf dem Lande für den sozialistischen Aufbau, über die man sich in der Sowjetunion ausschwieg, höchst beeindruckt. Sie wurde zum Vorbild, als man in der DDR die Zwangskollektivierung in wenigen Wochen mit Massenkampagnen durchpeitschte – während in anderen sozialistischen Ländern den Einzelbauern eher Konzessionen gemacht wurden. Die Zeitungen in den Bezirken entfalteten eine Kampagne zur Einrichtung von Gemeinschaftsküchen; die Bauern in der DDR sollten wie die chinesischen Bauern alle »aus einem großen Topf essen«. Als im Juni 1960 der sino-sowjetische Konflikt offen ausbrach, ergriff Ulbricht ohne Zögern die Partei Moskaus. Er schaffte einige grobe, äußerliche Merkmale der Wahlverwandtschaft ab, hielt aber an der Kollektivierung und an der Kulturrevolution fest.[19]

Wie die Literatur bis 1961 zeigte, bewirkte auch der zweite Kulturkampf ein literarisches Fiasko. Es war sogar noch verheerender als das Fiasko, das der erste Kulturkampf der SED Anfang der fünfziger Jahre angerichtet hatte. Der massenhafte Einsatz der Schriftsteller in der Massenarbeit führte weder zu einer Verschmelzung noch zur Geburt großer Kunstwerke. Erwin Strittmatter hatte schon auf der Bitterfelder Konferenz angegeben, daß 26 Schriftsteller an die »Bauplätze der DDR« übersiedelten. Es war nur eine Vorhut. Von den Schriftstellern, die in den Schmelztiegeln der sozialistischen Brigaden arbeiteten oder an Werken mit gegenwärtiger Thematik im Sinne der Bitterfelder Beschlüsse schrieben, nannte Strittmatter mit sichtlichem Stolz: Willi Bredel, Ludwig Turek, Alex Wedding, Otto Gotsche, Gustav von Wangenheim, Hedda Zinner, Walther

---

[19] I. Spittmann: Die SED und Peking. SBZ Archiv, 16/1964; W. Hangen: DDR – Der unbequeme Nachbar. München 1967, 170 ff.; E. Förtsch: Die SED. In Zusammenarbeit mit R. Mann. Stuttgart 1969, 81.

Victor, Georg W. Pijet, Hasso Grabner, Benno Voelkner, Elfriede Brüning, Walter Gorrish, Max Zimmering, Armin Müller, Paul Wiens, Heinz Kahlau, Karl-Heinz Jakobs, Herbert Jobst, Herbert A. W. Kasten, Eduard Klein, Martin Viertel, Walter Radetz, Marta Nawrath, Regina Hastedt und schließlich sich selbst. Von diesem Aufgebot haben jedoch nur wenige ihre Arbeiten veröffentlicht oder überhaupt abgeschlossen. Nicht anders erging es den Aufgeboten, die folgten.

Überblickt man die Veröffentlichungen dieser Jahre, so ergibt sich für die Prosa folgendes Bild. Die charakteristischen Reportagenbände waren: »Die Tage mit Sepp Zach« von Regina Hastedt, »Auf den Spuren unserer Siege« von Jupp Müller, »Sieben stellen die Uhr« von Helmut Hauptmann, »Rostock – Tor zur Welt« von Herbert A. W. Kasten (1959); »Die alten Karten stimmen nicht mehr« von Karl Mundstock (1960); »Kabelkran und Blauer Peter« von Franz Fühmann (1961). An nennenswerten Erzählungsbänden erschienen: 1958 – Anna Seghers »Brot und Salz«; 1960 – Stefan Heym »Schatten und Licht«, Boris Djacenko »Und sie liebten sich doch«, Werner Bräunig »In diesem Sommer« 1961 – Franz Fühmann »Spuk«, Erik Neutsch »Bitterfelder Geschichten«, Karl-Heinz Jakobs »Das grüne Land« und die Anthologie des Mitteldeutschen Verlages »An den Tag gebracht«, in der Heinz Sachs als neue Erzähler Erika Paschke-Fasterding, Werner Heiduczek, Werner Bräunig, Walter Radetz, Christa Wolf, Klaus Steinhaußen, Karl-Heinz Jakobs, Günter de Bruyn, Erik Neutsch und Kurt Steiniger präsentierte. Von den Romanen wären zu nennen: 1959 – Anna Seghers »Die Entscheidung«, Willi Bredel »Ein neues Kapitel«, Benno Voelkner »Die Bauern von Karvenbruch«, Werner Reinowski »Zwei Brüder«; 1960 – Jurij Brezan »Semester der verlorenen Zeit«, Reinowski »Der Ungeduldige« und »Unruhe in Hagendorf«; 1961 – Bernhard Seeger »Herbstrauch«, Brigitte Reimann »Ankunft im Alltag«. Gänzlich außerhalb dieses Rahmens, der die thematischen Hoffnungen der Literaturplaner nur zum Teil erfüllte, bewegten sich: Joachim Kupsch, der mit seiner pikaresken »Sommerabenddreistigkeit« (1959) einen ungewohnten Ton in den bis dato von pastoser Pathetik beherrschten historischen Roman brachte; Hanns Cibulka, der mit seinem, Erinnerungen aus der italienischen Kriegsgefangenschaft filternden, »Sizilianischen Tagebuch« (1960) beginnen sollte, sich bevorzugt südlichen Stoffen zuzuwenden; Bodo Uhse, der mit der Novelle »Sonntagsträumerei in der Alameda« (1961) ostentativ in den Kreis seiner »Mexikanischen Erzählungen« zurückkehrte.

Bitterfelder Literatur in strengem Sinn waren nur die Reportagenbände, die Erzählungen von Fühmann, Bräunig, Neutsch, und aus der Anthologie »An den Tag gebracht« die Geschichten von Jakobs, Radetz, Steinhaußen, Steiniger – sowie der Roman »Ankunft im Alltag« von Brigitte Reimann. Eine neue Qualität trat mit ihnen nicht in die Belletristik ein. Die Reportagen unterschieden sich kaum von den bisher üblichen, es sei denn, daß noch mehr technische Daten das Milieu erschlugen. Nicht Aufnahme, sondern, wie bisher, Apologie der Sachverhalte, die in ihren wesentlichen Zügen auch noch vorgetäuscht wurden, waren der Antrieb. Der aufrichtigste Versuch, »Kabelkran und Blauer Peter«, eine Erkundung der Rostocker Werft, gewann seinen relativ atmosphärischen Reiz aus den Schwierigkeiten, die Franz Fühmann beim Eindringen in ein fremdes Milieu hatte, das ihm bis Schluß nicht vertraut geworden ist. Er scheiterte konsequent bei der erzählerischen Aneignung; die »Spuk«-Geschichten stehen zu seinen Kriegsgeschichten in einem Gefälle, wie die neueren Arbeiten der heimgekehrten Emigranten zu ihren früheren. Karl Mundstock, der erst in seinen Kriegserzählungen sein eigentliches literarisches Profil fand, ließ bezeichnenderweise seinem Reportagenband keinen entsprechenden epischen Versuch folgen; er mochte geahnt haben, daß die Aura der Kulturrevolution neue »Helle Nächte« nicht zulassen würde.

Herbert A. W. Kasten, der nach dem Reportagenband mit seinem Romanprojekt »Hafenrhapsodie« den Bau des Rostocker Überseehafens zum literarischen Gegenstand machen wollte, geriet schon mit seinem Exposé in die Mühlen der Kulturrevolution. Wenn Becher sich auf der Kultur-Konferenz zum Beispiel des Satzes »Wer ausweicht, weicht auf« stilisierte, kann der Fall Kasten zum Beweis des Gegenteiles dienen: er weichte auf, weil er nicht ausweichen wollte. Er stellte sich der Wirklichkeit und den Konflikten des Hafenbaus mitsamt des 17. Juni und er stellte sich der Partei, getreu der Kurellaschen Devise, daß die Partei nicht nur berechtigt, sondern geradezu verpflichtet ist, in die künstlerischen Prozesse einzugreifen. Vor dem Scherbengericht, der Sitzung der SED-Bezirksleitung in Rostock am

3. September 1959, erklärte er: »Als ich den Plan faßte, einen Hafenroman zu schreiben, hatte ich mir vorgenommen, eine gründliche Konzeption auszubauen und sie mit den Arbeitern sowie mit den entsprechenden Partei- und Gewerkschaftsgremien zu diskutieren, bevor ich mit der Niederschrift des Romans beginnen würde.« So war es auch geschehen. Das Resultat dieser Aufhebung der Trennung von Kunst und Leben wurde die Aufhebung des literarischen Projektes. Karl Mewis, der Parteisekretär des Rostocker Bezirks, sagte: »Aus deiner Romankonzeption geht hervor, daß du ein Opportunist bist. Du bist ein Einzelgänger und hast keine Verbindung zur Partei. Die Dinge um den XX. Parteitag der KPdSU haben etliche Schriftsteller aufgeweicht. Davon bist du angesteckt.« Mewis erklärte, ihm sei beim Lesen des Exposés klargeworden, daß Kasten schon in seinem letzten Roman »Karsten Sarnow« (1958), über den es Differenzen gegeben hatte, weil er darin eine andere Auffassung vertrat als Kuba in seiner dramatischen »Störtebecker«-Ballade, aufgeweicht gewesen wäre. Und Kasten wurde beschuldigt, unter dem Deckmantel eines Hanse-Romans den Sozialdemokratismus und den Dritten Weg propagiert zu haben.[20] Seine gesamte schriftstellerische Existenz wurde auf diese Weise in Frage gestellt.

Die Wirklichkeit konnte risikolos nur in Bagatellen dargestellt werden, wie das Bräunig, Neutsch und Brigitte Reimann taten. »Ankunft im Alltag« wurde sogleich zu einem symbolischen Titel, aber der Roman camouflierte den Alltag so, wie die »Bitterfelder Geschichten« die Kulturrevolution, die doch eine Revolution sein sollte, kompromittierte: Berge kreisten, um Mäuse zu gebären.

Es entstand nicht ein einziges Werk, das, selbst gemessen an den offiziellen Erwartungen, als das überzeugende und mitreißende Produkt einer kulturrevolutionären Bewegung gelten könnte. Gewöhnt an den Tempoverlust der Literaten, hatte die Partei zu Bitterfeld eine Konkurrenz mobilisiert: die Arbeiter, die zur Feder greifen sollten, um die Schriftsteller zu überholen. Doch auch die »schreibenden Arbeiter« brachten nichts Kulturrevolutionäres heraus. Das beste, was sie schrieben, wurde sukzessiv in den »Deubener Blättern« gesammelt; aber auch die Partei

[20] Nach den Papieren H. A. W. Kastens.

konnte in diesen Arbeiten nicht mehr als Laienkunst sehen, während die Schriftsteller und Literaturkritiker, die noch um Maßstäbe besorgt waren, fürchteten, die Literatur werde von einer »Woge des Dilettantismus« überschwemmt werden.[21]

Dieses Resultat kann nicht verblüffen, denn die Kulturrevolution als Ideologie des zweiten Kulturkampfes richtete sich, wie Kurella am Vorabend der Kultur-Konferenz angab, gegen die Künstler und gegen die Arbeiter; keinem urwüchsigen Bedürfnis entspringend, existierte sie als Revolution nur in der Einbildung der Administration. Ihre Folgen mußten daher ausschließlich negativer Natur sein. Sie manifestierten sich am sichtbarsten in den neuen Romanen von Willi Bredel und Anna Seghers, die, obgleich sie in die Anfänge auswichen, demselben Druck ausgesetzt waren wie die Unternehmungen, in denen versucht werden sollte, das oft gerügte Zurückbleiben der Literatur hinter der Zeit wettzumachen. Bodo Uhse verweigerte sich dagegen trotz namentlicher Anrufe dem sozialistischen Milieu; er zog es klugerweise vor, die geforderte Verbundenheit zwischen den Künstlern und den Werktätigen am Beispiel des mexikanischen Malers Diego Rivera zu bekunden.

»Ein neues Kapitel« von Willi Bredel spielte in den Jahren 1945–1950. Der Roman behandelte den Prozeß, in dem aus der sowjetisch besetzten Zone Deutschlands mit Hilfe der Sowjetischen Militär-Administration Schritt um Schritt die Deutsche Demokratische Republik als ein »Arbeiter- und Bauern-Staat« gebildet wurde. Der Verfasser hatte selbst höchst aktiv an diesen Prozeduren in Mecklenburg teilgenommen. Er kannte den Stoff in umfassender Weise, wenngleich ihm die Gefühle seiner Landsleute fremd und befremdlich gewesen sein mußten. Die Idee entstammte der Zeit des Neuen Kurses, in der dieser Stoff, dessen realistische Darstellung in der DDR ein unmögliches Unterfangen ist, wenigstens annähernd hätte erfaßt werden können. Ausführung und Abschluß erstreckten sich über Jahre, in denen sich nicht nur diese Voraussetzung änderte, sonden auch Bredel selbst, der sich wieder in die Repressionsfront einreihte und auf der Theoretischen Konferenz erklärte: Wir Schriftsteller wollen nicht »als unsichere Kantonisten dastehen, denn wir sind es

[21] H. Koch: Der schreibende Arbeiter und die Schriftsteller. In: Unsere Literaturgesellschaft – Kritik und Polemik. Berlin (Ost) 1965, 181.

in unserer Mehrheit nicht«. Trotzdem wurden mehrfach Passagen des Romans beanstandet, und Bredel schrieb sie mehrmals um. Sogar das ZK beschäftigte sich kritisch mit dem Manuskript und verfügte Veränderungen, denen der Verfasser sich unterwarf. Was als Buch schließlich veröffentlicht wurde, ergab eine Schwarzweiß-Malerei der Situationen und Figuren, aufgetragen mit sentimentalen und giftigen, behäbigen und verlogenen, burschikosen und bürokratenhaften Strichen, als wolle der Verfasser die offiziöse Geschichte in einfältigem Lesebuchstil erzählen.

»Die Entscheidung« von Anna Seghers spielte in den Jahren 1947–1951. Der Roman behandelte am Beispiel des fiktiven Stahlwerkes Kossin den Übergang von der kapitalistischen zur sozialistischen Wirtschaft. Auch Anna Seghers hatte mehrere Jahre an dem Roman gearbeitet, in denen auch ihr Antrieb sich veränderte. Zu Beginn des zweiten Kulturkampfes hatte sie, lange hin und her gerissen zwischen Rákosi und Lukács, mit ihrer Erzählung »Brot und Salz« – einem Parallelstück zu Hermlin »Kommandeuse« –, das die ungarische Revolution 1956 als eine faschistische Provokation despektierte, sich in die Repressionsfront eingereiht. Einmischungsversuche während ihrer Arbeit an dem Roman, dessen Erscheinen mehrfach angekündigt und mehrmals verschoben worden ist, sind bisher nicht bekannt. Während Bredel eingeschmolzen wurde, scheint Anna Seghers eine Selbsteinschmelzung zelebriert zu haben, wofür der düstere Habitus der »Entscheidung« spricht. Sie malte Grau in Grau. Der Übergang in den Sozialismus ist hier nicht wie im »Neuen Kapitel« eine muntere Transaktion gegen einige verkniffene politische Schieber, sondern ein säkularer Kampf gegen eine Welt von Plagen. Weit entfernt von den geheuchelten Naivitäten Bredels, die auch der offiziellen Kritik peinlich erschienen, enthielt die Seghers sich jeder Schönfärberei. Sie läßt ihren russischen Kontrolloffizier Petrow zum Chefingenieur Toms sagen: »Im Krieg hat uns niemand den Sieg garantiert. Wir waren von unserem Sieg überzeugt, als die Deutschen vor Moskau standen, und niemand davon überzeugt war. Das war die Voraussetzung dafür, daß die Wehrmacht scheiterte. Und jetzt soll ich Ihnen in unserem harten Wettkampf für den Sieg garantieren?« Da die Seghers diesen »harten Wettkampf« zwischen Sozialismus und Kapitalismus in figurierten Leitartikeln abschilderte, entzog sie sich, auf Kosten der Lesbarkeit, den Gefahren der Realität. Der Roman wurde bei Erscheinen sofort kanonisiert und die Verfasserin mit dem Nationalpreis erster Klasse ausgezeichnet.

In diesen beiden Romanen vollstreckte sich, wozu, seit ihrer Rückkehr, Anna Seghers und Willi Bredel schon in ihren Erzählungen tendierten: der völlige Verfall ihrer schriftstellerischen Fähigkeiten. Unfähig, einen Menschen in einer Situation zu sehen und zu beschreiben, einen Stoff zu gliedern und zu komponieren, sanken sie in wirkungslose Propaganda-Litereratur ab, wobei »Ein neues Kapitel« zum Lachen und »Die Entscheidung« zum Gähnen reizt. Anna Seghers hatte den Betriebsroman wiedererweckt; ihr Roman über das Stahlwerk Kossin fiel jedoch in der Rezeption der Wirklichkeit noch hinter Marchwitzas »Roheisen« zurück.

Die Planung der Literatur hatte es fertiggebracht, daß sich die epische Darstellung der sozialistischen Arbeitswelt auf einer Linie bewegte, die seit den Anfängen bei »Menschen auf unserer Seite« von Eduard Claudius beständig abfiel. Zu den Ergebnissen des zweiten Kulturkampfes der SED gehörte auch, daß der Schaffensdrang des literarischen Stoßarbeiters Werner Reinowski, eines unverwüstlichen Langeweilers, wieder entbrannte, oder daß Jurij Brezan, ein gegen Abweichungen so gut wie gefeiter Autor, die Forderungen des Tages mied, indem er mit dem »Semester der verlorenen Zeit« nach dem »Gymnasiasten« den zweiten Band seiner von autobiographischen Elementen erfüllten Felix-Hanusch-Trilogie schrieb, und Benno Voelkner nach einer unergiebigen Bitterfelder Wegstrecke seine Bauern von »Karvenbruch« um einige Jährchen in der Vergangenheit weiterführte.

Die Kampagne gegen die »harte Schreibweise« rief eine Welle der Gefühlsseligkeit hervor, für die der Sammelband »An den Tag gebracht« zwei typische Beispiele bot: die »Moskauer Novelle« von Christa Wolf und »Renata« von Günter de Bruyn. Während Christa Wolf, eine Wortführerin der Kampagne, in ihrem ersten epischen Versuch feminin verschwommen erzählt, wie 1945 ein junges deutsches Mädchen von einem Sowjetoffizier zu einem »Menschen« herangebildet wird und ihm später bei einem Besuch in Moskau Lebenshilfe gewährt, erzählt de Bruyn, männlich gebändigter, doch kaum weniger rührselig, wie ein junger Deutscher sich bei einem Aufenthalt in Kattowitz in ein polnisches Mädchen verliebt und tief erschüttert erfahren muß, daß sie sich früher einmal schon begegnet waren, im Krieg, als, beide noch im Kindesalter, er sich ihr gegenüber unwürdig benommen hatte. Die »Weimarnovelle« von Karl-Heinz Jakobs aus dem Jahre 1959 war wohl die erste dieser peniblen Geschichten. Jan und Rut, ein »blonder Barbar« und eine junge Jüdin fahren nach Weimar. Goethe- und KZ-Reminiszenzen. Ein westdeutscher Wanderverein singt faschistische Lieder. Rut erschauert und läßt Jan abends nicht in ihr Zimmer. Sie fahren morgens zum Ettersberg hoch, besuchen das Konzentrationslager und gehen nachts im Wald zurück nach Weimar, wobei erotische Stimmungen durch Gedanken an Buchenwald gedämpft werden. Verwirrung der Gefühle, Genesung der Gefühle – so könnte man diese Erzählweise nennen, um den Empfindungsschwulst anzudeuten, der wie von selbst seinen stilistisch vollkommenen Ausdruck im Edelkitsch findet; wobei im Fall dieser drei Geschichten die spezielle Mischung aus Etepetete, Nationalmasochismus und sozialistischer Soteriologie besonders penetrant wirkt. So restaurierte gerade der Kampf gegen Dekadenz und harte Schreibweise bevorzugte Desiderate kleinbürgerlicher Mentalität, deren »Überreste« von der sozialistischen Kulturrevolution hinweggefegt werden sollten.

Die einzigen epischen Arbeiten über Gegenwartsthemen von literarischer Gültigkeit finden sich in den Bänden von Stefan Heym und Boris Djacenko, die sich auf die Bedingungen des Kulturkampfes gar nicht erst eingelassen hatten. Stefan Heym hielt sich an die Richtlinien des IV. Schriftsteller-Kongresses, die durch einen neuen Kongreß offiziell nicht außer Kraft gesetzt waren. Er setzte nicht nur seine Rede gegen die Versuchung, aus Verantwortung nichts zu sagen, in die Tat um; er knüpfte im Titel »Schatten und Licht« an ein Vermächtnis Bechers an, der noch während der Vorbereitung der Kulturkonferenz geschrieben hatte: »Es handelt sich um die Verteilung von ›Licht und Schatten‹ in unserem gesellschaftlichen Leben. Diese richtige (geschichtliche) Verteilung ist mitunter eine außerordentlich schwierige...« Stefan Heym kehrte in seinem Titel sogar die dialektische Beziehung von Licht und Schatten um, womit dem Licht das letzte Wort gegeben war. Trotz seiner apologetischen Taktik, durch Realitätsschock am Anfang im guten Ende zu überzeugen, waren es seit Bestehen der DDR die ersten realistischen Erzählungen, in denen das Geflecht des gesellschaftlichen Lebens sichtbar wurde. Trotz des unverkennbaren, durchaus militanten sozialistischen Standpunktes wurden sie von den Planern der Literatur verworfen. Sie waren so wenig schönfärberisch und so sehr parteilich wie »Die Entscheidung« von Anna Seghers, aber indem sie die Problematik in wirkliche Situationen und wirkliche Figuren auflösten, rührten sie an emotionale Untergründe, vor denen man sich offensichtlich fürchtete. Der »Sonntag« sprach Stefan Heym den Rang eines sozialistischen Schriftstellers ab und erledigte sein Buch mit dem Satz: »Es wird von miesen Eindrücken überschwemmt, daß es nicht zum Leuchten kommt.«[22] Boris Djacenko ging in seinen Erzählungen ungleich rücksichtsloser vor. Er verzichtete auf mobilisierende Effekte in einem Maße, das verblüffende Unvoreingenommenheit anzeigt. Wenn Djacenko unbehelligter blieb, lag das vielleicht an der Präsentation der Erzählungen. Er mischte die Stücke, die im DDR-Milieu spielten, in bunter Reihe mit abenteuerlichen und erotischen Erzählungen aus Lettland und Frankreich, die Gesinnungsschnüffeleien in die Irre führten. So führte er ungestört im »Spargelfeld« vor den Kulissen der Zwangskollektivierung ein tolldreistes und urtümliches Stück von abgründiger Herr- und Knecht-Dialektik vor. Der Titel des Bandes »Und sie liebten sich doch« mag ein übriges beigetragen haben, diese Publikation als ein letztes, kaum noch bekämpfenswertes Produkt jener literarischen Abseite erscheinen zu lassen, die von der Kulturrevolution scheinbar hoffnungslos überrollt war, in aller Stille jedoch ihre Basis, wie sich später zeigen sollte, verbreitete.

Die Lyrik dieser Jahre bot ein noch desolateres Bild als die Prosa. Es erschienen: 1959 – Armin Müller »Das weiße Schiff« und »Poem 59«, Günter Deicke »Traum vom glücklichen Jahr« und »Du und dein Land und die Liebe«, Walter Stranka »Heimat, ich rufe dein rastloses Herz«, Werner Lindemann »Stationen«, Walter Werner »Bewegte Landschaft«, Rose Nyland »Genosse Mensch«, Jupp Müller »Im Auftrag meiner Klasse«, Helmut Preißler »Berichte der Delegierten«; 1960 –

[22] J. R. Becher: Weil das Licht heller wurde . . ., a. a. O.; G. Ebert: Stefan Heym: Schatten und Licht. »Sonntag«, 33/1961.

Heinz Kahlau »Maisfibel«, Günter Kunert »Tagwerke«, Uwe Berger »Der Erde Herz«, Georg Maurer »Drei-Strophen-Kalender«, Adolf Endler »Erwacht ohne Furcht«, Walter Werner »Sichtbar wird der Mensch«, Helmut Preißler »Stimmen aus den Brigaden der sozialistischen Arbeit«, Horst Salomon »Getrommelt, geträumt und gepfiffen«, Reiner Kunze »Lieder für Mädchen, die lieben«; 1961 – Uwe Berger »Hütten am Strom«, Helmut Preißler »Stimmen der Nachgeborenen«, Werner Lindemann: »... zutiefst an dich gebunden sein«.

Von der Renaissance des Lyrischen in den Jahren 1956–1958/59 schien nichts mehr vorhanden. Die Frondeure von 1956, Kahlau, Kunert, Armin Müller, büßten ihre Fronde im Fron des Auftrags ab. Der Durchbruch in die eigentlichen Bereiche des Poetischen schien planiert, die formale Experimentierlust erloschen. Selbst »Sinn und Form« fand anscheinend nur noch spärlich vereinzelte Gedichte, die Gegenteiliges bezeugten. Getrommelt, geträumt und gepfiffen – dieser Titel enthält die typischen Tonlagen: stramm, sentimental, lustig. Euterpe und Erato waren verstummt.

Auch die Musen des Theaters, Melpomene und Thalia, waren zum Schweigen gebracht. Die Bühnen wurden von Agitprop und Politschnulzen überschwemmt. Die charakteristischen Stücke dieser Jahre waren: 1958 – Gustav v. Wangenheim »Die vertauschten Brüder«, Harald Hauser »Im himmlischen Garten«, Gerd Fabian »Geschichten um Marie Hedder«; 1959 – Gustav v. Wangenheim »Studentenkomödie«, Harald Hauser »Weißes Blut«, Helmut Sakowski »Die Entscheidung der Lene Mattke«, Hasso Grabner »Die Sieger«, Martin Viertel (plus Wismut-Brigade) »Der Weg zum Wir«, Gerd Fabian »Die Stärkeren«, Jochen Koeppel »Heiße Eisen«; 1960 – Gustav v. Wangenheim »Hier muß ein Mann ins Haus«, Harald Hauser »Night Step«, Erwin Strittmatter »Die Holländerbraut«, Helmut Sakowski »Weiberzwist und Liebeslist«, Manfred Richter »Der Tag ist noch nicht zu Ende (Ehrengericht)«, Hans Pfeiffer »Die dritte Schicht«; 1961 – Helmut Baierl »Frau Flinz«, Rainer Kerndl »Schatten eines Mädchens«, Horst Salomon »Vortrieb«. Joachim Knauth konnte dagegen mit seinen historischen Lustspielen »Wer die Wahl hat« (1958) und »Die sterblichen Götter« (1961) keine Dämme aufziehen. Es ist bezeichnend, daß der zweite Kulturkampf die Schaffenslust von

Gustav v. Wangenheim und Hauser anstachelte, die im ersten Kulturkampf schon schier unerschöpflich war. Er begünstigte auch den Aufstieg neuer Dogmatiker auf den Brettern: Sakowski, Salomon, Kerndl. Dieses Welttheater reichte von Hausers Preis der Niederwerfung Tibets durch rotchinesische Truppen im »himmlischen Garten« bis zu Kerndls Lob der Mutter, die ihren Sohn anzeigt. Als Bitterfelder Muster galten: »Die Stärkeren«, »Heiße Eisen«, »Der Tag ist noch nicht zu Ende«, »Die dritte Schicht«. Fabian arbeitete im »Kontakt mit dem Eislebener Kupferbergbau«, Koeppel im »Kontakt mit Brigaden des Magdeburger Schwermaschinenwerks ›Georgij Dimitroff‹«, Richter war »mit dem Mähdrescherwerk Weimar« verbunden, Pfeiffer mit der »Jugendbrigade einer Mansfelder Kupferhütte«.[23] »Die dritte Schicht« verschwand indessen schnell von der Bühne.

Das »dialektische Theater«, das von Ulbrichts Lob des »Lohndrückers« in Bitterfeld kurzfristig grünes Licht erhalten hatte, wurde systematisch unterdrückt. »Die Umsiedlerin« von Heiner Müller verfiel nach einer geschlossenen Aufführung in der Hochschule für Planökonomie der Kondemnation. Das Stück »Die Sorgen und die Macht« von Hacks wurde nach einer Probeaufführung im »Deutschen Theater« Berlin 1959 nach Senftenberg delegiert, wo es, am 15. Mai 1960 in umgearbeiteter Gestalt uraufgeführt, nach wenigen Vorstellungen abgesetzt wurde. Die Inszenierung der Komödie »Esel schrein im Dunkeln« von Kipphardt wurde untersagt. Hartmut Langes »Senftenberger Erzählungen« blieben buchstäblich Geheimtip. Nur Baierl reüssierte erneut mit seinen opportunistischen Praktiken. Das »Deutsche Theater« wurde gesäubert, die Diktatur der Fachleute ein weiteres Mal gebrochen, damit die »Studentenkomödie« aufgeführt werden konnte.

Während des zweiten Kulturkampfes erlitt die Belletristik in der DDR auch ihre stärksten personellen Verluste. Von 1957–1961 übersiedelten in die Bundesrepublik: Alfred Kantorowicz, Gerhard Zwerenz, Hans-Otto Kilz, Martin Gregor (-Dellin), Wolfgang Hädecke, Peter Jokostra, Angelica Hurwicz, Herbert A. W. Kasten, Heinar Kipphardt und die damals noch unbekannten: Uwe Johnson, Dieter Hoffmann, Ulf Miehe, Jochen

[23] H. Kähler: Gegenwart auf der Bühne, a. a. O., 35.

Ziem, Helga M. Novak. Erich Loest wurde 1957 verhaftet. Eduard Claudius ging in diplomatischen Diensten außer Landes: 1957/58 als Konsul nach Damaskus, 1959/1961 als Botschafter nach Hanoi. Die Situation war unhaltbar.

Die Umkehr kündigte sich am 25. Januar 1961 auf der erweiterten Vorstandssitzung des Schriftstellerverbandes an, auf der Alfred Kurella, Alexander Abusch, Paul Verner und Kurt Hager erschienen waren, um mit den Schriftstellern den V. Schriftstellerkongreß vorzubereiten. Es war die merkwürdigste Zusammenkunft, die zwischen Funktionären und Dichtern in der an dramatischen Sitzungen nicht gerade armen Geschichte der Literaturplanung in der DDR stattgefunden hat.

Die Sitzung begann mit zwei Referaten im Geiste des Kulturkampfes. Abusch nannte die Haltung zum Bitterfelder Weg als Kernfrage des V. Kongresses. Er kritisierte, daß es noch immer Auffassungen gibt, die »den tiefen sozialistischen Sinn des Bitterfelder Weges nicht erfaßt haben«. Und er forderte vom Kongreß, diese »Grundfragen« zu klären. Kurella wies einige Beschwerden über die »ungenügende Achtung oder Wertschätzung, die dem Schriftsteller und seinem Verband im allgemeinen entgegengebracht wurden«, mit der mokanten Bemerkung ab, daß diese mangelnde Wertschätzung am Schriftsteller selbst läge. Nach den Ausführungen des Kulturministers und des Leiters der Kommission für Fragen der Kultur beim ZK der SED zeichnete sich der V. Schriftstellerkongreß als ein neuer Direktiv-Kongreß ab, der den Ergebnissen des zweiten Kulturkampfes zu akklamieren hätte. Die Bemerkungen Kurt Hagers, der »eine ganze Reihe« der »neuen Bücher« und Manuskripte für schlicht langweilig erklärte, machte noch niemanden stutzig ...

Da erhob sich plötzlich Harald Hauser, von dem niemand recht wußte, ob er sich zuallererst als Funktionär oder als Schriftsteller fühlte, zu einer Funktionärsbeschimpfung, wie sie seit 1956 in der DDR nicht mehr gehört worden war. Er pries, ein bißchen Marc Anton, Kurellas Sottise: »Er hat die richtige Antwort gegeben, daß es zunächst am Schriftsteller selbst liegt. Das stimmt. Das ist absolut richtig. Aber es gibt kein groß geschriebenes ›Aber‹. Selbstverständlich ist es nie so, daß nur auf der einen Seite alles schwarz und auf der anderen Seite alles weiß ist und umgekehrt. Es liegt immer an beiden, an beiden heißt also an allen. Es gibt Tatsachen, und ich will eine erwähnen, die die Achtung vor dem

Schriftsteller, vor seinem Wirken nicht gerade fördern, ich nenne absichtlich das Beispiel eines Schriftstellers, von dem niemand sagen kann, daß ich seiner Art des Schaffens besonders begeistert gegenüberstehe.« Und er griff mit scharfen Worten die administrativen Praktiken an, mit denen das Stück »Die Sorgen und die Macht« von Peter Hacks zur Strecke gebracht wurde. »Ich glaube, so etwas macht in keiner Hinsicht einen guten Eindruck. Das geht auf gar keinen Fall. Und ich weiß von anderen namhaften Schriftstellern, mit denen man ähnlich verfahren ist. Sie sind tief gekränkt, weil man sie in einer Art behandelt hat, die unmöglich ist.« Während er auf der einen Seite, von den Funktionären, Achtung vor den »schöpferischen Menschen« forderte, rief er auf der anderen Seite die Schriftsteller auf, wie Stefan Heym es auf dem IV. Schriftstellerkongreß getan hatte, die »ideologische Ängstlichkeit in bezug auf neue Formen, auf Wagnisse, auf Experimente« zu überwinden. Wir müssen, führte Hauser aus, »uns alle Arten von Experimenten leisten und ihnen gegenüber die größte Großzügigkeit und Großherzigkeit und das größte Wohlwollen an den Tag legen. Selbstverständlich mit der Einschränkung: Sie dürfen nichts mit Kriegs- oder Rassenhetze zu tun haben. Aber Angst ist immer die Begleiterscheinung der Dummen, der Zurückgebliebenen, der Vergangenen, niemals aber ein Teil menschlichen Vorwärtsgehens. Auch auf die Gefahr hin, daß der Nichtängstliche oder Allzuwenig-Ängstliche Fehler macht, ernste Fehler. Aber die Fehler, die wir machen können, sind doch nichts im Vergleich zu den Fehlern, die wir auf Grund von Ängstlichkeit machen.« Auch das war seit 1956 nicht mehr gesagt worden. Die Bemerkungen Hagers über die schlechte Qualität der neuen Werke aufgreifend, machte er sich lustig über die Konzeption des Schmelztiegels: »Das Leben ist vielfältiger, als wir es manchmal sind. Es ist nicht notwendig, sechs Monate oder ein Jahr im Betrieb zu leben, um über einen Betrieb zu schreiben. Es ist mancher zwei Jahre drin und kann es immer noch nicht. Diese Frage kann man doch nicht schematisch lösen. Und ich glaube, ein gewisser moralischer Druck, ein verständlicher Druck, der auf manche ausgeübt wurde: Ihr sollt jetzt über die LPG schreiben und über die sozialistischen Brigaden, bringt uns immer wieder in diese Gefahr des Schematismus.« Er wünschte sich eine Literatur über LPG zum Beispiel, in der nicht ein einziges Mal das Wort LPG oder das Wort Sekretär vorkommt, und er schloß wider die Bitterfelder Literatur: »Alles ist nämlich zeitgemäß, was stimmt, alles was echt ist, alles was sauber ist. Auch darüber sollten wir, glaube ich, in der Vorbereitung des Kongresses sprechen.«

Das war ein Zeichen zum Abblasen des zweiten Kulturkampfes. Aus der Berichterstattung des »Neuen Deutschland« und des »Sonntag« geht hervor, daß darüber die Schriftsteller genauso verblüfft waren wie die Funktionäre. Während Paul Verner die Rede Hausers energisch zurückwies, übten die Schriftsteller vorsichtige Zurückhaltung, wofür sie in der Berichterstattung getadelt werden sollten.[24] Da die Rede Harald Hausers wirklich wegweisend wurde und im Gegensatz zu den Referaten von Abusch und Kurella den V. Kongreß als einen Kompromiß-Kongreß anvisierte, ist kaum anzunehmen, daß er auf der Sitzung aus der klassischen Vollmacht des Intellektuellen, in eigenem Auftrag, handelte und abhandelte. Es gibt für den überraschenden Auftritt nur eine Erklärung. Harald Hauser trat als agent provocateur auf, und zwar als agent provocateur Walter Ulbrichts.

Walter Ulbricht war nach dem Tode des Präsidenten Wilhelm Pieck als Vorsitzender des eigens gegründeten Staatsrates der neue Landesvater geworden. Die Doppelrolle als Parteiführer und Staatsoberhaupt ließ in ihm ein zwiespältiges Bewußtsein wachsen. Er zeigte sich fortan nicht mehr unbedingt und ausschließlich auf der Seite der ihm ergebenen Funktionäre. Die größere Verantwortung öffnete ihm weitere Gesichtspunkte, erschloß ihm vielfältigere Interessen der DDR-Bürger; wenn er darin auch nicht so weit gehen sollte, wie Stalin und Malenkow von 1952 bis 1954. Er gewann Geschmack an dieser Rolle ...

Die Umkehr jedenfalls erfolgte in einem rasanten Tempo. In den nächsten Wochen entfalteten der »Sonntag« und die »Neue Deutsche Literatur« eine Kampagne, in der die Punkte Harald Hausers verbreitet, vertieft und popularisiert wurden. Vom 10.–14. Mai fand in Leipzig die Generalprobe statt: das »Forum junger Dramatiker«, wo vor allem Hans Lucke und Hans Pfeiffer als Ankläger der Administration auftraten.

[24] Rede A. Abuschs: »Sonntag«, 26. 2. 1961; Rede H. Hausers: ebd., 5. 3. 1961; Berichterstattungen: ND, 14. 2. 1961, und »Sonntag«, 12. 2. 1961; vgl. auch die Dokumentation im SBZ Archiv 5/1961.

Während Lucke die »Pseudo-Dialektiker« befeuerte, denen »die Darstellung nicht-antagonistischer Widersprüche suspekt erscheint« und entgegen dem Kodex des sozialistischen Realismus Konflikte statt Lösungen in der Literatur verlangte, legte Pfeiffer dem Auditorium dar, wie sein Stück »Die dritte Schicht« unter »Bruch des Vertrages und ohne Einwilligung des Autors nach der zweiten Aufführung abgesetzt« wurde. »Der Schriftsteller ist bereit«, verteidigte er seine Position, »die Widersprüche und Probleme unserer eigenen Gegenwart darzustellen. Die mit der Aneignung einer neuen Thematik bei ihm notwendig auftretenden Schwierigkeiten und Gestaltungskrisen werden dann entweder als ›schmerzlicher Substanzverlust‹ des Autors deklariert oder sogar mit Hilfe eines ideologischen und administrativen Totschlägers ins Reich des Nichtexistenten befördert ... Jedes Kommuniqué unserer Partei betont, unsere sozialistische Gesellschaft habe sich gefestigt. Deshalb kann sie auch einmal ein problematisches Werk oder ein Experiment vertragen.«[25] Diese Vorbereitungen waren wirksam durch die Ablösung Alexander Abuschs als Kulturminister unterstrichen worden, der im Februar 1961 in einer Strafbeförderung zur Stellvertreter-Equipe des Vorsitzenden des Ministerrates stieß.

So wurde der V. Schriftsteller-Kongreß vom 25.–27. Mai 1961 zum dritten Kompromiß-Kongreß.[26] Die Partei zeigte sich sogar noch entgegenkommender als auf dem IV. Kongreß. Ulbricht selbst unterzeichnete die Grußadresse des ZK, die den Schriftstellern die Gegenwart als eine Zeit ausmalte, die »so günstig für die Kunst« sei wie »nur wenige Zeiten zuvor«. Der Schriftstellerverband wurde als die »Organisation *aller* Schriftsteller in der DDR« bezeichnet, der es obliege – und hier wurde der Kompromiß vorweg geliefert – mitzuhelfen, daß »alle in unserem Staat auch ihre künstlerische Heimat finden, ihr Talent frei entfalten und den Zugang zur Methode des sozialistischen Realismus finden, mit deren Beherrschung ein Schriftsteller in unserer Welt am wirkungsvollsten schaffen kann.«

---

[25] H. Kersten: Die Schriftsteller und die Partei – Die Vorbereitungen des Schriftsteller-Kongresses. SBZ Archiv, 16/1961.

[26] NDL, 8/1961; vgl. auch die Zusammenfassung von H. Kersten: Für und wider die Parteilichkeit – Der Verlauf des V. Schriftsteller-Kongresses. SBZ Archiv, 18/1961.

Diese Worte entfesselten einen pittoresken Reigen wandelbarer Geister. Anna Seghers äußerte in einem Anfall von Amnesie, Parteilichkeit, die nicht künstlerisch dargestellt werde, sondern nur von außen als politische Aussage montiert sei, wirke im Kunstwerk nicht überzeugend: »denn ein Schriftsteller heftet seine Meinung niemals, wie Gorkij sich ausgedrückt hat, den Gestalten als Zettel an, und er gibt ihnen keine Flügel und Teufelsschwänze wie in den Mysterienspielen des Mittelalters.« Sie verdrängte, daß sie eben dieser Manier, die sie schon auf dem IV. Kongreß gegeißelt hatte, inzwischen bei der Niederschrift ihrer »Entscheidung« vollkommen erlegen war. Willi Bredel, bis vor kurzem noch von dem Ehrgeiz besessen, ein sicherer Kantonist zu werden, stieg wiederum auf die Barrikade. »Es muß immer wieder erwähnt werden«, sagte er, wahrscheinlich, weil er es selbst immer wieder vergessen hatte, »daß das Prinzip der sozialistischen Parteilichkeit keine Einseitigkeit, keine Enge, keine schematische Begrenzung und vor allem keinen Schematismus kennt, oder besser gesagt, kennen sollte. Es kann meiner Meinung nach«, reportierte er die Meinung Harald Hausers, »ein literarisches Werk, in dem von der Partei der Arbeiterklasse überhaupt nicht die Rede ist, in dem kein Parteifunktionär auftritt und keine Losung der Partei Erwähnung findet, dennoch von tiefer und echter Parteilichkeit durchdrungen sein. Sozialistische Parteilichkeit kennt nichts im Leben, das für den künstlerischen Schaffensprozeß ausgeschlossen sein müßte. Es umfaßt und erfaßt das ganze bunte, vielschichtige, widerspruchsvolle, konfliktreiche Dasein, eben ›alle Freuden und Leiden ganz‹« – welch letzteren Vers soeben allerdings auch schon Anna Seghers bemüht hatte. Stephan Hermlin, genesen von den inneren Schmerzen auf der Kulturkonferenz, forderte wieder – wie er betonte: nicht zum ersten Male – die »Herausgabe so großer Schriftsteller deutscher Zunge, wie etwa Musil oder Kafka«.

Die bis dato panegyrisch gepriesenen Früchte des Bitterfelder Weges sanken rapid im Kurs. Anna Seghers wollte den Werken, die der Feder schreibender Kumpels entflossen waren, nur noch eine Funktion in der Bewußtseinsbildung der Arbeiter zuerkennen; statt künstlerischer Züge vermochte sie in ihnen nur Künstelei, Sonntagsdeutsch, Scheinpathetik und gegenstandslose Gefühle zu finden. Erwin Strittmatter, eben noch einer der lautesten Trommler der sozialistischen Kulturrevolution, machte die Produkte der Arbeiter, die schreiben, vom Standpunkt der Arbeiter, die lesen, lächerlich: »Der lesende Arbeiter will nicht Sonntag für Sonntag die Selbstverständigungen und das gut gemeinte Gestammel seiner Arbeitskollegen aus der anderen Abteilung lesen.« Der Apostel der Planierung gab zu, daß auf dem Bitterfelder Weg nichts Nennenswertes entstanden sei. Mit den arbeitenden Schriftstellern verfuhr er nicht weniger rigoros als mit den schriftstellernden Arbeitern. Er verhöhnte sie als »fahrende Schriftsteller«, die Ungefähr an Ungefähr reihen und selbst im ganzen ungefähr bleiben. Noch bitterer beklagte er sich über den Verfall künstlerischer Maßstäbe, der Kultur- und Verlagsredakteure veranlasse, sich mit Werken zufriedenzugeben, in denen »die *Schweinehütte, Gramm und Millimeter* oder der *Maiskolben* vorkommen«. So erwiesen sich die Höhen der Kultur, die erstürmt werden sollten, als Gruben, in die man hineingefallen war.

Den aufschlußreichsten Text des V. Kongresses improvisierte Paul Wiens. Als der Münchner Gast Peter Hamm die Frage stellte: »Was geschieht, wenn ein Schriftsteller ›auf den Grund der Dinge geht‹ und plötzlich – gerade, weil er auf den Grund gegangen ist! – nicht mehr ›parteiisch‹ . . . schreiben kann, selbst wenn er will . . .?«, antwortete Wiens mit einer Aufrichtigkeit, die Stefan Heyms Rede auf dem IV. Kongreß in der Erkenntnis des Problems weit hinter sich ließ: » . . . wenn ich auf diesem Boden der Deutschen Demokratischen Republik als Schriftsteller auf den Grund gehe und plötzlich feststelle, daß das Leben meinen Vorstellungen von Sozialismus und Marxismus nicht entspricht, befinde ich mich scheinbar in einer Sackgasse. Denn selbstverständlich bin ich fest davon überzeugt (wobei ich wie Günter Grass keinen als Richter über mir anerkenne!), daß ich weiß, was Sozialismus ist und daß ich ein Marxist bin . . . Und wenn ich nun sehe, daß die Realität im Widerspruch zu meinen Vorstellungen steht, kann ich dann realistisch schreiben oder kann ich nicht? Das ist die schöpferische Frage: Das Land, nach dem ich suche, ist nicht so, wie ich es mir wünsche. Plötzlich erkenne ich: es ist ganz anders! Was tun? . . . Drei Möglichkeiten: Erstens kann ich diesen Widerspruch resignierend zur Kenntnis nehmen und traurig feststellen: Die Wirklichkeit ist gemein. Zweitens kann ich von Haßgefühlen erfaßt werden. Jawohl, das kann passieren! Ich kann aber auch in einer kritisch-liebenden, in einer fordernden und aktiven Beziehung zur Realität stehen. Dann erst beginnt die komplizierte künstlerische Auseinandersetzung, die – nicht immer! – zum sozialistischen Realismus, oder wie wir diesen unseren Standpunkt immer nennen wollen, führt.«

Alfred Kurella behauptete in seinem Schlußwort zwar den Anspruch der Administration, indem er zu dieser Debatte bemerkte: »Wenn die Vorstellungen und Dinge in Widerspruch geraten, sind nicht die Dinge schuld, sondern nur die Vorstellungen«, aber er war doch sichtlich bemüht, den Tempoverlust wieder wettzumachen, der ihn auf der vorbereitenden Sitzung im Januar aus heiterem Himmel ereilt hatte. Er schloß den V. Kongreß mit einem konzilianten Bogen, der zu Ulbrichts Grußadresse zurückführte, freilich bei aller Biegsamkeit nicht weniger hart war: »Die Künstler ... haben zu allen Zeiten ... den Anspruch erhoben, kraft der künstlerischen Phantasie und der schöpferischen Ahnung den Dingen auf den Grund gehen und in die Zukunft voraussehen zu können, Künder, Mahner und manchmal Warner zu sein. Und echte, große schöpferische Begabung berechtigt und ermächtigt den Künstler in der Tat, eine solche Rolle in der Gesellschaft zu spielen. Mit der modernen sozialistischen Gesellschaft sind nun aber in Gestalt der Lehre des Marxismus-Leninismus ein theoretisches Rüstzeug, eine Denkweise und Weltanschauung entstanden, die eine tiefere Erkenntnis vom Zusammenhang der Dinge und eine wissenschaftlich begründete Vorausbestimmung der Zukunft zum Prinzip der Politik, der Staats- und Menschenführung haben werden lassen. Die gleiche Entwicklung hat in den Massen des werktätigen Volkes und der mit ihm fest verbundenen Intelligenz neue geistige, seelische, sittliche und kulturelle Kräfte und Potenzen freigelegt und zur Entfaltung gebracht, die der voraussehbaren Zukunft und den in ihr beschlossenen menschlichen Beziehungen neue Inhalte, neue Qualitäten, neue Farbe verleihen. Unter diesen Umständen kann auch der Künstler seine hohe gesellschaftliche Mission, Bildner und Gestalter, Seher und Künder, Mahner und Warner zu sein, nur dadurch ganz erfüllen, daß er sich die herrschend gewordene sozialistische Weltanschauung schöpferisch zu eigen macht und Kräften im Leben des Volkes unlöslich verbündet. Von diesem Geist inspiriert und von diesen Kräften getragen, werden schöpferisches Genie und künstlerische

Phantasie stets einen unschätzbaren und durch nichts zu ersetzenden Faktor der sozialistischen Höherentwicklung der Menschheit bilden. Ich denke, in diesem Sinne können wir auch die Botschaft verstehen, die unsere Partei an den Kongreß gerichtet hat.«

Die Schriftsteller verstanden diese Botschaft freilich auf ihre eigene Art. Arnold Zweig hatte zu Beginn des V. Kongresses zu »gründlichster und rücksichtslosester Aufrichtigkeit« in den literarischen Werken aufgerufen. Die Kompromißformeln wurden von den Künstlern, wie nach dem IV. Schriftstellerkongreß als Schwäche der Partei-Administration aufgefaßt und ausgenutzt. Und wie nach dem IV. Kongreß führte dieser wiedergewonnene relative Spielraum zu einer Lyrikerrevolte. Kurella und Abusch, die dies wohl ahnen mochten, lagen auf der Lauer, um sich für die erlittenen Demütigungen zu rächen.

Das Ende des zweiten Kulturkampfes wirkte sich jedoch zunächst nur geringfügig aus. Er begünstigte zum Beispiel Anfang des Jahres das Erscheinen der Romane »Beschreibung eines Sommers« von Karl Heinz Jakobs und »Du wirst dir den Hals brechen« von Armin Müller. Es waren Erträge von Aufenthalten in einer sozialistischen Brigade und einer Produktionsgenossenschaft, die den Bitterfelder Rahmen sprengten. Vor einem Jahr noch wären sie verstümmelt worden. Jetzt wurden sie, auf dem V. Kongreß, öffentlich gelobt. Jakobs hatte die Geschichte einer Liebe beschrieben, die gegen die sittlichen Normen der neuen Gesellschaft verstieß. Armin Müller hatte den idyllischen Schleier, wie ihn Bernhard Seeger in seinem Roman »Herbstrauch« wob, von der Kollektivierung der Landwirtschaft gerissen. Die gelockerten Publikationsmodalitäten begünstigten ferner das Wiederauftauchen jener Lyrik, die durch die Kulturrevolution erledigt schien. Günter Kunert äußerte sich in seinem »Kreuzbraven Liederbuch« morgensternisch renitent. Johannes Bobrowski zeigte mit seinem ersten Gedichtband »Sarmatische Zeit«, wie gänzlich unberührt er durch die Ereignisse der letzten Jahre gegangen war. »Sinn und Form« veröffentlichte Gedichte von Reiner Kunze, in denen durch einen Akt dichterischer Reinigung der Bitterfelder Geist gänzlich ausgetrieben war.

Die Impulse des V. Schriftsteller-Kongresses fanden ihren massenhaften Ausdruck erst 1962. Der Bau der Mauer in Berlin am 13. August, ein Vierteljahr nach dem Kongreß, und die einsetzende Repressionswelle lösten in vielen Schriftstellern nicht nur einen tiefen Schock aus, sondern zwangen sie erneut, Unterdrückungsmaßnahmen zu akklamieren. Schriftsteller wie Hermlin, Bredel und Wiens, die sich eben noch für eine Öffnung eingesetzt hatten, gaben der Abschließung ihre ernsthafte bis freudige Zustimmung. Dem Schock, der nach dem 17. Juni sich zu einem zweiten Trauma der Schriftsteller in der DDR verdichtete, folgte acht Wochen später, nicht weniger emotional aufwühlend, der Aufbruch der Hoffnungen, die vom XXII. Parteitag der KPdSU ausgingen, der vom 17.–31. Oktober in Moskau tagte und ein zweites »Tauwetter« versprach. Hin- und hergerissen zwischen diesen polaren Erschütterungen, brauchten die Schriftsteller zweifellos Zeit, um sich zu sammeln, die neue Lage zu erkennen und auch die Mauer als Argument zu gebrauchen – wie das Heinz Kahlau am 1. Juli 1962 tat, als er im »Sonntag« erklärte, man sei nun doch »gesellschaftlich stark genug«, um »Vorsichten, Rücksichten, Thesen, Tabus und andere derartige Geschichten« abzubauen und »von unserer sozialistischen Position her mehr Möglichkeit zu geben, auch eigenständig nach der Wahrheit zu suchen.« Die SED war, wie 1956, geschickt genug gewesen, den Schriftsteller-Kongreß wieder vor einem Enthüllungsspektakulum stattfinden zu lassen, aber sie konnte, wie 1956, wieder nicht verhindern, daß die Proklamationen des Schriftsteller-Kongresses von den Meldungen aus Moskau in der Folge radikalisiert wurden, obwohl sie gleich den Anfängen wehrte, als sie den Roman »Das gespaltene Herz« von J. C. Schwarz, der sich an der deutschen Teilung versuchte, im Oktober einstampfen ließ.

Die neue Lyrikerrevolte rekrutierte sich aus älteren, jüngeren und bis dato unbekannten Dichtern; unter ihnen: Peter Huchel, Erich Arendt, Günter Kunert, Heinz Kahlau, Reiner Kunze, Rainer Kirsch, Wolf Biermann, Volker Braun, Günter Wünsche. Sie erstreckte sich von Huchels hermetischem »Traum im Tellereisen« über Kunerts kafkaeske Klage wider eine Gewalt, die zu viele Namen hat, bis zu Biermanns hemdsärmeliger Offenheit. »Sinn und Form«, »Sonntag« und »Neue Deutsche Literatur« waren ihre Foren. Willi Bredel erklärte in einem Interview des »Forum« vom 13. 12. 1962, als Präsident der Akademie der Künste, auf die literarische Situation in der Sowjetunion nach dem XXII. Parteitag anspielend: »Ich wünsche mir wahrhaftig, daß es uns gelingt, in Lyrik und Prosa wahre Jewtuschenkos hervorzubringen, die Mut zeigen, die sich manchmal wie der Hecht im Karpfenteich benehmen, die aber Bewegung bringen und Großes schaffen.« Den Höhepunkt dieser Bewegung bildete der legendäre Lyrikabend, den Stephan Hermlin, der sich ebenso wie Bredel wieder von Depression und Unterwerfung erholt hatte, am 11. Dezember 1962 in der Akademie der Künste veranstaltete. Es war der Abend, wo Wolf Biermann debutierte. Hermlin hatte als Sekretär der Sektion Lyrik durch Zeitungsannoncen, junge, unbekannte Lyriker aufgefordert, unveröffentlichte Arbeiten einzureichen, und von den über 1200 eingegangenen Gedichten, 50 zum Vortrag ausgewählt. Im Auditorium zeigten sich besonders Paul Wiens, John Heartfield und Fritz Cremer von den Lesungen beeindruckt. Nach der pamphletistischen Kritik von Bernt v. Kügelgen, im »Sonntag« vom 6. Januar 1963, hinterließ dieser Abend auf die Funktionäre indessen folgenden Eindruck: »... es gab auch einzelne Gedichte voller Düsterkeit und mühsam enträtselbarer Bilder, in denen die Verfasser darüber klagen, daß Glück in diesem Lande schwer sei und es schwerer ist, genau zu hassen, daß Langeweile als Würde gepriesen werde, man gegen Trockenheit Argwohn hege, Ratlosigkeit und Durcheinander herrsche. Bringt man diese Verse auf einen Nenner, zeigt sich in ihnen ein Mißbehagen an unserer Umwelt, ein Sticheln gegen eine Kraft, deren Adresse zwar nicht genannt wird, die jedoch zwischen den Zeilen ganz offensichtlich steht... Was hat dieses triste Gemäkel mit den Aufgaben gemein, die der Programmentwurf der SED den Schriftstellern gestellt hat?... Das Positive dieses Abends erhielt durch die Gedichte der letzten Kategorie den säuerlichen Beigeschmack einer Distance vom Staat der Arbeiter und Bauern und seiner Politik... Niveau und Parteilichkeit lassen sich jedoch nicht voneinander trennen. Ein kleinbürgerliches Magengrimmen schafft noch keine Lyrik mit dem Anspruch, neu und jung zu sein.«

Auf dem Theater schien nun auch endlich die Stunde für das Stück »Die Sorgen und die Macht« von Peter Hacks gekommen zu sein.[27] Es wurde am 2. Oktober 1962 in seiner dritten Fas-

---

[27] vgl. die Zusammenfassung von H. Kersten: Die Sorgen und die Macht – Der Konflikt zwischen Peter Hacks und der SED. SBZ Archiv, 1/2, 1963.

sung im »Deutschen Theater« uraufgeführt. Es entbrannte sofort eine heftige Debatte, die sich bis in den Dezember hinein erstreckte. An ihrem Anfang bemängelte Walter Pollatschek in der »Berliner Zeitung«, daß die dritte Fassung die »falsche Konzeption« keineswegs beseitigt habe, es seien sogar noch »weiter verschlechternde Korrekturen« angebracht worden, »wie zum Beispiel die hochmütige Ironisierung des Bitterfelder Weges«. Willi Köhler gab sich in seiner Rezension im »Neuen Deutschland«, die auffällig verspätet erschien, bemerkenswert konziliant; er dankte Hacks für dieses »Bekenntnis zur Arbeiter- und Bauernmacht«, konnte indessen nicht umhin, besorgt anzu- merken: »Man könnte, zöge man Rückschlüsse aus den darge- stellten Arbeitertypen auf die gesamte Klasse, leicht zu der Auffassung kommen, daß sie von dem gleichen moralischen Verfallsprozeß zersetzt wird wie die Großbourgeoisie, und die eigentlichen gesellschaftlichen Triebkräfte teils Liebe, teils Sexua- lität sind.« Demgegenüber wies die Schauspielerin Steffi Spira auf die positive Wirkung hin, die von der Kritik an Mißständen in dem Roman »Schlacht unterwegs« von Galina Nikolajewa ausgegangen sei, und zeigte sich zuversichtlich, daß ähnliche Wirkungen auch das inkriminierte Stück von Hacks hervorrufen könnte. Gegen Ende der Debatte verteidigte Anna Seghers als Präsidentin des Schriftstellerverbandes das Stück von Peter Hacks und seine Inszenierung durch Wolfgang Langhoff; sie hoffe sogar, schrieb sie im »Neuen Deutschland«, daß man auf unseren Bühnen bald noch mehr Stücke spielen wird, die soviel Erregung erwecken.

Dazu sollte es vorerst nicht mehr kommen. Günter Kunerts vorweihnachtliches Fernsehspiel »Monolog eines Taxifahrers«, das wohl eine noch stärkere Erregung erweckt haben würde, wurde kurz vor der Sendung, die auf den 23. Dezember 1962 angesetzt war, zurückgezogen. Die Fabel war, wie Kurt Hager sie später rügend beschrieb: Es hilft »ein Taxifahrer einem Mädchen, das kurz vor der Entbindung steht. Er bringt es ins Krankenhaus, nimmt aber keine Bezahlung dafür und versucht den ganzen Tag, den Vater des Kindes zu erreichen. Dabei stößt er dauernd auf Hindernisse. Obwohl das Stück in der DDR spielt, ist der Mensch auf sich gestellt... Die Diskreditierung und Verfälschung unserer Gesellschaft wird dadurch verstärkt, daß ... der Taxifahrer ... bei seinem Versuch, einem anderen

Menschen zu helfen, immer auf Unverständnis, Widerstand und Feindschaft stößt«. Er zitierte aus dem »Monolog« voller Entsetzen die Sätze: »Melde, Mensch, immer melde. Ein Volk von verhinderten und nicht verhinderten Polizisten, das sind wir und sind wir schon immer gewesen. Heil uns.« – »Was machst du hier, Taxifahrer, Normalverbraucher, Durchschnittsmensch, Durchschnittsniete, Durchschnittsversager? Warum kriechst du nicht unter deinen Weihnachtsbaum, an den warmen Ofen, ins tröstende Bett? Warum kümmerst du dich um die, die sich um dich nicht kümmern?« – »Schluß jetzt mit der selbstmörderischen Anständigkeit. Mit der Einsicht in immer neue Notwendigkeiten, die keine sind. Rücksicht, Einsicht, Vorsicht, Nachsicht: alles Fesseln, Ketten, die ›süßer nie klingen‹, Ketten wie Schlangen, ziehen sich immer enger zusammen und pressen einem das Leben aus dem Leib. Schluß damit! Mach dich frei. Sag nein. Nein. Nein!«[28]

Paul Wiens hatte auf dem V. Schriftsteller-Kongreß öffentlich erklärt, daß die komplizierte künstlerische Auseinandersetzung mit der Realität »nicht immer« zum sozialistischen Realismus führen kann. Das war eines der ersten Zeichen dafür, daß die Schriftsteller in der DDR begannen, eine der Prämissen ihres Fehlverhaltens und ihrer Fehlleistungen zu bedenken. Die Anzeichen einer theoretischen Neubesinnung erstreckten sich bis in die Partei-Administration hinein. Marianne Lange gab 1962 unter dem Titel »Über Literatur und Kunst« eine Auswahl aus den Becherschen Reflexionsbänden heraus, die während der Kulturrevolution in Verruf geraten waren; von den 928 Seiten des Bandes waren dem sozialistischen Realismus nur 30 Textseiten gewidmet. Bechers Begriff der Literatur-Gesellschaft kam wieder zu Ehren – nach der Konzeption der vergesellschafteten Literatur, die während des zweiten Kulturkampfes entwickelt worden war. Den indirekten Höhepunkt dieser Neubesinnung lieferte »Sinn und Form« mit dem letzten Heft des Jahrgangs 1962, das drei programmatische Diskurse enthielt: die im Sommer 1962 in Moskau gehaltenen Reden »Die Abrüstung der

---

[28] K. Hager: Parteilichkeit und Volksverbundenheit unserer Literatur und Kunst. Rede auf der Beratung des Politbüros des Zentralkomitees und des Präsidiums des Ministerrats mit Schriftstellern und Künstlern am 25. 3. 1963. ND, 30. 3. 1963; SB Archiv, 7/1963.

Kultur« von Jean-Paul Sartre und »Entfremdung, Dekadenz, Realismus« von Ernst Fischer und die Rede, mit der sich Louis Aragon im Herbst 1962 für die Verleihung der Ehrendoktorwürde in Prag bedankte. Sartre plädoyierte für eine ideologische Koexistenz, Fischer rehabilitierte die verschwefelten Begriffe Dekadenz und Formalismus mit einer differenzierten Analyse der spätbürgerlichen Literatur und Aragon forderte wider die »schmeichlerischen Verklärungen der Realität« einen »offenen Realismus, einen nicht akademischen, nicht festgelegten Realismus, der sich auf neue Fakten besinnt und sich nicht an denen genügen läßt, die schon seit langem abgerichtet, politisch hergerichtet sind, der sich auf seinem Wege modifiziert, um imstande zu sein, die ungenormte Wirklichkeit zu erkennen, der sich nicht damit zufrieden gibt, alle Schwierigkeiten auf einen gemeinsamen Nenner zu bringen, der nicht dazu da ist, das Geschehen wieder zurückzuführen in die prästabilisierte Ordnung, sondern der den Nerv des Geschehens zu treffen weiß«.

So hatte der Kompromiß des V. Schriftsteller-Kongresses trotz seiner verspäteten Wirkung in kürzester Zeit praktisch und theoretisch zur Liquidierung der Bitterfelder Konzepte geführt. Kurella und Abusch mußten das ohnmächtig, wenn auch nicht tatenlos, mitansehen, wobei Abusch wegen seiner neuen Funktion weniger Gelegenheiten hatte, einzugreifen. Kurella erkannte sofort die Gefahren, die der von ihm inspirierten Kulturrevolution drohten. Schon als die ersten Forderungen nach Liberalität hinter der Mauer auftauchten, widersprach er heftig. Gegen das Argument: »Jetzt habt ihr die Grenze zugemacht, jetzt ist alles klar und in Ordnung, und jetzt könnt ihr uns endlich schreiben lassen wie wir wollen«, wandte er ein, hier werde »eine alte Position verteidigt, nicht eine neue gesucht«.[29] Als die Zeitschrift »Kunst und Literatur«, deren Zweck es ist, die Leser in der DDR mit sowjetrussischen Publikationen bekannt zu machen, begann, die kulturpolitischen Ergebnisse des XXII. Parteitages zu verbreiten, intervenierte Kurella mit dem Satz: »Bei uns liegen die Dinge anders.« Er versuchte Ilja Fradkins Plädoyer für die »reine und volle Wahrheit« als »Meinungsstreit um des Meinungsstreites willen« zu erledigen. Er verhöhnte Frad-

---

[29] zit. nach M. Reich-Ranicki: Literarisches Leben in Deutschland – Kommentare und Pamphlete. München 1965, 56.

kins Forderung, neben der historischen Bedingtheit der spätbürgerlichen Literatur auch ihre eigene künstlerische Wahrheit
wahrzunehmen, als Rezept »Schickt alle Künstler erst einmal
durch die Schule der Dekadenz, und ihr bekommt neue Meister
des sozialistischen Realismus.«[30] Aber er konnte nicht verhindern, das dies alles geschah. Er konnte erst, nachdem das Stück
»Die Sorgen und die Macht« aufgeführt worden war, Peter
Hacks als einen der »Spinner« denunzieren, die »die Größe
dieser menschlichen Anstrengungen nicht sehen und nicht zu
würdigen wissen, sondern nur auf ein abstraktes, ausgedachtes
Ideal in der Zukunft starren«. Desgleichen konnte auch Abusch
erst hinterher dieses Stück als das Beispiel eines neuen Schematismus brandmarken, wie er schon 1956 die Versuche einiger
Schriftsteller zu despektieren pflegte, die Literatur in der DDR
auf das Niveau anderer sozialistischer Literaturen zu heben. Ihre
Stunde schien gekommen, als die SED sich gezwungen sah, die
elementaren Ausbrüche zu begradigen: auf dem VI. Parteitag,
vom 15.–21. Januar 1963, und auf der Beratung des Politbüros
der SED und des Präsidiums des Ministerrats der DDR mit
Künstlern und Schriftstellern, vom 25.–26. März 1963.

Auf dem VI. Parteitag wurde die Richtigkeit des Bitterfelder
Weges bestätigt, die Kritik an den Abweichungen parteioffiziell
und nach den Verantwortlichen gesucht.[31] Paul Verner bezichtigte Wolfgang Langhoff, als Intendant des »Deutschen
Theaters« im Falle Hacks falsch gehandelt zu haben, Hermlin sei
als Leiter der Sektion Lyrik in der Akademie der Künste verantwortlich für die Lyrikerrevolte, Huchel als Chefredakteur der
Zeitschrift »Sinn und Form« für die Propagierung theoretischer
Unklarheiten und feindlicher Einflüsse, und Willi Bredel habe
als Präsident der Akademie der Künste versagt, indem er dieses
Treiben zuließ. Bredel übte sofort wieder Selbstkritik, die jedoch
als zu matt empfunden wurde. Es erhob sich der 1. Sekretär des
Bezirkes Magdeburg Alois Pisnik und empörte sich: » . . . bisher
ging es in der Akademie der Künste, wie es nach den Ausführungen des Genossen Bredel scheint, offenbar zu wie im engli-

---

30 Kunst und Literatur, 1 und 2/1962; SBZ Archiv, 10/1962.
31 vgl. die Zusammenfassung von H. Kersten: Die Defensive der Dogmatiker –
   Kulturpolitische Auseinandersetzungen vor und auf dem VI. Parteitag der
   SED. SBZ Archiv, 5/1963.

schen Oberhaus, wo ein Lord dem andern nicht weh tut und der Präsident keine Macht hat. Die erhabene, geradezu majestätische Isoliertheit im Elfenbeinturm hinderten aber weder Peter Huchel noch andere Mitglieder der Akademie, den Angriff gegen die Politik der Partei und gegen den sozialistischen Realismus zu führen. Der Lyrik-Abend der Akademie, der auf Initiative und unter Leitung des Genossen Hermlin stattfand, wurde zu Ausfällen gegen das Zentralorgan der Partei mißbraucht und zur Verbreitung von Gedichten, die vom Geist des Pessimismus, der unwissenden Krittelei und der Feindschaft gegenüber der Partei durchdrungen waren. Es wäre gut gewesen, wenn Genosse Bredel nicht wie ein neutraler Präsident gesprochen« hätte. Es erhob sich Kuba und klagte, die letzten Erscheinungen in der Literatur hätten die Auseinandersetzungen um zehn Jahre zurückgeworfen, womit er allerdings nur auf seine Weise den totalen Mißerfolg der Kulturrevolution protokollreif machte. Als Grund nannte er, was die unfreiwillige Enthüllung noch unterstrich: »Unsre derzeitigen Schwierigkeiten in der Kunstdiskussion bestehen darin, daß die Auseinandersetzungen des Jahres 1956 nicht konsequent zu Ende geführt wurden.« In dieser Atmosphäre kam Kurella zu seinem großen Auftritt. Wer, wie Peter Hacks, erklärte er, den Sozialismus als eine Kette von Fehlern betrachte, die Partei als einen Gesinnungsverein ansehe, käme notwendig dazu, »daß man sich beengt vorkommt, beengt durch die Partei und ihre Funktionäre, daß man ein ›unbestimmtes Unbehagen‹ verspürt. Und von da an geht es schnell weiter zum Ruf nach ›Befreiung‹, ›Befreiung‹ von dieser ›Enge‹, nach ›Freiheit für den künstlerischen Einfall‹, ohne daß man an das Verständnis unseres Lebens gebunden sein soll, nach Freiheit von Aufträgen, nach Freiheit von der Lenkung des Verlagswesens durch den Staat und der Lenkung des Kunstlebens durch unsere Partei. Solche Freiheitsrufe sind in den letzten Diskussionen laut geworden.« Nach seiner Vorstellung können die Auseinandersetzungen nur konsequent zu Ende geführt werden, wenn man sie konsequent abdrosselt: »Einer solchen Haltung«, drohte er, »können wir in unserem öffentlichen Leben keinen Platz einräumen. Wir können nicht zulassen, daß sie hier maßgeblichen Einfluß auf die Kultur und Kunst, vor allem auch auf den künstlerischen Nachwuchs ausüben. Und wir werden personelle Änderungen einleiten, die das sichern.« Im Zuge dieser Maßnahmen verloren Peter Huchel, Stephan Hermlin und Wolfgang Langhoff ihre Posten.

Alexander Abusch hatte seinen großen Auftritt auf der Beratung zwischen den Schriftstellern und den führenden Partei- und Staatsfunktionären. Hager bediente die Standpauke des Politbüros, Abusch die Standpauke des Ministerrats.[32] Hager verdonnerte Hermlin, Huchel, Langhoff, Hacks und Kunert, verurteilte die Auffassungen, die sich nach dem XXII. Parteitag in der Sowjetunion verbreitet hätten, insbesondere die Thesen von Ehrenburg und Fradkin, und erklärte eine »offene« Kunst, wie sie Aragon forderte, für eine Entartung der friedlichen Koexistenz. Abusch denunzierte dergleichen als Verrat am Sozialismus. Er attackierte Hermlin, Biermann, Kirsch, Wünsche und Kunert und agitierte mit inquisitorischer Gebärde: »Ich frage Günter Kunert von der Tribüne der Konferenz: Wollen Sie noch ein Dichter unserer Republik und gar ein Dichter unserer Partei sein? Wissen Sie eigentlich, wo der geistige Verrat an der Partei und an der Republik, an unserem Volk, das den Sozialismus aufbaut, beginnt, der Verrat auch an unserer weltverändernden und weltbefreienden Ideologie?«

So radikal und dräuend diese Reden klangen: es war indessen nur Theaterdonner. Was sie zu inaugurieren schienen: einen neuen Kulturkampf – er war nicht geplant. Nichts charakterisiert diese Zusammenkunft der Dichter und der Funktionäre schärfer als die kaltblütige und selbstbewußte Selbstkritik, die Stephan Hermlin abgab. »Ich war nicht der richtige Mann am richtigen Platz«, sagte er in scheinbarer Zerknirschung. »Ich bemühte mich in dieser Zeit um eine lebendige Tätigkeit in der Sektion, ihren Sitzungen, ihren öffentlichen Veranstaltungen. Ich versuchte, uns, die Sektion, in besseren Kontakt mit jungen Schriftstellern zu bringen, aber ich beging gleichzeitig eine Reihe von Fehlern. Der bekannteste hing mit dem Abend zusammen, an dem ich Gedichte junger Lyriker las. Ich möchte übrigens sagen, daß ich zu den Gedichten stehe, die ich selber las. Der wirkliche schwere Fehler, den ich beging, bestand darin, daß ich den zweiten Teil des Abends, die Aussprache, schlecht leitete, daß ich diese Aussprache und weitere Gedichte, die einige Autoren vortrugen, nicht im Zusammenhang mit der Situation sah, in der der Abend stattfand. Das hängt wohl damit zusammen, daß ich Dichtung und Kunst, die mein Leben fast ausfüllen, oft unabhängig von Zeit und Ort betrachte, da und wo sie sich äußern. Ich erkenne das als einen Fehler an; aber ich weiß auch, daß ich vor der Wiederholung dieses Fehlers nicht gefeit bin.«[33]

Hermlin hatte sich auf der Beratung nach den wirklichen Verhältnissen verhalten, die nur oberflächlich durch Huchels, Langhoffs und seine eigene Ablösung gekennzeichnet sind. Das eigentliche Opfer der Begradigung wurde nämlich Alfred Kurella. Die Partei dankte ihm für seine bemerkenswerte Wachsamkeit, indem sie ihm die Schuld in die Schuhe schob. Er mußte schon auf dem VI. Parteitag Selbstkritik üben, gestehen, in seiner Funktion als Leiter der Kulturkommission des Politbüros sich zu sehr auf die Entfaltung des künstlerischen Laienschaffens und der Massenkultur beschränkt zu haben, anstatt mehr die Auseinandersetzung mit den einzelnen Künstlern »bis zu Ende« zu führen. Die personellen Änderungen, die er ankündigte, sollten auch ihn betreffen. Er wurde seines Postens enthoben, und die Kulturkommission wurde aufgelöst. Im März 1963 wurde er als Leiter der Sektion »Dichtkunst und Sprachpflege« in die Akademie der Künste abgeschoben, wo er noch weniger als Abusch Gelegenheit haben sollte, in die Lenkung des Kunstlebens durch die Partei einzugreifen.

Die Klammern der Begradigung stellten den Kompromiß des V. Schriftsteller-Kongresses wieder her, der aus den Fugen geplatzt war. Zu Beginn dieser Operation hatte Ulbricht am 9. Dezember 1962 in Leipzig gesagt: »Manche Leute meinen, da wir gegen den Stalinschen Personenkult sind, müsse man jetzt Freiheit für alles geben, auch für den westlichen Formalismus und die abstrakte Kunst. Nein, haben wir gesagt, das hat mit Stalin nichts zu tun. Daß Stalin einen falschen Standpunkt in der Frage des sozialistischen Realismus hatte, das wissen wir. Darüber gab es Auseinandersetzungen.« Er zelebrierte dabei sein neues zwiespältiges Bewußtsein als Parteichef, dem die Freiheit zu weit gegangen

---

[33] ND, 6. 4. 1963; nachgedruckt in L. v. Balluseck: Literatur und Ideologie 1963 – Zu den literarisch-politischen Auseinandersetzungen seit dem VI. Parteitag der SED. Bad Godesberg 1963, 18 f.

war, und als Landesvater, der den Künstlern versicherte, daß der sozialistische Realismus alten Stils überholt sei. Am Ende der Begradigungsprozedur erklärte Kurt Hager auf der Delegiertenkonferenz des Schriftstellerverbandes, vom 23.–25. Mai 1963 in Ostberlin, wie sich zeigen sollte, verbindlich: »Wir haben keinen Grund und auch gar nicht die Absicht, unsere Schriftsteller und Künstler in irgendeiner Weise zu bevormunden. Wir werden ihnen nicht sagen: Du mußt das Werk so schreiben, oder du mußt die Darstellungsmethode und jene Zeitebene anwenden. – Das ist doch nicht unsere Aufgabe.« Und er prangerte die Praktiken an, »daß, sobald ein Schriftsteller oder Künstler kritisiert wird, gewisse Institutionen, Verlage und andere, sich von ihm zurückzuziehen beginnen. Sie haben Angst, etwas von ihm zu veröffentlichen. Sie fangen an, selbst das zu kritisieren, was in seinem Schaffen gut ist.«[34]

Der Hintergrund der Begradigung war die Überführung der beschleunigten Sozialisierung, jenes großen Sprunges vorwärts, in das »Neue ökonomische System der Planung und Leitung«, das auf dem VI. Parteitag proklamiert wurde. Mit dem großen Sprung war man in einem Notstandswinter gelandet, der durchgreifende Reformen verlangte, an deren Spitze sich die SED geschickt zu setzen wußte. Das NÖS gab eine Reihe bestimmter Fehler zur Kritik frei, die loyal geschützt werden sollte, soweit man sich loyal innerhalb dieses Rahmens bewegte, was besonders den neuen Werken von Strittmatter, Christa Wolf und Neutsch zugute kam. So konnten sich die Ansätze des V. Schriftsteller-Kongresses, nach Begradigung der Auswüchse, unvermindert fortsetzen. Es wurde Sache einer neuen, jüngeren Schar von Kulturfunktionären, das alles auf den Bitterfelder Nenner zu bringen, an dem festgehalten wurde, weil die Partei im Prinzip sich nicht irren kann. In diesen Kunststücken übten sich Hans Koch, Heinz Plavius, Arno Hochmuth und andere. Sie verwandelten Antonyme wie Literatur-Gesellschaft und vergesellschaftete Literatur in Synonyme und feierten jedes auch nur einigermaßen gegenwartsbezogene Werk als neuen Triumph des Bitter-

---

[34] W. Ulbricht s. Anm. 31; K. Hager: Wir freuen uns über jedes gelungene Werk. ND, 28. 5. 1963; SBZ Archiv, 12/1963; ebd. auch H. Kersten: Der Widerspenstigen Zähmung – Vorbereitung und Verlauf der Delegierten-Konferenz des Schriftstellerverbandes.

felder Weges. Die Schriftsteller fuhren fort, als habe es jene Auseinandersetzungen, die nicht konsequent zu Ende geführt worden waren, überhaupt nicht gegeben. Das NÖS stellte auf einer breiten Basis jene Verbundenheit zur Partei wieder her, wie sie ungebrochen nur im ersten Jahr der Republik bestanden hatte. Da das NÖS die Wirtschaft der DDR aus ihrer Malaise herausführte und Demokratisierungstendenzen zeigte, glaubten sich die Schriftsteller zum ersten Mal auch mit dem Volk verbunden. Der Kommunismus erschien ihnen sehr real, wie Brecht es in der »Mutter« gesagt hatte, als eine Sache, die schwer zu machen ist, aber eben zu machen ist. So schien die Literatur im NÖS, was es bisher in der DDR nicht gegeben hatte, alle Interessenten zu befriedigen: die Schriftsteller, die sie machten, die Partei, die sie nach wie vor zu planen trachtete, und das Publikum, das sie nun wirklich auch las. Diese Periode dauerte bis in das Jahr 1965.

Sie fand ihren generell anerkannten Niederschlag vor allem in den Romanen. Die Romanliteratur des NÖS folgte dabei zwei Tendenzen, die Anfang 1961 hervorgetreten waren, einer beharrenden und einer dynamischen Tendenz. Der beharrenden Tendenz, von der »Ankunft im Alltag« von Brigitte Reimann und »Herbstrauch« von Bernhard Seeger erfüllt waren, folgten im selben Jahr Günter und Johanna Braun »Eva und der neue Adam«; 1962 – Joachim Wohlgemuth »Egon und das achte Weltwunder«; 1963 – Günter Görlich »Das Liebste und das Sterben«; 1964 – Helmut Hauptmann »Der Kreis der Familie«; 1965 – Kurt Steiniger »Der Schöpfungstage sind nicht sechs«, Joachim Knappe »Mein namenloses Land«, Joachim Nowotny »Hexenfeuer«. Die dynamische Tendenz, die sich in »Beschreibung eines Sommers« von Karl Heinz Jakobs und »Du wirst dir den Hals brechen« von Armin Müller angekündigt hatte, setzten fort im selben Jahr Herbert Nachbar »Die Hochzeit auf Länneken«; 1962 – Jurij Brezan »Eine Liebesgeschichte«, Brigitte Reimann »Die Geschwister«, Irmtraud Morgner »Ein Haus am Rande der Stadt«; 1963 – Erwin Strittmatter »Ole Bienkopp«, Christa Wolf »Der geteilte Himmel«; 1964 – Erik Neutsch »Spur der Steine«; 1965 – Eduard Claudius »Wintermärchen auf Rügen«, Fritz Selbmann »Die Söhne der Wölfe«, Herbert Nachbar »Haus unterm Regen«, Hermann Kant »Die Aula«. An dieser Entwicklung ist bezeichnend, daß mit dem Einsetzen des NÖS die dynamische Tendenz sprunghaft anstieg, 211 während die beharrende Tendenz abflachte und erst wieder zunahm, als 1965 die dynamische Tendenz eine Grenze erreicht hatte, deren Überschreitung Gegenkräfte mobilisierte. Beiden Richtungen ist indessen ein Grundzug gemeinsam. Sie restaurierten mitnichten den Betriebsroman der verflossenen Schule, für die »Menschen an unserer Seite«, »Tiefe Furchen«, »Roheisen« und »Tinko« typisch gewesen waren. Sie knüpften dort wieder an, wo der zweite Kulturkampf die Entwicklung unterbrochen hatte: an die noch unbeholfenen Versuche, wie sie Claudius in »Von Liebe soll man nicht nur sprechen« und Hild in der »Ehe des Assistenten« unternommen hatte, um zwischenmenschliche Konflikte, besonders Liebes- und Eheprobleme, in den Mittelpunkt zu rücken. Sogar der Roman »Spur der Steine«, der noch am ehesten, äußerlich gesehen, aus dem Arsenal des alten Betriebsromans zusammengesetzt ist, bezieht aus dem Seitensprung eines Parteisekretärs mitsamt seiner privaten und öffentlichen Folgen seinen spannenden Kontext.

Die Lockerungen der Publikationsmöglichkeiten nach dem V. Parteitag offenbarten, daß die Kulturrevolution nur an der Oberfläche gesiegt hatte. Die Älteren wandten sich wieder ihren früheren Themen zu: 1961 – Ludwig Renn »Auf den Trümmern des Kaiserreichs« Fritz Selbmann »Die lange Nacht«; 1962 – Arnold Zweig »Traum ist teuer«; 1963 – Ludwig Renn »Inflation«. Ihre autobiographisch gespeisten Trilogien beendeten 1963 Herbert Jobst mit dem »Vagabund« und 1964 Jurij Brezan mit den »Mannesjahren«. Von den jüngeren Schriftstellern versenkten sich viele wieder in Kriegserlebnisse. Es entstand eine dritte Welle der Kriegsliteratur in den Romanen: »Die Abenteuer des Werner Holt« (1. Band) von Dieter Noll (1961), »Wir sind nicht Staub im Wind« von Max Walter Schulz (1962), »Der Hohlweg« von Günter de Bruyn (1963), »Die Abenteuer des Werner Holt« (2. Band) von Noll (1964), Jürgen Brinkmann »Frank Mellenthin« (1965).

Dieses thematische Panorama – Primat des Privaten in Gegenwartsstoffen, Rückkehr zu erprobten Sujets, Versenkung in Krieg und Vergangenheit – war auch für die Erzählung der NÖS-Periode gültig. Es erschienen: 1961 – Anna Seghers »Das Licht auf dem Galgen«; 1962 – Hermann Kant »Ein bißchen Südsee«, Franz Fühmann »Das Judenauto«, Eduard Claudius

»Das Mädchen ›Sanfte Wolke‹«; 1964 – Karl Heinz Jakobs

»Merkwürdige Landschaften«, Irmtraud Morgner »Notturno«; 1965 – Anna Seghers »Die Kraft der Schwachen«. In den Erzählungen war die Neigung, die Bitterfelder Planierung zu überwuchern, sogar noch deutlicher und, berücksichtigt man die Schwierigkeiten individueller Differenzierungen nach den Schmelztiegeln, wegen der kürzeren Form auch relativ erfolgreicher.

Die Regierung geizte in der NÖS-Periode nicht mit Ehrungen und Ermutigungen, den Weg in die Vielfalt weiter zu gehen. Sie zeichnete folgende Werke mit dem Nationalpreis aus: »Ole Bienkopp«, »Der geteilte Himmel«, »Spur der Steine«, »Die Abenteuer des Werner Holt«, »Wir sind nicht Staub im Wind« und »Mannesjahre«. »Die Aula« war zu spät erschienen; sie wurde durch verzögerte Auslieferung im Gegenteil sogar davor bewahrt, eines der Objekte des anhebenden dritten Kulturkampfes zu werden.

Der künstlerische Gewinn dieser NÖS-Prosa war indessen gering. Ludwig Renn gelang die Rückkehr zu »Krieg« und »Nachkrieg« genausowenig wie Arnold Zweig mit einer Reprise des Grischa-Konfliktes während des Zweiten Weltkriegs in Israel seine auseinanderbröckelnde und verflachende Erzählweise straffen und vertiefen konnte. In beiden Fällen zeichnete sich ein sinistres Ende ab. Anna Seghers erfrischte sich spürbar im Rekurs auf ihre Exil-Thematik. Eduard Claudius bekam das vietnamesische Kolorit vortrefflich. In diesen Fällen wurden Hoffnungen wiederbelebt. Die dritte Welle der Kriegsliteratur fiel thematisch wie formal hinter die zweite der Jahre 1957–1959 zurück; der Parole Kurellas verpflichtet, den Zweiten Weltkrieg als einen antisozialistischen Krieg zu beschreiben, konnte sie allenfalls handwerklich besser gearbeitete Produkte hervorbringen als sie die erste Welle der Kriegsliteratur der Jahre 1954–1957 ausgeworfen hatte. Sie blieb in einem »Hohlweg« braver Konventionalität stecken. Hoffnungslos konventionell fielen auch die neuen Werke von Strittmatter, Christa Wolf und Neutsch aus, obwohl sie ihre Vorläufer von 1957, »Von der Liebe soll man nicht nur sprechen« oder »Die Ehe des Assistenten«, weit übertrafen. Sie waren sichtbar durch Bedenken und Borniertheit gelähmt. Im Punkt der Unbefangenheit fand in diesem Genre der Roman »Beschreibung eines Sommers«, der sich knapp an der Grenze der »harten Schreibweise« bewegt hatte, keine Nachfolger. Die formal interessantesten NÖS-Romane, »Haus unterm Regen« und »Die Aula« blieben einer äußerlichen Modernität verhaftet, indem Nachbar die Tragik seines Stoffes mit Lyrismen aufweichte und Kant die Konflikte mit journalistischem Konformismus bagatellisierte. Strittmatter, Christa Wolf und Nachbar durchbrachen die Happy-End-Regel des sozialistischen Realismus. Der LPG-Matador Ole Bienkopp stirbt unverstanden und seiner Zeit voraus. Rita kann Manfred nicht davon abbringen, in den Westen zu gehen. Der junge Düsenpilot kann seine Geliebte nicht heiraten, weil ihr Vater in der Bundesrepublik revanchiert. In diesen drei Fällen ist jedoch den Interessen der, zudem ausgesprochen schematisch gezeichneten Gesellschaft so eindeutig der Vorzug gegeben, daß am Sinn des persönlichen Opfers nicht gezweifelt werden kann. Die Klischees der Perspektiven und Gefühle haben in diesem Verzicht auf eine eigene Sicht der Dinge ihre allzufesten Wurzeln. Die NÖS-Romane sind Verfallsprodukte des sozialistischen Realismus, aber im Verfall noch von ihm gezeichnet. Sie propagieren.

Die Begrenzung dieser literarischen Gewinne, die sich schon aus der immanenten Betrachtung ergibt, wird jedoch erst richtig markiert, wenn man diese Literatur den Romanen und Erzählungen gegenüberstellt, die sich das NÖS lediglich zunutze machten. Dazu gehörten: 1963 – Stefan Heym »Die Papiere des Andreas Lenz«, Manfred Bieler »Bonifaz oder Der Matrose in der Flasche«; 1964 – Johannes Bobrowski »Levins Mühle«, Günter Kunert »Tagträume«, Joachim Kupsch »Leiden oder triumphieren«; 1965 – Johannes Bobrowski »Boehlendorff und Mäusefest«, Boris Djacenko »Nacht über Paris«, Joachim Kupsch »Die Winternachtsabenteuer«, Rolf Schneider »Brücken und Gitter« und Hanns Cibulkas kunstgeschichtliche Reisenotizen »Umbrische Tage«. Hier setzte sich, wenn auch unterschiedlich in der Qualität, mit unübersehbarem Terraingewinn jene Literatur durch, die als Abseite, letzte Zuckung des bürgerlichen Individualismus gegolten hatte. Nach den Vorläufern »Karsten Sarnow« (1958) von Kasten und »Eine Sommerabenddreistigkeit« (1959) von Kupsch etablierte sich mit den neuen Romanen von Stefan Heym und Kupsch auch in der Epik deutlich die Hintergründigkeit der historischen Dimension; im »Lenz«-Roman sind Elemente des 17. Juni hinter Ereignissen von 1848/49 sichtbar – die »Winternachtsabenteuer« sind ein amouröses Glossar auf die Einteilung der Länder nach dem Ende Napoleons, das an jüngere Grenzziehungen denken läßt – »Leiden oder triumphieren« ist ein Bebel-Roman, der eine unverkennbare Sehnsucht nach vergleichbaren Parteiführern offenbarte. Wenn Stefan Heyms »Lenz«-Roman sicher nicht die Qualität der frühen »Kreuzfahrer von heute« erreichte, so zeigte er doch, gegenüber einem ähnlich breit angelegten Roman wie »Spur der Steine«, welche vielseitigen Ebenen und kompositorischen Techniken für einen Gesellschaftsroman gebraucht werden. Wenn Bieler mit seinem Schelmenroman aus dem Zweiten Weltkrieg, der Welks »Mutafo« und Strittmatters »Wundertäter« folgte, ein gewiß unausgegorenes Produkt vorlegte, beschämte er doch die konforme Pseudotiefe des »Hohlwegs«. In den Parabeln, Skizzen, Geschichten von Kunert und Schneider überwog Epigonales; sie zeigten indessen, gegenüber Erzählungen, wie sie Hermann Kant schrieb, daß es bei einer Regenerierung der Literatur darauf ankommt, sich an Literatur zu orientieren. Die neuen Werke von Bobrowski und Djacenko, die ausgereiftesten epischen Arbeiten dieser Jahre, führten Strittmatter, der das Elementare suchte, anschaulich vor, daß sich dergleichen nur herstellen läßt, wenn man ausschließlich eigener Sicht gehorcht; indem sie das an jüngst verstrichenem polnischem und französischem Milieu probierten, wurde freilich auch offenbar, daß der thematische Rahmen des NÖS nicht ausreichte, um die literarischen Verheerungen zu überwinden.

Die Lyrik von 1961–1965 zeigte noch krasser, daß die Ketten um so lauter rasseln, je mehr sie gelockert werden. Es kennzeichnet die Lage, daß einige Gedichtbände gleichzeitig in Ost und West, andere nur im Westen erschienen. Eine Übersicht ergibt folgendes Bild: 1961 – Bobrowski »Sarmatische Zeit«, Kunert »Das kreuzbrave Liederbuch«; 1962 – Bobrowski »Schattenland Ströme«, Cibulka »Arioso«, Franz Fühmann »Die Richtung der Märchen«, Heinz Czechowski »Nachmittag eines Liebespaares«; 1963 – Peter Huchel »Chausseen, Chausseen«, Reiner Kunze »Widmungen«, Bernd Jentzsch »Alphabet des Morgens«, Christa Reinig »Gedichte«, Günter Kunert »Erinnerung an einen Planeten«, Karl Mickel »Lobverse und Beschimpfungen«, Wilhelm Tkaczyk »Auf dieser Erde«; 1964 – Heinz Kahlau »Der Fluß der Dinge« und »Mikroskop und Leier«, Jens Gerlach »Das Licht und die Finsternis«, Adolf Endler »Die Kinder der

Nibelungen«, Georg Maurer »Gestalten der Liebe«, René Schwachhofer »Über Asche und Feuer«; 1965 – Günter Kunert »Der ungebetene Gast«, Jens Gerlach »okzidentale snapshots«, Sarah und Rainer Kirsch »Gespräche mit dem Saurier«, Armin Müller »Reise nach S.«, Volker Braun »Provokation für mich«, Hanns Cibulka »Sonate in C«, Walter Werner »Die Strohhalm-flöte«, Uwe Berger »Mittagsland«, Georg Maurer »Varia-tionen«, Friedrich Schult »Gib dich in Händen«. Einen charak-teristischen Rahmen dieses erneuten lyrischen Ausbruches bildeten die Anthologien des Mitteldeutschen Verlages: »Bekanntschaft mit uns selbst« (1961), die Gedichte von Bräunig, Czechowski, Jentzsch, Rainer Kirsch, Mickel und Stein-haußen enthielt, und »Sonnenpferde und Astronauten« (1964), die neben Gedichten von Braun, Michael Franz, Uwe Greß-mann, Sarah Kirsch, Klaus Möckel, Joachim Rähmer, Eicke Schmidt, Axel Schulze und Bernd Wolff zum ersten Mal und bis heute zum letzten Mal in der DDR Gedichte von Biermann druckte. Bekanntschaft mit uns selbst bedeutete die Entdeckung des lyrischen Subjektes, an der auch die ehemaligen Bitterfelder Bräunig, Czechowski, Jentzsch, Rainer Kirsch, Mickel und Stein-die Astronauten symbolisierten den Anspruch dieser lyrischen Subjekte, die Welt nach ihrem Formbegehren in erobernder Manier zu bilden. Gleichzeitig in Ost und West erschienen die Bände von Bobrowski. Kahlaus »Mikroskop und Leier« (Esslingen) ist mit drei unwesentlichen Ausnahmen eine Auswahl aus dem »Fluß der Dinge« (Ostberlin). Brauns »Provokation für mich« (Halle) entspricht dem Band »Vorläufiges«, der 1966 in Frankfurt am Main erscheinen sollte. Ein wesentlicher Teil des Bandes »Der ungebetene Gast« von Kunert war zuvor in dem westlichen Auswahlband »Erinnerung an einen Planeten« erschienen. Nur im Westen kamen die Gedichtbände von Peter Huchel, Christa Reinig und Reiner Kunze heraus; Huchel war es nicht einmal gewährt worden, die Gedichte, die er in den letzten 14 Jahren in »Sinn und Form« veröffentlicht hatte, in der DDR gesammelt herauszubringen.

Der Gedichtband von Huchel wurde gleich nach Erscheinen als ein singuläres, großes Ereignis der deutschen Dichtkunst gefeiert; er überragte nicht nur die Lyrik in der DDR mit hohem Abstand, in der Bundesrepublik konnten nur noch der ältere Wilhelm Lehmann und der jüngere Carl Guesmer diese

Verskunst übertreffen. »Chausseen, Chausseen« bekundeten, was manche geahnt haben mochten, den endgültigen Verzicht auf »Das Gesetz«. Max Zimmering hatte auf der Theoretischen Konferenz im Jahre 1958 noch gehofft, Huchel werde den Zyklus vollenden. Jetzt waren die Bruchstücke unter Gedichte vielfältigster Art gemischt, die von dem Motto des heiligen Augustinus, »... im großen Hof meines Gedächtnisses. Daselbst sind mir Himmel, Erde und Meer gegenwärtig...« getragen wurden. Mit dem Abbruch des »Gesetzes« erlitt die kommunistische Belletristik in der DDR ihre idealtypische Niederlage. Es blieb ein »Traum im Tellereisen«. Die märkischen Stücke sind, oft auf antikem Grund, von einer ausweglosen Melancholie erfüllt, vor der Huchel Zuflucht und Heilung, wie das oft in der deutschen Literatur geschah, in südlichen Gefilden, auf Reisen, suchte.

Bobrowskis gesammelte Gedichte aus dem ostpreußisch-polnisch-litauischen Dreieck zeigten eine vielleicht noch abweisendere Distanz. Ihnen lag nicht einmal mehr eine zerbrochene Identität zugrunde. Sie kamen ungebrochen aus einer anderen Welt. Die stimmungsstarken Gedichte sind freilich mehr skandierte Prosa als gearbeitete Poesie, so daß Bobrowski seinen ihm gemäßeren dichterischen Ausdruck folgerichtig mehr in seinen Romanen und Erzählungen finden konnte. Neben Kunze meldeten Jentzsch und in Ansätzen Friedemann Berger und Bernd Wolff Anspruch auf primäre Lyrik an, während die Gedichte von Christa Reinig, der »Ballade von der reisenden Anna« Helga Novaks (1965) vergleichbar, als Zeugnisse der Entfremdung und Herauslösung aus dem DDR-Milieu, wie die kritische Lyrik von Kunert, Kahlau, Gerlach, Kirsch und Biermann mehr durch ihre Inhalte wirkten. Die lyrischen Pendants zu den charakteristischen NÖS-Romanen lieferten, wenn auch mit betontem formalem Ehrgeiz, Mickel, Greßmann, Czechowski und Braun; in ihren Gedichten wetteiferten Stimmung und Gesinnung auf dem Grund eines politischen Vertrauens, auf dem auch einmal Reiner Kunze mit beiden Beinen fest zu stehen glaubte. Mit diesen Einschränkungen gilt für die jüngeren Lyriker dieser Periode, was Bernd Jentzsch an ihrem Ende beschrieb: »In den vergangenen fünf Jahren traten junge Dichter, unter ihnen Reiner Kunze, Karl Mickel, Adolf Endler, Volker Braun, Sarah und Rainer Kirsch, mit Arbeiten hervor, die sich durch unkonventionelle Sprache, Frische und eine gewisse Keckheit auszeichnen.«[35]

Im Gegensatz zur Lyrik und Prosa stagnierte die Dramatik dieser Jahre auffallend. Peter Hacks behauptete zwar, sie hätte seit 1962 unter den literarischen Gattungen in der DDR die Führung übernommen,[36] aber zu sehen war davon nichts. Die Bitterfelder Dramatik setzte sich sogar ungehemmt fort, während die Prosa und Lyrik dieses Weges so gut wie versandet war. In diesem Stil beherrschten die Bühnen: 1962 – Horst Kleineidam »Millionenschmidt«, Helmut Sakowski »Steine im Weg«; 1963 – Rainer Kerndl »Seine Kinder«; 1964 – Kuba »Terra incognita«, Horst Salomon »Katzengold«, Claus Hammel »Um neun Uhr an der Achterbahn«, Harald Hauser »Barbara«; 1965 – Helmut Sakowski »Sommer in Heidkau«. Differenziertere Stücke wurden selten gespielt, und sie kamen noch seltener auf die Bühne: 1963 – Joachim Knauth »Die Kampagne«; 1965 – Manfred Bieler »Die Nachtwache«. Eine NÖS-Dramatik konnte sich nicht entwickeln. Die Affäre um »Die Sorgen und die Macht« mitsamt Rücktritt von Wolfgang Langhoff hatten die Theater, auf denen ein kritischer Stoff allein schon durch die Aufführung noch kritischer wird, eingeschüchtert. Das NÖS rief auf dem Theater eine Welle der Bearbeitungen hervor: 1962 Peter Hacks »Der Frieden« (nach Aristophanes); 1963 Horst Ulrich Wendler »Schloß Gripsholm« (nach Tucholsky); 1964 Peter Hacks »Die schöne Helena« (nach Offenbach), Joachim Knauth »Die Soldaten« (nach Lenz), Claus Hammel »Frau Jenny Triebel« (nach Fontane); 1965 Peter Hacks »Polly« (nach Gay), Joachim Knauth »Weibervolksversammlung« (nach Aristophanes). Von ihnen wurde Knauths »Soldaten«-Bearbeitung sogar erst 1970 uraufgeführt. Hartmut Lange schrieb in dieser Periode, nach den »Senftenberger Erzählungen«, mit »Marski« und dem »Hundsprozeß« neue Geheimtips, die weder gedruckt, noch aufgeführt wurden. Peter Hacks schrieb »Moritz Tassow«, dessen Uraufführung sich immer wieder verschob. Helmut Baierl arbeitete die »Johanna von Döbeln«, Volker Braun den »Kipper Bauch« unaufhörlich um.

[35] B. Jentzsch: Überlegungen zu meinem Gedicht »Vorstadt Gablentz«. NDL, 7/1965, 105.

[36] P. Hacks: Tätig für Felder und Feste. »Theater heute«, 6/1965.

Hans Pfeiffer widmete sich emsig der Kriminalliteratur. Von Matusche, Djacenko und Heiner Müller war nichts Theatralisches zu vernehmen.

Die Grenzen und die Beschränktheit dieser Periode werden jedoch erst in ihrer ganzen Enge anschaulich, wenn man einen Blick auf die Literatur in den anderen sozialistischen Ländern dieser Jahre wirft. In der Sowjetunion war die Epik zu Solschenizyn, der die Vergangenheit, und Aksjonow fortgeschritten, der die Gegenwart in einer Weise darstellte, die der Partei als lästerlich und unerlaubt erschien. In der DDR gab es nicht nur nichts Vergleichbares, der Import dieser Literatur wurde auch noch weitgehend gedrosselt. Wären die typischen NÖS-Romane »Der geteilte Himmel«, »Ole Bienkopp«, »Spur der Steine« oder »Die Aula« von russischen Schriftstellern geschrieben worden, würde man sie in der Sowjetunion zu den Produkten der »Orthodoxen« gerechnet haben, zu den Romanen, wie sie von Kotschetow oder Tschakowskij geschrieben wurden. Es entspricht der Bewußtseinslage ihrer Verfasser, daß Christa Wolf im Jahre 1964, als sie von dem amerikanischen Journalisten Welles Hangen gefragt wurde, warum in der DDR der »Tag des Iwan Denissowitsch« nicht erschienen sei, apologetisch erwiderte: »Er wurde bei uns nicht veröffentlicht, weil das deutsche Volk politisch noch nicht so reif ist wie das russische. Das Kleinbürgertum ist hier immer noch gefährlich. Vergessen Sie nicht, daß es das Kleinbürgertum war, das Hitler unterstützte.«[37] Die Kriegsromane von Noll und de Bruyn, die schon innerhalb der Kriegsliteratur der DDR einen Rückschritt bedeuteten, wurden in Aufrichtigkeit und Differenziertheit von Simonows »Man wird nicht als Soldat geboren« oder von Bykows »Die Toten haben keine Schmerzen« geradezu deklassiert. Selbst Stefan Heyms Opposition im historischen Gewand des »Andreas Lenz« bleibt weit in der Aggressivität und Entlarvungslust zurück, die in Polen Wiktor Woroszylski mit seinem Saltykow-Stschedrin-Roman »Träume unterm Schnee« betrieb. Hätte es um »Die Sorgen und die Macht« keine Affäre gegeben, wären diesem Stück gleich der »Moritz Tassow« gefolgt und nach ihm »Johanna von Döbeln«, »Marski« und »Kipper

[37] W. Hangen: DDR, a. a. O., 192.

Bauch«, hätte sich also auch eine spezifische NÖS-Dramatik etabliert, so würde man sie doch als zurückgeblieben betrachtet haben müssen – im Vergleich zur tschechoslowakischen Dramatik von Pavel Kohout und Vaclav Havel. »Sie stirbt so schön sozialdemokratisch«, schrieb Claus Hammel, die Bewußtseinslage der verhinderten NÖS-Dramatik ausdrückend, über die Heldin des Schauspiels »So eine Liebe« von Kohout, als es in Ostberlin aufgeführt wurde; Havel blieb gleich ante portas. Das NÖS hatte eine erste Annäherung der Schriftsteller an das Volk begünstigt; vergleicht man indessen die kritische Lyrik von Kunert, Kahlau, Kirsch, Biermann mit der kritischen Lyrik von Jewtuschenko und Wossnessenskij, so ergibt sich doch ein gravierender Unterschied: während die Russen die Ängste und Erwartungen des Volkes artikulierten, indem sie hofften, die Kommunisten würden sich dieser Regungen annehmen, artikulierten die Deutschen die Ängste und Erwartungen der (guten) Kommunisten, indem sie glaubten, das Volk teile sie. Allein mit »Chausseen, Chausseen« von Huchel und einigen Gedichten von Kunze und Jentzsch erreichte die Belletristik in der DDR, und zwar zum ersten Mal in 15 Jahren, die Höhe der Literatur in anderen sozialistischen Ländern. Die Prosa von Bobrowski und Djacenko, die an dieser Stelle zu nennen wäre, folgte, wenn auch konsequent, dem Grundgesetz der deutschen Literatur in Ersatzwelt und Provinz zu sehr, um ihren Stellenwert internationalen Relationen sogleich zu offenbaren.

Es gehört durchaus zur Problematik des NÖS, daß auch nach dem Ende des zweiten Kulturkampfes Schriftsteller trotz Mauer der DDR den Rücken kehrten. Der Philosoph Ernst Bloch, der sich im Sommer 1961 im Westen aufgehalten hatte, kehrte nicht mehr hinter die Mauer zurück. Der damals noch unbekannte Werner Kilz ging durch den Gully, während Christa Reinig von einer Preisverleihung in Bremen nicht wieder zurückkehrte. Von einer Reise in die Bundesrepublik kehrte auch der Literaturhistoriker und -kritiker Hans Mayer nicht mehr zurück. Peter Huchel, der bat, sich unpolitisch in Italien niederlassen zu dürfen, erhielt, trotz Antichambrierens italienischer und schweizer Kommunisten in Moskau, die Ausreiseerlaubnis nicht. Reiner Kunze, der 1961 in die Tschechoslowakei hinüber heiratete, kehrte 1963 in die DDR zurück, um in Greiz nach der Weise seines 1966 geschriebenen Dezember-Gedichtes zu leben: »Stadt, fisch, reglos / stehst du in der tiefe / Zugefroren / der himmel über uns / Überwintern, das / maul am grund.«[38]

So ist es nicht erstaunlich, daß die relativen Freiheiten des NÖS von den Schriftstellern bald als unzureichend empfunden wurden. Die ersten Anzeichen traten mit der II. Bitterfelder Konferenz hervor, die veranstaltet wurde, um die Früchte der NÖS-Belletristik als reiche Ernte des Bitterfelder Weges in die Scheuer zu fahren. Sie fand vom 24.–25. April 1964 statt. Walter Ulbricht selbst hielt, wie auf der I. Bitterfelder Konferenz, das Hauptreferat mit der zweideutigen Parole »Wir brauchen eine offene, schöpferische Atmosphäre des Schaffens. Sie darf nicht durch revisionistische Aufweichung gestört werden.« Zu diesem Zweck versprach er einerseits die Zahl der Instanzen um die Hälfte zu verkleinern, und wies andererseits die Forderung nach Informationsfreiheit als irreal ab. Die wirklichen Verhältnisse waren jedoch nicht mehr in diese Formel und mit diesen Vorschlägen zu fassen. Wie die Lage für den Schriftsteller aussah, ging aus dem Diskussionsbeitrag von Christa Wolf hervor. Sie schilderte das Schicksal einer Reportage, die nicht veröffentlicht wurde, weil der Verfasser darauf bestand, die Dinge so beschreiben zu wollen wie er sie gesehen hatte. »Ihr müßt wissen«, kommentierte Christa Wolf die Begebenheit, »es ist keine ausgedachte Geschichte – darum erzähle ich sie.« Und sie fügte hinzu, womit sie die veröffentlichte NÖS-Belletristik im Grunde als schönfärberisch enthüllte: »Bei ausgedachten Geschichten ist es ja noch schwieriger.«[39] Noch sichtbarer bröckelte die NÖS-Ideologie in den Briefen auseinander, in denen die Künstler auf Anforderung des Ministeriums für Kultur ihre Gedanken zur Vorbereitung der II. Bitterfelder Konferenz geäußert hatten. Franz Fühmann bestritt kurzerhand die reiche Ernte, indem er forderte: »Entschiedene Förderung der Qualität in der Literatur und Bekämpfung alles Seichten, Geschluderten und Gehudelten, Kitschigen, Gedankenarmen, Banalen und Abgeschmackten. Es muß aufhören, daß einer für Pfusch und Murks noch honoriert

[38] R. Kunze: Sensible Wege. Reinbek 1969, 45.
[39] W. Ulbricht: Über die Entwicklung einer volksverbundenen sozialistischen Nationalkultur. ND, 28. 4. 1964; SBZ Archiv, 9/1964; Protokoll der zweiten Bitterfelder Konferenz 1964. Berlin (Ost) 1964, 229 f.; vgl. auch die Zusammenfassung von H. A. W. Kasten: Fünf Jahre Bitterfelder Irrweg. SBZ Archiv, 11/1964.

wird . . .« Heinz Kahlau packte das Dilemma der Lyrik im NÖS an der Wurzel, indem er feststellte: »Wir haben eine erfreuliche Lyriksituation und möchten sie noch verbessern. Aber den meisten Gedichten fehlt die Weltoffenheit, die große Thematik und die Qualität. Unsere jüngeren Dichter wissen erschreckend wenig über die Dichtung der Welt.« Fühmann meinte dasselbe, wenn er forderte, sich mit Kafka, Joyce und Proust sachlich auseinanderzusetzen. Und es war auch Fühmann, der die Bitterfelder Camouflagen der wirklichen Lage zerriß, indem er mitteilte, er werde den Betriebsroman, den man von ihm erwarte, nicht schreiben, und den Aufenthalt von Schriftstellern in den Betrieben als einen »großen Aufwand an Zeit« bezeichnete, der sich nicht rentiert, weil man auf eine Grenze stößt, »die nicht mehr zu überschreiten ist«, und weil man doch nur ein Außenstehender bleibe, der »auf die Dauer der Brigade zur Last fällt, wenngleich sie das auch nicht eingesteht.«[40]

Den nächsten Schritt ging Stefan Heym auf dem Colloquium, das vom 1.–5. Dezember 1964 in Ostberlin zwischen Schriftstellern aus der DDR und anderen sozialistischen Ländern stattfand. Er disqualifizierte in einer unangemeldeten Rede die Paraderomane des NÖS »Ole Bienkopp« und die »Spur der Steine«, über die er, ohne sie zu nennen, mit kaum unterdrücktem Hohn sagte: »Wie tief das Sehnen nach Debatte und Diskussion in der sozialistischen Welt geht, kann man an der Tatsache ermessen, daß dort, wo der Rotstift des Zensors eine echte Diskussion verhindert, unechte Diskussionen mit viel Lärm und wie auf Kommando durchgeführt werden – Kontroversen ohne Kontroverse, über Fragen von minimaler Bedeutung; öffentliche Debatten über Bücher, in denen so welterschütternde Ereignisse behandelt werden wie das törichte Vorgehen eines Dorfbürgermeisters, der seinen Bauern eine falsche Art von Kuhställen aufzwingen will, oder die außereheliche Vaterschaft eines kleinen Parteisekretärs, der den Skandal vertuschen möchte.« Er ging im Negativen wie im Positiven weit über seine Rede auf dem IV. Schriftsteller-Kongreß hinaus, wo er neben Rücksichten auf die Partei auch noch ein sichtbares Wohlwollen für die Partei spielen ließ. Jetzt sagte er: »Die Taktik des Verschweigens, die Forde-

[40] In eigener Sache – Briefe von Künstlern und Schriftstellern. Halle 1964, 34 f., 7 f.

rung: Bitte nur harmlose Debatten! sind in Wahrheit ein Mittel der Konservativen, ihre Politik des Nichtstuns fortzusetzen und ängstlich auf dem Deckel des Topfes hocken zu bleiben, in dem es so unheimlich brodelt. Wir dürfen die Schmerzen nicht fürchten, die es kostet, sich zur Wahrheit hindurchzufinden: Die Wahrheit ist immer revolutionär; wo ihr untrüglicher Zeiger gegen die Revolution ausschlägt, deutet er an, daß etwas fehlerhaft ist, nicht an der Idee der Revolution, wohl aber an der Art ihrer Durchführung.«[41]

Die Dinge entwickelten sich eskalativ. Nachdem die Partei eine Pseudo-Debatte über die Rolle des Helden in der sozialistischen Literatur ohne greifbares, verbindliches Resultat von Juli 1964 bis Januar 1965 veranstaltet hatte, bildete sich, gesättigt durch manche Unklarheiten nach dem Sturz Chruschtschows vom 14. Oktober 1964, eine Atmosphäre der Labilität. Es erschien etlichen Schriftstellern nicht nur nötig, sondern auch möglich, um der Literatur willen die Grenzen des NÖS zu überschreiten. Seit der Kafka-Konferenz vom 27.–28. Mai 1963 in Liblice bei Prag war das Klima in der interkommunistischen Diskussion umgeschlagen. Die Aktualität Kafkas wurde für das sozialistische Lager im sozialistischen Lager anerkannt. Eine Debatte über die Entfremdungsproblematik entbrannte, die an die vier Elemente der totalitären Diktatur – Kollektivismus, Technik, Bürokratie, Cäsaropapismus – heranreichte. Der sozialistische Realismus schien deklassiert, weil er sich als unfähig erwiesen hatte, die wirkliche Welt zu beschreiben. Das Spektrum neuer Ansätze reichte von Roger Garaudys »Realismus ohne Ufer« (1963), über Robert Havemanns Vorlesungen »Dialektik ohne Dogma?« (1963/64) bis zu Alexej Rumjanzews Reformpunkten, die im September 1965 die Konzepte der Ära Malenkow wieder belebten.[42] Diese Topographie eröffnete zum ersten Mal die Möglichkeit, daß kommunistische Reformideen publizistische Stützpunkte nicht mehr nur in der bürgerlichen Presse, durch die sie automatisch disqualifizierbar wurden, suchen und finden konnten.

41 S. Heym: »Stalin verläßt den Raum«. »Die Zeit«, 5. 2. 1965. Zum Dezembercolloquium ferner: NDL, 3/1965; SBZ Archiv, 4/1965.
42 H.-D. Sander: Die Affäre Rumjanzew. SBZ Archiv, 20/1965; ders.: Marxistische Ideologie und allgemeine Kunsttheorie, a. a. O., Kapitel »Begriffsverwandlung und Rekonstruktion«.

Den entscheidenden Schritt ging Stefan Heym in seinem Manifest »Die Langeweile von Minsk«. Der »Sonntag« lehnte im Sommer 1965 die Veröffentlichung ab, weil der Artikel »in einem tiefen Widerspruch zu politischen und kulturpolitischen Grundsätzen unserer Republik steht, deren Wahrheit und Richtigkeit fünf Jahrzehnte des Aufbaus in der Sowjetunion und zwei Jahrzehnte des Aufbaus in der DDR erprobten.« Er erschien jedoch am 20. August in der slowakischen Zeitschrift »Kulturny Život«, am 1. September in der Literaturzeitschrift der KPF, »Lettres Françaises«, am 25. September im theoretischen Organ der KPI, »Rinascità«, und am 29. Oktober in der Hamburger »Zeit«. Das Manifest enthielt vier programmatische Punkte. Zum ersten entzieht es der Partei das Wahrheitsmonopol; der Schriftsteller befindet sich im Gegensatz zu den Funktionären wie früher die Propheten zu den bestallten Priestern. Die Gesellschaft, auch die sozialistische, erkennt zum zweiten diese Funktion an, indem sie die Schriftsteller verehrt oder beargwöhnt, beschenkt oder verfolgt. Zum dritten forderte das Manifest, die Tabus zu mißachten, wenn auch gewisse Schwierigkeiten des Regierens anerkannt werden sollten. Im Verfolg dieser Pflicht dürfe sich der Schriftsteller zum vierten nicht scheuen, unter Umständen, auf Anerkennung, Bankkonten und Ordenskissen zu verzichten.

Die Belletristik, die sich auf diese neue Lage einpendelte, ließ nicht lange auf sich warten. Wolf Biermanns, in Westberlin erschienener Gedichtband »Die Drahtharfe« mit dem Ausruf »nicht ich, das Kollektiv liegt schief«, war das lyrische Pendant zur »Langeweile von Minsk«. Stefan Heym begann, sein Programm in schriftstellerische Tat umzusetzen mit der Kurzgeschichte »In höherem Auftrag«, die satirisch am Beispiel Kubas die bisherige Kulturpolitik zentral angriff. Klaus Poche kehrte mit seinem Roman »Der Zug hält nicht im Wartesaal« zur Brisanz der Kriegsliteratur von 1957–1959 zurück. Der »Bitterfelder« Werner Bräunig veröffentlichte unter dem Titel »Rummelplatz« das erste Kapitel eines Wismuth-Romans, in dem die häretische »harte Schreibweise« wieder durchbrach. Ihr hatte auch Eduard Claudius in dem »Wintermärchen auf Rügen« gefrönt. Denselben stilistischen Ehrgeiz zeigte Gerd Biekers Roman »Sternschnuppenwünsche«, den die »Junge Welt« abdruckte, in leichterer Gattung. Kurt Maetzig verfilmte das

Romanmanuskript »Das Kaninchen bin ich« von Manfred Bieler, das in der NÖS-Periode keinen Verlag gefunden hatte. Auf der Bühne konnte, oftmals verschoben, »Moritz Tassow« von Hacks erscheinen. Heiner Müller trat wieder hervor mit dem Stück »Der Bau«, das die »Spur der Steine« radikalisierte, wie vor Jahren der »Lohndrücker« die »Menschen an unserer Seite« radikalisiert hatte, aber nicht mehr aufgeführt werden konnte. Hans Pfeiffer schrieb die »Begegnung mit Herkules«, die noch 1966 inszeniert, aber schon vor der Premiere abgesetzt wurde. Bielers Moritatenstück »Zaza« wurde gleich im Manuskript eingezogen.[43] Noch schneller als die Bitterfelder Literatur drohte die NÖS-Belletristik zu zerbröckeln. Noch ehe aber eine neue Phase sich stabilisieren konnte, schlug die Partei zurück, um eine potentielle Entwicklung zu stoppen, deren politische Tendenzen durchaus nicht einheitlicher Prägung waren.

7. Kulturkampf und Finalitätskrise

Die SED entschloß sich, trotz der negativen Bilanz der ersten beiden Kulturkämpfe, einen weiteren Kulturkampf einzuleiten. Sie begann ihren dritten Kulturkampf auf dem 11. Plenum vom 15.–17. Dezember 1965. Wäre es nach Kurella und Abusch gegangen, hätte die Partei dieser Entwicklung schon in den Anfängen gewehrt. Kurella sah die Dinge einmal wieder kommen und er konnte sie wieder nicht verhindern. Seit Liblice stand er auf einem Posten, der verloren aussah. Als er Kafka die posthume Fähigkeit absprach, einen Prager Frühling anzukündigen, weil der Name des Dichters tschechisch nicht Schwalbe sondern Fledermaus bedeutet, schien das nicht mehr als eine semantische Fingerübung eines kulturpolitischen Serenissimus zu sein, den Garaudy lächerlich machte, indem er ihn als einen sozialistischen Dr. Pangloß bezeichnete, der seine Welt für die beste aller Welten hält. Seine Schlußworte in den Debatten über

---

[43] Hiervon erschienen in der NDL: W. Bräunig: Rummelplatz (10/1965); S. Heym: In höherem Auftrag (11/1965); H. Pfeiffer: Begegnung mit Herkules (9/1966). In: »Sinn und Form«: H. Müller: Der Bau (I/2, 1965); P. Hacks: Moritz Tassow (6/1965).

die Entfremdung und den sozialistischen Helden klangen wie Schwanengesänge.[1] Während Kurella sich wacker und scheinbar aussichtslos schlug, hielt Abusch vorsichtig zurück, lavierte; als jedoch das 11. Plenum vorbereitet wurde, wurde seine Stimme übergangslos schrill: er denunzierte Biermann, mit Kloakenbegriffen die Arbeiterklasse zu besudeln, Kurellas Eifer übertrumpfend, der sein maßgebliches come-back mit dem saloppen Hohn ansagte: »Man trägt jetzt Skepsis, so wie ›man‹ schmale, viereckige Hornbrillen trägt – sie beschränken offensichtlich das Sehfeld ...«

Die bestimmende Rede auf dem 11. Plenum hielt Erich Honecker. Er faßte die Objekte des dritten Kulturkampfes unter die Formel »Ideologie des spießbürgerlichen Skeptizismus ohne Ufer« zusammen. Seine Lageerklärung lautete: »Das Charakteristische all dieser Erscheinungen besteht darin, daß sie objektiv mit der Linie des Gegners übereinstimmen, durch die Verbreitung von Unmoral und Skeptizismus besonders die Intelligenz und die Jugend zu erreichen und im Zuge einer sogenannten Liberalisierung die DDR von innen aufzuweichen.« Die sich daraus ergebende Konsequenz: »Skeptizismus und steigender Lebensstandard schließen einander aus.« Das Programm der neuen Linie trug Kurella vor, der diesmal gesonnen war, sich nicht wieder abschieben zu lassen. Er skizzierte einen Perspektivplan »bis 1970 und darüber hinaus. Ich betone darüber hinaus«. Mit diesem Plan sei ein Vierfrontenkrieg zu führen und zwar: » – gegenüber alten und neuen liberalistischen und revisionistischen Tendenzen, die, wie wir hier gesehen haben, in einzelnen Fällen bis zur Konterrevolution gehen; – gegenüber den westdeutschen, unter den dortigen Verhältnissen relativ fortgeschrittenen liberalen ästhetischen Strömungen, die, wie wir ebenfalls gesehen haben, in einzelnen Fällen umschlagen können in eine echte revolutionäre Haltung, die aber auch dann noch etwas anderes sind als das, was vor uns steht; – gegenüber massiven revisionistischen Tendenzen bei unseren Bundesgenossen im sozialistischen und kommunistischen Lager und – gegenüber Routine

---

1 vgl. die Zusammenfassungen H.-D. Sander: Der Streit um den Dichter Kafka. SBZ Archiv, 14/1964; ders.: Abwehrschlacht wider die Entfremdung, ebd., 24/1964; ders.: Helden oder Sprachröhren der Zeit?, ebd., 15/1965.

und Unklarheiten oder verschiedene widersprechende Meinungen in Organen der Kulturfront bei uns selbst.«[2]

Das 11. Plenum bot eine Phalanx führender Parteifunktionäre gegen die Schöne Literatur auf, wie sie noch nie zuvor angetreten war. Massiv im Auftreten wie in den Ausdrücken standen den Attacken, die Honecker, Axen, Abusch und Kurella eingeleitet hatten, Paul Fröhlich, Horst Sindermann, Paul Verner, Kurt Hager und Albert Norden in nichts nach; sie suchten sich eher noch gegenseitig zu übertreffen. Die Angriffe galten den letzten gedruckten oder ungedruckten Werken von Stefan Heym, Eduard Claudius, Heiner Müller, Peter Hacks, Wolf Biermann, Manfred Bieler, Werner Bräunig, Gert Bieker, Klaus Poche und der Gruppe »alex 6«. Aber auch mündliche Äußerungen in den vorausgegangenen Debatten wurden dingfest gemacht; so entrüstete sich Paul Fröhlich über Hasso Grabners These: »Die Literatur hat immer die Mächtigen angegriffen. Jetzt hat die Macht die Partei. Die Partei muß sich also gefallen lassen, daß sie in der Literatur angegriffen wird.« Das 11. Plenum reichte zeitlich sogar nicht aus. Die Attacken wälzten sich noch bis zum Jahresende durch die Gazetten. Die fälligen personellen Konsequenzen befielen den Kulturminister Hans Bentzin, der von Klaus Gysi, und den Chefredakteur der »Neuen Deutschen Literatur«, Wolfgang Joho, der von Werner Neubert abgelöst wurde. Das Programm des dritten Kulturkampfes wurde auf drei Restriktionskonferenzen durchgepeitscht: auf der 1. Jahreskonferenz des Deutschen Schriftstellerverbandes vom 2.–4. 11. 1966, auf der 5. Sitzung des Staatsrats am 30. 11. 1967 und auf der 13. Sitzung des Staatsrats am 18. 10. 1968.[3] Das 9. Plenum vom 22.–25. 10. 1968, auf dem die Weichen für den VI. Schriftstellerkongreß gestellt wurden, sollte die Formen eines Konzils annehmen.

Die Restriktionskonferenzen des dritten Kulturkampfes lassen

[2] A. Abusch: Grundprobleme unserer sozialistischen Literatur. ND, 14. 12. 1965; A. Kurella: Man trägt Skepsis, ND, 15. 12. 1965; E. Honecker: Aus dem Bericht des Politbüros an die 11. Tagung des ZK. ND, 16. 12. 1965; A. Kurella: Kultur ist keine Sache der Spezialisten. ND, 19. 12. 1965; vgl. auch die Zusammenfassungen H.-D. Sander: Propheten in ihrem Land. SBZ Archiv, 1/2, 1966; ders., Zeit für Talentlose? ebd., 6/1966.

[3] vgl. die Zusammenfassungen H.-D. Sander: Beginn einer Spaltung. SBZ Archiv, 22/1966; ders.: Die gestrichene neue Zeit. Deutschland Archiv, 2/1968; ders., Das 9. Plenum, ein Konzil, ebd., 9/1968.

sich indessen nicht mit den Restriktionskonferenzen des zweiten Kulturkampfes auf einen Nenner bringen. Von seiten der Partei wurden die alten Standpunkte mit derselben Insistenz wiederholt, doch die Resonanz auf seiten der Schriftsteller war unvergleichlich dünn. Auf der 1. Jahreskonferenz 1966, der bezeichnenderweise eine 2. weder 1967, noch in den Jahren danach gefolgt ist, wetterten vor allem Alexander Abusch, Kurt Hager und Hans Koch gegen die schleichende Vorherrschaft westlicher Maßstäbe in den Künsten und forderten ein weiteres Mal die Einordnung der Künste in Strategie und Taktik der Partei. Ihnen pflichteten unter den anwesenden Schriftstellern vor allem Dieter Noll und Anna Seghers bei. Der erstere rief seine Kollegen auf, zuzugeben, daß man doch im Begriff gewesen sei, sich ganz schön unterwandern zu lassen, und behauptete von den literarischen Qualitätsnormen von drüben, daß sie auf einem silbernen Tablett angeboten würden, um das Wort und das Werk, das Macht und Waffe sei, zu entmannen, harmlos, wirkungslos, stumpf zu machen. Die letztere billigte wieder die Anwendung administrativer Maßnahmen. Aber weder Anna Seghers noch Dieter Noll hatten sich in den letzten Jahren sonderlich exponiert. Ein Umfall konnte von der Jahreskonferenz nicht gemeldet werden. Auf der 5. und 13. Staatsratssitzung ging es beinahe monologisch her. Im November 1967 remobilisierte der neue Kulturminister Gysi in bester shdanowscher Verfassung die angeblichen wie sattsam bekannten Schönheitsideale des Volkes gegen die amerikanische Kulturbarbarei, die sogar Goebbels weit hinter sich lasse, wobei er selbst wieder für Eingängigkeit und Singbarkeit der Musik plädierte, weil Zerstörung der Harmonie und unaufgelöste Dissonanzen für Menschen charakteristisch sei, deren Blick nicht die imperialistische Gesellschaftsordnung durchdringe. Die Presse in der DDR konnte dazu nicht eine einzige erbauliche Beifallsbezeugung aus den Kreisen der Künstler apportieren: entweder es gab keine, oder Widersprüche, die man tunlichst nicht veröffentlichte. Sah es dann zunächst aus, als würden die Schriftsteller durch die erzwungenen Lippenbekenntnisse zum Einmarsch in die ČSSR wieder kirre, so redete Gysi jedoch auch im Oktober 1968 gegen die Wand, als er euphemistisch die Kulturpolitik der DDR wegen ihres zwanzigjährigen Erfahrungsschatzes als beispielhaft für den internationalen Kampf des Sozialismus ausgab.

Der dritte Kulturkampf führte zum größten kulturpolitischen Fiasko der SED. Er trennte, wie das schon in anderen sozialistischen Ländern geschehen war, die Literatur von der Parteiliteratur. Bis zum 11. Plenum hatten sich die Schriftsteller, nach einer Wendung von Bieler, als »Ärzte am Krankenbett des Sozialismus« gefühlt.[4] Danach wurde es den meisten von ihnen bewußt, daß sie auf alle Fragen fortan eine eigene Antwort suchen müßten. Drei von ihnen fanden sie in der Flucht: Hartmut Lange, der Ende 1965 über Jugoslawien nach Westberlin ging, Manfred Bieler, der 1966 nach Böhmen ging, von wo er 1968 vor den Panzern des Warschauer Paktes weiter nach Bayern flüchtete, und Peter Huchel, der 1971 über Rom nach Baden umzog. Wer blieb, wurde in der Mehrzahl inkommensurabel. Nur wenige unterwarfen sich, darunter, nicht ohne Zögern und wiederum mit katastrophalen Folgen für ihr literarisches Werk, Anna Seghers . . .

Der dritte Kulturkampf unterschied sich schon allein dadurch von den vorangegangenen, daß es der Partei nicht gelang, die angegriffenen Schriftsteller zu exhibitionistischen Selbstbezichtigungen zu bewegen. Selbst ein delphinisches Manöver, wie es Stephan Hermlin noch im März 1963 auf der Beratung zwischen führenden Partei- und Staatsfunktionären und Schriftstellern vorführte, wiederholte sich nicht. Die Mehrheit quittierte die Gegenoffensive der Partei mit Ignoranz und Widerspruch. Franz Fühmann leistete sich sogar eine demonstrative Geste: er trat aus Protest gegen die neue Kulturpolitik aus dem Vorstand des Schriftstellerverbandes aus. Werner Bräunig, der auf dem 11. Plenum neben Heym und Biermann im Zentrum der Attacken gestanden hatte, fand Verteidiger unter seinen Kollegen. Christa Wolf sagte in ihrem Diskussionsbeitrag, der mehrfach von Funktionären unterbrochen wurde, über das »Rummelplatz«-Kapitel: »Meiner Ansicht nach zeugen diese Auszüge in der ›NDL‹ nicht von antisozialistischer Haltung, wie sie ihm vorgeworfen wird. In diesem Punkt kann ich mich nicht einverstanden erklären. Das kann ich mit meinem Gewissen nicht vereinbaren.« Fritz Selbmann verteidigte ihn, allerdings zu Lasten von Heym und Biermann, in der folgenden Debatte über das 11. Plenum, die sich bis in das Frühjahr 1966 erstreckte:

---

[4] Nach einem unveröffentlichten Interview von G. Bohm.

»Man muß Werner Bräunig und seine schriftstellerische Arbeit sehr differenziert beurteilen und darf ihn nicht pauschal abfertigen. Man darf ihn vor allem nicht in einen Topf werfen mit jenen zweifelhaften Propheten und Bänkelsängern, die alles herunterreißen und besudeln...« Fritz Erpenbeck indessen brach in seinen Notizen »Pegasus auf Rummelplätzen« für Werner Bräunig offen eine große Lanze und für Stefan Heym insgeheim, quasi in der Hosentasche, eine kleine Lanze, indem er mit einem hieb- und stichfesten Zitat von Gorkij auch den sozialistischen Schriftsteller für einen Propheten erklärte.[5] Daß Werner Bräunig sich für diesen Einsatz dadurch bedankte, daß er Zoll um Zoll zurückwich, bis er sich, vielleicht zu seiner eigenen Überraschung, auf der Seite der Funktionäre, mit den obligaten verheerenden Folgen für seine schriftstellerischen Arbeiten, wiederfand, steht auf einem anderen Blatt.

Die Mehrzahl der Schriftsteller war nicht gesonnen, die Bedingungen des dritten Kulturkampfes für sich zu akzeptieren. Schon auf dem 11. Plenum erklärte Christa Wolf: »Die Kunst muß auch Fragen aufwerfen, die neu sind, die der Künstler zu sehen glaubt, auch solche, für die er noch nicht die Lösung sieht... Das ist die typische Literaturfrage. Wir haben dabei sehr wenig Hilfe, weil unsere Soziologie und Psychologie uns wenig an Verallgemeinerungen gibt. Wir müssen selbst auf diesem Gebiet studieren und experimentieren, und es wird nach wie vor passieren – es wird mir passieren oder schon passiert sein –, daß man etwas verallgemeinert, was nicht verallgemeinernswert ist. Das kann sein. Dazu möchte ich aber sagen, daß die Kunst sowieso von Sonderfällen ausgeht und daß Kunst nach wie vor nicht darauf verzichten kann, subjektiv zu sein, das heißt, die Handschrift, die Sprache, die Gedankenwelt des Künstlers wiederzugeben.« Indem Christa Wolf das alles für eine »Literaturfrage« erklärte, tat auch sie, hier gewiß noch unbewußt, den entscheidenden Schritt zur Emanzipation der Schönen Literatur. Ihr folgten in öffentlichen Erklärungen während der Vorbereitung der ersten Restriktionskonferenz Armin Müller und Paul Wiens. Armin Müller sagte in einem Interview des »Neuen Deutschland«: »Es gibt da eine Reihe von Mißverständnissen.

---

[5] C. Wolf: ND, 19. 12. 1965; F. Selbmann: ND, 17. 12. 1965; F. Erpenbeck: NDL, 3/1966.

Unsere Ordnung, wir wissen das alle, erstrebt die Übereinstimmung der Interessen des einzelnen mit denen der Gesellschaft ... Diese Wahrheit erkennen und aussprechen heißt jedoch nicht, Konflikte zwischen dem einzelnen und dem Kollektiv zu Anachronismen zu erklären und damit für die Literatur zu disqualifizieren.« Paul Wiens unterstrich, ebenfalls in einem Interview des »Neuen Deutschland« die »Eigengesetzlichkeit« der verschiedenen literarischen Genres und gab zu bedenken: »Unsere Literaturwissenschaft hat erst vor relativ kurzer Zeit mit der Erforschung dieser ästhetisch-soziologischen Zusammenhänge begonnen. In der Praxis gehen die Meinungen noch weit auseinander. Das führt zu manchmal maßloser Überbewertung der ›Nützlichkeit‹ oder ›Schädlichkeit‹ einer literarischen Arbeit, eines Kapitels, einiger Zeilen, ja einzelner Ausdrücke!«[6] Man könnte meinen, Wiens habe gerade Rosa Luxemburg gelesen, die einmal geschrieben hatte: »Schablonen wie ›Reaktionär‹ oder ›Fortschrittler‹ besagen an sich in der Kunst noch wenig ...«
Die Eigengesetzlichkeit wurde im Jahre 1966 in jeder literarischen Gattung selbstbewußt behauptet. Für das Drama tat das Hans Pfeiffer in einer Weise, die für sich spricht. Er ließ Auszüge aus einer Rede, die er 1965 über seinen, später abgesetzten »Herkules« gehalten hatte, unter dem renitenten Titel »Prämissen sozialistischer Dramatik« erscheinen. Er mobilisierte darin gegen die »demonstrativ-deduktive Dramatik« eine Dreidimensionalität von »Erbe, Aktion, Perspektive«, die Gegenwärtiges transzendieren soll. Die »theatralische Realität« erklärte er infolgedessen als mit der »objektiven Realität« »überhaupt nicht deckungsgleich«, und ging mit der These, Kunst sei eine »zweite Wirklichkeit« zu einer allgemeinen Kunsttheorie über.[7] In der Lyrik-Debatte, die im Frühjahr vom »Forum« entfesselt wurde, sagten Karl Mickel: »Ich glaube nicht, daß die Entwicklung der Künste unmittelbar an die Entwicklung der Produktivkräfte geknüpft ist« und Heinz Czechowski: »Das dichtende Subjekt sieht die Welt mit anderen Augen.« Günter Kunert, Rainer und Sarah Kirsch äußerten sich in ähnlicher, wenn auch nicht so radikaler Weise. Sie blieben unbeeindruckt von der verbalen Einschüchterungskampagne, mit der versucht wurde, diese Aus-

[6] ND, 24. und 18. 9. 1966.
[7] NDL, 10/1966.

brüche zurückzubinden.[8] Für die Epik sprach Wolfgang Schreyer mit einem verspielten, nur scheinbar dem »Spannungsroman« gewidmeten »Plädoyer«. Er zitierte darin aus einem Brief, den er im November 1960 von dem Nationalökonomen Jürgen Kuczynski erhalten hatte: »Das Niveau der Spannungslektüre ist bei uns verhältnismäßig kümmerlich und liegt weit unter dem Weltniveau ... Da ich – wie auch mein verehrter Lehrer, das Akademiemitglied Varga in der Sowjetunion – ein begeisterter Detektivromanleser bin, kann ich wirklich sachverständig sprechen. Die Unterstützung, die solche Art von Romanen bei uns ›genießt‹, ist um so ernster zu nehmen, als uns hier ein Mittel entgeht, wichtige Dinge in einer Weise zu sagen, die viele Menschen anspricht. Dabei muß man bedenken, daß diese Art von Literatur höchste Qualität in jeder Beziehung haben kann. Ich denke dabei etwa an die erste Mörderuntersuchung in dem großen Ödipus-Drama oder an Poe oder auch, um in der Gegenwart zu bleiben, an die besten Romane von Simenon. Doch das ist, wie Fontane sagen würde, ein weites Feld, auf dem wir beide aber keineswegs allein stehen.« Das war auf dem kahlen Berg des Bitterfelder Weges geschrieben worden, und Schreyer stand nicht an, einen aktuellen Zusammenhang herzustellen, indem er von der »alten Enge« in der »neuen Sicht« sprach.[9] Damit hatte er das entscheidende Wort ausgesprochen. In dem Maße, wie die Schriftsteller in den angeblichen Fortschritten die tatsächlichen Rückschritte erkannten, wurden sie immun gegen die Anforderungen der SED. So konnten auf den Restriktionskonferenzen solche Stimmen wohl zum Schweigen gebracht werden, aber mit dem Ergebnis, daß die Mehrzahl der Werke, die entstehen sollten, nach diesen Intentionen geschrieben wurde.

Das überraschende Resultat des dritten Kulturkampfes war die eskalative Emanzipation der Literatur. Es hatte drei gänzlich verschiedene Ursachen: die Abnutzung der Schlagworte und Mittel, der zweideutige Auftakt der Offensive und das Erlöschen der utopischen Antriebe im Zuge der Liquidierung des »Neuen Ökonomischen Systems«.

---

8 K. Mickel und H. Czechowski, in: »Forum«, 8/1966; vgl. die Zusammenfassung von H. Kaufmann: Gedichte als Seismographen. SBZ Archiv, 24/1966.

9 NDL, 8/1966.

Die erste Ursache wirkte sich in zynischer Weise aus. Der dritte Kulturkampf mußte allein schon als Reprise verpuffen. Was in den neuen Kampagnen vorgetragen wurde, war zu oft strapaziert worden. Wen sollte es noch beeindrucken, wenn Kuba 1965 in Rostock brüllte, er müsse nach Berlin, weil dort die Konterrevolution auf dem Marsch sei? Wer konnte noch eingeschüchtert werden, wenn Sakowski die Herrschaft der »Ästheten« niederreißen wollte? Was sonst als Langeweile mußten die alten Tiraden des neuen Kulturministers Gysi gegen den Formalismus erwecken? Das alles war nicht nur schon oftmals wiederholt, sondern ebenso oft auch wieder zurückgenommen worden. Man brauchte nur getrost abzuwarten.

Die zweite Ursache bestärkte die erste; sie war taktischen Kalibers. Der dritte Kulturkampf lief zwar mit der Demontage des NÖS synchron, aber das war nicht gleich zu erkennen. Der Initiator und Planführer des »Neuen Ökonomischen Systems«, Erich Apel, Freund und Nachbar Robert Havemanns, hatte zwar kurz vor dem Beginn der Demontage des NÖS, die auf dem 11. Plenum 1965 einsetzte, Selbstmord begangen, aber man führte das damals durchweg auf seinen Widerstand gegen einen ungünstigen Handelsvertrag mit der Sowjetunion zurück und nicht auf den sowjetrussischen Druck, analog eigener Entwicklung, die Reformen in der DDR zu stoppen und zu stornieren. Sichtbar war davon auf dem 11. Plenum nur, daß eine »zweite Etappe des Neuen Ökonomischen Systems« erlassen wurde, die regressiv tendierte. Ulbricht selbst zelebrierte im kulturpolitischen Teil seiner Rede nach wie vor sein zwiespältiges Bewußtsein als Parteichef und Landesvater, das den Schriftstellern suggerieren mochte, die neuen Angriffe auf die Künste seien Bedenken entsprungen, die von der Partei als einem Teil der Gesellschaft vorübergehend gehegt würden. Ulbricht zeigte sich in dieser Haltung noch auf der zweiten Restriktionskonferenz, im November 1967, obwohl inzwischen auf dem VII. Parteitag, im April des Jahres das »Neue Ökonomische System« in das »Ökonomische System des Sozialismus« als Kernstück des »entwickelten gesellschaftlichen Systems des Sozialismus« übergegangen war, das eigene Verantwortung erheblich beschränkte. Für die Schriftsteller äußerte sich die Perepetie darin, daß Christa Wolf, die auf dem VI. Parteitag, der das NÖS verkündet hatte, als ZK-Kandidatin aufgestellt worden war, auf dem VII. Parteitag von der Kandidatenliste gestrichen wurde; in ihre Funktion trat Helmut Sakowski ein. Seit dem Frühjahr 1968 konnten sie jedoch auch auf Ulbricht nicht mehr setzen, der, vor den rapiden Vorgängen in der ČSSR den Staatsratsvorsitzenden in den Parteiführer zurückzunehmen schien.

Die dritte Ursache setzte ein, als die zweite zu wirken aufhörte; sie desillusionierte. Am 12. September 1967 verband Ulbricht auf der Internationalen Session »100 Jahre ›Das Kapital‹« in Berlin das »entwickelte gesellschaftliche System des Sozialismus« mit der Erklärung, »daß der Sozialismus nicht eine kurzfristige Übergangsphase in der Entwicklung der Gesellschaft ist, sondern eine relativ selbständige sozialökonomische Formation in der historischen Epoche des Übergangs vom Kapitalismus zum Kommunismus im Weltmaßstab.« Er schloß sich damit, wenn auch artikulierter, an die sowjetrussische Sprachregelung an, die nach dem Sturz Chruschtschows die kommunistischen Zukunftserwartungen dämpfte; auf dem XXIII. Kongreß der KPdSU vom 29. 3. bis 8. 4. 1966 war nur noch am Rande, als Alibi, vom »Übergang zum Kommunismus« die Rede – im Gegensatz zum XXII. Kongreß vom 14.–31. 10. 1961, der zentral vom »entfalteten Aufbau des Kommunismus« gehandelt hatte.[10] Bis dahin hatte der Sozialismus nur eine Übergangsfunktion. Der Übergang zum Kommunismus war seit 1917 als ein Ereignis betrachtet worden, das die jeweiligen Generationen noch erleben würden; das war der Fall vom Kriegskommunismus über die Stalinschen Großbauten des Kommunismus bis zu Chruschtschows Gulaschkommunismus. Es war zwar aufgeschoben, aber immer wieder neu proklamiert worden. Der Aufschub hatte den Führern der kommunistischen Parteien immer wieder Spott und Pein eingetragen, bei der Bevölkerung im Lande wie bei den Gegnern außerhalb der Grenzen. Indem sie den Sozialismus nicht mehr als »kurzfristige Übergangsphase« vorstellten, entzogen sich Ulbricht und Breschnew diesem Dilemma; sie kapp-

10 W. Ulbricht: Die Bedeutung des Werkes »Das Kapital« von Karl Marx für die Schaffung des entwickelten gesellschaftlichen Systems des Sozialismus in der DDR und den Kampf gegen das staatsmonopolistische Herrschaftssystem in Westdeutschland. ND, 13. 9. 1967. Zur Entwicklung in der SU: W. Leonhard: Die Dreispaltung des Marxismus – Ursprung und Entwicklung des Sowjetmarxismus, Maoismus und Reformkommunismus. Düsseldorf–Wien 1970, 254 ff.

ten dabei jedoch auch die utopischen Antriebe. Denn die neuen Proklamationen hatten immer auch die Hoffnungen wiederbelebt, daß sich die Mühen, Irrwege und Opfer schließlich doch lohnen würden. Der Sozialismus als relativ selbständige Formation gibt die Erwartung, daß in absehbarer Zeit das Endziel erreicht werden würde, preis. Er rationalisiert, aber er rationiert auch. Sein folgerichtiges Ergebnis ist die Finalitätskrise der Bewegung, die dabei so wenig bezweckt wurde, wie sie abgewendet werden kann.

Für die Schriftsteller in der DDR bedeutete das, daß das »entwickelte gesellschaftliche System des Sozialismus« (ESS), das sich ihnen mit kulturpolitischen Repressionen, Aufhebung von Demokratisierungstendenzen und wirtschaftlichem Rückgang präsentierte, auf unbestimmte Zeit anhalten würde. Auf der Wissenschaftlichen Session des ZK der SED zum 150. Geburtstage von Karl Marx schien Ulbricht das System geradezu zu zementieren. Vor der Kulisse der Eskalationen in der ČSSR verteidigte er gegen Freund und Feind den Zentralismus in Wirtschaft und Gesellschaft. Er funktionierte dabei zwei Marx-Zitate, die der Kritik der bürgerlichen Gesellschaft galten, zur Begründung seines Systems um. Das erste Zitat lautete: »Die Gesellschaft besteht nicht aus Individuen, sondern drückt die Summe der Beziehungen, Verhältnisse aus, worin diese Individuen zueinander stehen.« Das zweite hieß: »Wenn im vollendeten bürgerlichen System jedes ökonomische Verhältnis das andre in der bürgerlich-ökonomischen Form voraussetzt und so jedes Gesetzte zugleich Voraussetzung ist, so ist das mit jedem organischen System der Fall. Dies organische System selbst als Totalität hat seine Voraussetzungen, und seine Entwicklung zur Totalität besteht eben (darin), alle Elemente der Gesellschaft sich unterzuordnen oder die ihm noch fehlenden Organe aus ihr heraus zu schaffen.«[11] Wer sich daran erinnerte, daß Ulbricht schon bei der Begründung des ESS auf dem VII. Parteitag die Bezeichnung »lebendiger Organismus« gebraucht hatte, konnte sogar meinen, die akute Verschärfung sei weniger ein Reflex der Abgrenzung von den Prager Entwicklungen als der Ausdruck einer

11 W. Ulbricht: Die Bedeutung und die Lebenskraft der Lehren von Karl Marx für unsere Zeit. ND, 4. 5. 1968; die Marx-Zitate aus: Grundrisse der Kritik der politischen Ökonomie. Berlin (Ost) 1953, 176 und 189.

eigenen, von langer Hand vorbereiteten Entwicklung. So schienen im ESS alle Fäden zusammenzulaufen, die seit dem 11. Plenum im Dezember 1965 gesponnen und gezogen worden waren. Opfer bringt man jedoch nur, wenn man weiß, wofür. Ein sozialistisches System, das sich selbst mit Sätzen positiv beschrieb, die einst die bürgerliche Gesellschaft kritisch darstellten, schien der Opfer, vor allem der Überzeugungsopfer nicht mehr wert.

Die Ernüchterung wurde allgemein. Die Emanzipation der Literatur von der Etappenprognostik der Partei, die auf breiter Front anhob, war noch eine relativ harmlose Erscheinung unter den unübersehbaren Folgen der Finalitätskrise. Man kann die Radikalität der Zäsur für die Schriftsteller daran ermessen, daß Hanns Eisler noch 1962 seine ungeheure Wut über die Dummheiten der Kulturpolitik mit eschatologischen Tröstungen beschwichtigte: »Wir planen ja den Kommunismus bis 1980, wie Genosse Chruschtschow auf dem XXII. Parteitag gesagt hat. Ich plane neue Kunsttheorien, die momentan konkret noch nicht drinnen sind, aber die ich mit Freude voraussage. Ich kann sagen: die Kunstpositionen, die wir theoretisch haben – und heute in unserer lieben Republik, ich darf sagen, sektiererisch haben, also links von Brecht – die gehen für eine bestimmte Periode. Die werden geändert werden müssen.«[12] Das war gegen Ende des zweiten Kulturkampfes gesprochen, und die Ungeduld war groß. Es dürfte kaum Zweifel geben, wie er bei einer dritten Auflage der sektiererischen Kunstpositionen reagiert haben würde, die auch noch von der Verabschiedung des Kommunismus in unabsehbare Zukunft akkompagniert werden sollte. Hanns Eisler starb 1962. Viele andere reagierten entsprechend, und darunter nicht wenige, die 1962 noch nicht so dachten.

Überblickt man die Schöne Literatur von 1966–1971, so zeigt sich der Bankrott des dritten Kulturkampfes zu allererst in einem Rückgang der Partei-Belletristik, und zwar qualitativ und quantitativ.

In der Epik findet sich 1966 mit der »Zeit der Störche« von Herbert Otto nur ein nennenswerter Roman, der halbweg sozialistisch wäre; die andere Hälfte deutet schon die Strömung ins

12 H. Bunge, Hanns Eisler im Gespräch, a. a. O., 319.

Individuell-Private an, die über die Ufer treten sollte. In den nächsten Jahren erschienen, den Erwartungen der Partei einigermaßen gemäß: 1967 – Günter und Johanna Braun »Ein objektiver Engel«, Eduard Klein »Alchimisten«, Jurij Brezan »Die Reise nach Krakau«; 1968 – Anna Seghers »Das Vertrauen«, Werner Heiduczek »Abschied von den Engeln«, Alfred Wellm »Pause für Wanzka«, Martin Viertel »Sankt Urban«; 1969 – Joachim Wohlgemuth »Verlobung in Hullerbusch«; 1970 – Hans Jürgen Steinmann »Träume und Tage«, Claus B. Schröder »Winter eines Lords«, Herbert Otto »Zum Beispiel Josef«, Joachim Knappe »Die Birke da oben«; 1971 – Günter Görlich »Den Wolken ein Stück näher«, Karl-Heinz Jakobs »Eine Pyramide für mich«, Joochen Laabs »Das Grashaus oder Die Aufteilung von 35 000 Frauen auf zwei Mann«. Die entsprechenden Erzählungen waren: 1966 – nichts Nennenswertes; 1967 – Joachim Nowotny »Labyrinth ohne Schrecken«; 1968 – Helmut Hauptmann »Ivi«, Siegfried Pitschmann »Kontrapunkte«; 1969 – Werner Bräunig »Gewöhnliche Leute«; 1970 – Erik Neutsch »Die anderen und ich«, Helmut Sakowski »Zwei Zentner Leichtigkeit«, Rolf Floß »Irina«; 1971 – Anna Seghers »Überfahrt«, Werner Heiduczek »Marc Aurel oder ein Semester Zärtlichkeit«, Joachim Nowotny »Sonntag unter Leuten«, Benito Wogatzki »Der Preis des Mädchens«. Die Anthologie neuer Autoren des Mitteldeutschen Verlages brachte 1968 unter dem Titel »Voranmeldung« Geschichten von Wolfgang Sämann, Harald Korall, Hans-Dieter Lindstedt, Horst von Tümpling, Martin Stade, Joochen Laabs und dem Exil-Griechen Thomas Nicolaou, die, mit Ausnahme von Laabs, selbst vom »Neuen Deutschland« als unzureichend bezeichnet wurden.[13]

Anna Seghers sank mit dem »Vertrauen« wieder auf das sinistre Niveau der »Entscheidung« ab, die es auch thematisch fortsetzte; sie erhielt dafür ebenfalls den Nationalpreis 1. Klasse. Die Handlung spielt wieder im fiktiven Stahlwerk Kossin als dem Hauptschauplatz; sie setzte 1952 ein, wo die »Entscheidung« aufhörte, und endete im Herbst 1953, nach dem Volksaufstand als Zentrum. Die Aufständischen werden in schillernder politischer Unreife gemalt, den Funktionären, die sich ihnen entgegenwarfen (!), wird ganz nach dem, von der Verfasserin

13 K. Jarmatz: Notat zur Voranmeldung. ND Literaturbeilage, 6/1968.

mehrmals kritisierten, Verfahren mittelalterlicher Mysterienspiele die Märtyrerkrone aufgesetzt. Es werden sogar der Prozeß gegen die längst rehabilitierten Kremlärzte entschuldigt und der Prozeß gegen die längst rehabilierte Slansky-Gruppe gerechtfertigt. Der neuerliche Verfall von Anna Seghers in den institutionellen Terror war schon auf der ersten Restriktionskonferenz des dritten Kulturkampfes an den Tag getreten, als sie wider ihre Kollegen, die nicht bereit waren, sich erneut zu unterwerfen, mit namentlicher Nennung von Eduard Claudius sagte: »Es muß möglich sein, bei einem Manuskript, bevor Arbeit und Geld hineingesteckt wurde, ob es sich um ein Theaterstück oder ein Szenarium oder sonst etwas handelt, rechtzeitig festzustellen: Ist die Arbeit schädlich, womöglich gar feindlich? Dann darf sie nicht herauskommen.« Sie bestätigte wiederum die politischen Prämissen der Schönen Literatur in der DDR, indem sie, die an der Geschichte der kommunistischen Bewegung nicht kratzte, die Repressionen ungeniert wie hysterisch, Einbildungen nicht ausgeschlossen, mit dunklen Andeutungen über deutsche Vergangenheit rechtfertigte: »Überall stecken noch Überbleibsel aus alten Zeiten (im Grunde genommen aus mehreren alten Zeiten: Preußenzeit, Weimarer Republik, Nazizeit).«[14] In der Erzählung »Überfahrt«, die auf einem DDR-Dampfer in der Erinnerung eines Passagiers eine tragische Liebesgeschichte aus Brasilien reproduziert, suchte ihr künstlerischer Instinkt wieder Erholung auf bewährtem transatlantischem Terrain; doch sie stellte sich diesmal nicht ein – vielleicht war der Abstand der Verfasserin von ihrer jüngsten Unterwerfung noch nicht groß genug.

Erik Neutsch fiel mit seinen neuen Erzählungen wieder hinter die »Spur der Steine« zurück; das Bewußtsein unlösbarer Probleme verhinderte indessen eine Rückkehr zu den gestanzten Details der »Bitterfelder Geschichten«. Ähnliches gilt für die Erzählungen von Bräunig, der das »Rummelplatz«-Projekt wenigstens nicht umschrieb. Im Gegensatz zu diesen zwei Schritten zurück, bei denen wieder ein Schritt vorwärts gegangen wurde, entsprang der neue Roman von Jakobs, der lange nicht mehr hervorgetreten war, einem Krebsgang; »Eine Pyramide für mich« entbehrte der Provokation wie der Frische, die einst die »Beschreibung eines Sommers« zierten. Ein neuer Roman von

14 ND, 3. 11. 1966; SBZ Archiv, 22/1966.

Hermann Kant, »Das Impressum«, mehrfach angekündigt und auch schon angedruckt, blieb unveröffentlicht. Dagegen hatten unproblematische Mediokritäten wie Nowotny, Knappe, Wohlgemuth, Steinmann keine Mühe, gleichbleibende »Form« zu bewahren. Das gelang ebenfalls Jurij Brezan, Herbert Otto und Helmut Hauptmann, indem sie sich mehr lax als lässig um Konflikte herummogelten. Martin Viertel, der endlich seinen Wismuth-Roman herausbrachte, an dem er über zehn Jahre gearbeitet hatte, legte mit »Sankt Urban« sogar ein Werk nach den ältesten Rezepten des sozialistischen Realismus vor. Einen Abfall bedeuteten auch die Problemromane »Abschied von den Engeln«, »Pause für Wanzka«, »Zum Beispiel Josef« und »Den Wolken ein Stück näher«, wenn man sie mit den, ihnen in der Reihenfolge entsprechenden, Romanen »Der geteilte Himmel«, »Ole Bienkopp«, »Spur der Steine« und »Die Aula« vergleicht. Was die NÖS-Belletristik gewonnen hatte, ging in der ESS-Belletristik, wenn man darunter die offiziöse Literatur versteht, auf weiten Strecken wieder verloren. Das Gefälle ist außerdem auch noch innerhalb des ESS zu beobachten; im Vergleich mit »Abschied von den Engeln« und »Pause für Wanzka« sind die Vorgänge und Beschreibungen der jüngeren Romane »Zum Beispiel Josef« und »Den Wolken ein Stück näher« Lappalien. »Abschied von den Engeln« ist der symbolische Titel dieser Periode, wenngleich Heiduczek mit seinem kolportagehaften Roman, der, getreu den neuen Parolen, die Erwartungen auf die Zukunft herabdämpft, weil der Sozialismus ein langer Prozeß ist, die Abgründe dieser relativ selbständigen Formation gewiß nicht reflektierte; die nachfolgende Erzählung »Marc Aurel oder ein Semester Zärtlichkeit« verrät, daß der Roman in seiner signifikanten Aktualität auch nur ein Zufallstreffer war.

Es ist für die erzählende Literatur des ESS bezeichnend, daß die Reportagenbände dieser Jahre unvergleichlich mehr Wirklichkeit vermittelten. Das war der Fall: 1967 bei Eberhard Panitz »Der siebente Sommer«, 1968 bei Hans Jürgen Steinmann »Analyse H« und Jan Koplowitz »die taktstraße«, 1969 bei Helmut Richter »Schnee auf dem Schornstein«, und Klaus Beuchler/Herbert Jobst/Egon Richter »Blick auf Irdisches«, 1970 bei Karl Mundstock »Wo der Regenbogen steigt«. Beim letzteren Band, in dem der Verfasser an den Schauplatz seiner »Hellen Nächte« von 1953 zurückkehrte, war das so sehr der Fall, daß er aus dem

Handel zurückgezogen und eingestampft wurde. Der Verlust der Wirklichkeit in der Epik muß den Verfassern auch bewußt gewesen sein; sie versuchten ihn, vergeblich natürlich, mit gedrechselten Lyrismen (Wellm kunstfertiger als Neutsch, Viertel) oder mit verkrampfter Forschheit (Jakobs, Otto, Laabs) zu kaschieren.

Noch trüber sah es in der offiziösen Lyrik und Dramatik aus. An Lyrikbänden erschienen, auch in der Quantität minim: 1966 – Helmut Preißler »Wege und Begegnungen«, Günter Deicke »Die Wolken«, Max Zimmering »Wegstrecken«; 1967 – nichts Nennenswertes; 1968 – Helmut Preißler »Sommertexte«, Uwe Berger »Gesichter«; 1969 – Peter Gosse »Antiherbstzeitlose«, Volker Braun »Wir und nicht sie«; 1970 – Jupp Müller »Blas heller die Welt«, Joochen Laabs »Eine Straßenbahn für Nofretete«; 1971 – Helmut Preissler »Glück soll dauern«, Wolfgang Tilgner »Über mein Gesicht gehen die Tage«. Während Zimmering, Preißler, Deicke, Berger und Jupp Müller in steter Gleichförmigkeit, unbeirrbar, unabirrbar vor sich hinbosselten, verlor sich die anfängliche Frische bei Volker Braun; seine Gedichte schienen wie vom Computer errechnet, moderner gewiß, aber dadurch vielleicht auch abstoßender, ähnlich wie die Gedichte von Gosse und Laabs durch intellekturelle Koketterie, der unverpackte und gefühlsselige Agitation vorzuziehen ist.

Die offiziöse Dramatik war umfangreicher, aber nicht ergiebiger. Die jährlichen Spielplan-Revuen von Rainer Kerndl konnten keinem Stück in diesen Jahren einen hervorragenden Zug bescheinigen. Es wurden aufgeführt: 1966 – nichts Nennenswertes; 1967 – Horst Kleineidam »Von Riesen und Menschen«, Horst Salomon »Ein Lorbass«; 1968 – Paul Herbert Freyer »Familiensonntag«, Hans Lucke »Müßiggang ist aller Laster Anfang«, Claus Hammel »Morgen kommt der Schornsteinfeger«, Siegfried Pfaff »Regina B.«; 1969 – Gerhard Winterlich (in Zusammenarbeit mit Heiner Müller) »Horizonte«, Armin Stolper »Zeitgenossen« (nach einem sowjetrussischen Drehbuch), Horst Salomon »Genosse Vater«, Helmut Sakowski »Wege übers Land«, Rainer Kerndl »Ich bin einem Mädchen begegnet«; 1970 – Claus Hammel »Le Faiseur oder Warten auf Godeau«, Paul Gratzik »Umwege«; 1971 – Erik Neutsch »Haut oder Hemd?«, Helmut Baierl »Schlag 13«, Rainer Kerndl »Wann kommt Ehrlicher?«, Rolf Schneider »Einzug ins Schloß«,

Armin Müller »Franziska Lesser«, das Kollektivstück »Kleine Gärten – große Leute« von Peter Gosse/Christoph Hamm/Joachim Nowotny/Hans Pfeiffer/Helmut Richter mit dem Untertitel »Leipziger Geschichten«, Armin Stolper »Himmelfahrt zur Erde« (nach einer sowjetrussischen Erzählung). Ihnen allen ist ein kollektivistischer, wie apologetischer Zug eigen, dem sich auch Armin Müller, Hans Pfeiffer und Rolf Schneider nicht entzogen. Ihn bringt ein Satz aus den »Zeitgenossen« von Stolper, dem charakteristischen Stückeschreiber dieser Periode, auf die Formel: »Unsere Ordnung scheint mir deshalb als zukunftsweisend, weil sie die besten Voraussetzungen dafür bietet, den Irrtum klein zu halten, die Weisheit groß zu machen, und zwar auf kollektiver Grundlage. Jeder andere Weg führt ins Mittelalter.« Damit war die Dramatik wieder auf das Diskussionstheater zurückgefallen, und nicht nur darauf. Als Dramaturg des Henschelverlags schrieb Karl Heinz Schmidt in den Nachbemerkungen zu dem Sammelband »Neue Stücke« (1971), um diesen kompromittierenden Eindruck zu verwischen, es wären in diesen Stücken, »an die Stelle ›positiver‹ und ›negativer‹ Helden«, die in den früheren Agitationsstücken die Protogonisten abgaben, »gleichberechtigte, gleichwertige Partner getreten«. Damit war die offiziöse Dramatik auch wieder auf die konfliktlose Dramatik heruntergekommen.

Die dialektische Dramatik hatte unter dem dritten Kulturkampf besonders zu leiden. Sie fiel ihm zum Opfer. Volker Brauns »Kipper Bauch« wurde in seiner letzten Fassung 1966 noch im »Forum« gedruckt, aber nicht mehr gespielt. Als die mehrfach umgearbeiteten Stücke »Hans Faust« von Volker Braun und »Johanna von Döbeln« von Helmut Baierl, der nie ketzerische Neigungen hatte, in der Spielzeit 1968/69 uraufgeführt wurden, ließen sie, gewendet viel und viel gekämmt, Publikum und Kritik kalt. Heiner Müller machte noch einen späten Versuch mit der »Weiberkomödie«, der ein Hörspiel seiner Frau Inge Müller aus dem Jahre 1960 zugrunde lag; als das Stück 1971, durch die Mangel des ganzen Theaterkollektivs gegangen, uraufgeführt wurde, wirkte es langweilig und etwas – verstaubt. Es waren indessen nicht nur äußerliche Hemmnisse, die dieser Richtung den Garaus machten. Das dialektische Theater hatte nie die volle Anerkennung der Partei gefunden, und die Autoren hatten sich nie darum geschert. In ihrer dialektischen Aufhebungsperspektive hatten auch Verbote und Verstümmelungen sie nie sonderlich erregt oder gar von neuen Versuchen abgehalten. Sie machten sich im Gegenteil heimlich lustig über ihre Widersacher, in denen sie die Verlierer von Morgen erspähten. Seit 1966 wurde aber kein einziges neues Stück dieser Richtung mehr geschrieben. Die Ursachen waren immanent: die Impulse waren erloschen. In der Perspektive eines Sozialismus als einer relativ selbständigen Formation konnte eine harte Gegenwart nicht mehr dadurch akzeptabel gemacht werden, daß man mit ihrer Aufhebung im Kommunismus gaukelte. »So wie es ist, bleibt es nicht«, hatte Brecht in der »Mutter« gesungen. Das hieß im ESS: »So wie es ist, bleibt es jetzt«. Zu dieser unerwarteten Wendung hatte das dialektische Drama nichts zu sagen. Hartmut Lange war konsequent 1965 nach Westberlin gegangen. Heiner Müller wandte sich antiken Stoffen zu. Peter Hacks schrieb wieder historische Dramen.

Eine verstärkte Hinwendung zur Vergangenheit ist eine weitere unerwünschte Folge des dritten Kulturkampfes. Sie fand ihren epischen Niederschlag in drei Bereichen, von denen die Gegenwartsthematik quantitativ und qualitativ überholt wurde.

Zum ersten zogen sich auffallend Veteranen der Arbeiterliteratur von der Forderung des Tages zurück, der sie jahrzehntelang gedient hatten. Sie wandten dabei besonders dem eigenen Leben ihr Interesse zu, das im Gegensatz zu den bürgerlichen Individualisten immer mehr der Gesellschaft oder was sie dafür hielten gegolten hatte. Otto Gotsche schrieb den 2. Band seines Erlebnisromans »Märzstürme« (1971). Karl Grünberg komplettierte pedantisch seine überwiegend autobiographischen »Episoden« (1969) und sammelte seine Reportagen über Reisen in der Sowjetunion »Von der Taiga bis zum Kaukasus« (1971). Ihre Memoiren bis an die Schwelle der DDR schrieben Eduard Claudius, »Ruhelose Jahre« (1968), und Fritz Selbmann, »Alternative Bilanz Credo« (1969). Wurden Arbeiterschriftsteller zu Literaturbürgern, so fanden Schriftsteller, die von der Aristokratie und dem Bürgertum zu den Arbeitern gestoßen waren, zu den literarischen Gewohnheiten ihrer alten Klassen zurück. Ludwig Renn füllte in einer Monomanie, die an Gide erinnert, Lücken seines autobiographischen Schrifttums mit den Bänden »Zu Fuß zum Orient« (1966) und »Ausweg« (1967). Stephan Hermlin begann, in »Sinn und Form« autobiographische Skizzen zu veröffentlichen und ein literarisches Tagebuch zu führen. Eduard Claudius bearbeitete, wie weiland Dauthendey javanische Legenden, vietnamesische Märchen: »Als die Fische die Sterne schluckten« (1967). Juri Brezan verwob mit sorbischen Sagen autobiographische Elemente in den Bänden »Die schwarze Mühle« (1968) und »Der Mäuseturm« (1970). Anna Seghers konnte sich mitten im »Vertrauen« 1967 noch an der mexikanischen Erinnerung »Das wirkliche Blau« erholen. Die erotischen Erzählungen der »Liebesfalle« von Ludwig Turek (1970) spielen bevorzugt in seiner Seemanns- und Exilzeit. Daß Gotsche nicht über seinen kargen literarischen Schatten springen konnte, überrascht nicht. Renn hatte wohl nicht mehr die Kraft, sich sichtbar über die »Trümmer des Kaiserreichs« und die »Inflation« zu erheben, mit denen die literarische Kurve seines curriculum vitae abgesunken war. Dagegen schöpften Claudius und Selbmann bei der ziemlich ungeschminkten Schilderung ihres Lebens neue Impulse. Die autobiographische Skizze erwies sich für Hermlin als die einzige Möglichkeit, sich noch schöpferisch zu äußern. Brezan, der bisher recht bieder schrieb, brachte bei der Versenkung in Sagen und Märchen pittoreske Töne hervor. Turek bog jedoch die erotischen Frechheiten in den entscheidenden Momenten in Schwulst ab.

Der Zug der Vergangenheit brachte zum zweiten eine Hausse von Büchern hervor, die mit dem Dritten Reich befaßt waren: 1967 – Otto Gotsche »Stärker ist das Leben«, Harald Hauser »Der illegale Casanova«; 1968 – Wolfgang Joho »Das Klassentreffen«, Hasso Grabner »Die Zelle«; 1969 – Jurek Becker »Jakob der Lügner«, Peter Edel »Die Bilder des Zeugen Schattmann«; 1970 – Jan Petersen »Die Bewährung«, Wolfgang Joho »Die Kastanie«, Herbert Gute »Partisanen ohne Gewehr – Ein Tagebuch aus der Erinnerung«, E. R. Greulich »Manuela«, Herbert Nachbar »Die Millionen des Knut Brümmer«, Rolf Schneider »Der Tod des Nibelungen«, Helga Schütz »Vorgeschichten oder Schöne Gegend Probstein«; 1971 – Klaus Schlesinger »Michael«. Hierbei meldete sich mit Becker, Schneider, Schütz und Schlesinger zum ersten Mal eine Generation zu Wort, die das Dritte Reich allenfalls in früher Kindheit erlebt hatte. Sie waren ohne Zweifel mit dem künstlerischen Ehrgeiz an die Arbeit gegangen, diesen Stoff, dem es an Ausformung mangelte, in gehobener Form zu präsentieren, gelangten aber nicht über Kunstgewerbe hinaus. Man mag das mit einem Mangel an 243 eigener Anschauung oder mit literarischem Unvermögen erklären, ersteres stimmt jedoch nicht bei Becker, der seine Kindheit im Getto und im Konzentrationslager zugebracht hat, einem Raum, den er in seinem Roman nicht verläßt, und letzteres stimmt nicht bei dem artistisch versierten Schneider, der am ärgsten danebengriff. Eine einleuchtendere Ursache ist die Differenz zwischen den vielfältigen künstlerischen Mitteln und der einseitigen Sicht, die bei Becker aus einem frühzeitigen Trauma herrührt, bei Schneider, Schütz und Schlesinger einen krassen Rückfall in die Misere-Theorie darstellt, verbunden mit jenem unerquicklichen und immer etwas hämischen Anklagepathos, mit dem sich unbetroffene Generationen gern in Szene setzen. Dagegen hinterlassen die schlichteren Bücher der Älteren, besonders die Darstellungen von Petersen und Grabner, auch Hausers burleske Résistancestories, überzeugenderen Eindruck. »Die Bewährung« ist der übergreifende Titel dieser Versuche, die aus dem Kreis der Verwerfungen heraustreten, in dem kein Volk überleben kann.

Der dritte Bereich der Vergangenheitsthematik war eine neue Welle der Kriegsliteratur: 1966 – Horst Beseler »Käuzchenkuhle«, Franz Fühmann »König Ödipus«; 1967 – Günter Kunert »Im Namen der Hüte«; 1968 – Erich Loest »Der Abhang« und »Öl für Malta«; 1969 – Erich Loest »Der elfte Mann«. Ihnen gelang, was das Scherbengericht über Klaus Poches Roman »Der Zug hält nicht im Wartesaal« zu Beginn des dritten Kulturkampfes verhindern sollte. Die vierte Welle der Kriegsliteratur setzte die zweite von 1957–1959 fort. Erich Loest tat das buchstäblich, er setzte da wieder an, wo Verhaftung und Haft ihn unterbrochen. Rudolf Bartsch knüpfte in seinem Eheroman »Zerreißprobe« (1969) an den Personenkreis des geschmähten Romans »Geliebt bis ans bittere Ende« von 1958 an. Andere umstrittene Titel jener Jahre tauchten wieder auf: 1967 »Die Stunde der toten Augen« von Harry Thürk und 1969 in dem Band »Tod an der Grenze« von Karl Mundstock auch »Die Stunde des Dietrich Conradi«, unter neuem Titel (»Das Ende vom Lied«) und sprachlich ein bißchen verhunzt. Fühmann tauchte mit »König Ödipus«, nach Scheitern an der Gegenwart, wieder in den griechischen Kriegsschauplatz ein, dem er 1959 mit dem »Gottesgericht« seine bisher beste Erzählung abgewann.

Kunerts Roman verlängerte die Linie der Schelmenromane, die

über Bielers »Bonifaz«, Strittmatters »Wundertäter« bis zu Welks »Mutafo« zurückreicht. Was ist das anderes als Eigengesetzlichkeit der Literatur?

Die verblüffendste Folge des dritten Kulturkampfes war indessen der fieberhafte Auftrieb jener Belletristik, die von der Partei gönnerhaft bis mißtrauisch als letzte Ausläufer bürgerlicher Literatur betrachtet und tunlichst eingedämmt worden war. Es zeigte sich jetzt, daß diese Richtung nicht nur von »letzten Mohikanern«, wie Claus Hammel sie einmal nannte, vertreten wurde; zu ihr stießen nicht allein junge Autoren, die schon in der DDR aufgewachsen waren, sondern sogar Autoren, die bisher als Prototypen des sozialistischen Realismus gelten konnten. Sie verband sich mit einer vertieften, mitunter schwer faßbaren Kritik an den gegenwärtigen Zuständen. Der Abschied von den Engeln, die Finalitätskrise des Sozialismus, wurde hier zum literarischen Phänomen, das nicht mehr die Planung der Literatur befolgte, sondern die Literatur als eine Literaturfrage realisierte.

In der Epik bezeugten diese Entwicklung: 1966 – die Romane »Litauische Claviere« von Johannes Bobrowski und »Der Weg nach Oobliadooh« von Fritz Rudolf Fries, die Erzählungs- und Skizzenbände »Märchen und Zeitungen« von Manfred Bieler und der »Schulzenhofer Kramkalender« von Erwin Strittmatter; 1967 – der Erzählungsband »Der Mahner« aus dem Nachlaß Bobrowskis; 1968 – die Romane »Nachdenken über Christa T.« von Christa Wolf, »Buridans Esel« von Günter de Bruyn, »Hochzeit in Konstantinopel« von Irmtraut Morgner, Kunerts Skizzen- und Erzählungsbände »Kramen in Fächern«, »Die Beerdigung findet in aller Stille statt«, und Fühmanns Nacherzählung »Das hölzerne Pferd – die Sage vom Untergang Trojas und von den Irrfahrten des Odysseus«; 1969 – die Romane »Lassalle« von Stefan Heym, »Zerreißprobe« von Rudolf Bartsch, »Flug nach Zypern« von Christa Johannsen, die Erzählungsbände »Ein Dienstag im September« von Strittmatter und »Der Fernsehkrieg« von Fries; 1970 – Stefan Heyms Erzählung »Die Schmähschrift oder Königin gegen Dofoe«, Reiner Kunzes Märchenbuch »Der Löwe Leopold«, die Erzählungsbände »Der Jongleur im Kino oder Die Insel der Träume« von Fühmann und Tureks »Liebesschaukel«; 1971 – Strittmatters »³/₄ Hundert Kleingeschichten«, Kunerts Reiseskizzen 245

»Ortsangaben«; Cibulkas Hiddensee-Tagebuch »Sanddornzeit« und Fühmanns Nacherzählung des Nibelungenliedes; 1972 – Stefan Heyms Roman »Der König David Bericht«. Von diesen Titeln erschienen gleichzeitig in der DDR und in der BRD die Werke von Bobrowski, die Romane von Christa Wolf, de Bruyn, Irmtraud Morgner und der Erzählungsband von Fries; nur im Westen erschienen der Roman von Fries, Kunerts Erzählungsband, Kunzes Märchenbuch und die neuen Werke von Stefan Heym.

In der Lyrik wurde diese Entwicklung, partiell oder gänzlich, virulent in: 1966 – Erich Arendt »Unter den Hufen des Winds«, Kunert »Verkündigung des Wetters« und »Unschuld der Natur«, Jens Gerlach »Jazz«, Gruppe alex 64 »Himmel meiner Stadt«, Karl Mickel »Vita nova mea«; 1967 – »Wetterzeichen« aus dem Nachlaß Bobrowskis, Sarah Kirsch »Landaufenthalt«, Axel Schulze »Nachrichten von einem Sommer«, Uwe Greßmann »Der Vogel Frühling«; 1968 – Paul Wiens »Dienstgeheimnis«, Manfred Streubel »Zeitansage«, Hanns Cibulka »Windrose«, Heinz Czechowski »Wasserfahrt«, Erich Arendts Sammelband »Aus fünf Jahreszeiten« und bedingt »Mit Marx- und Engelszungen« von Wolf Biermann, sowie die Anthologie »Saison für Lyrik«; 1969 – Reiner Kunze »Sensible Wege«; 1970 – Wulf Kirsten »Satzanfang«, Kunert »Warnung vor Spiegeln«, Georg Maurer »Kreise« und aus dem Nachlaß von Bobrowski »Im Windgesträuch«. Davon erschienen gleichzeitig in Ost und West die Gedichtbände von Bobrowski, während die Bände von Arendt und Kunert sich überschnitten; nur im Westen erschienen die Bände von Kunze und Biermann. Ein neuer Band von Bernd Jentzsch wurde seit 1965 nur angekündigt.

Von den Theaterstücken, die an dieser Entwicklung teilhaben, wurden bisher gedruckt und gespielt: 1966 – Alfred Matusche »Van Gogh«, Heiner Müller »Philoktet«, »Herakles 5« und »Ödipus, Tyrann« (nach der Übersetzung von Hölderlin); 1967 – Matusche »Das Lied meines Weges«, Boris Djacenko »Unterm Rock der Teufel«, Peter Hacks »Amphitryon«; 1968 – Matusche »Der Regenwettermann«, Rainer Kirsch »Der Soldat und das Feuerzeug«, Karl Mickel »Nausikaa«; 1970 – das als Fernsehstück geschriebene Drama »Leben und Tod Thomas Müntzers« von Hans Pfeiffer, »Kap der Unruhe« von Matusche,

»Kampfregel« von Egon Günther, »Margarete von Aix« und »Omphale« von Peter Hacks; 1971 – Matusche »An beiden Ufern«. Weder gespielt noch gedruckt wurden »Aretino oder Ein Abend in Mantua« von Joachim Knauth und »Lern Lachen, Lazarus« von Djacenko, das im Oktober 1956 in Polen spielt.

Die Dramatik konnte im Gegensatz zur Lyrik und Epik in ihrem Bereich die Situation nicht verändern. Die angeführten Titel wurden während des dritten Kulturkampfes, wenn überhaupt, nur einmal inszeniert, einige wurden nicht einmal gedruckt. Stücke müssen aber, um zu wirken, gespielt werden. Trotzdem war ersichtlich, daß Alfred Matusche in diesen Jahren zum führenden Dramatiker in der DDR aufstieg. Belächelt, bemitleidet, bestaunt und unterdrückt, hatte er, seiner Sache sicher wie jeder geniale Mann immer neue Kreise um die beiden Zentren »seiner« Welt gezogen. Während er mit dem »Regenwettermann« und »An beiden Ufern« die Thematik des Krieges erweiterte, aus der schon »Die Dorfstraße« (als Abschluß verschiedener »Grenzgänger«-Fassungen) und »Nacktes Gras« hervorgegangen waren, setzten »Van Gogh« und »Das Lied meines Weges«, die um die problematischen Beziehungen von Kunst und Leben kreisen, Bemühungen fort, die gleich nach dem Krieg mit der Komödie »Welche von den Frauen?« begannen, für die sich leider kein einziges Theater interessieren konnte. Zuletzt brach er mit »Kap der Unruhe« auch in die sozialistische Thematik ein, die Erneuerung des Menschen grundsätzlich in Frage stellend. So »abseitig« seine Stoffe, Figuren und Handlungen für ein politisches Theater waren, das sich vordergründig und vordringlich für den sozialistischen Aufbau interessierte, so erratisch wirkten ihre Gestaltungen, obwohl Matusches Stil, der die elementaren Ausschweifungen des Naturalismus mit dem szenischen Lakonismus Brechts verband, die einzige originelle Antwort auf die Forderungen der Zeit ist, die das deutschsprachige Drama nach dem Zweiten Weltkrieg gegeben hat. Ihm kann man noch Djacenko an die Seite stellen, dessen Werk jedoch noch nicht übersichtlich ist. Neben dem Aufstieg Matusches ist in diesen Jahren bemerkenswert, daß die 1957 eingegangene historische Dramatik mit doppeltem Boden sich wieder kräftig zu regen begann; neben ihre Initiatoren Pfeiffer, Knauth und Hacks, die wieder aktiv wurden, traten Mickel und Heiner Müller, der ganz gewiß anderes im Sinn hatte, das dialektische Theater in mythologischen Stoffen retten wollte und dabei nicht merkte, wie er dessen negatives Ende auch positiv besiegelte; Günther glitt mit seiner Dramatisierung der »Marquise von O.« leider zu sehr in die »deutsche Misere« zurück.

In der Lyrik stieg die Beschäftigung mit den eigentlichen Objekten der Poesie an. Der Kurs auf eine primäre Lyrik, die Arendt, Bobrowski, Cibulka schon seit Jahren anstrebten, verstärkte sich durch Wiens, Streubel, Mickel, Czechowski, Sarah Kirsch und erhielt Zulauf von neuen Talenten wie Schulze, dem zu früh gestorbenen Greßmann und dem überragenden Kirsten; von Jentzsch und von Friedemann Berger war nur wenig zu vernehmen; Reiner Kunze, der in seinem Band »Sensible Wege« an kritischer Schärfe und Tiefe alles übertraf, was die Lyrik in der DDR bisher geboten hatte, fiel in den meisten seiner Strophen und Epigramme auf Ausdrucksstufen zurück, die er selbst in der ersten Hälfte der sechziger Jahre programmatisch und poetisch überstiegen hatte. Am Falle Kunze wurde schlagend offenbar, daß der politische Gegenstand, unter welchem Blickwinkel immer auch betrachtet, poetisch nichts mehr hergab; er konnte nicht mehr originär ausgedrückt werden. Das war natürlich unvergleichlich mehr der Fall in der politischen Lyrik der Kritizisten Kunert und Biermann und in den neuen Gedichten Volker Brauns, der sich zu einem Bellizisten gemausert hatte.

Die Entwicklung der Lyrik wurde von entsprechenden programmatischen Äußerungen begleitet, die anzeigen, daß der Prozeß bewußt vollzogen wurde. Paul Wiens erklärte 1969, daß er jetzt die Kür den Pflichtübungen vorziehe, Lyrik für etwas schönes Überflüssiges halte und es ihn nicht kümmere, »in welches Gat- und Schatzkästlein« künftige Literaturhistoriker ihn stecken würden. »Der Dichter«, entgegnete er den Einwänden seines verblüfften Interviewers, »gestaltet sich selbst. In seinen Gedichten weist er sich aus. Das ist seine Machtbefugnis, sein ›Naturrecht‹«.[15] Zwei Jahre später äußerten sich Heinz Czechowski, Manfred Streubel und Wulf Kirsten mit gleichem Selbstbewußtsein.[16] Czechowski schrieb: »Ich vertraue darauf, daß es Zeitgenossen gibt, die imstande sind, meine Sicht auf die Dinge nachzuerleben ... Lyrik gehört nun einmal zum Persön-

---

[15] H. Haase: Interview mit Paul Wiens. »Weimarer Beiträge«, 3/1969.
[16] Aussagen über mich und meine Zeit. »Sonntag«, 32/1971.

lichsten, was gedruckt werden kann. Diese Tatsache macht es dem Gedicht mitunter schwer. Aber niemand kann aus seiner Haut... Jeder Versuch, sein Temperament oder seine Persönlichkeit im Stich zu lassen, wird mit Verlust an Wahrheit bezahlt.« Streubel wurde noch deutlicher: »Ich finde mich mitunter ziemlich altmodisch, schon wegen meiner Vorliebe für Gereimtes und weil mir ein Literaturkritiker ›viel 19. Jahrhundert‹ nachsagt, aber, komisch, ich bin gar nicht so traurig darüber ... So ehrlich sein und so gründlich (das heißt so genau) formulieren, wie mir möglich, also keine Kompromisse machen, auch nicht mit irgendeinem spektakulären Publikums- und Kritikergeschmack, und dann noch: gedruckt werden.« Kirsten sagte es am bündigsten: »Ich weiß nicht, ob ich zeitgenössisch bin. Ganz sicher bin ich, daß ich auf meine Zeitgenossen nicht wirke.« Das ist die Normalisierung der Lage. Daran konnte die Partei nichts mehr ändern, und schon gar nicht der Rückgang des westdeutschen Interesses an Lyrik aus der DDR, der seit dieser Wende zu beobachten war, weil einem Nachholbedarf an Agitprop oder einem Akademismus der Moderne Primärlyrik als Butzenscheibe oder Bukolik erscheint.

In der Epik setzte sich der, im Vergleich zur literarischen Entwicklung anderer sozialistischer Länder längst fällige, Zug ins Privatleben durch, den nur als Flucht bezeichnen kann, wer bestreitet, daß die res publica oder arcana reipublicae bei den meisten Menschen nun einmal den geringeren Teil ihrer Tages- und Nachtzeit einnehmen. So förderte dieser Zug mehr Realität zutage als die Romane und Erzählungen, die angeblich die Gesellschaft als Ganzes darstellten. Da eine Gesellschaft immer umfassender ist als ihre Stereotypen, gilt das auch für die gesellschaftliche Realität, die bei Christa Wolf im »Nachdenken über Christa T.« offener in den Blick rückt als im »geteilten Himmel«, bei Strittmatter in den Erzählungen »Ein Dienstag im September« sinnenhafter wird als in »Ole Bienkopp«, in de Bruyns Ehebruchsroman »Buridans Esel« hintergründiger erscheint als in dem Ehebruchsroman »Beschreibung eines Sommers« von Karl Heinz Jakobs: so sehr sie auch bei Christa Wolf in einem attraktiven Schleier von Innerlichkeit eingewoben ist, bei Strittmatter als Epiphänomen der Natur gilt und bei de Bruyn indirekt wiedergegeben wird. Was Brigitte Reimann zu Bitterfelder Zeit nur vorgab, ist erst hier Wirklichkeit geworden: die Ankunft im Alltag, und zwar in dem umfassenden Sinn eines schönen Doppelworts. Christa Wolf erzählt, wie dieser Alltag in der DDR eine sensible junge Frau zerreibt, Günter de Bruyn, wie die Feigheit der einzelnen diesen Alltag speist, Strittmatter wie auch dieser Alltag von jenen Grundgesetzen getragen wird, die den Lauf der Welt bestimmen. Der Alltag war aus literarischen und aus publikatorischen Gründen geboten. Nur in der Beschreibung des Alltags konnten diese Schriftsteller die Sterotypen durchbrechen, von denen sie sich bisher leiten ließen, und nur in der Beschränkung auf den Alltag konnten sie die Ergebnisse dieser Erkundungen veröffentlichen. Stefan Heym, der sich, entsprechend seiner Kritik auf dem Dezembercolloqium 1964, den zentralen politischen Fragen stellte, mußte seine neuen Werke in der Bundesrepublik und in der Schweiz drucken lassen, obwohl er historische Sujets wählte: Lassalle, um den Bonapartismus in der Arbeiterbewegung darzustellen; Defoe, um der Partei zu beweisen, wie vergeblich ihre Mühe war und sein wird, die Abweichungen auf ihre Linie einzuholen. Wegen der Prämissen der Belletristik in der DDR ist es allerdings auch zweifelhaft, ob dem Verfasser die literarische Darstellung dieser Fragen an zeitgenössischen Vorgängen so bruchlos geglückt wäre wie in diesen Historien, in denen er seine frühere Brillanz wiedergewann. Das gilt leider nicht in toto für den »König David Bericht«, seinen kühnen Vorstoß zur Legitimität einer totalitären Diktatur. Stefan Heym beschrieb plausibel, wie sie nur durch Geschichtsfälschung gebildet werden kann, wobei er die Details nicht nur aus der Wirklichkeit des Stalinismus schöpfte, sondern auch aus der Wirklichkeit des Romans »1984« von Orwell, den Becher 1950 als Menschenfeind abqualifiziert hatte. Indem er dies alles der jüdischen Geschichte auferlegte, zu der er als abtrünniger Jude ein gespanntes Verhältnis hat, strapazierte er den Stoff indessen so, daß die beabsichtigten Evidenzen weniger aus dem Roman selbst als assoziativ aufsteigen. Die stilistische Folge ist eine verkrampfte Mixtur aus Altertümelei, und, wie Gide sagen würde, ultramoderne Sauce. Stefan Heym, der behauptet hatte, mehr in der amerikanischen als in der deutschen Literatur zu wurzeln, betrat mit seinen Historien bezeichnenderweise den Weg in die surrogative Repräsentation, indes Christa Wolf, de Bruyn, Strittmatter den Weg in die partikuläre Repräsentation einschlugen. Ersatzwelt und Provinz –

diese klassischen Terrains der deutschen Literatur– bildeten auch den Grund für Erzählungen und Romane, die sich, im Falle Bobrowskis und Fries', aktuellen Auseinandersetzungen entzogen.

Die Bewegung der Literatur hatte zum ersten Mal in der Gesichte der DDR über die Planung der Literatur triumphiert, ohne dazu von Kompromissen der Partei ermuntert worden zu sein. Sie setzte sich im Gegenteil über ihre Eindämmung hinweg. Auf dem 9. Plenum des ZK vom 22. bis zum 25. Oktober 1968 hatte die Partei unbekümmert die Weichen für den VI. Schriftsteller-Kongreß gestellt, der als Direktivkongreß einen Schlußpunkt unter die Debatten nach dem 11. Plenum vom Dezember 1965 setzen sollte. Sie rühmte ihre Kulturpolitik und erging sich in präzeptorenhaften Anwandlungen für das ganze sozialistische Lager. Honecker, Axen, Hager, Kurella, Abusch, die im interkommunistischen Spektrum der letzten Jahre als ein Häuflein Unentwegter schienen, das gegen den Gang der Geschichte gaffelt, kosteten den Triumph aus, den ihnen die Ereignisse in der ČSSR zugespielt hatten. Die Billigung der Intervention, zu der sich die Mehrheit der Schriftsteller bereit fand, mochte darüber hinwegtäuschen, daß der SED in Wirklichkeit die Entwicklung der Schönen Literatur entglitten war. Wenn Klaus Höpcke wenige Tage vor dem 9. Plenum dunkel warnte, daß, »was als tieferes Ausloten des Individuums beginnt«, auf »die von antisowjetischen Ideologen proklamierte ›ewige Entfremdung‹« hinauslaufen muß,[17] so galt das noch einem Einzelfall, dem zu diesem Zeitpunkt noch nicht ausgelieferten Roman »Nachrichten über Christa T.«; der brauchte den schönen Schein nicht zu trüben. Auf dem 10. Plenum vom 28. bis 29. April 1969 jedoch schien die DDR schon keineswegs mehr als vorbildlich. Was Marianne Lange nach detaillierter Bestandsaufnahme mitzuteilen hatte, glich der Bekanntgabe eines Bankrotts. Sie sagte am Beispiel der Lyrik: »Die Diskussion zu einer bestimmten Fehlentwicklung bei einigen begabten Lyrikern wurde schon vor Jahren im ›Forum‹ geführt. Aber wenn man z. B. das Bändchen ›Saison für Lyrik‹ und manches andere ansieht, so zeigt sich, daß es hier eigentlich

[17] K. Höpcke: Wie hilft Literatur unser Leben meistern und wie nicht? ND, 12. 10. 1968; vgl. die Zusammenfassung von H.-D. Sander: Vor dem VI. Schriftsteller-Kongreß. Deutschland Archiv, 5/1969.

keinen Schritt nach vorn gegeben hat, sondern daß das Abgleiten in Subjektivismus, die schiefe Sicht auf die Probleme, der Traditionsschwund(!) bei einigen Lyrikern nicht überwunden wurde.«[18] Das Entsetzen war allgemein.

Auf dem VI. Schriftsteller-Kongreß vom 28.–30. Mai 1969, dem eine ZK-Delegation unter Honecker und Hager beiwohnte, gab sich Max Walter Schulz im Hauptreferat alle Mühe, die Stetigkeit und Kontinuität der Entwicklung der Belletristik in der DDR hervorzuheben. Er strafte sich dabei jedoch selbst Lügen durch den beachtlichen Platz, den er in seiner Rede, die von sozialistischer Menschengemeinschaft troff, der Kritik von Außenseiterpositionen einräumte. Er überschüttete sie mit einer Flut von Beschimpfungen und Unterstellungen: Scheinproblematik, falsche Bilder vom Sozialismus, intellektualistische Lamentos, subjektivistischer Idealismus, geistige Selbstbewegung, Rigorismus, Linksradikalismus, Wunschdenken, Unterkühlung, Erwartungslosigkeit, literarischer Absolutismus der Formkunst, Selbstentfremdung, Selbstgefälligkeit, Selbstgerechtigkeit, Klatsch, Tratsch, Biertischgeschichten, Unkultur, Halbkultur, Originalitätssucht, Überheblichkeit, schlichte Einfalt, intellektualistischer Pseudo-Intellektualismus, Nabelschau, Innenschau, Eulenaugen. Er verstieg sich zu der entlarvenden Behauptung: »Sozialistisch-realistische Literatur verfügt weder über den inneren noch über den äußeren Auftrag, dem Individualismus auf ihrem gesellschaftlichen Gelände sonstwie schöne Denkmäler zu setzen. Sollen die Toten ihre Toten begraben . . .« Von dieser Kunstwarte aus verhängte er die Gleichung von Innerlichkeit und Antikommunismus, und er wandte sich mit jener inquisitorischen Gebärde, die schon auf Kunert keinen Eindruck gemacht hatte, als Abusch sie im März 1961 gegen ihn verwandte, an Christa Wolf und Reiner Kunze. Während er die erstere noch für besserungsfähig hielt, schrieb er den letzteren ab. »Besinn dich«, rief er Christa Wolf zu, »auf dein Herkommen, besinn dich auf unser Fortkommen, wenn du mit deiner klugen Feder der deutschen Arbeiterklasse, ihrer Partei und der Sache des Sozialismus dienen willst.« Über die »Sensiblen Wege« sagte er rundweg: »Es ist alles in allem, trotz zwei Feigenblättern, der nackte, bei aller

---

18 ND, 2. 5. 1969; zum 10. Plenum ferner H.-D. Sander: Folgen eines Triumphes. Deutschland Archiv, 6/1969.

Sensibilität aktionslüsterne Individualismus, der aus dieser Innenwelt herausschaut und schon mit dem Antikommunismus, mit der böswilligen Verzerrung des DDR-Bildes kollaboriert – auch wenn Reiner Kunze das nicht wahrhaben will.« Uwe Berger kriminalisierte die inkriminierte Lyrik seiner Kollegen als »Abrißpathos«, als »Leichen- und Rattenidyllik«. Helmut Preißler jedoch, der wie Berger noch nie wider den Stachel gelöckt hatte, stellte sich vor die Delinquenten, indem er sagte: »Was die Lyrik betrifft, so bin ich überzeugt, daß von allem, was provokativ erscheint, nur wenig wirklich provozieren will.« Den »fehllaufenden« Talenten solle man helfen, meinte er: »Wenig erfolgversprechend erscheint mir, wenn man statt dessen meist jüngere Lyriker – und mit ihnen dann die ganze Innung! – immer wieder tadelt oder gar ohrfeigt. Daß Ohrfeigen keine Argumente sind, weiß überdies jeder. Ohrfeigen austeilende Lehrer disqualifizieren sich, besonders, wenn es sozialistische Erzieher sind.« Damit griff der Widerstand gegen die neuerlichen Restriktionen auch auf die ausgesprochene Parteiliteratur über. Erik Neutsch sagte wohl zu Beginn der Debatten: »Der Kongreß tanzt nun also oder soll beginnen zu tanzen. Max Walter Schulz hat das Arbeit genannt. Ich möchte mich seiner Meinung anschließen, und ich habe nur den einen Wunsch, daß wir am Ende dieses Kongresses von uns sagen können, wir sind nicht aus der Reihe getanzt.« Und es tanzte, außer Preißlers kleinem, aber bedeutsamen Seitensprung, niemand aus der Reihe. Neutsch Wunsch ging indessen nur in Erfüllung, weil auf diesem Kongreß nur wenige »tanzten«, von denen Hermann Kant, Hans Pfeiffer und Fritz Selbmann schon die Bekanntesten waren. Claus Hammel konnte nur im Namen einer abnehmenden Minorität sprechen, als er in seiner brav-forschen Manier erklärte: »Bequem war unsere Arbeit nie. Doch was uns bevorsteht, wird mehr Unbequemlichkeit mit sich bringen als wir uns jetzt schon zugeben. Schleunige Umstellung auf literarische Planwirtschaft, zu der auch die Ökonomie der effektivsten Tageseinteilung gehört, könnte uns das hohe Glück unseres Berufes retten.«[19]
Wie es in Wahrheit um die literarische Planwirtschaft stand,

[19] VI. Deutscher Schriftsteller-Kongreß. Sonderbeilage des »Sonntag«, 25/1969; NDL, 9/1969; H.-D. Sander: Der VI. Schriftsteller-Kongreß. Deutschland Archiv, 7/1969.

hatten die Veröffentlichungen der letzten Jahre bewiesen. Die ersten Veröffentlichungen nach dem VI. Schriftsteller-Kongreß zeigten, daß sich da in Zukunft auch wenig ändern sollte. Es erschienen die Historien von Stefan Heym, die Erzählungen und Skizzen von Strittmatter, die Lyrik fuhr fort, als habe sich nichts ereignet, weder der dritte Kulturkampf noch der VI. Schriftsteller-Kongreß, und im Sommer 1970 wurde im Fernsehen Hans Pfeiffers »Thomas Müntzer«-Stück gesendet, in dem der Titelheld zu Luther sagt: »Wie / soll es weitergehen mit dem / Evangelium alles / spitzt sich auf eine Frage zu wie / sollen wir leben mit dieser Obrigkeit.«

Kürzer und treffender läßt sich die Finalitätskrise des Kommunismus nicht umschreiben. Die Transposition in die Gegenwart verschärft das Epigramm sogar noch. Ein Sozialismus, der das Paradies auf Erden unabsehbar verschiebt, muß mehr Mißmut schüren als ein Evangelium, für das ein Paradies nur im Himmel denkbar ist. Ein mühevolles Leben ist zu ertragen, wenn es einen gerechten Ausgleich im Jenseits gibt. Wie aber soll man nach dem Tode Gottes ein mühevolles Leben aushalten, wenn der Ausgleich im Diesseits in eine Ferne rückt, deren Konturen nicht erkennbar sind. Der große belgische Sozialist Emile Vandervelde konnte sich selbst von einem goldenen Zeitalter auf Erden nicht vorstellen, daß in ihm die Menschen klüger als Sokrates oder Platon die Fragen nach dem Leben, nach dem Tod, nach der Welt, nach dem Warum und dem Woher beantworten könnten. Wieviel quälender müssen diese Fragen werden, wenn sich dieses Zeitalter nicht verwirklicht? Unter dem Aspekt der Finalitätskrise spitzt sich die Frage: wie soll es weitergehen mit dem Kommunismus? nicht allein auf die Frage zu: wie soll es weitergehen mit einer Obrigkeit, die sich als gewöhnliche Diktatur enthüllt? Die Widersprüche werden wieder antogonistisch. Der Sinn eines sozialistischen Lebens wird zweifelhaft; zweifelhaft werden die Mühen der Gebirge und die Mühen der Ebenen, wie Mao Tse-tung dergleichen nennt.

Die Belletristik in der DDR pendelt sich bereits auf diese Lage ein. Der Tod des »Ole Bienkopp« sollte noch aufrütteln, mobilisieren zu einer besseren Lösung der Schwierigkeiten in der LPG. Das Sterben, von dem im »Nachdenken über Christa T.« und in mehreren Erzählungen des Bandes »Ein Dienstag im September« die Rede ist, umschrieb schon keine optimistischen Tragödien mehr. In seinem »³/₄ Hundert Kleingeschichten« ordnete Stritt-matter alles dem Kreislauf der Materie unter, den archetypischen Elementen Erde, Wasser, Feuer, Luft, aus denen der Mensch mit seinen Gesellschaftsordnungen hervorsteigt und untergeht. Subjekte und Objekte der Kleingeschichten sind Tiere und Pflanzen. Menschen figurieren nur am Rande; wenn spärlich Bezeichnungen wie Genossenschaft oder Volkspolizisten auftauchen, ist es nicht mehr wie Schall und Rauch. Der Band wimmelt von Rehabilitationen und Revisionen. Zum Beispiel die Rehabilitierung des Pirols. Johannes R. Becher hatte in seinem »Tagebuch 1950« unter dem Datum des 30. August eine boshafte Betrachtung zum Tode Ernst Wiecherts eingetragen, der von den Kommunisten »schon lange zu Grabe getragen« worden war, weil er sich von ihnen distanziert hatte. Becher schilderte süffisant, wie Wiechert ihn bei einem Besuch auf seinem oberbayrischen Hof sagte, er würde sein »ganzes Hab und Gut, all die irdische Herrlichkeit ringsum mit Freuden« hergeben, wenn er »noch einmal in seinem Leben den – Pirol« hören könnte. Becher hielt das nicht nur für eine politische, sondern auch für eine literarische Selbsterledigung. Wie er dachten viele. Wenn Becher und Brecht auch noch vor ihrem Tode kurz anderen Sinnes werden sollten, so galt das damals nur für sie selbst. Strittmatters Kleingeschichte »Gänse und Pirol« drückt den Emanzipationsgrad aus, den die Schöne Literatur in der DDR zwanzig Jahre später erreicht hat. Ihr Text lautet: »Der Sommer geht zu Ende. Die Wiesen begrünen sich nach dem zweiten Grasschnitt ein drittes Mal. Die Gänse putzen sich eifrig im Bach. Wenn sie aus dem Wasser steigen, widerspiegelt sich das schräg stehende Sonnenlicht im Weiß ihres gebadeten Gefieders. Da muß man die Augen schließen, weil man weiß, daß Martini, der Tötungstag der Gänse, nah ist. Alle Vögel schweigen, aber dann singt der Pirol auf der Weide am Bach so frisch wie im Frühling. Er holt alle Strophen nach, die er versäumte, weil er später als alle Sommervögel aus seiner heißen Winterheimat kam.« Diese Rehabilitierung war vielleicht sogar ein Zufall. Strittmatter hat wahrscheinlich nicht bewußt an Bechers verflossenen Spott über den Pirol gedacht. Titel wie »Der große Gesang« für das Werden und Vergehen von Teichgeflügel oder »Lob auf den Juni« für die Flora dieses Monats dürften jedoch mit Absicht den betreffenden bellizistischen Titeln entgegengesetzt sein: Pablo 255

Nerudas »großem Gesang« auf die revolutionären Bewegungen Lateinamerikas oder Brechts »Lob der Partei«, »Lob der UdSSR«, »Lob des Kommunismus« usw. Sie begreifen in sich die Revision des anthropozentrischen Weltbildes, das die kommunistische Belletristik beherrscht. Wie soll es weitergehen mit der Schönen Literatur in der DDR?

Die Frage stellt sich in verschärfter Form, seitdem die SED die Emanzipation der Schönen Literatur, die sie nicht verhindern konnte, rückgängig machen wollte. Das begann auf ihrem VIII. Kongreß vom 15. bis zum 19. Juni 1971, auf dem mit dem Wechsel der Parteiführung von Walter Ulbricht auf Erich Honecker, der aus Altersgründen zu erwarten war, das »entwickelte gesellschaftliche System des Sozialismus« überraschend durch die »entwickelte sozialistische Gesellschaft« ersetzt wurde. Das ESS offenbarte in seiner allerletzten Phase plötzlich eine janusköpfige Konstruktion, die, von seinem Ende her gesehen, nicht einer bewußten Anlage am Anfang entbehrte. Die Dinge ereigneten sich in gedrängter Dramatik.

Wenige Wochen vor dem VIII. Parteitag veröffentlichte Ulbricht unter dem Titel »Staat und Revolution und die Sozialistische Einheitspartei Deutschlands« einen Aufsatz, der einen sensationellen Akzent auf die vulkanische Staatsfrage setzte. Es heißt da: »Die Entwicklung der sozialistischen staatlichen Führungstätigkeit entsprechend den Bedingungen der Gestaltung des entwickelten gesellschaftlichen Systems des Sozialismus hat ... unsere sozialistische Verfassung zur Grundlage und als Ausgangspunkt. Die sozialistische Verfassung ist sowohl ihrer Form wie ihrem Inhalt nach das mit höchster Autorität ausgestattete staatliche Führungsdokument. Sie enthält in verbindlicher Weise die Aufgaben, Grundsätze und Normen, die bei der Gestaltung der entwickelten sozialistischen Gesellschaft verwirklicht werden müssen. Sie ist das Gesetz der Gesetze. Daher muß der Auftrag der Verfassung darin gesehen werden, die staatliche Führungstätigkeit in ihrer Gesamtheit wie in ihren Teilen auf das Niveau der Verfassung zu bringen.«[20]

Bei der Einführung des ESS auf dem VII. Parteitag im April 1967 hatte Ulbricht zur Staatsfrage gesagt: »In der Periode der entwickelten sozialistischen Gesellschaft, da die vollständige

[20] »Staat und Recht«, April 1971.

Durchführung des neuen ökonomischen Systems der Planung und Leitung, die Meisterung der fortgeschrittenen Wissenschaft und Technik und die Entwicklung der sozialistischen Nationalkultur auf der Tagesordnung stehen, gewinnt der Staat auf neue Weise an Bedeutung. Wir gehen davon aus, daß der sozialistische Staat ein lebendiger Organismus ist.«[21] Die neue Weise der Bedeutung wurde jedoch gleich an Ort und Stelle wieder eingeschränkt, wenn Ulbricht fortfahrend als Grundlagen und Inhalt der sozialistischen Staatsmacht die »sozialistischen Produktionsverhältnisse«, die »Führung der gesellschaftlichen Entwicklung durch die Arbeiterklasse mit ihrer revolutionären Partei« und die »steigende gesellschaftlich bewußte Aktivität der Volksmassen« nannte. Das alles schien kaum mehr zu umschreiben als das bisherige zwiespältige Bewußtsein, das Ulbricht als Parteiführer und Staatsratsvorsitzender durchdrungen hatte. Im Sommer 1967 kurbelte zwar die Akademie für Staat- und Rechtswissenschaft eine Diskussion über Diktatur des Proletariats und ESS an, in der Karl-Heinz Schöneburg behauptete, der gegenwärtige Entwicklungsstand in der DDR könnte nicht mehr als Diktatur des Proletariats bezeichnet werden, und Otto Reinhold den Staat als »Repräsentanten der ganzen Gesellschaft« nannte. Aber das war spätestens im Sommer 1968 zu Ende, nicht zuletzt als Folge der Abgrenzung von der Entwicklung in der ČSSR.[22] Ulbricht sprach selbst zu dieser Zeit nur noch als Parteiführer. Er ließ am 12. Oktober 1968 in seiner Festrede zum 20. Jahrestag der Gründung der Akademie für Staats- und Rechtswissenschaft kaum einen Zweifel bestehen, daß er im besten Begriff war, die eigenständige Entwicklung in der DDR weiter Stück um Stück abzubauen; er wies nicht nur dem Staat, den er jetzt wieder eindeutig als Machtorgan der Arbeiterklasse bezeichnete, vorwiegend reglementierende Funktionen zu, sondern bezichtigte auch die Vertreter der Auffassung, daß die

21 W. Ulbricht: Die gesellschaftliche Entwicklung in der DDR bis zur Vollendung des Sozialismus. ND, 18. 4. 1967; SBZ Archiv, 10/1967.
22 K.-H. Schöneburg: Das politische Wesen unseres Staates. »Sozialistische Demokratie«, 9/1968; O. Reinhold: Die Rolle des Staates im Ökonomischen System des Sozialismus. »Einheit«, 2/1968; vgl. die Zusammenfassung: Produktivkraft Wissenschaft – Sozialistische Sozialwissenschaften in der DDR. hrsg. v. H. Lades und C. Burrichter. Hamburg 1970, Kapitel »Staats- und Rechtswissenschaft« v. R. Schwarzenbach, 232 f.

führende Rolle der Arbeiterklasse nicht mehr notwendig sei, weil der Klassenantagonismus in der DDR überwunden ist, der Irrlehre.[23] Die Diskussion ging jedoch hinter den Kulissen weiter. Auf der Konferenz der Parteihochschule in Klein-Machnow zum 100. Geburtstage Lenins am 26. und 27. März 1970 mußte sich Werner Lambertz mit großem Eifer gegen Vorschläge wenden, die darauf abzielen, Wirtschaft und Staat aus der Hegemonie der Partei zu entklammern; da er aber auch einräumen mußte, daß sich der Charakter der Arbeiterklasse verändert habe, weil in ihr »viele Menschen« aus der Bauernschaft, dem Kleinbürgertum und der Intelligenz eingegangen seien, konnte er die führende Rolle der Partei nicht mehr politisch begründen, sondern nur noch aus dem »Systemcharakter des Sozialismus« ableiten.[24] Ulbricht ließ noch auf der Ideenberatung des Staatsrats mit bildenden Künstlern und Schriftstellern am 14. Januar 1971 nicht durchblicken, daß er solche Diskussionen in der Tat ermuntert hatte.

Der Aufsatz »Staat und Revolution und die Sozialistische Einheitspartei Deutschlands« läßt keinen anderen Schluß zu. Wenn Ulbricht im April 1971 die Staatsfrage wieder in den Vordergrund schob, so waren die ständigen Abstriche nur taktische Manöver, um den Kern seines Reformwerkes abzudecken, was mit dem Ton auf den reglementierenden Funktionen des Staates während und nach der ČSSR-Krise auch unverdächtig vonstatten gehen konnte. Ulbricht hätte dann, flexibel auf sowjetrussischen Druck reagierend, das ESS entworfen, um die wesentlichen Elemente des NÖS, zum Beispiel die Einschränkung der führenden Rolle der Partei zugunsten einer tendenziellen Selbständigkeit der einzelnen Bereiche in Wirtschaft und Gesellschaft, insgeheim versibel zu erhalten. Dafür spricht, daß die Emanzipation der Schönen Literatur, die im NÖS begonnen hatte, im ESS trotz pausenloser Angriffe durch die SED praktisch vollendet und theoretisch begriffen werden konnte – von den Literaturfragen (Christa Wolf) über die Eigengesetzlichkeit der Gattungen (Wiens, Pfeiffer) bis zur Machtbefugnis des

[23] W. Ulbricht: Die Rolle des sozialistischen Staates bei der Gestaltung des entwickelten gesellschaftlichen Systems des Sozialismus. ND, 16. 10. 1968.
[24] ND, 28./29. 3., 5. und 7. 4. 1970; »Forum«, 7/70; H.-D. Sander: Lenin und die Selbstverständniskrise der Partei. Deutschland Archiv, 5/1970.

Dichters (Wiens) und Gleichgültigkeit gegenüber seiner Zeitgenossenschaft (Streubel, Kirsten); und zwar im Sinne der Rede, die Elisabeth Langgässer 1947 auf dem I. Schriftstellerkongreß gehalten hatte, wobei nebensächlich ist, ob man sich ihrer erinnerte oder nicht. Die emanzipierte Literatur wäre deshalb die eigentliche ESS-Belletristik.

Indem Walter Ulbricht forderte, die staatliche Führungstätigkeit auf das Niveau der Verfassung zu heben, ließ er den vagen Ansatz vom VII. Parteitag sogar weit hinter sich. Der alte Ulbricht erkannte wohl wie der alte Stalin, leider erst gegen Ende seiner Ära, daß die unumgängliche Exemtion der einzelnen Bereiche, die eine Parteiherrschaft gefährdet, ein Staatswesen aber nicht unbedingt zu tangieren braucht. Die Finalitätskrise dürfte diese Einsicht noch verstärkt haben. Der Schwund des kommunistischen Endziels, den am Ende die kommunistische Partei nicht überleben würde, braucht ebenfalls einen Staat nicht wesentlich zu beunruhigen.

Zu Ulbrichts Aufsatz über die Staatsfrage gibt es eine verblüffende Parallele im Bereich des Ästhetischen. Kein anderer als der Nationalökonom Jürgen Kuczynski trug in seinem Aufsatz »Der Wissenschaftler und die Schöne Literatur« eine dogmengeschichtliche Erörterung von höchster Relevanz vor.[25] Es ging dabei um die Auslegung des berühmten Lobs, das Friedrich Engels 1888 in einem Brief an die Romancière Margaret Harkness angestimmt hatte, die der Tendenzliteratur frönte. »Daß Balzac«, schrieb Engels, »so gezwungen war, gegen seine eigenen Klassensympathien und politischen Vorurteile zu handeln, daß er die Notwendigkeit des Untergangs seiner geliebten Adligen *sah* und sie als Menschen schilderte, die kein besseres Schicksal verdienen, und daß er die wirklichen Menschen der Zukunft dort *sah*, wo sie damals allein zu finden waren – das betrachte ich als einen der größten Triumphe des alten Balzac.« Kuczynski knüpfte daran die düpierende wie einfache Feststellung: »Zweimal unterstreicht Engels das Wort ›sah‹.« Und er zögerte nicht, vom Erkennen als der wissenschaftlichen Erfassung der Wirklichkeit das Sehen als die künstlerische Erfassung der Wirklichkeit abzugrenzen, durch das der Dichter in antikem Sinn ein »Seher« ist.

Die Nutzanwendung, die Kuczynski daraus für seine eigene, nationalökonomische Betrachtung der Literatur zog, lautete: »Vor etwa dreißig Jahren hatte ich eine längere Unterredung mit dem damals größten lebenden Gräzisten Gilbert Murray. Der Zweck meines Besuches war zwar, ihn um finanzielle Hilfe für den antifaschistischen Kampf der deutschen Emigranten zu bitten. Jedoch kamen wir ganz bald auf Euripides zu sprechen. Zum Abschluß dieses Teils der Unterhaltung meinte er, der ein führender Liberaler Englands war: ›Die Marxisten lesen zuviel in die griechischen Tragödien hinein. So tief erkannten weder Aischylos, Sophokles noch Euripides die Verhältnisse‹. Damals meinte ich, Murray hätte unrecht. Heute sehe ich es so. Ja! Murray hatte recht, daß diese großen Dramatiker die Verhältnisse nicht so *erkannten,* wie ich damals glaubte. Aber als Marxist hatte ich völlig recht, so viel in sie hineinzulesen, als sie erkannten. Denn was ich damals in sie ›hineinlas‹, was wir heute in sie ›hineinlesen‹, das *sahen* sie, das entspricht durchaus der Größe und Tiefe ihrer *künstlerischen* Erfassung der Wirklichkeit.«

Für die kulturpolitische Diskussion in der DDR bedeutete diese Auslegung des Engels-Briefes ein Votum für zwei Ansätze, deren Verdammung als häretische Einbrüche bisher ex officio nicht zurückgenommen wurden. Der Schüler Vargas (und Freund Oskar Langes) aktualisierte die Nutzanwendung, die Georg Lukács 1951 aus dem Triumph des Realismus über die politische Einstellung des Autors für die sozialistische Belletristik abgeleitet und von der Hans Koch 1957 behauptet hatte, sie habe sich »im Feuer der ungarischen Konterrevolution erledigt«[26]. Kuczynski erneuerte zum zweiten den Anspruch des Schriftstellers auf die Rolle eines Propheten, den Stefan Heym in der »Langeweile von Minsk« erhoben und den beim Auftakt des dritten Kulturkampfes Hermann Axen verschwefelt hatte, weil dadurch die »führende Rolle der Arbeiterklasse« verneint werde.[27]

[26] G. Lukács: Balzac und der französische Realismus. Berlin (Ost) 1952, Vorwort; Georg Lukács und der Revisionismus. Berlin (Ost) 1960, 123; dazu auch das Lukács-Kapitel in: H.-D. Sander: Marxistische Ideologie und allgemeine Kunsttheorie, a. a. O.

[27] S. Heym: Die Langeweile von Minsk. »Die Zeit«, 29. 10. 1965; H. Axen: Braucht unsere Zeit Propheten? ND, 28. 11. 1965.

Gibt es einen Zusammenhang zwischen den Aufsätzen Ulbrichts und Kuczynskis, so war offenbar beabsichtigt gewesen, mit dem Ausbau der staatlichen Führungstätigkeit den dritten Kulturkampf zu beenden. Walter Ulbricht muß aus dem Stand der internen Diskussion und der inzwischen abgeschlossenen Stabilisierung in der ČSSR den Schluß gezogen haben, daß der Zeitpunkt für eine Wiederbelebung seines Reformwerkes herangereift sei. Überdies zwang ihn der bevorstehende Rückzug aus seinen Ämtern, der wegen seines Alters und seines Gesundheitszustandes nötig wurde, die Weichen gewissermaßen testamentarisch zu stellen. Dieses Vorhaben ist wenige Wochen später auf dem VIII. Parteitag von Erich Honecker abgeblockt worden.

Der neue Parteiführer hatte für die Gegenoffensive nicht nur, wie Chruschtschow für seine unselige Partei-Renaissance gegen die »neue Rolle des Staates«, die Stalin und Malenkow anstrebten, das Gros der um Posten und Einfluß bangenden Parteifunktionäre auf seiner Seite, sondern auch in der KPdSU eine große Bruderpartei, die auf ihrem XXIV. Kongreß vom 30. März bis zum 9. April 1971 soeben das Anwachsen der Führungsrolle der Partei zum gesellschaftlichen Entwicklungsgesetz erhoben und wieder verstärkt vom Aufbau des Kommunismus gesprochen hatte. Er konnte deshalb mit dem Segen des Kreml gegen die staatliche Führungstätigkeit die »Leitungstätigkeit der Partei« setzen, deren Ausbau proklamieren, und die Auswirkungen der Finalitätskrise mit der These eindämmen, es gäbe zwischen dem Sozialismus und dem Kommunismus »keine starren Grenzlinien«.

Das ESS und seine Begriffe wurden erst einmal aus dem Verkehr gezogen. Die Kondemnation erfolgte auf der Tagung der Gesellschaftswissenschaftler der DDR am 14. Oktober 1971 durch Kurt Hager, der dem »entwickelten gesellschaftlichen System des Sozialismus« vorwarf, den Inhalt des Sozialismus positivistisch ausgehöhlt und die Partei von ihrem marxistisch-leninistischen Weg abgedrängt zu haben, des weiteren dem ESS-Begriff der »sozialistischen Menschengemeinschaft« unterstellte, die Annäherung der Klassen und Schichten in der DDR überschätzt und die führende Rolle der Arbeiterklasse verwischt zu haben, und schließlich die »These vom Sozialismus als relativ selbständige Formation« als unvereinbar mit der »marxistisch-leninistischen Theorie des Übergangs vom Sozialismus zum Kommunismus« 261 erklärte. Um die führende Rolle der Partei politisch zu begründen, komplimentierte der Referent die Intelligenz und die Bauernschaft aus der Arbeiterklasse heraus, von der er eingangs noch gesagt hatte, daß »in der DDR der Anteil der Arbeiter und Angestellten im Jahre 1970 kontinuierlich auf 84,5 Prozent angestiegen« sei. Die Arbeiterklasse selbst definiere sich gegenüber den anderen Klassen und Schichten in der DDR durch »die unterschiedliche Rolle in der gesellschaftlichen Organisation der Arbeit – d. h. die unterschiedliche Stellung zur sozialistischen Produktion und das darauf beruhende unterschiedliche Vergesellschaftungs- und Organisationsniveau sowie die Verteilungsverhältnisse« als die »am höchsten organisierte, am engsten mit dem Volkseigentum verbundene Klasse«. Den dogmengeschichtlichen Rahmen sollte ein Lenin-Zitat von 1919 liefern, ein Satz aus dem Artikel »Die große Initiative«; er heißt: »Als Klassen bezeichnet man große Menschengruppen, die sich voneinander unterscheiden nach ihrem Platz in einem geschichtlich bestimmten System der gesellschaftlichen Produktion, nach ihrem (größtenteils in Gesetzen fixierten und formulierten) Verhältnis zu den Produktionsmitteln, nach ihrer Rolle in der gesellschaftlichen Organisation der Arbeit und folglich nach der Erlangung und der Größe des Anteils am gesellschaftlichen Reichtum, über den sie verfügen.«[28]

Diese Begründungen halten weder dogmengeschichtlich noch faktisch. Lenin schrieb diesen Satz angesichts der damaligen Verhältnisse, die noch zehn Jahre von der Vollsozialisierung trennten. Überträgt man den Satz auf Verhältnisse, die »prinzipiell gleiches Eigentum« charakterisierten, so umschrieb Hager die gegenwärtigen Verhältnisse in der DDR, ergibt sich in einer unfreiwilligen Pointe, daß die Arbeiterklasse, wenn sie die am höchsten organisierte und am engsten mit dem Volkseigentum verbundene Klasse sein soll, ausschließlich komplett die SED ist. Nicht weniger Torheit zeichnete die Formel »keine starren Grenzlinien zwischen Sozialismus und Kommunismus« aus. Sie setzt einerseits keine greifbareren Daten als die Formel von der

[28] K. Hager: Die entwickelte sozialistische Gesellschaft – Aufgaben der Gesellschaftswissenschaftler nach dem VIII. Parteitag. »Einheit«, 11/1971; Lenin-Zitat in: Werke, Berlin (Ost) 1955 ff., XXIX, 410; vgl. dazu H.-D. Sander: Reduktion statt Sachlichkeit. Das Ende der Ära Ulbricht. Deutschland Archiv, 7 und 12/1971.

relativ selbständigen Formation, andererseits unterstellt sie, daß der Kommunismus partiell schon vorhanden – was in Verhältnissen, unter denen nur eine Minderheit zufrieden ist, noch mehr Mißmut weckt als die Verschiebung des Endziels. Die Finalitätskrise wird dadurch nicht entschärft, sondern radikalisiert.

Die kulturpolitische Gegenoffensive der Partei geriet bezeichnenderweise sehr schnell ins Stocken. Nach dem Artikel »Die Hauptaufgaben des Fünfjahresplans und das kulturelle Profil der Arbeiterklasse«, den Marianne Lange im Juli 1971 veröffentlichte, hätte der dritte Kulturkampf nahtlos in einen vierten übergehen müssen; die Lenkung der kulturellen Prozesse in »Arbeitskollektiven«, die sie proklamierte, verhießen eine Rückkehr auf den Bitterfelder Weg.[29] Im Jahr 1959 hatte die SED jedoch noch Druckmittel in der Hand, um die Schriftsteller in diese Richtung zu treiben; zum Beispiel den Appell an ihr grundsätzliches Einverständnis mit der Partei oder, bei verstocktem Widerstand, der Hinweis auf die gerade niedergeschlagene »Konterrevolution« in Ungarn. Das alles fehlt 1971. Die Kette zwischen Partei und Literatur war gerissen. Ein Appell mußte an der »Machtbefugnis« der Autoren in ihrem eigenen Bereich abprallen, und auf die gerade ausgeräumte »Konterrevolution« in der ČSSR hinzuweisen, konnte nicht einmal Marianne Lange; denn man kann Paul Wiens, Hans Pfeiffer, Christa Wolf vieles nachsagen, nicht jedoch Opposition in politischem Sinn. Die Schriftsteller sind nicht mehr erpreßbar, weil die Emanzipation der Belletristik sich nicht in einem politischen Prozeß, sondern als Literaturfrage realisiert hat.

Die politischen Prämissen der Schönen Literatur in der DDR hatten ihre allgemeine Wirkkraft verloren. Sie bestätigten sich nur noch in einzelnen Fällen. Zum Beispiel bei Rolf Schneider, dessen Zelebration des deutschen Miserere in »Tod des Nibelungen« ihn für die Gegenoffensive der Partei aufnahmebereit gemacht hatte. So galt nur für ihn selbst, als er im September bekannte: »Die freche Komödie über den spanischen Kammerdiener Figaro, der seinem liederlichen Herrn trotz sozialer Unterlegenheit in Witz und Handlung überlegen ist, hat viel zum

[29] »Einheit«, 7/1971; über die mageren Ergebnisse der Kampagne H.-D. Sander: Zurück ins Kollektiv? Deutschland Archiv, 10/1971.

Sturm auf die Bastille beigetragen. Der Lyriker Majakowski brachte Tausenden von lauschenden Analphabeten die Botschaft der Revolution ... Aber, es ist nicht zu übersehen, daß alle diese spektakulären Beispiele aus einer gesellschaftlichen Szene stammen, die nicht mehr die unsere ist. Für uns – sprechen wir genau: für die Kunst in der DDR, einem hochentwickelten Industriestaat sozialistischer Gesellschaftsstruktur – stellt sich die Aufgabe der Kunst zugleich bescheidener und schwieriger. Sie kann vorhandene Überzeugungen überzeugender machen.« Man könnte deshalb, folgerte er, von den Künsten nur noch Auskünfte erwarten, die zu erwarten seien.[30] Sein Stück »Einzug ins Schloß«, das gerade am Deutschen Theater inszeniert wurde, fiel in diesem Sinn bescheiden aus und lieferte keine unerwarteten Auskünfte. Ob es aber vorhandene Überzeugungen überzeugender gemacht hat, ist zweifelhaft. Die falschen Töne, die bei solchen Unternehmungen unvermeidlich sind, verstimmen die Überzeugten eher. Schon das Bekenntnis stimmte nicht; die Wendung »Industriestaat sozialistischer Gesellschaftsstruktur« war im Augenblick ihrer Äußerung so verschmockt wie im Rückblick die Annahme, die russischen Analphabeten hätten Majakowskis futuristische Lyrik verstanden. Aber auch Rolf Schneider ignorierte die Rolle der Arbeitskollektive. Und so verhielt sich auch, wer sich außer ihm noch äußerte: Günter Görlich, Wolfgang Joho, Jurij Brežan, Max Walter Schulz.

Marianne Langes Vorstoß fiel bei den Schriftstellern durch. Die Antworten, die in ihrem Dezemberheft die »Weimarer Beiträge« auf eine Umfrage nach dem Verhältnis der Schriftsteller zur literarischen Tradition und zur Literaturwissenschaft abdruckte, zeigte, daß die Mehrzahl unbeeindruckt die Literatur weiterhin als Literaturfrage erörterte. Paul Wiens antwortete nonchalant, daß ihn jeder Autor anrege, der ihm gefiele. Günter de Bruyn behauptete, daß jedes große Literaturerlebnis Anlaß zu einer Selbstverständigung geben, eine Literaturgeschichte dagegen nur vermitteln könnte, wenn sie nicht abstrakt, sondern detailgeladen angelegt sei. Stephan Hermlin, der sich zur Klassik wie zur Moderne bekannte, sagte sogar, daß ihm Erleuchtungen über Kunstwerke weniger von Wissenschaftlern als von Künstlern gekommen seien, die über Künstler schrieben. Dabei zögerte er

[30] »Sonntag«, 5. 9. 1971.

nicht, Lukács hervorzuheben: »Bestimmte Theoretiker habe ich von früh an gelesen, mit Staunen und zugleich durchaus skeptisch – ich meine vor allem Georg Lukács, diesen außerordentlichen Denker, der mich ständig in Verwunderung setzte durch seine amusische Schlüssigkeit, seine Fähigkeit, wirklichkeitsfremde Kategorien und Hierarchien zu entwickeln, wobei ihm aber im einzelnen sehr feine Analysen gelangen wie etwa im Falle Thomas Manns. Es ist eigentlich überflüssig zu bemerken, daß Lukács mitsamt seinen Fehlern turmhoch über gewissen Epigonen steht, die freilich unter ängstlicher Ausklammerung seines Namens, seine Erkenntnisse und Irrtümer lediglich zu plagiieren vermögen.« Sogar Anna Seghers gerierte sich wieder einmal rein literarisch; sie nannte unter den Vorbildern ihres Romans »Transit« verblüffend »Andromaque« von Racine.

Auch das Publikum wollte von der Lenkung der kulturellen Prozesse in den Arbeitskollektiven nichts wissen. Es war nicht einmal möglich, die unvermeidlichen Brigadisten als Fürsprecher zu gewinnen. Die Publikumsaussprache im »Neuen Deutschland« führte bis zu dem bündigen Nachweis, den ein DDR-Bürger aus Schönbeck über die Klassenlosigkeit der Musik lieferte.[31] Was das Publikum von den Schriftstellern wirklich erwartete, ging aus den Debatten über zwei Werke der Partei-Belletristik hervor, über Werner Heiduczeks Erzählung »Mark Aurel und ein Semester Zärtlichkeit« und Armin Müllers Theaterstück »Franziska Lesser«.[32] Hatte Stefan Heym Ende 1964 als Indiz für ein Bedürfnis nach kritischen Werken angenommen, wenn, zum Beispiel über »Ole Bienkopp« und »Spur der Steine«, Diskussionen mit viel Lärm, Kontroversen ohne Kontroverse, über Fragen von minimaler Bedeutung ausbrechen, so artikulierte sich Ende 1971 dieses Bedürfnis, indem die minimalen Fragen, die Heiduczek und Armin Müller angerührt hatten, von den Lesern radikalisiert wurden. In dem Stück ging es um den Notenabfall von 1,7 auf 2,4, der sich bei der Abiturientin Franziska bemerkbar macht, weil sie sich in einen Jungen vom Bohrturm verliebt hat. Daß dieser geringfügige Anlaß in der

---

[31] ND, 25. 8. 1971.
[32] Diskussion über »Franziska Lesser« in: »Theater der Zeit«, 12/1971; über »Mark Aurel und ein Semester Zärtlichkeit«, in: »Forum«, 19/1971; 1, 2, 3/1972. auch »Junge Welt«, 2. 11. 1971 und die ND-Literaturbeilagen 9/1971 und 3/1972.

Klasse brisante Konflikte auslöst, wird nur am Rande erwähnt, wenn der Lehrer zum Vater über Franziska sagt: »Das Nichtanerkennen von Autoritäten nennt sie sozialistische Demokratie. Disziplin und Ordnung: kleinbürgerlich.« Wegen dieser verdrängten Konflikte aber identifizierten sich viele Schüler mit der Heldin, und sie diskutierten, als habe diese Randbemerkung im Mittelpunkt des Stückes gestanden. In der Erzählung ging es um eine Studentin, die sich nach einem Semester von einem befreundeten Kommilitonen trennt, der verkommt, weil er, begabt und widerspenstig, sich nicht in die Gesellschaft einfügt. Während der Verfasser keinen Zweifel ließ, daß der junge Mann nur an sich selbst scheitert – er zeigt ihn so recht als Fatzken, der Weisheiten von Mark Aurel als eigene Erkenntnis ausgibt, Camus und Beckett liest und dem Suff verfällt, daß seiner Freundin nichts übrigbleibt als ihm den Rücken zu kehren – funktionierten in der Debatte Leser die Figuren um. Unbekümmert um das Original erklärten sie das Mädchen für eine kleinbürgerliche Gans, von der die sozialistische Gesellschaft nicht viel zu erwarten habe, und den Jungen für eine genialische Persönlichkeit, an deren Zerstörung die Gesellschaft nicht unschuldig sei. Armin Müller und Werner Heiduczek heulten gern mit den Wölfen; offensichtlich beschämt, taten sie so, als hätten sie, was das Publikum erregte, wirklich geschrieben.

Die Gegenoffensive fand indessen auch bei den Funktionären keinen bemerkenswerten Widerhall. Sie bezweifelten, wie es aussieht, die Durchsetzbarkeit. Das Scheitern der drei Kulturkämpfe hat den Elan der Kader ohne Zweifel geschwächt, noch lähmender mußte sich die Finalitätskrise auswirken. Nichts umschreibt ihre Ratlosigkeit besser als das Ausbleiben spektakulärer personeller Konsequenzen nach der Verurteilung der ESS. Die Argumente standen substantiell den Vorwürfen nur wenig nach, die wegen ähnlicher Konzepte früher gegen Bucharin, Malenkow oder Imre Nágy erhoben worden waren. Ulbricht hätte als rechter Abweichler mindestens aus dem Zentralkomitee ausgeschlossen werden müssen. Nichts dergleichen passierte. Walter Ulbricht wurde auf der Tagung der Gesellschaftswissenschaftler mit keiner Silbe erwähnt und nach den Volkskammerwahlen sogar wieder im Amt des Staatsratsvorsitzenden bestätigt. Sollte er auch nicht mehr aktiv sein, so bedeutet die Wiederwahl eine institutionelle Verankerung des Zweifels, ob sein Vorhaben, sich den Grundproblemen zu stellen, nicht doch realistischer war als Honeckers Partei-Renaissance. Das bedeutet aber auch, daß in der Ära Ulbricht zu viele Tatsachen geschaffen worden waren, als daß ihre Aufhebung ohne harte Repressionen möglich sein würde. Das konnte sich wiederum der neue Parteichef gerade im Bereich der Kulturpolitik nicht leisten, da sein Image unter Künstlern seit dem 11. Plenum 1965 denkbar schlecht war. So entschloß sich Erich Honecker bald zu einer Schaukelpolitik. In seinem Schlußwort auf dem 4. Plenum nach dem VIII. Parteitag erklärte er am 17. Dezember 1971: »Wenn man von der festen Position des Sozialismus ausgeht, kann es meines Erachtens auf dem Gebiet der Kunst und Literatur keine Tabus geben. Das betrifft sowohl die Fragen der inhaltlichen Gestaltung als auch die des Stils – kurz gesagt: die Fragen dessen, was man künstlerische Meisterschaft nennt.«[33]

Mit dieser ambivalenten Formel ist den Künstlern eine relative Bewegungsfreiheit eingeräumt, die da ihre Grenzen findet, wo sie die feste Position des Sozialismus antastet. Was das bedeutet, zeigt das Schicksal zweier Werke, die während des dritten Kulturkampfes auf der Strecke geblieben waren: des Theaterstücks »Kipper Bauch« von Volker Braun und des Romans »Das Impressum« von Hermann Kant. Honecker ließ sie aus den Schubladen hervorholen, um seinen Worten Taten folgen zu lassen. Als im Frühjahr 1972 der Roman erschien und das Stück, unter dem Titel »Die Kipper«, uraufgeführt wurde, präsentierten sie sich in bearbeiteter Gestalt. Volker Braun verlegte den Stoff in die ersten Jahre der Republik und verlagerte die Akzente zugunsten des Kollektivs. Hermann Kant nahm, soweit man das in einem Vergleich mit der ersten Hälfte feststellen kann, die 1969 im »Forum« vorabgedruckt worden war, kritische Passagen heraus und trübte die Schärfe mancher Belichtungen. Andererseits wird Christa Wolfs Roman »Nachdenken über Christa T.« wiederaufgelegt, was zu neuen Werken dieser Art ermuntert.

Erich Honecker gebrauchte sogar den Begriff »sozialistischer Realismus« nicht mehr. Statt dessen wurde es bei ihm und anderen Brauch, von »sozialistischer Literatur und Kunst« zu reden,

[33] ND, 18. 12. 1971; »Sonntag«, 52/1971; dazu auch H.-D. Sander: Von der Offensive zur Schaukelpolitik. Deutschland Archiv 6/1972.

ohne freilich auf die wesentliche Komponente des sozialistischen Realismus zu verzichten.[34] Die Intention war klar. Die SED ging unter dem Druck der Verhältnisse zu einer geschmeidigen Taktik über: Sie wollte sich die Alternative offen halten, die Erosion des sozialistischen Realismus ohne Aufhebens vorwärtsschleichen zu lassen oder bei spektakulären künstlerischen Ausbrüchen die Linie ohne Gesichtsverlust wieder zu begradigen. Der Kreml witterte indessen eine neue deutsche Eigenmächtigkeit. Ein halbes Jahr später kehrte die SED wieder zu den Buchstaben des Begriffs zurück; doch sie mußte in allen Punkten Konzessionen erlassen, bei denen weder die Schriftsteller ahnen, wie weit sie gehen können, noch die Funktionäre wissen, wie viel sie zulassen dürfen.[35] Diese Zickzackmanöver können alles andere, als die verlorene Autorität der Partei wieder einsetzen. Die SED dürfte in der Literatur als Subjekt der Planung sukzessiv ausfallen. Die Schöne Literatur in der DDR hat eine Phase erreicht, in der veränderte Bedingungen gelten.

[34] K. Hager: Arbeiterklasse und Künstler. Ansprache auf dem Plenum der Akademie der Künste am 9. 3. 1972. »Sonntag«, 15/1972.
[35] K. Hager: Zu Fragen der Kulturpolitik der SED. Referat auf dem 6. Plenum des ZK am 6. und 7. 7. 1972; vgl. auch H.-D. Sander: Von der Schaukelpolitik zur Verteidigung. Deutschland-Archiv, 8/1972.

III. Ertrag

8. Gibt es eine zweite deutsche Literatur?

Das Stichwort »zwei deutsche Literaturen« für die Literatur in der DDR und für die Literatur in der BRD tauchte im Mai 1959 auf. Es fiel in Hamburg und kam aus Leipzig. Diese Herkunft ist nicht überraschend, trotz der separatistischen Traditionen in den westdeutschen Provinzen. Allenfalls kann der späte Termin überraschen. Die These war nicht nur vorauszusehen, weil mindestens seit 1955 in der DDR sich die Redewendung von den zwei deutschen Staaten nach 1945 einbürgerte. Sie mußte zwangsläufig entstehen, schon weil die totalitäre Diktatur der SED von Anfang an mit allen Mitteln der Planung und Lenkung eine eigene Belletristik heranzuzüchten trachtete, die mit der bisherigen Entwicklung brechen sollte. In anderen sozialistischen Ländern hatte der sozialistische Realismus sich nicht so kraß ausgewirkt. In Deutschland gab es jedoch eine vergleichbare Spaltung schon einmal.

Der Versuch, zwei Literaturen zu konstruieren, wurde in Deutschland zum ersten Mal vom Dritten Reich unternommen.[1] Die offiziösen Literaturgeschichten von Franz Koch, Hellmuth Langenbucher und Walter Linden unterschieden, in differierender Schärfe, etwa seit der Jahrhundertwende zwischen einer deutschen Literatur, die auf dem Boden des Volkhaften ins Dritte Reich führte, und einer deutschen Literatur, die auf dem Boden der Dekadenz den Weg in die Fremde ging, freiwillig oder verstoßen. Während des Exils verfocht Thomas Mann am

---

[1] In der DDR wies G. Hartung in der hintergründigen Studie: Über die deutsche faschistische Literatur, »Weimarer Beiträge«, 3/1968, 492, auf die Parallele hin.

konsequentesten den komplementären Standpunkt, indem er, auch hier wenig originell, Heine repetierend, von sich sagte: wo ich stehe, ist Deutschland. Besiegelt wurde diese literarische Sezession durch die Apologeten des Dritten Reiches am 10. Mai 1933 im symbolischen Akt der Bücherverbrennung, die als Bürgerkriegshandlung unzulässig universalgeschichtlich hochgestapelt worden ist. Die komplementäre Reaktion kam, als die Möglichkeit einer Realisierung herangereift war, ebenfalls von Thomas Mann, indem er am 12. Oktober 1945 vorschlug: »Es mag Aberglaube sein, aber in meinen Augen sind Bücher, die von 1933 bis 1945 in Deutschland überhaupt gedruckt werden konnten, weniger als wertlos und nicht gut in die Hand zu nehmen. Ein Geruch von Blut und Schande haftet ihnen an. Sie sollten alle eingestampft werden.«[2]

Der literaturgeschichtliche Ertrag widerlegte beide Seiten. Die offiziöse Belletristik des Dritten Reiches, die nur eine repressiv-fetischistische Trivialliteratur hervorbrachte, ist heute vergessen. Was dagegen im Dritten Reich an dauerhafter Belletristik geschrieben wurde, wird, wenn es auch noch nicht in vollem Umfange rekognosziert ist, heute so selbstverständlich wie die Belletristik des Exils zur deutschen Literatur gerechnet, daß niemand mehr über diese Zeit von zwei deutschen Literaturen spricht; die Schriftsteller, die sich in Deutschland der nationalsozialistischen Kulturpolitik entzogen, schufen sogar mehr »hinterlassungsfähige Gebilde« als die Schriftsteller im Exil, das für die meisten nicht allein ein bürgerliches Trauerspiel bedeutete.[3] Freilich schützt das Scheitern eines Versuchs nur selten vor seiner Wiederholung.

Die These von den zwei deutschen Literaturen nach 1945 ver-

[2] zit. n. J. F. G. Grosser: Die große Kontroverse – Ein Briefwechsel um Deutschland. Hamburg 1963, 31. Im übrigen steckt in den von J. Goebbels vollstreckten und T. Mann vorgeschlagenen Verfahren eine gewisse Ehrlichkeit, die den Praktiken des Todschweigens und des Rufmordes vorzuziehen ist, mit denen in der BRD seit ihrem Anbeginn das jeweils Inopportune ausgeschlossen wird. Auch diese Praktiken gehören natürlich zum deutschen Bürgerkrieg. Richteten sie sich anfangs gegen »nationalsozialistische« Relikte, wurden sie alsbald gegen »nationale« Tendenzen ins Feld geführt. Gegenwärtig dienen sie nicht nur dem Kampf gegen Positionen, die »nicht links« stehen, mit ihrer Hilfe igelt sich heutzutage sogar das wissenschaftliche juste-milieu gegen die »Außenseiter« ein.

[3] vgl. hierzu H.-D. Sander: Triste Belletristik – Zwanzig Jahre neuere deutsche Literatur. »Politische Meinung«, 2/1969.

lautete zum ersten Mal Hans Mayer in seinem Vortrag »Deutsche Literatur heute«, den er am 20. Mai 1959 im Hamburger Künstlerclub »die insel« gehalten hatte.[4] Er bezeichnete die beiden deutschen Literaturen als das Resultat eines genetischen Prozesses, der bei Marx/Engels anhub, bei Mehring sich fortsetzte, Ende der Weimarer Republik im »Bund proletarischer Schriftsteller« sich bewußt artikulierte, in der Emigration, die nach Ost und West auseinanderstob, erste Realitäten annahm, und schließlich vollstreckt wurde, als die Alliierten Deutschland in Besatzungszonen aufteilten. Schon auf dem ersten Schriftstellerkongreß habe man sich nicht mehr verständigen können. Zwischen Benn und Brecht gäbe es keine Zwischenpositionen mehr. Auch ohne äußere Spaltung wäre die deutsche Literatur notwendig zerborsten. Daran ändere die Tatsache nichts, daß mit der deutschen Literatur gegenwärtig »in Ost und West nicht viel los sei«, auch nicht die unzureichende Bemühung in der DDR, »die planwirtschaftliche Umgestaltung künstlerisch widerszuspiegeln«.

An dieser Konstruktion war nichts schlüssig, weder die einzelnen Aussagen, noch der Kontext, noch der dogmengeschichtliche Nenner. War es schon abenteuerlich genug, eine zweite deutsche Literatur zu proklamieren, ohne eingestandenermaßen ein einziges überzeugendes Produkt dieser Literatur anführen zu können, so erschien es geradezu als Selbstdisqualifikation, daß hier ein kenntnisreicher Literaturprofessor, als habe es nie dergleichen gegeben, in der Tatsache, daß es zwischen zwei zeitgenössischen Dichtern einer Literatur keine Zwischenpositionen mehr gäbe (was im Falle Benn und Brecht auch erst zu beweisen gewesen wäre), einen zureichenden Beleg für eine vollzogene Sezession erblickte. Wenn es in dem Vortrag einen genetischen Zusammenhang gab, zeigte er allein in einer Kette von Selbstdisqualifikationen seine Evidenz. Wer das Auftreten von Marx und Engels und die Aufteilung Deutschlands in Besatzungszonen als Teile eines genetischen Prozesses bezeichnet, ist Sonntagshistoriker, und wer in dem Gegensatz zweier Klassen, Bürgertum und

---

4 H.-D. Sander: Hat der letzte Unbequeme kapituliert? »Die Welt«, 22. 5. 1959. H. Mayer schrieb mir auf Anfrage am 17. 3. 1967, daß er den Text der Rede in Leipzig zurückgelassen, die Grundgedanken, an denen er heute noch festhalte, in dem Aufsatz »Über die Einheit der deutschen Literatur« (Zur deutschen Literatur der Zeit, a. a. O.), rekonstruiert habe.

Proletariat, oder zweier Wirtschaftsordnungen, Kapitalismus und Sozialismus, sieht man einmal ab von der Fragwürdigkeit dieser Schlagworte, die prima causa für die notwendige Spaltung einer Literatur in verschiedene Literaturen sieht, ist Sonntagsmarxist. So wenig wie der Marxismus zur Spaltung Deutschlands führen mußte – es gibt nicht einmal zwischen dem Ausbruch des Zweiten Weltkrieges und den Modalitäten seines Endes einen genetischen Zusammenhang –, so wenig haben Marx und Engels samt ihren Folgern, wie katechetisch diese sich auch gebärdeten, jemals behauptet, daß der Übergang vom Feudalismus zum Kapitalismus oder vom Kapitalismus zum Sozialismus die nationalen Literaturen gespalten hat oder spalten würde.

Der Vorstoß Hans Mayers blieb auf der ganzen Linie exklusiv. Der Vortrag wurde weder in der DDR veröffentlicht, noch kam man, als dort offiziell von zwei deutschen Literaturen geredet wurde, auf seine Argumentation zurück; trotz des Niedergangs der marxistischen Tradition in die Ideologie dachte man doch noch zu marxistisch, um derlei Abstrusitäten zu übernehmen. Vier Wochen vor dem merkwürdigen Abend in der »insel« sagte Walter Ulbricht sogar auf der 1. Bitterfelder Konferenz: »Unsere Literatur und Kunst hat große Bedeutung für ganz Deutschland...«[5] Hans Mayer war Ende 1956 selbst noch von der deutschen Literatur als einer Einheit ausgegangen. In seinem berühmten »Rundfunkvortrag« über die mangelnde Opulenz der Literatur in der DDR, der nicht mehr gesendet, aber noch, vor Beginn des zweiten Kulturkampfes, im »Sonntag« abgedruckt werden konnte, hatte er den Schriftstellern vorgeworfen: »Sie versuchten eine schematische Darstellung unserer Wirklichkeit, die auch dann nicht aufhört, schematisch zu sein, wenn sie geschwätzig von wissenschaftlichem Sozialismus und werktätigen Menschen spricht, von Volk und angeblicher Volkstümlichkeit. Die Produkte solchen Tuns kennen wir alle. Man darf also fragen, wann nun eigentlich die Auseinandersetzung mit den literarischen Werken der Gegenwartsliteratur, der bürgerlichen wie der nichtbürgerlichen, bei unseren Schriftstellern und Kritikern einsetzen wird. Will man immer noch nicht zur Kenntnis nehmen, daß sich seit Georg Trakl und Georg Heym, also seit dem Vorabend des Ersten Weltkriegs, in den modernen

[5] NDL, 6/1959, Beilage, 24.

Vorstellungen vom Gedicht einiges geändert hat? Will man immer noch so tun, als habe Franz Kafka nie gelebt...?«[6] Die Bitterfelder Konferenz muß offenbar in Hans Mayer schockartig den Verdacht hervorgerufen haben, daß nunmehr es zu einer solchen Auseinandersetzung nicht mehr kommen könnte, daß seine eigenen Forderungen eigentlich utopisch gewesen waren. Er löste den Schreck flugs in universalgeschichtliche Deduktionen auf und begann, besonders nachdem er 1962 in die Bundesrepublik überwechselte, seinerseits geschwätzig von wissenschaftlichem Sozialismus zu sprechen, anstatt die Stichhaltigkeit seines literaturgeschichtlichen Damaskus an der wirklichen Bewegung der Belletristik in der DDR zu überprüfen.

Als Hans Mayer 1967 den zweiten Versuch unternahm, die These von den zwei deutschen Literaturen zu begründen, bereicherte er seine vulgärmarxistische Argumentation um vulgärsoziologische Komponenten; er gab dieser Mixtur sogar noch eine Prise jenes »wahren Sozialismus« bei, den Marx und Engels in ihren Polemiken gegen die »heilige Familie«, die »deutsche Ideologie« und die »wahren Sozialisten« zu einem Objekt des Amüsements erhoben haben. Der Niederschlag dieser zweifelhaften Exerzitien waren die Stücke »Über die Einheit der deutschen Literatur« und »Die Literatur der DDR und ihre Widersprüche«.[7] Vulgärmarxistisch ist die Beweisführung, daß die Literatur in der DDR und die Literatur in der BRD zwei deutsche Literaturen sind, weil sie im Allgemeinen zum »Überbau über divergierende Gesellschaftsordnungen« gehören und im besonderen unterschiedliche politische Standpunkte ihrer Verfasser verraten. Während das Allgemeine erkennen läßt, daß der Verfasser von der marxistischen Diskussion über die Sprache von Lafargue bis Stalin unberührt geblieben ist und auch über die literarischen Ansichten von Marx und Engels keine sichtbare Reflexion geleistet hat, hebt das Besondere den Begriff der Literatur auf; wollte man den politischen Standpunkt der Autoren als Kriterium für die Einheit einer Literatur ernst nehmen, hat es nie eine deutsche oder französische Literatur, sondern immer nur einzelne Werke deutscher oder französischer Sprache gegeben. Vulgärsoziologisch sind die Argumente, die Sekundärphänomene als Wesensmerk-

6 H. Mayer: Zur deutschen Literatur der Zeit, a. a. O., 371.
7 ebd., 344–357; 374–394.

male ausgeben, die beiden deutschen Literaturen nach ihrer jeweiligen gesellschaftlichen Funktion, nach der jeweiligen Struktur des literarischen Lebens und dem jeweiligen Verständnisvolumen der Leser bestimmen.

Literatur bleibt Literatur, welche Rolle man ihr zuschreibt, unter welchen Umständen sie entsteht, ob sie verstanden oder nicht verstanden wird. Wer mit einem literarischen Werk einem bestimmten Zweck dienen will, will diesem Zweck eben mit einem literarischen Werk dienen; er unterwirft sich den Gesetzen der Literatur oder er zerstört die Literatur. Das gilt für den Schriftsteller, den Urheber des literarischen Werkes. Das gilt für die Gesellschaft, den Urheber des Zweckes. Unterschiede in der Struktur des literarischen Lebens, zum Beispiel das An- oder Abwesen von Zensur und Organisation der Künste, bedeuten nur erschwerte Bedingungen des schöpferischen Prozesses, die zur Verstümmelung, Unterdrückung oder Vernichtung des literarischen Werkes führen, aber nicht das Wesen der Literatur verändern können. Da eine Literatur nur von dauerhaften Werken bestimmt wird, von Werken, die ihren Status transzendieren, sind Modalitäten der Entstehung und Absichten der Verfasser wichtige, aber keine primären Fragen. Ein Theaterstück aus der DDR, das in der BRD vom Publikum nicht verstanden wird, gleicht einem beliebigen Schauspiel der deutschen Literatur aus dem 19. oder einem anderen Jahrhundert, das uninteressant geworden ist, weil es in seiner Aktualität aufgegangen war, die heute niemanden mehr interessiert: es hat keine metatemporäre Bedeutung. Daß hierbei eine Gleichzeitigkeit an die Stelle einer Zeitfolge getreten ist, macht keinen grundsätzlichen Unterschied aus, ist aber wohl für ein vulgärmarxistisches und vulgärsoziologisches Verständnis der Literatur schwer zu fassen.

»Wahrer Sozialismus« schließlich, eine Repristination von Karl Grün, Hermann Püttmann und Friedrich Schnake, ist Hans Mayers Behauptung, man könne die DDR-Literatur nur nach ihren »selbstgestellten Aufgaben« interpretieren, nämlich nach ihren Leistungen bei der »Aufhebung des Proletariats als Klasse« und bei der »Verwirklichung der Aufklärung«. Das ist weder marxisch, noch marxistisch gedacht; diese Aufgaben stellt sich auch nicht einmal die offiziöse Literatur in der DDR. Wenn das Proletariat aufgehoben und die Aufklärung verwirklicht werden soll, kann das natürlich nur politisch geschehen und nicht literarisch, in der wirklichen Welt und nicht in der Welt des mehr oder weniger schönen Scheins.

In der DDR war offiziell erst seit 1961 von zwei deutschen Literaturen die Rede. Als Alexander Abusch am 10. März auf einer Vorstandssitzung des Schriftstellerverbandes die These kreierte, ging auch er von den verschiedenen Aufgabenstellungen aus. Der zentrale Satz seiner Ausführungen lautete: »Nicht richtig scheint es mir zu sein, wenn man sagt, daß wir in unserer literaturpolitischen Stellungnahme von der Einheit Deutschlands ausgehen, sondern wir müssen von der Existenz zweier deutscher Staaten, von der Entwicklung zweier Literaturen mit gegenwärtig verschiedener Aufgabenstellung ausgehen.«[8] Er faßte aber, im Gegensatz zu Hans Mayer, die These nicht substantiell, sondern taktisch, was schon aus der Kautele »gegenwärtig« hervorgeht.

Die Einheit der deutschen Literatur war in der DDR immer ins Spiel gebracht worden, wenn die Schriftsteller sich gegen die Restriktionen der SED wehrten. Arnold Zweig tat das auf der Formalismus-Tagung im Frühjahr 1951. Nach dem 17. Juni unterstrich die Akademie der Künste in ihrer Resolution die gesamtdeutsche Verpflichtung nicht nur der Literatur und des Films, sondern auch der Tageszeitungen und des Rundfunks. Auf dem IV. Schriftstellerkongreß im Januar 1956, auf dem die SED mit den Künstlern einen Kompromiß einging, erklärte Becher es für eine »nationale Sendung« der Belletristik in der DDR, »den Charakter der gesamtdeutschen Literatur wesentlich zu bestimmen«.[9] Im März 1961 stand der SED nach dem Ende des zweiten Kulturkampfes ein erneuter Kompromiß bevor. Alexander Abusch stellte die These von den beiden deutschen Literaturen auf, um einen Damm gegen neuerliche Ausbrüche zu ziehen.

In den Ausführungen von Abusch erhielt die These zugleich eine Abwehr- und Bündnisfunktion. Indem die Belletristik in der DDR als eine Literatur des »sozialistischen Humanismus« gegenwärtig abgesondert wird, soll sie vor inhaltlichen und formalen Einflüssen aus dem Westen abgeschirmt, in ihrer Spezifik

[8] A. Abusch: Zweimal deutsche Literatur. »Berliner Zeitung«, 2. 4. 1961; SBZ Archiv, 9/1961.
[9] zit. n. J. R. Becher: Über Kunst und Literatur, a. a. O., 162.

rein gehalten werden, um im Bündnis mit der »humanistischen Literatur« bürgerlicher, christlicher und allgemein-demokratischer Provenienz in der Bundesrepublik nicht nur nicht aufgesogen zu werden, sondern sich bei fortschreitender »künstlerischer Qualifikation« à la longue in nationalem Rahmen als Vorbild und Wegweiser präsentieren zu können. Die nationale Rolle der »sozialistischen deutschen Nationalliteratur« besteht in der Pflege ihrer Präzeptorenfunktion. Der Unterschied zwischen den Konzeptionen von Becher und Abusch besteht darin, daß Becher bei gleichem Ziel am nationalen Rahmen auch in der Gegenwart festhielt, um im Interesse der Literatur die sektiererischen Auffassungen der SED zu überwinden, während Abusch den nationalen Rahmen gegenwärtig preisgab, um die partikulären Interessen der Partei als potentiell allgemeinverbindlich zu retten.

Die These von den zwei deutschen Literaturen hat in der DDR dieselbe Funktion wie die Forderung nach Anerkennung der beiden deutschen Staaten. Es soll eine Revolutionsbasis legitimiert werden. Der separatistische Quietismus, der sich in der Bundesrepublik immer mehr ausgebreitet hat, verkennt die Triebkräfte, die in der DDR stecken, nicht weniger als jene abnehmenden gesamtdeutschen Rhetoriker, die von einer Anerkennung der DDR eine Besiegelung der deutschen Spaltung befürchten. Die DDR ist eine, von der Sowjetunion eingesetzte und instrumentierte, revolutionäre Sezession mit Anspruch auf das Ganze. Sie ist, wie es das Dritte Reich war, eingebettet in den deutschen Bürgerkrieg, der seit 1918 nicht zur Ruhe gekommen ist. Die These von den zwei deutschen Literaturen hat deswegen, soweit sie in literaturgeschichtlichen Arbeiten aus der DDR behandelt wird – wie in den Literaturgeschichten des Dritten Reiches – auch mehr politischen als literaturwissenschaftlichen Charakter. Für die offiziösen Literaturhistoriker des Dritten Reiches, das von einem ungeteilten Deutschland Besitz ergriffen hatte, spaltete sich die deutsche Literatur seit der Jahrhundertwende in eine »volkhafte« auf, die ins Dritte Reich führte, und in eine »dekadente«, »linksliberale«, die auszusondieren war. Für die offiziösen Literaturhistoriker der DDR, die sich (noch) nicht auf ein ganzes Deutschland erstreckt, trieb seit der Jahrhundertwende die »humanistische« Literatur in ihrem Hauptstrom auf die DDR zu; ihren Nebenströmungen werden über den Umweg Bundesrepublik die gleiche Drift zugesprochen; ausgesondert wird hier die »dekadente«, »militaristische«, »faschistische« Literatur, was immer man darunter, durchaus nicht einhellig und oft schwankend im Zuschlag, versteht. Deshalb werden schon bei gelinder Anstrengung des Begriffs auch nur solche Werke als eine zweite deutsche Literatur abgeschrieben, und eigentlich auch nicht als eine zweite Literatur, sondern – wie im Dritten Reich die »dekadente« und »linksliberale« Belletristik – als kranke, bösartige Wucherungen, die entfernt werden müssen, weil sie das gesunde Wachstum behindern. So stellt sich die Frage nach zwei deutschen Literaturen substantiell überhaupt nicht, und sie ist taktisch aktuell auch nur, solange der deutsche Bürgerkrieg nicht entschieden ist.

Da ein Ganzes nicht durch einen Teil bestimmt werden kann, kann indessen auch eine nationale Literatur nicht allein durch die Sprache bestimmt werden, in der sie ihre Gegenstände materialisiert. Eine politische Sezession kann aus diesem Grunde innerhalb einer Sprache auch eine neue nationale Literatur hervorrufen. Wären dabei die verschiedenen politischen Interessen entscheidend, müßte dieser Prozeß zwangsläufig sein. Das ist jedoch nicht der Fall. Die deutsche Schweiz und Österreich verblieben literaturgeschichtlich, von Albrecht von Haller bis Regina Ullmann, von Grillparzer bis Hugo v. Hofmannsthal, im Panorama der deutschen Stämme. Wohl aber hat sich in den USA eine eigenwüchsige amerikanische Literatur so prägend von der englischen Literatur gelöst, daß Dichter, wenn sie die Literatur wechselten, auch in der Nationalität ihrer Wahlliteratur aufgegangen sind, wie der Amerikaner Eliot in der englischen oder in seiner zweiten Lebenshälfte der Engländer Isherwood in der amerikanischen.

Das Entscheidende bei einer literarischen Sezession ist, daß sie eine Literatur mit einer eigenen Gestalt bildet, die sich nach ihren eigenen Gesetzen entwickelt. Das kann nur durch die Gesamtheit der Umstände bewirkt werden. Ein solcher Prozeß ist auch nicht revolutionär, sondern so evolutionär, daß noch heute die Zäsuren nicht genau zu ermitteln sind, welche die amerikanische Literatur von der kolonial-englischen Literatur getrennt haben. Eine literarische Sezession folgt so wenig notwendig wie unmittelbar einer politischen. Um so absurder ist eine Proklamation zweier Literaturen, bevor die politische Sezession endgültig ist, wovon man erst sprechen kann, wenn die Triebkraft zur Vereinigung in beiden Teilen erloschen ist. So reduziert sich die These zu der Frage: hat die »sozialistische deutsche Nationalliteratur« Ansätze hervorgetrieben, die eines Tages den »Charakter der gesamtdeutschen Literatur wesentlich« verändern oder bei finalem Patt eine Literatur bilden können, die nicht mehr unter die Literatur der deutschen Stämme subsumiert werden kann?

In der DDR ist in der Tat alles versucht worden, das Grundgesetz der deutschen Literatur zu löschen. Bodo Uhse hatte im Juli 1950 auf dem II. Schriftsteller-Kongreß mit Recht festgestellt, daß den deutschen Schriftstellern für ihre Aufgaben in der neuen Gesellschaft das Rüstzeug traditionsgemäß fehlt. Die deutsche Literatur hatte wegen ihres Repräsentationsdefektes nur in Ersatzwelten und Provinzen künstlerische Erfüllung gefunden. Indem die Schriftsteller durch direkte und indirekte Aufträge in den gesellschaftlichen Umbau hineingezogen und – seit dem Erlaß vom 23. 7. 1952 – die Länder Mecklenburg, Brandenburg, Sachsen-Anhalt, Sachsen und Thüringen in 14 Bezirke aufgeteilt wurden, war die Belletristik in der DDR von den ursprünglichen Quellen der deutschen Literatur radikal getrennt.[10] Die Frage spitzt sich deswegen auf die Erörterung zu, ob das Auftragswesen und die Zentralisierung in der DDR die deutsche Belletristik capabler gemacht hat, gesellschaftliche Realitäten zu verarbeiten. Das ist auf dem offiziellen Weg des sozialistischen Realismus und auf einem inoffiziellen Weg versucht worden, der sich nach Brecht und Peter Hacks als realistisch-sozialistisch oder sozialistisch-realistisch ausgibt.[11]

Für die offizielle sozialistische Literatur ist eine positive Antwort unwahrscheinlich. Sie vermochte nicht einmal ihren speziel-

---

10 Einer der wenigen, die über die verhängnisvollen Folgen dieser Entspatialisierung nachgedacht haben, ist H.-J. Schoeps: Unbewältigte Geschichte – Stationen deutschen Schicksals. Berlin 1964, 222. Dagegen begrüßte es R. Dahrendorf als wünschenswert, weil es primäre Loyalitäten zugunsten von Modernisierung zerstörte (Gesellschaft und Demokratie in Deutschland. München 1965, 137).

11 B. Brecht begründete diese Modifizierung in neun Thesen »Über den sozialistischen Realismus«, in denen es heißt: »Das Kriterium sollte nicht sein, ob ein Werk oder eine Darstellung anderen Werken oder Darstellungen gleicht, die dem sozialistischen Realismus zugezählt werden, sondern ob es sozialistisch und realistisch ist.« Werke. XIX, 547.

len Funktionen in der neuen Gesellschaft zu entsprechen. Indem die Partei ihre sektiererischen Vorstellungen in der Belletristik durchsetzte, machte sie die Schriftsteller unfähig, ihre Aufgaben bei der Mobilisierung der Massen zu erfüllen. Karl Marx hat dieses Dilemma am Beispiel der zensierten Presse transzendierend beschrieben: »Die Regierung hört nur *ihre eigene Stimme,* sie weiß, daß sie nur ihre eigene Stimme hört und fixiert sich dennoch in der Täuschung, die Volksstimme zu hören, und verlangt ebenso vom Volke, daß es sich diese Täuschung fixiere.« In diesem Sinne konnten die Schriftsteller, die Otto Grotewohl zu »Kampfgenossen der Regierung« ernannte, auf dem Weg des sozialistischen Realismus nur schlechte Kampfgenossen sein.

Das Versagen der offiziellen sozialistischen Literatur wurde schon am Komplex des 17. Juni in seiner Heillosigkeit offenbar. In den ersten Jahren trieb, nach der Injunktion des sowjetrussischen Modells, der »Aufbau des Sozialismus«, befördert durch krasse und zum Teil eigenmächtige Fehlentscheidungen der SED-Führung, die allgemeine Lage explosiven Ausbrüchen zu. In der Aufbau-Lyrik dieser Jahre, in Theaterstücken wie »Golden fließt der Stahl«, »Bürgermeister Anna« oder »Der Dämpfer«, und in den entsprechenden Romanen, »Menschen an unserer Seite« oder »Herren des Landes«, findet sich von dieser, für den sozialistischen Aufbau, bedenklichen Entwicklung nicht ein einziger Fingerzeig. Die Verfasser waren in diesen Werken so schlechte »Kampfgenossen«, daß sie weder die »Regierung« rechtzeitig auf die wirkliche Lage hinweisen, noch das Volk, etwa durch die Begeisterung, die ihre Werke wecken sollten, von den Erhebungen abhalten konnten. Die Unterdrückung dieser Problematik nach dem 17. Juni, der sich, soweit bis jetzt bekannt geworden, Stefan Heym, Theo Harych und Erich Loest annehmen wollten, und ihre repressive Wiedergabe in der »Kommandeuse« von Hermlin, in der »Einwilligung« von Berger, im »Kreis der Familie« von Helmut Hauptmann und im »Vertrauen« von Anna Seghers, erhielten diese fragwürdige Kampfgenossenschaft bis auf den heutigen Tag. So konnte auch die Bitterfelder Literatur das sprunghafte Ansteigen der Fluchtbewegung, die auf den Mauerbau zutrieb, weder rechtzeitig bekanntgeben, noch durch überzeugende, prophylaktisch wirkende Argumente verhindern – was vielleicht in Maßen möglich gewesen wäre, wenn die NÖS-Literatur mit ihrer loyalen, wie- 279 wohl begrenzten Fehler-Diskussion vorher hätte geschrieben und veröffentlicht werden können. Ebensowenig konnten die Romane »Abschied von den Engeln«, wo von politischen Funktionären gehandelt wird, die abgelöst werden müssen, weil sie fachlich zurückgeblieben sind, und »Pause für Wanzka«, wo die Unterschätzung der Mathematik gegeißelt wird, sotane Mißstände beseitigen helfen, weil Heiduczek und Wellm das erst schrieben, nachdem man bereits begonnen hatte, mit diesen Übeln aufzuräumen. Der sozialistische Realismus, der die Literatur zwingt, die Wirklichkeit in der Entwicklung zu zeigen, wie sie von der Partei bestimmt wird, verhaftet den Schriftsteller in einer Ex-post-Perspektive, aus der seine Werke nicht nur ihre Subalternität beziehen, sondern auch eine Wirkungslosigkeit, der vis-à-vis die poésie pure geradezu mobilisierende Effekte hervorruft. Die Pointe der Funktionalisierung der Literatur ist ihre Entfunktionalisierung.

Die wechselvolle Geschichte der kommunistischen Belletristik in der DDR beruht auf diesem Dilemma, das in der totalitären Diktatur eine Aporie darstellt. Wenn Walter Ulbricht der sozialistischen Belletristik wiederholt »Tempoverlust« vorwarf, bewies er, daß es innerhalb dieses Systems unmöglich ist, die Aporie der Literaturplanung selbst zu erkennen. Als er auf der 1. Bitterfelder Konferenz den Schrifststellern zurief »Es geht zu langsam!«, hatte er eine unbezweifelbare Tatsache völlig falsch adressiert. Die richtige Adresse wäre die Partei und er selbst gewesen. Denn auf dem Bitterfelder Weg wurde eine Entwicklung gestoppt, in der die Literatur fünf Jahre vorauseilte. 1958 hatte Egon Günther in seiner Kurzgeschichte »Hoher Nachmittag auf der Brücke« eine gesellschaftliche Problematik, die Unzufriedenheit der technischen Intelligenz, angespielt, der sich die Partei erst 1963 mit dem »Neuen Ökonomischen System« stellte. Und es wollte Klio, daß dieselbe Christa Wolf, die 1958 Egon Günther verurteilte, in ihrem »geteilten Himmel« selbst auf diesen Konfliktbereich zurückkam, jetzt allerdings in subalterner, wirkungsloser Weise, da die Partei nicht mehr aufgerüttelt zu werden brauchte, um eine falsche Einstellung zu korrigieren.

Der künstlerische Prozeß erregt sich, gleichgültig ob ein Auftrag, ob eine Entscheidung ihn auslöst, an Dingen, die noch nicht ins allgemeine Bewußtsein eingerückt sind. Es liegt im Wesen eines literarischen Kunstwerkes, daß es neue Wahrheiten findet, die natürlich auch alte, vergessene sein können. Dieser Entdeckungsakt beschränkt sich nicht in der Prozedur der Schöpfung, er setzt sich in der Betrachtung des Werkes fort; handelt es sich um ein großes literarisches Werk, wird der Entdeckungsakt unendlich. In diesem präzisen Sinn ist ein literarisches Kunstwerk unberechenbar, während sich ein Plan nur aus errechneten und errechenbaren Komponenten realisiert. Eine Planung und Lenkung der Literatur ist deshalb schon theoretisch impossibel; daß sie nicht exekutabel ist, bewiesen zwanzig Jahre Belletristik in der DDR: sie gelang immer nur um den Preis der Kunst.

Will man der Apologie glauben, so hat sich die sozialistische deutsche Nationalliteratur stetig und aufsteigend entfaltet: gewiesen von der »kollektiven Weisheit der Partei«, als Stück jenes »großen Plans«, der, wie Strittmatter das einmal verkündet hat, »unser aller Leben bestimmt«. Die SED mußte jedoch in diesen zwanzig Jahren drei langwierige Kulturkämpfe führen, um die Künste ihrem Plan einzufügen. Da sie dabei auf der Strecke blieben, mußte die Partei mit den Künstlern immer wieder Kompromisse eingehen, um sie wiederzubeleben. Kam es während der Kompromiß-Perioden aus Taktik nicht zu einer Planung der Literatur, die diesem Namen gerecht wird, so verhinderte das zelotische Klima der Kulturkämpfe ein planvolles Wachstum. Die Folge war ein stetiges Aufsteigen und Absteigen in der Rezeption der Realität, ein stetiges Vorauseilen und Zurückholen, das die Partei als Zurückbleiben und Antreiben ausgab. Die Administration scheiterte, weil sie die künstlerischen Impulse lähmte, und das Konzept der Eigenverantwortlichkeit des Schriftstellers innerhalb des Plans scheiterte, weil die künstlerischen Impulse, die sie entfesselte, den Plan durchstießen. Das wiederholte sich je zweimal. Ein drittes Mal konnte die Administration nicht einmal mehr erfolgreich administrieren. Was sich in der sozialistischen deutschen Nationalliteratur stetig und aufsteigend entfaltete, war das Desaster der Planung und Lenkung in der Literatur. Es wurde auch von allen drei Interessenten mehrmals zugegeben: von den Schriftstellern, von den Lesern und von der Partei.

Becher hat über die Unzufriedenheit der Schriftsteller in dieser Lage wohl die bittersten Worte geschrieben. In seinem Tagebuch von 1950 notierte er, schon ein halbes Jahr nach der Gründung 281 der DDR, am 6. März die Gedanken: »Nichts, aber auch nichts nützen die großen Worte, und eher sind sie schädlich, wenn sie sich nicht umsetzen lassen in Handlung und wenn sie nicht in das kleine unscheinbare Tun eingehen. Denn was sollen uns die großen hochtrabenden Worte, die nur eine Wölbung sind über dem Unrat? Und die uns allein lassen in unserer Not, und die uns nicht anrühren?« Am 24. September seufzte er im Saarower Traumgehäus: »Auf dem Parnaß, wo, wie es heißt, die Pegasusse weiden, sammelt sich mitunter ein beträchtlicher Haufen Mist an, so daß es auch dort eines Herakles bedarf, um diesen Augiasstall auszumisten.«[12] Der Seufzer ist nicht ungehört verhallt. Sobald ein offenes Wort öffentlich gestattet war, haben die Schriftsteller versucht, den Augiasstall der sozialistischen deutschen Nationalliteratur zu säubern. Auf dem IV. Schriftsteller-Kongreß 1956 griffen Brecht, Hermlin und Anna Seghers zum Besen, um den Mist auszukehren, der sich in den ersten Jahren der DDR massenhaft angehäuft hatte. Auf dem V. Schriftstellerkongreß 1961 ging Strittmatter gegen den Bitterfelder Haufen mit dem Besen vor. Auf dem Dezembercolloquium 1964 spielte Stefan Heym den Herkules, um die NÖS-Belletristik auszumisten, in der doch zum erstenmal die Planung literarische Gestalt anzunehmen schien. Daß er sie beileibe nicht allein als unzureichend empfand, bestätigten später die NÖS-Belletristen selbst: von den vier erfolgreichsten, Strittmatter, Christa Wolf, Neutsch und Hermann Kant, schlugen Christa Wolf und Strittmatter sichtbar Wege ein, die das Terrain der sozialistischen deutschen Nationalliteratur verließen.

Die Unzufriedenheit der Partei artikulierte sich in jener beständigen, ihrem falschen Bewußtsein entspringenden, Klage über das

---

12 Mußte sich so schnell alles wiederholen? Vor zwei und einem halben Jahr sagte E. Langgässer auf dem I. Schriftsteller-Kongreß über die offizielle Belletristik im Dritten Reich: »... das Aufgeblähtwerden der Sprache in neuen Bildungen, die allesamt einem Klappertopf und einer Kuhschelle glichen: hohl, nichtssagend und vollkommen wortlos; ausgesiedelt und angesiedelt an den Wegrändern der Sprache, auf ihren Schutt- und Abfallhaufen, auf welche der Mann mit dem Gesicht eines verrassten Nagetiers seine Füße stellte, und wo – wie in den Grimmschen Märchen – sobald er den Mund auftat, mit jedem Wort eine Kröte von seinen Lippen sprang. Die Sprache verlumpte und verlodderte, sie wurde blutrünstig und ganovenhaft, unecht wie eine Münze, der man schlechtes Metall untermischt hat, und schließlich für die Zwecke des Dichters auf weite Strecken hin unbrauchbar und nicht mehr verwendungsfähig.« a. a. O.

»Zurückbleiben« der Literatur. Nicht weniger verräterisch sind ihre wiederholten Klagen, daß – trotz der drei langwierigen Kulturkämpfe! – die wesentlichen Fragen nie bis zu Ende diskutiert worden sind. Man darf annehmen, daß sich die Partei bei der Propagierung der sozialistischen deutschen Nationalliteratur der Manipulationen sehr wohl bewußt war und ist. Auf dem IV. Schriftsteller-Kongreß reihte sich selbst Alexander Abusch unter die Herkulesse ein, und am Ende des zweiten Kulturkampfes erklärte Kurt Hager »eine ganze Reihe« der neuen Bücher für langweilig. Die Manipulationen bei der Preiskür enthüllte der Fall »Roheisen« in schlagender Weise. Als er das Buch gelesen hatte, vermerkte Becher in seinem »poetischen Prinzip«: »Marchwitza hat mit diesem Roman zweifellos Neuland betreten, aber bei diesem Versuch sich auch übernommen. Es wird wohl so gewesen sein, daß Marchwitza von seinem Material überwältigt wurde und es ihm noch nicht gelungen ist, das ›Roheisen‹ zu verarbeiten und diesen spröden Stoff künstlerisch zu ordnen.«[13] Hans Marchwitza war demselben Fehler aufgesessen, den er zur gleichen Zeit seinem Schützling Reinowski gravitätisch und väterlich vorgeworfen hatte: »Ich glaube, der größte Fehler, den Du begangen hast, und auch die anderen, die Dich dazu getrieben haben, war die Eile und Ungeduld. Ein Schriftsteller darf nicht einfach hasten. Er ist kein Handwerker, der eine Dachrinne, oder einen Tisch zusammenzimmern soll, und auch kein Redner, der eilig ein Referat zusammenstellt.«[14] Die Kritik an »Roheisen« war weniger höflich als Bechers Notat. Die Blamage war so offensichtlich, daß die Planer der Literatur nach vorn flüchteten. Alfred Kantorowicz schrieb darüber am 9. Oktober 1955 in sein Tagebuch: »Im Institut erzählten mir die Assistenten Inge Diersen, Lore Keim, Klaus Hermsdorf, Hans Kaufmann von der in Stalinstadt durchgeführten ›Aussprache‹ über Marchwitzas Roman ›Roheisen‹, zu der einige von ihnen beordert worden waren. Marchwitza selbst saß dem Tribunal vor, mit einem Gesicht wie eine Sprengladung, die beim leisesten Wort der Kritik explodieren würde. Die Sache war gestellt und vorbestimmt. Der ausgesuchte Referent schmetterte

---

13 zit. n. J. R. Becher: Über Kunst und Literatur, a. a. O., 684.
14 »Der Schriftsteller«, April 1955; zit. n. L. v. Balluseck: Dichter im Dienst. Wiesbaden ²1963, 230.

einen Dithyrambus über Schönheit, Makellosigkeit und Bedeutung der neuesten Schöpfung des grämlichen Parteiliteraten. Der Begriff Tribunal ist nicht willkürlich gewählt, denn nach dieser Festlegung mußte ein Rundfunksprecher unterwürfig ›Selbstkritik‹ üben, daß der Funk gewagt habe, in das Lob des Buches auch einige kritische Anmerkungen einzustreuen. Marianne Lange (eine ehemalige, leider auf Parteikarriere bedachte Studentin von mir), die in ihrer Besprechung des wegen seiner schmierigen Verhalbgötterung Ulbrichts vom Parteisekretariat als tabu erklärten Buches gleichfalls einige schüchterne Einwände vorgebracht hatte, nahm eiligst alles zurück. Und dann ging's Schlag auf Schlag, bis zutage kam, daß jeder, der den Roman nicht hundertprozentig bejahte, sich damit als ein Feind der Arbeiter- und Bauernmacht entlarve.« Das Ergebnis war: »Roheisen« wurde wenige Tage später zum Jahrestag der Republik mit dem Nationalpreis ausgezeichnet. Natürlich war in der Parteiführung niemand so dumm, um die hahnebüchenen Schwächen des Buches nicht zu bemerken. Kein geringerer als Walter Ulbricht rundete viele Jahre danach den Fall »Roheisen« mit der köstlichen Bemerkung ab: »Vor 15 Jahren waren wir schon zufrieden, als wir einen Industrieroman über das EKO (Eisenhüttenkombinat Ost) zu lesen bekamen. Wir haben uns damals auch kritisch geäußert, aber die Kritik haben wir für uns behalten.«[15] Es wäre ein Wunder, wenn die Parteiführung nicht auch bei anderen preisgekrönten Werken ihre Kritik für sich behalten hätte, besonders in Fällen, wo trotz greifbaren Fiaskos, wie bei der »Entscheidung« oder dem »Vertrauen« von Anna Seghers, nicht eine einzige kritische Anmerkung in das Lob eingestreut werden konnte.

Solche Manipulationen lassen nicht nur die offiziöse Kritik als obskur erscheinen, sondern auch den berühmten Geschmack der Massen, die angeblich nach sotanen Werken lechzen und ihre armselige Gestalt enthusiastisch begrüßen. Dennoch ist auch die Unzufriedenheit der Leser hin und wieder publik geworden. So erkundigte sich »ein alter Kumpel« im Winter 1954/55 am

---

[15] W. Ulbricht: Rede auf dem 10. Plenum des ZK, 28./29. 4. 1969. ND, 8. 5. 1969. Über vergleichbare Manipulationen um die Preiskür des Romans »Martin Hoop IV« von R. Fischer vgl. R. Giordano: Die Partei hat immer Recht, a. a. O., 175 f., 191 f., 205 f.

Rande der Nachterstedter Diskussion, wie F. C. Weiskopf beiläufig und unauffällig mitzuteilen wußte, »bei dem ›Kollegen Schriftsteller‹, ob der ihm erklären könne, wieso ›Frauengestalten aus einem anderen, uns fremden und sogar feindlichen Milieu, wie die Aristokratin Anna Karenina und die Kleinbürgerin Madame Bovary, unsereinem menschlich näherstehen und unser Herz mehr ergreifen als die Werktätigen in so vielen zeitgenössischen Romanen‹«. So sagte im März 1969 ein Betriebsdirektor, als das »Neue Deutschland« erfahren wollte, welche arbeits- und bewußtseinssteigernde Lebenshilfe die neue sozialistische Literatur in den wenigen Monaten nach ihrem Erscheinen bereits gewährt hätte, im Kreis von Kollegen, wie der Reporter Klaus Höpcke entrüstet mitteilte: »Wir möchten doch bitte unseren Eifer nicht übertreiben. Er erlaube sich festzustellen, daß der Kunstgenuß wohl immer noch freiwillig sei.«[16] Wie tief die Abneigung gegen die scheinbar volksverbundene sozialistische deutsche Nationalliteratur ging, offenbarte in geradezu eklatanter Weise um die gleiche Zeit die Affäre des »Zirkels lesender Arbeiter« aus dem VEB Automobilwerk Eisenach, die Fritz Selbmann zur Diskussion stellte. Der Zirkel beklagte sich über »ein zu geringes Angebot an qualitativ hochwertiger Gegenwartsliteratur«. Selbmann erwiderte ihnen kummervoll: »Aber es gibt doch auch im Buchhandel der letzten Jahre einige diskussionswürdige Bücher. ›Wanzka‹ von Alfred Wellm nennen die Wartburgleute selbst ... Ich weise hin auf Heiduczeks ›Abschied von den Engeln‹, ein Roman mit hoher künstlerischer Problematik in interessanter Form und Gestaltung. Ich denke auch an den Roman ›Die Zelle‹ von Hasso Grabner mit einer zwar auch schon historisch gewordenen, aber noch lange nicht veralteten Thematik, ein Buch, gründlicher Diskussion wert. Ich denke auch an Wolfgang Johos ›Klassentreffen‹ oder an Anna Seghers' neuen Roman ›Das Vertrauen‹.« Dem Zirkel der lesenden Arbeiter waren offensichtlich diese Bücher nicht sonderlich aufgefallen. Die Eisenacher hatten ihre Abneigung auch nicht zum erstenmal geäußert, und nicht nur der Zirkel lesender Arbeiter, auch die Betriebsgewerkschaftsleitung des weltbekannten Automobilwerks schien nicht viel von der sozialistischen Gegenwartsliteratur zu halten. Am 5. August 1967 hatte der geschäftsführende

[16] zit. n. Kritik in der Zeit, a. a. O., 325; ND, 22. 3. 1959.

Sekretär des Deutschen Schriftstellerverbandes, Gerhard Henniger, der BGL geschrieben: »Im Frühjahr 1968 möchten wir erneut ein Forum und in der Zwischenzeit – vor allem in der Woche des Buches – einzelne Lesungen und Diskussionen mit Autoren, die schon im vergangenen Jahr dabei waren oder deren Werke jetzt bei Euch besonders diskutiert werden, in Eurem Automobilwerk durchführen . . .« Selbmann bemerkte dazu sorgenvoll: »Auf diesen Brief mit dem Angebot, schon im September 1967 nach Eisenach zu kommen, um weiteres Zusammenwirken zu vereinbaren, hat der Deutsche Schriftstellerverband niemals eine Antwort erhalten.«[17]

Diese heillose Lage blieb für den einzelnen nicht folgenlos. Die Etappen der Absetz-Bewegung von Fuchs (1949) bis zu Huchel (1971) umschreiben nur eine der natürlichen Folgen.

Es fällt auf, wie wenig Schriftsteller in der DDR ein biblisches Alter erreichten. Hans Marchwitza starb 1965 mit 74, Ehm Welk 1966 mit 82, Berta Lask 1967 mit 88, Arnold Zweig 1968 mit 81, Walther Victor 1971 mit 76, Karl Grünberg 1972 mit 79 Jahren. 1970 wurden Ludwig Renn 80, Ludwig Turek 70, Anna Seghers 70 Jahre alt. Dagegen starben relativ früh: 1948 – Adam Scharrer (59); 1950 – Susanne Kerckhoff (30); 1953 – Erich Weinert (62), Friedrich Wolf (64), Rudolf Leonhard (64); 1955 – Franz Carl Weiskopf (55); 1956 – Bertolt Brecht (58); 1957 – Louis Fürnberg (48), Peter Nell (50); 1958 – Johannes R. Becher (67), Theo Harych (55); 1959 – Arnolt Bronnen (64), Peter Kast (64); 1962 – Hanns Eisler (64); 1963 – Bodo Uhse (59); 1964 – Willi Bredel (63); 1965 – Johannes

[17] ND, 22. 3. 1969; F. Selbmann: Mut und Lust zum Neuen. »Das Volk«, Erfurt, 15. 2. 1969; H.-D. Sander: Vor dem VI. Schriftsteller-Kongreß. Deutschland Archiv, 5/1969. – Aus der Fülle ähnlicher Äußerungen verdient vor allem ein Leserbrief festgehalten zu werden, in dem es heißt: »Kürzlich sah ich mir Brigadebücher von Kollektiven an, die um den Staatstitel kämpfen. Es handelte sich dabei um Kollegen aus dem wissenschaftlichen Bereich. Unter ›Sozialistisch leben‹ fand ich eine ganze Anzahl von Eintragungen: Besuch eines Sinfoniekonzertes, einer Galerie, eines Museums usw. Was ich nicht darunter fand, waren Besuche oder Besichtigungen sozialistischer Gegenwartsstücke (Kino, Theater, Fernsehen). Die Antwort auf meine Frage nach dem Warum beantworteten mir Leiter sozialistischer Kollektive mit dem Hinweis, das Interesse daran sei gering. Meine Frage, ob man sich die Mühe gemacht hätte, das Interesse für sozialistische Gegenwartsstücke zu wecken, wurde verneint.« (ND, 5. 4. 1971).

Bobrowski (48); 1966 – Alex Wedding (60), Inge Müller (41); 1967 – Maria Langner (66), Wolfgang Langhoff (65), Kuba (53); 1969 – Jan Petersen (63), Uwe Greßmann (36); 1970 – René Schwachhofer (66); 1971 – Georg Maurer (64); 1972 – Horst Salomon (43). Von den gewißlich vorzeitig Verblichenen schieden Susanne Kerckhoff, Inge Müller und wohl auch Arnolt Bronnen durch Selbstmord. In der Mehrzahl erlagen sie dem Herzinfarkt. Als Stefan Heym die Schriftsteller zu Propheten erklärte, hatte er argumentiert, daß die Gesellschaft diesen Tatbestand anerkennt, indem sie diese Propheten ehrt und verfolgt; zum letzten ergänzte er: »Rechnet man den Infarkt als gleichwertig mit der Gewehrkugel und der Schlinge um den Hals, so sind mehr Schriftsteller und Naturwissenschaftler in Verfolg ihrer Pflicht gefallen als Generäle oder Bankiers oder Politiker.« Das heißt schlicht: die meisten dieser sozialistischen Schriftsteller wurden von der sozialistischen Gesellschaft hingerichtet. Bitternis, Zermürbung, Scheitern waren die Prozeduren der Exekution. Die Wechselbehandlung mit Kulturkampf und Kompromiß, die sie von Selbstbezichtigung in Empörung und von Empörung in Selbstbezichtigung trieb, mag sie dabei so abgenutzt haben wie die inneren und äußeren Schwierigkeiten jedweden Werkes.

Die Prämissen der Belletristik in der DDR ließen ihnen zwischen Abbruch und Mißlingen keine Wahl. Wenn man nicht rechtzeitig aufgab, wie Brecht das »Garbe«-Stück, Huchel das »Gesetz«-Poem, prostituierte man seine literaturgeschichtliche Position. Das widerfuhr beispielsweise: in der Epik Eduard Claudius (»Menschen an unserer Seite«, »Von der Liebe soll man nicht nur sprechen«), Bodo Uhse (»Die Patrioten«), Stephan Hermlin (»Die Kommandeuse«), Hans Marchwitza (»Roheisen«), Ludwig Renn (»Krieg ohne Schlacht«), Arnold Zweig (»Traum ist teuer«), Anna Seghers (»Die Entscheidung«, »Das Vertrauen«); in der Dramatik Friedrich Wolf (»Bürgermeister Anna«), Karl Grünberg (»Golden fließt der Stahl«, »Elektroden«), Bertolt Brecht (»Herrenburger Bericht«); in der Lyrik Johannes R. Becher (»Glück der Ferne – leuchtend nah«), Stephan Hermlin (»Der Flug der Taube«) oder Brecht mit einzelnen Gedichten. Der Bruch in der Kontinuität ihrer Werke traf die meisten von ihnen um so schmerzlicher, als es ihnen – innerhalb jener Prämissen – nicht einmal möglich war, die Zyklen, die sie im oder 287 schon vor dem Exil begonnen hatten, mit einigem literarischem Anstand abzuschließen. So verdarben: bei Arnold Zweig der Romanzyklus über den Ersten Weltkrieg mit »Die Feuerpause« (1952) und »Die Zeit ist reif« (1957), bei Bredel die Trilogie »Verwandte und Bekannte« mit »Die Enkel« (1954), bei March-witza die Trilogie über die Kumiaks mit »Die Kumiaks und ihre Kinder« (1959); Ludwig Renn konnte mit dem Band »Meine Kindheit und Jugend« noch einigermaßen den Stand von »Krieg«, »Nachkrieg« und »Adel im Untergang« halten – mit den Bänden »Auf den Trümmern des Kaiserreichs«, »Inflation«, »Zu Fuß zum Orient«, »Ausweg« erfuhr auch seiner auto-biographischen Epopöe der unvermeindliche Niedergang. Das wi-derfuhr sogar Fritz Erpenbeck mit dem zweiten Band seines journalistischen Journalistenromans »Die Gründer« (1965). In einer Welle von Reisebüchern kann man das Bestreben erkennen, sich um die Konsequenzen zu drücken: mit den schon legendären China-Reporten von F. C. Weiskopf »Die Reise nach Kanton« (1953), Hermlin »Ferne Nähe« (1954), Bredel »Das Gastmahl im Dattelgarten«, Uhse »Tagebuch aus China« (1956); Ludwig Renn mit seinem Buch »Vom alten und neuen Rumänien« (1952); Kuba mit seinem UdSSR-Panegyrikus »Gedanken im Fluge« (1951); Uhse mit dem kubanischen Sommerbericht »Im Rhythmus der Conga« (1962).

Der Ausweg wäre gewesen, sich von den Prämissen zu lösen. Das gelang von den älteren Schriftstellern gänzlich, neben Peter Huchel, der fortging, nur Erich Arendt. Anna Seghers vermochte es nur vorübergehend. Während die schöpferischen Ansätze der letzten Jahre bei Brecht, Becher und Uhse wohl nicht ausreich-ten, die physische Zerstörung aufzuhalten, ist das Werk von Eduard Claudius nach seiner Autobiographie vielleicht noch nicht abgeschlossen.

Enttäuscht von der politischen Wirklichkeit, hadernd mit der Partei, mißtrauisch gegenüber dem Volk, unzufrieden mit den eigenen Werken, fanden sie keinen Halt mehr, an dem sie sich aufrichten konnten. Becher hatte am 26. April 1951 seinem Tagebuch einverleibt: »Man soll die Tränen nicht im Auge tragen, die man über das Leid der Welt weint. Nach außen hin trage man eher ein munteres Wesen zur Schau und weine innen – damit ist der Veränderung des Leids, sofern eine solche gegeben ist, mehr gedient, denn man entmutigt nicht seine Umgebung und macht sie selber weinselig, sondern sammelt in sich und den anderen die Kräfte, um das Leidwesen (das Leid-Unwesen) zu beseitigen.« Wie er an sich selbst erfuhr, war das sehr abstrakt gedacht. Stephan Hermlin hatte das 1947 mit dichterischer Prophetie in den Versen: »Die Wunden bluten heute nur nach innen. / Die Zeit der Wunder schwand. Die Jahre sind vertan« realistischer ausgedrückt. Vom Standpunkt der Werke ließe sich sogar sagen: wer früh starb, starb rechtzeitig, wer auf ein biblisches Alter zusteuerte, lebte zu lange. Hanns Eisler hat in seinen Gesprächen mit Hans Bunge die tiefe Zerrissenheit aufgedeckt, die durch dieses Weinen und Bluten nach innen entsteht. Der säkularisierte Jude greift nach den Kirchenvätern »der Dialektik wegen« und lästert vor Grabsteinen. Er animierte Freund Brecht, Friedrich den Großen zu entlarven (was Diszipel Hacks dann besorgte) und besang hymnisch den preußischen Herbst, ihn schlechten Gewissens als l'automne prussien verfremdend. Er verhöhnte die Kunstbürokratie der Partei und vergatterte das Volk als sentimentale und brutale Scheißkerle, die die Spaltung verdient haben. Er lobte den Marxismus, weil er die Dummheit ausrottet, und verstopfte sich die Ohren, als sein Gesprächspartner ihm seine törichten Vorstellungen über den Klassenkampf im deutschen Heer während des Zweiten Weltkrieges auszureden versuchte. Er glaubte an den Ausbruch des Kommunismus in den achtziger Jahren und fürchtete doch die Realitäten der DDR so sehr, daß er sich lieber nicht näher informierte, wie zum Beispiel über die Kollektivierung, deren Schwierigkeiten er darin sah, daß man den Bauern in den Produktionsgenossenschaften erst beibringen müsse, in der Erntezeit auch außerhalb der festen Arbeitszeiten auf die Felder zu fahren. Diese Lage ist in der Tat aussichtslos.

Die DDR entwickelte sich nicht so, wie diese Künstler es sich vorgestellt hatten. Die Kulturpolitik trieb sie zur Partei in eine ästhetische Differenz. Um die Fehlentwicklung aber, wie Marx das sagen würde, an ihrer Wurzel zu packen, hätten sie die Kritik aufnehmen müssen, die im Volk umging. Sie konnten das nicht, weil sie dem Volk, in Haßliebe verbunden, mißtrauten. So lebten sie in gebrochenen Verhältnissen, die sich überkreuzten. Das murrende Volk verhinderte den Bruch mit der frevelnden Partei, was wiederum verhinderte, die Frevel, über die das Volk murrte, einzugestehen. »In meinem Alter wäre das Schweigen 289 vielleicht gemäßer als das Reden«, sagte Hanns Eisler im letzten Gespräch mit Hans Bunge, drei Wochen bevor er mit 64 Jahren einem Herzinfarkt erlag.

Bei den Schriftstellern der folgenden Generationen wirkte sich die heillose Lage der sozialistischen deutschen Nationalliteratur nicht so tragisch aus. Sie wurden und werden von einem Emanzipationsprozeß ergriffen, der die ästhetische Differenz um die in allen Farben schillernde Dimension des Politischen erweitert. Wie schwer es allerdings auch diesen jüngeren, widerstandskräftigeren und weniger befrachteten Künstlern fällt, aus den Mesalliancen zu Partei, Geschichte und Volk herauszuwachsen, deuten ihre verschlungenen, sich gar zu oft kreuzenden und gabelnden Wege an, von denen Stefan Heym auf dem IV. Schriftsteller-Kongreß gesprochen hatte. Es dauert oft auch sehr lange. Stefan Heym brauchte neun Jahre, um von der Konstituierung des Zensors in der Brust jedes einzelnen Schriftstellers zur Proklamierung der Schriftsteller als Propheten sich durchzukämpfen. Und es ging, vornehmlich bei den älteren dieser jüngeren, auch nicht ohne physischen Substanzverlust ab. Als Stefan Heym 1952 in die DDR übersiedelte, sah er aus wie ein Mann in den besten Jahren; beim Marsch auf dem verschlungenen Weg wurde er zusehends alt und gebrechlich. Erwin Strittmatter warf der dritte Kulturkampf aufs Krankenlager, wo er mit dem Tode rang. Bei Günter de Bruyn spielte sich das schon in einer Selbstpersiflage ab, als er 1966 in seinem Parodienband »Maskeraden« einen seiner Helden verspottete, der zu sentimental sei, um »jemals den Pfad zu finden, der ihn aus dem sumpfigen Hohlweg herausführen würde«. Der Emanzipationsprozeß ließ neben der offiziellen sozialistischen Literatur einer bellizistischen Belletristik eine inoffizielle sozialistische Literatur, eine kritizistische Belletristik, und eine primäre Belletristik entstehen, eine Literatur, die in der Zerstörung der dichterischen volonté générale die Exemtion der Kunst suchte und fand. Für den Prozeß ist aufschlußreich, daß nicht nur bisher parteiergebene Schriftsteller, sondern, wie Strittmatter, Christa Wolf oder Reiner Kunze, Exekutoren und Befürworter von Restriktionen sich zu den »Außenseitern« Matusche, Djacenko, Bobrowski gesellten.

Sucht man nach den Wurzeln der bellizistischen Belletristik, der sozialistischen deutschen Nationalliteratur, die für die einen Tod und Scheitern und für die anderen den sukzessiven Abfall einleitete, so findet man sie vorwiegend nicht deutschem Boden entsprossen. Ihr allgemeiner Wurzelgrund ist der sowjetrussische sozialistische Realismus, der in allen Ländern, wo er aufgeschüttet wurde, die Literaturen verwüstete. Über die Anfangszeit berichtete Eduard Claudius in seinen Memoiren von quälenden Gedanken, die ihn und andere bewegten: »Mußte sich das ›Neue‹ nicht erst wirklich, wenn auch in den Anfängen, geformt haben, um es zu gestalten? Was sollte es mit dem ›in die Zukunft träumen‹ auf sich haben? Heutige Träume und Traumgestalten von der Zukunft zu beschreiben, schaffte man da nicht im umgekehrten Sinne Märchen und Legenden? Gab es nicht einen Gegensatz zwischen dem, was als Wirklichkeit dargestellt wurde, und dem, was sich in den Fabriken und Dörfern vorfand? Und, so fragte sich mancher, waren wir nicht nur Nachahmer sowjetischer Literatur?« Es war die Zeit, als er den Roman »Menschen an unserer Seite« schrieb. Er wollte sich, wie er ausdrücklich erklärt, mehr an die frühe Sowjetliteratur anlehnen. Was dabei jedoch herauskam, war mehr Märchen als Wirklichkeit, mehr im Stil von Semjon Babajewskij, den er verachtete, als im Stil von Fjodor Gladkow, den er verehrte.[18] Dieses Resultat ist deshalb so wichtig, weil es zeigt, daß der sozialistische Realismus sich auch durchsetzte, wenn man sich ihm widersetzen wollte. Er war keine zufällige Begleiterscheinung, sondern eine notwendige, essentielle Komponente der totalitären Diktatur. Akzeptierte man sie, konnte man gar nichts anderes, als das jeweilige Bild nach den jeweiligen Vorstellungen der Partei zu entwerfen. In dem Maße wie die NÖS-Romane sich an die Fehler hielten, die von der Partei zur Diskussion freigegeben waren, verfielen sie, noch in diesem Verfallsstadium des sozialistischen Realismus, seinen repressiven, fetischistischen, trivialen Elementen und Strukturen nach entsprechenden russischen Vorbildern »Schlacht unterwegs« von Nikolajewa und »Bahnbrecher« von Granin. Das wachsende nationale Selbstbewußtsein, das in der DDR durch das NÖS begünstigt wurde, äußerte sich belletristisch in kongustiösen Anknüpfungen: während Strittmatter Rat bei Anzengruber holte,

---

[18] E. Claudius: Ruhelose Jahre, a. a. O., 354 f., 324 f.; in puncto Märchen und Legenden vgl. das Gorkij-Kapitel in H.-D. Sander: Marxistische Ideologie und allgemeine Kunsttheorie. a. a. O.

Hermann Kant bei Otto Ernsts »Flachsmann als Erzieher« in die Lehre ging, erweckte Christa Wolf so unbewußt wie sympathetisch die Manen der seligen Marlitt. Manfred Bieler, der mit seinem Roman »Das Kaninchen bin ich« den Rahmen des NÖS durchstieß, sprengte auch den sozialistischen Realismus auf; er war dabei traumwandlerisch Falladas Pfaden gefolgt, um den Preis freilich, daß der Roman in der DDR nicht erschien. Die Rekonstruktion des sozialistischen Realismus im dritten Kulturkampf exstirpierte diese schüchternen Setzlinge. Die ESS-Romane »Sankt Urban« von Viertel und »Abschied von den Engeln« von Heiduczek, waren bezeichnenderweise wieder mit jenen gestanzten, auswechselbaren Details gearbeitet, die nur Scheinfiguren und Scheinmilieu bilden können; allein »Pause für Wanzka« von Wellm war noch nach dem Stil jenes heimatlichen Kunstgewerbes gebosselt, nach dem Strittmatter seinen »Ole Bienkopp« zurechtgeschnitzt hatte: allerdings nur noch im Milieu, nicht mehr in der Charakteristik.

Andere Wurzeln haben die Romane »Die Entscheidung« und »Das Vertrauen« von Anna Seghers, die persönlich immer in einem gespannten Verhältnis zum sozialistischen Realismus gestanden hat. Wenn sie sich der Parteidiktatur unterwarf, konnte sie natürlich auch nur die gewünschten Vorstellungen reproduzieren; sie tat das aber in so andersartiger Manier, daß diese Romane nur dem sozialistischen Realismus zugeschlagen werden können, wenn er nicht reflektiv, sondern administrativ befolgt wird. Anna Seghers legte zwar auch Scheinfiguren mit Scheinkonflikten in einem Scheinmilieu aus, doch sie erreichte das nicht mit den bewährten Mitteln der Schönfärberei, der revolutionären Romantik oder einem optimistischen Bewußtsein. Man wird diese Elemente des sozialistischen Realismus in den beiden Romanen vergeblich suchen, obwohl die erprobten Strukturen des sozialistischen Realismus nicht fehlen. Marcel Reich-Ranicki hat mit zwei treffenden Sätzen den Inhalt der »Entscheidung« referiert: »Der Wiederaufbau eines Stahlwerks ist gefährdet, weil amerikanische Agenten die leitenden Ingenieure abwerben. Die Arbeiter dieses Stahlwerks reagieren hierauf mit einem spontanen Aufruf zum sozialistischen Wettbewerb, der trotz einer erneuten Sabotage des Westens alles – dank der Hilfe des herbeigeeilten Parteisekretärs – zu einem guten Ende führt.« Das unterscheidet sich in nichts von x-beliebigen Romanen, die nach dem Muster des sozialistischen Realismus zugeschnitten sind, und doch ist von solchen Romanen die »Entscheidung« durch eine Mentalitätswelt getrennt. Reich-Ranicki hat die fundamentale Differenz sensibel erfaßt, wenn er fortfährt: »Da in dem rund 600 Seiten umfassenden Buch über 150 Gestalten auftreten, ist es nicht verwunderlich, daß sich beim besten Willen die überwiegende Mehrheit dieser Personen nicht voneinander unterscheiden läßt. In den Romanen des sozialistischen Realismus treten in der Regel statt lebender Menschen nur Namen mit politischen und gesellschaftlichen Funktionen auf. In dem Buch ›Die Entscheidung‹ sind es in den meisten Fällen Namen ohne Funktionen.«[19] Die Fülle hat indessen mehr Methode als es der Verfasser dieser hübschen Zeilen ahnte: in jedem Fall mehr als schlichte Einfallslosigkeit. Das Namengewimmel ist nicht ohne große Vorbilder in der Weltliteratur. Es ist ein traditioneller Bestandteil der chinesischen Epik. Anna Seghers hat in ihrer Einleitung zu dem Band »Studienblätter aus China« von Gustav Seitz, dessen erste Ausgabe während der Kampagne gegen den Formalismus eingestampft worden ist, erzählt, daß die chinesische Kultur sie schon faszinierte, als sie noch ein Kind war. Auf der Universität hörte sie Vorlesungen über chinesische Kunst; sie war besonders bezaubert von Darstellungen aus der Sung-Zeit, auf denen »der Mensch verschwindet in der Natur, er ist nur ein Pünktchen in den gewaltigen Bergen«.[20] Sie ließ schon in ihrem Roman »Die Gefährten«, 1932, Menschen wie Pünktchen verschwinden: in einer internationalen Bürgerkriegslandschaft von Berlin bis Kanton; indem sie die Martyrien ihrer revolutionären Helden als Donnerhall und Wogenprall eines mächtigen Stromes vorbeirauschen ließ, proklamierte sie die Unbesiegbarkeit der Revolution. 1953 gab sie ihre gesammelten Erzählungen unter dem entsprechenden Titel »Der Bienenstock« heraus. Als sie der »Entscheidung« die letzte Fassung gab, rollte die Kulturrevolution des Bitterfelder Weges unter starkem so-

[19] M. Reich-Ranicki, Deutsche Literatur in West und Ost, a. a. O., 382 f.
[20] G. Seitz: Studienblätter aus China. Mit einem Geleitwort von Anna Seghers. Berlin (Ost) 1953, 5–11. Im Dezember 1951 erzählte sie in ihrem »Vortrag über chinesische Bauern vor brandenburgischen Bauern« (Frieden der Welt – Ansprachen und Aufsätze 1947–1954. Berlin [Ost] 1954, 112 ff.), daß sie sich bei ihrer Fahrt durch chinesische Dörfer oft an die Bauern aus der Gegend von Wiepersdorf erinnerte.

wjetchinesischem Drall ab, wurde die Umerziehung in den Schmelztiegeln der Brigaden und Kollektive massenhaft betrieben. Das Namengewimmel in der »Entscheidung« (und dem »Vertrauen«) entsproß diesen Gründen. So hantierte die Seghers mit biologischem Optimismus statt optimistischem Bewußtsein, mit Naturgesetzen der Revolution, statt revolutionärer Romantik, mit massenhafter Dynamik statt Schönfärberei. Wenn sie am Ende dasselbe erreichte, wie die Schriftsteller, die sich der von ihr nicht angewendeten Mittel bedienten, so lag das an der Inadäquatheit ihrer Mittel zum Gegenstand und seiner Erfassung. Das Namengewimmel hat in den klassischen chinesischen Romanen seine Berechtigung, weil es dem Menschengewimmel des riesigen chinesischen Volkes entspricht; in einem Roman über die kleine DDR kann es nur aufgeblasene Langeweile vermitteln. In den »Gefährten« verschwanden die Menschen als Pünktchen wenigstens noch in einer internationalen, tatsächlich vorhandenen revolutionären Strömung; in der »Entscheidung« verschwinden sie in einer Leitartikelflut.

Die Revolutionsbiologie der Seghers hat neben diesen ästhetischen Wurzeln noch andere Wurzeln, die nicht aus so weiter Ferne stammen. Ihre Saat ist die Projektion der Unsterblichkeit vom einzelnen auf das Volk, die nach dem »Tode Gottes« auf mannigfaltige Art fashionable wurde.[21] Hier konvergieren die »Gefährten« mit dem »Volk ohne Raum« von Hans Grimm, der sich allerdings hütete, im »Dritten Reich«, dem »Vertrauen« und der »Entscheidung« vergleichbare Verfallsprodukte dieser Richtung hervorzubringen. Und so kann es auch nicht verblüffen, daß der sozialistische Realismus in der DDR von Trieben durchwachsen wurde, die aus jenem Boden aufschossen, dem er auferlegt wurde. Wie die folgenden Stichproben zeigen, geschah das keineswegs nur in den Jahren des Beginns, beschränkte sich auch beileibe nicht auf Werke von Schriftstellern, die einmal in nationalsozialistischen Reihen mitmarschiert waren.

In der ersten Lyrik-Anthologie der DDR, »Neue deutsche Lyrik« von 1951, kann es vielleicht nicht überraschen, in dem Gedicht »Aufbausonntag« des ehemaligen SA-Kameraden Füh-

---

[21] Über die Rolle der Säkularisation im Kollektivismus vgl. die Kapitel über Gorkij und Bogdanow in H.-D. Sander, Marxistische Ideologie und allgemeine Kunsttheorie, a. a. O.

mann diese Strophen zu finden: »Als wir durch die Straßen schritten, / wogten graue Nebelschwaden. / Stählern teilte sie der Zug / unsrer Schaufel, unsrer Spaten. / Als wir unsre Fahnen hißten, / blauen Himmel zu ersetzen, / wusch der Regen sonntägliche / Müßiggänger von den Plätzen.« Unbestreitbare Züge nationalsozialistischer Belletristik repristinierte auch August Hild, der seit seinem Auftreten als ein Prototyp proletarischen Schrifttums in der DDR gilt. In seinem Gedicht »Rast am Pfluge« kann man die Strophen lesen: »Im Tal braut der Nebel, ich raste am Pflug / und blicke tiefsinnig ins dampfende Land./ Und breche mit erdverkrusteter Hand / mein Brot und trink aus dem irdenen Krug. / Auf den Knien gebreitet das Bauerntuch, / und im Brote des Ackers Erdgeruch. / ... Aus der Ferne ein emsiges Hämmern klingt, / denn hinter dem Wald, wo der Rauch verweht, / wo Esse dicht neben Esse steht, / dort schmieden die Brüder das Ackergerät.«

In dem Roman »Die Frau am Pranger« (1956) von Brigitte Reimann, die beim Zusammenbruch des Dritten Reiches 11 Jahre alt war, pervertierten derartige Rudimente zur erotischen Anbetung der potentiellen Besatzungsmacht, wie das aus der folgenden Szene zwischen einer deutschen Jungbäuerin und einem jungen russischen Kriegsgefangenen hervorgeht: »Lauer Wind geht über das Feld. Unter der Pflugschar brach die Erde in glänzend braune Schollen; herb und würzig stieg der Duft des Bodens auf. Der Russe ging hinter dem Pflug, und die junge Frau führte das Pferd – Furche auf, Furche ab. Fern verhallten zitternd zwölf Glockenschläge von der Dorfkirche. Kathrin und Alexej lagerten am Feldrain und aßen, was die junge Frau mitgebracht hatte. Sie reichte dem Manne den Steinkrug mit Kaffee. Ihre Hände berührten sich, Kathrin errötete, aber sie zog ihre Hand nicht zurück; sekundenlang ruhten ihre Finger nebeneinander auf dem kühlen, braunen Krug ... Er zog sie in seine Arme, sie wehrte sich nicht. Sie lag an seiner Brust, ihre Tränen zerflossen zu dunklen Flecken auf seiner abgetragenen Feldbluse. Alexej saß ganz still, er fuhr ihr behutsam mit seiner großen Hand über den Kopf, immer und immer wieder. Sie spürte die rauhe Haut seiner Finger auf ihrem tränennassen Gesicht, und in ihnen beiden war kein Verlangen nacheinander, nichts von dem dunklen Begehren; sie fühlten sich einander verbunden wie Freunde, wie Bruder und Schwester.« (S. 46, 51 f. Zum Ausbruch des »dunklen Begehrens« kam es dann natürlich doch, S. 110 ff., beim Nacktbaden am See, selbstredend in züchtiger Beschreibung.)

Hermann Kant schließlich, der als Kriegsgefangener eine Antifa-Schule mitbegründete, reproduzierte im FDJ-Milieu der »Aula« noch 1965 mit »Herzen aus Vollkornbrot« und »Die Mädchen da, die sind kernig« den fromm-forschen Jargon der HJ, wo doch FDJler sehr viel drastischer, konkreter zu palavern pflegten. Die prononcierte Lust bei der Verhöhnung des senilen Schriftstellers Bertold Wassermann, einer Figur, halb Arnold Zweig, halb Rudolf Leonhard, die Koketterie mit einem gesunden Terror der Jugend, der herablassend-wohlwollende Spott, der jederzeit bösartig ausschlagen kann, sind Tupfer, bei denen der übermalte Firnis vielleicht noch stärker durchschlägt. In der bellizistischen Lyrik gibt es zahllose solcher Durchbrüche, von Bechers Blutzeugen-Sonett bis zu Kubas »Brechen den Feinden die Klauen«, von jenem berüchtigten Spottvers über die Alte aus der Ackerstraße, die sich an der Mauer zu Tode hüpfte, bis zu subtileren Umschreibungen bei Volker Braun.

Die spürbare Genugtuung, mit der Stephan Hermlin in »Arkadien« (1949) und in der »Kommandeuse« den Vollzug oder die Ankündigung der Liquidierung politischer Gegner beschreibt, entstammt ebenfalls diesen sukkubischen Zonen. Nach der Hinrichtung eines Verräters durch Lynchjustiz der Résistance heißt es arkadisch: »Louis rührte sich nicht. Er lauschte auf die Rufe der Vögel im Geäst, auf die leisen Tritte der Menge, die wortlos auseinanderging, auf das Geklirr der Spaten, die neben der Mauer schon das Grab aushoben. Er empfand die ganze dunkle Unschuld der Landschaft, ihre Wärme, ihre unergründlich-staunende Redlichkeit, in der sich jetzt überall unter dem wolkenlosen Himmel das Gewitter der Befreiung zusammenzog. Die Kinder hinter der Mauer waren weitergegangen. Louis sah nur noch zwei junge Mädchen, von der Büste abwärts von der Mauer verdeckt wie auf einem Bild. Sie standen da, jede einen Arm um den Nacken der anderen geschlungen, mit leicht geöffneten Mündern, als sännen sie einem Liede nach, und sahen mit großen Augen an dem Erhängten vorbei nach den Gärten zu und den Bergen, während auf der Brüstung neben ihren offenen braunen Händen eine Eidechse sich sonnte.« In großer Bürger-

kriegsepik, bei Babel oder Malraux, selbst bei Scholochow gibt es eine solche fatale Idyllik nicht. Das ist ziselierter Mordkitsch. Noch bedenklicher ist der Schluß der »Kommandeuse«, jener faschistischen Aufrührerin am 17. Juni: »Die Beratung des Gerichts dauerte nur wenige Minuten. Als man sie in den Saal zurückbrachte, bemerkt sie unter den Zuhörern den kleinen schäbigen Mann, der ihr auf dem Markt aufgefallen war. Sein Gesicht war ihr zugekehrt; sie las darin nichts als Ekel und Haß. Sie dachte, als das Gericht erschien, ganz schnell: Lebenslänglich, lebenslänglich, lebenslänglich. Man hatte sie aufstehen lassen. Sie war zum Tode verurteilt. Durch ein Brausen hörte sie einzelne Worte: das Urteil sei endgültig und sofort vollstreckbar. Sie wollte nicht schreien und umfallen. Zum ersten und letzten Male in ihrem Leben suchte sie in sich die unbekannte Kraft, die sie an ihren eigenen Opfern toll gemacht hatte. Da war eine deutsche Studentin gewesen, die sich stumm zu Tode prügeln ließ; eine Russin hatte vorher noch ›Hitler kaputt‹ gerufen; vier Französinnen waren, die ›Marseillaise‹ singend, zum Erschießen in den Bunker gegangen. Eine Stimme in ihr jammerte um ihr Leben. Da war nur diese Stimme in ihr und eine blutige wüste Leere, als zwei Volkspolizisten sie abführten.« Das ist aus der Perspektive der Kommandeuse erzählt, aber wer kann daran zweifeln – der kleine schäbige Mann verrät es nur allzu deutlich –, daß im Unterton beim Verfasser eine ähnliche Vernichtungsgier, eine ähnliche wüste Leere mitschwingt? Das Unbehagen der SED über diese Novelle hat wahrscheinlich in dieser Latenz ein rationales Motiv.

Insofern die offizielle sozialistische deutsche Nationalliteratur der sowjetrussischen Belletristik des sozialistischen Realismus folgte, ging sie unterschiedslos in einer internationalen Trivialliteratur repressiv-fetischistischen Gepräges auf, die in jeder nationalen Literatur, die sie zeitweilig beherrschte, nur ein Appendix hinterlassen hat. Insofern die sozialistische deutsche Nationalliteratur infolge Wahlverwandtschaft oder Überlagerung Elemente der offiziellen Belletristik im Dritten Reich reproduzierte, glich sie sich der repressiv-fetischistischen Trivialliteratur nationalsozialistischen Gepräges an, die in der deutschen Literaturgeschichte auch nur als Anhang rangieren kann. Wenn es eine besondere Eigenart der bellizistischen Belletristik in der DDR gibt, so besteht sie in der Verschränkung dieser Komponenten, denen sich im Fall von Anna Seghers noch chinesische

Elemente gesellten. Die Kombination konnte mühelos gelingen, weil der gemeinsame Nenner dieser verschiedenen Wurzeln der Kollektivismus ist.

Der Bruch mit ihrer früheren Schreibweise und der Qualitätsverlust hatten die Schriftsteller, die vor der Gründung der DDR schon einen bestimmten Platz in der deutschen Literaturgeschichte einnahmen, durchweg unfähig werden lassen, in der sozialistischen deutschen Nationalliteratur Schulen zu bilden. Es lernten gewiß Uwe Berger von Johannes R. Becher, Helmut Preissler von Erich Weinert, Helmut Baierl von Bertolt Brecht oder Helmut Sakowski von Friedrich Wolf, aber sie eigneten sich dabei mehr die zeitbedingten, schon um- und gleichgeschalteten Elemente ihrer Vorbilder an. Die offizielle deutsche sozialistische Nationalliteratur ist aus diesem Grunde traditionslos. Die Literaturgeschichtler in der DDR können das nur um den Preis der Evidenz bestreiten. Eva Kaufmann hat sich die Mühe gemacht, den Weg Arnold Zweigs nicht nur für ihn selbst als beispielhaft zu beschreiben. Wenn sie aber feststellt: »Auf die Entwicklung unserer sozialistischen Romanliteratur hat sich Zweigs Einfluß insofern ausgewirkt, als eine Reihe jüngerer Autoren – Günter de Bruyn, Karl-Heinz Jakobs, Erik Neutsch, Joachim Knappe und Erwin Strittmatter bezeugen dies ausdrücklich – durch Zweigs Kriegsdarstellungen vor allem politisch-weltanschaulich erzogen wurden«, so kann sie eben den Beweis für die entscheidende künstlerische Beeinflussung nicht liefern.[22] Hätte es überdies eine Möglichkeit gegeben, durch die Kontinuität von zwanzig Jahren sozialistischer Belletristik eine neue fortzeugende Tradition herauszubilden, so wurde sie von dem Auf und Ab der Kulturkämpfe zerstört.

[22] E. Kaufmann: Arnold Zweigs Weg zum Roman – Vorgeschichte und Analyse des Grischaromans. Berlin (Ost) 1967, 6 f. Bei den Versuchen, die offizielle Belletristik in der DDR als Erbe der ganzen deutschen Literatur auszugeben, geht es meistens sehr verwegen zu; zum Beispiel in dem Aufsatz »Probleme der Klassik-Rezeption im sozialistischen Roman der DDR« von K. Hammer, der sich nicht scheut, von einer Wilhelm-Meister-Thematik in den Romanen »Wir sind nicht Staub im Wind« von M. W. Schulz und »Die Abenteuer des Werner Holt« von D. Noll oder von der Faust-Thematik in den Romanen »Der geteilte Himmel« von C. Wolf und »Spur der Steine« von E. Neutsch zu sprechen (Goethe-Almanach auf das Jahr 1970, hrsg. v. H. Holtzhauer und H. Henning. Berlin [Ost] und Weimar 1969, 281 f.).

Wer in der sozialistischen deutschen Nationalliteratur eine Fortsetzung der proletarischen Belletristik in Deutschland sehen will, verkennt die Zäsur, die der moderne Kollektivismus gesetzt hat, den man, seine vielen Farben durch-denkend, den Mythos des zwanzigsten Jahrhunderts nennen kann. Die traditionelle Arbeiterliteratur hatte in Deutschland wie in anderen Ländern so wenig kollektivistische Züge, wie Arbeiterbewegung und Sozialismus identisch gewesen waren.[23] War die ontonome Vereinigung des Proletariats die Gewerkschaft, so orientierte sich die Arbeiterliteratur an den eigensinnigen Proletariergestalten, wie sie Gorkij, Jack London, Andersen-Nexö und Hamsun geschaffen hatten. Der Kollektivismus wurde von außen in das Proletariat hineingetragen, indem partikuläre Züge, wie Kollegialität am Arbeitsplatz und Solidarität beim Streik, totalisiert und als Mittel, die sie waren, zu Zwecken verkehrt wurden. Das ereignete sich politisch durch die Kaderparteien, die zur totalitären Diktatur gelangten, und literarisch durch bürgerliche Intellektuelle, die ihrer Individualität satt, in der Masse des Proletariats Remedur oder neue Reize suchten und nicht bemerkten, daß die Arbeiter naturwüchsig aus dieser Masse herausstreben. Arthur Koestler hat diese Bewußtseinslage unübertrefflich beschrieben, als er mit kathartischer Ironie zurückblickte: »In den dreißiger Jahren erweckte der Anblick eines Metallarbeiters im Busen des linksstehenden Intellektuellen die gleichen schwärmerischen Gefühle, die Marcel Proust für seine Herzoginnen empfand.«[24] Aus diesem falschen Bewußtsein heraus entstanden die kollekti-

---

23 K. Kautsky nannte 1892 in seinem Kommentar des Erfurter Programms die »Vereinigung von Arbeiterbewegung und Sozialismus« die Hauptaufgabe der sozialdemokratischen Partei (Das Erfurter Programm. Stuttgart [16]1920, 230 f.). 1901 schrieb er in seinem Artikel zur Revision des Hainfelder Programms: »Der Sozialismus als Lehre wurzelt allerdings ebenso in den heutigen ökonomischen Verhältnissen, wie der Klassenkampf des Proletariats, entspringt ebenso wie dieser aus dem Kampfe gegen die Massenarmut und das Massenelend, das der Kapitalismus erzeugt; aber beide entstehen nebeneinander, nicht auseinander, und unter verschiedenen Voraussetzungen ... Das sozialistische Bewußtsein ist also etwas in den Klassenkampf des Proletariats Hineingetragenes, nicht etwas aus ihm urwüchsig Entstandenes.« (»Neue Zeit«, 1901/1902, Nr. 3. 79). Lenin zitierte diese Äußerungen nicht nur beifällig, sondern machte sie zum Ausgangspunkt seiner Parteitheorie (Unsere nächste Aufgabe. Werke, IV, 211; Was tun? Werke V, 395).
24 A. Koestler: Pfeil ins Blaue. München 1953, 318.

vistische Mystik der »Masse Mensch« von Ernst Toller und die Symbiose aus Manchester und Langemarck, die Ernst Jünger in der Figur des »Arbeiters« zu sehen glaubte, als die beiden Extreme, zwischen denen Becher, Brecht, Seghers ihr Bild vom Arbeiter postierten. Dagegen schlug die wirkliche Arbeiterliteratur nur minim kollektivistisch aus und selbst dabei gelegentlich mit individualistischem Aplomb, der den betreffenden Schriftstellern als anarchistisch angekreidet wurde, zum Beispiel Plievier und Turek. Die Zwangssynthese von Arbeiterbewegung und Sozialismus konnte die ursprüngliche Nichtidentität nur ideologisch, aber nicht real aufheben.

Es ist kein Zufall, daß Theodor Plievier schon zwei Jahre vor der Gründung der DDR den Bereich der sowjetisch besetzten Zone Deutschlands verließ, daß Ludwig Turek frühzeitig in kleinbürgerlichem Milieu unterschlüpfte oder in die Kiste seiner Seemannszeit griff. Als der ungebärdige Eduard Claudius, wie er selbst erzählte, überschwemmt von Wut, mit sehr starken, nicht geziemenden Worten das propagierte Verfahren angriff, die »Bedingungen der Arbeit in der Industrie auf Literatur« zu übertragen, fauchte ihn Hans Marchwitza an: »Du Anarchist... du...!«[25]

Die bellizistische Belletristik in der DDR formierte sich von ihren Anfängen an bewußt gegen die typische Literatur der Arbeiterbewegung. Wer mit dem proletarischen Erbteil wucherte, geriet in Kalamitäten. Da ist die tragische Zerrüttung Theo Harychs zu nennen, der, unter dem Preis rhetorischer Retuschen, mit seinen Erlebnisbüchern »Hinter den schwarzen Wäldern« und »Im Geiseltal« wenigstens noch zwei charakteristische Werke veröffentlichen konnte. Paul Schirdewahn und Willi Weißgüttel war es nur einmal vergönnt, an die Öffentlichkeit zu treten: mit ihren Beiträgen zu der Anthologie »Treffpunkt heute«, die Martin Gregor (-Dellin) 1958 noch kurz vor seiner Flucht herausgegeben hat.[26] Diese Fälle sind bekanntgewor-

---

25 E. Claudius: Ruhelose Jahre, a. a. O., 363. – Der »Bürger« Wieland Herzfelde versuchte dagegen, seine anarchistischen Anfänge sorgsam zu vertuschen, er strich 1966 in der Neuausgabe seiner Memoiren »Immergrün« alle aufwühlenden antimilitärischen Stellen der Beschreibungen über den Ersten Weltkrieg.

26 Wie mir M. Gregor-Dellin 1970 in München mitteilte, hatte er bei P. Schirdewahn und W. Weißgüttel Stöße von Manuskripten gesehen.

den; wer wagt zu behaupten, andere habe es nicht gegeben? Herbert Jobst setzte sich bisher wohlweislich das Kriegsende als zeitliche Grenze. Claudius und Strittmatter, in denen das proletarische Erbe nie gänzlich erlosch – ihre ersten Romane, »Grüne Oliven und nackte Berge«, »Ochsenkutscher«, galten als zügellos –, gaben nach einigen ernsthaften mißlungenen Versuchen auf, sozialistische Belletristik zu verfassen. Der Bitterfelder Weg hat die Erbsünde der sozialistischen deutschen Nationalliteratur, die darin besteht, daß sie die autochthone proletarische Belletristik systematisch unterdrückt, ideologisch verschleiert, obwohl die Kulturrevolution, wie Alfred Kurella am Vorabend der Kulturkonferenz von 1957 ankündigte, sich nicht nur gegen die Schriftsteller, sondern auch gegen die Arbeiter richtete.

Die Zwangssynthese von Sozialismus und Arbeiterbewegung artikulierte ihre politische Seite in der bellizistischen Belletristik durch eine endlose Kette von Querköpfen und Rabauken, die zu Helden der Arbeit umfunktioniert werden. Daß diese Wandlungen in humorigen Ereignissen, in psychologischen Erkenntnisprozessen, geduldigen ideologischen Überzeugungsakten oder in jähen Einsichtsanfällen literarisch so glatt vonstatten gehen, steht in einem schreienden Gegensatz zu ihrer ununterbrochenen Aktualität, die nun schon, von den »Menschen an unserer Seite« über die »Spur der Steine« bis »Zum Beispiel Josef«, über zwanzig Jahre dauert. Das dürfte eine nur allzu berechtigte Zwangsneurose der Literatur und ihrer Planer bedeuten. Wenn sich darüber streiten läßt, ob diese Fälle in der Praxis auch so reibungslos abliefen, so kann es sicher keinen Zweifel geben, daß die gesellschaftliche Wirklichkeit solche Fälle immer wieder provoziert. Daraus ergibt sich, daß die Frage, warum dies immer wieder der Fall ist, bisher weder politisch noch literarisch ernsthaft gestellt worden ist. Der Grund dafür ist, daß sie von einem sozialistischen Standpunkt aus nicht gestellt werden kann. Der Schwerpunkt der Veränderung richtete die sozialistische deutsche Nationalliteratur als eine maximal voluntaristische Belletristik aus, in der die gesellschaftliche Realität nicht rezipiert, sondern bekämpft wird. Die Schriftsteller konnten mit dieser Maßgabe nicht fähiger werden, gesellschaftliche Realitäten aufzunehmen und auszudrücken. Der mangelhafte Bestand an sozialer Sensibilität in der deutschen Literatur konnte auf diese Weise nicht aufgebessert werden. Die sozialistische deutsche Nationalliteratur ist letztlich an den Widersprüchen zwischen Sozialismus und Arbeiterbewegung gescheitert, die ihre tiefste Ursache in der geschichtlichen Pointe haben, daß der Arbeiter, so wenig wie im Nationalsozialismus der nordische Mensch, nicht das große, dem Bürger der Französischen Revolution vergleichbare, revolutionäre Subjekt ist, für das er ausgegeben wird. Kein anderer als Ludwig Turek umschreibt diesen Sachverhalt in zwei, drei Erzählungen der »Liebesschaukel«, die in der DDR spielen, aus einer urwüchsigen, unsentimentalen Haltung heraus, die auf dem Weg zum Ausdruck stilistisch leider abgebogen worden ist.

Die kritizistische Belletristik in der DDR, die realistisch-sozialistisch geschrieben wurde, hat sich von der offiziellen sozialistischen deutschen Nationalliteratur als eine inoffizielle sozialistische Literatur abgespalten. Sie ist sozialistisch, ohne von der Partei akzeptiert zu werden. Da nicht jedes Werk dieser Richtung veröffentlicht werden konnte, ist sie trotz ihres geringen Umfanges nicht gänzlich überblickbar. Es handelt sich um keine Literatur der Planung und Lenkung. Die kritizistische Belletristik entzog sich dem stilistischen und methodischen Kodex und beanspruchte, ihre Funktion selbst zu bestimmen und ihre Gegenstände selbst auszuwählen. Die Adjektivformel realistisch-sozialistisch betonte den realistischen Gehalt, aus dem die sozialistische Perspektive hervorgeht – im Gegensatz zum sozialistischen Realismus, der den realistischen Gehalt aus der sozialistischen Perspektive schöpft. Mit der unverrückten, verdinglichten Perspektive setzte sich allerdings auch sie dem Dilemma von Sozialismus und Arbeiterbewegung aus. Während die bellizistische Belletristik die Realität manipulierte, um dem Dilemma auszuweichen, versuchte die kritizistische Belletristik dem Dilemma zu entrinnen, indem sie die Aufhebung der Realität manipulierte. Die entscheidende Frage ist indessen, ob bei diesem Verfahren mehr gesellschaftliche Wirklichkeit aufgenommen und ausgedrückt wurde, als es die bisherige deutsche Literatur vermochte und worin die bellizistische Belletristik auf der ganzen Linie versagte.

In der Epik wurde die Entwicklung einer kritizistischen Belletristik durch das Veröffentlichungsverbot des Romans »Der Tag X« von Stefan Heym entscheidend gehemmt. Das Tabu des

17. Juni, von dem auch Versuche von Harych und Loest gestoppt

wurden, bedeutete, daß die SED-Führung nicht gesonnen war, selbst aus ihrer Perspektive die Erörterung wesentlicher Fragen zuzulassen. Das wiederholte sich am Komplex der SAG-Wismuth, in der die sowjetische Besatzungsmacht urwüchsig imperialistisch erzgebirgisches Uran und deutsche Arbeitskraft ausbeutete und ihren deutschen Adepten zeigte, wie man den Widerstand der Arbeiter korrumpieren oder brechen kann. Es sind zwei Versuche bekanntgeworden, dieses sozialistische Zola-Milieu realistisch zu erfassen: das Filmszenarium »Sonnensucher« von Paul Wiens, das die Partei veranlaßte, die Dreharbeiten abzubrechen, und der Roman von Werner Bräunig, aus dem nur das Kapitel »Rummelplatz« abgedruckt werden konnte. Martin Viertel hat an seinem Wismuth-Roman »Sankt Urban« über zehn Jahre geschrieben. Max Zimmering gab dieses Projekt schon auf der Theoretischen Konferenz 1958 bekannt; als der Roman 1968 erschien, war der Stoff in der Art des sozialistischen Realismus so entschärft und simpel, daß man die lange Arbeitszeit nur verstehen kann, wenn der Verfasser in den vorangegangenen Fassungen vor den Forderungen der Partei Stück um Stück zurückgewichen ist. Es gibt nur einen einzigen Roman, in dem die Problematik der ursprünglichen sozialistischen Akkumulation eines industrialisierten Landes unter Hegemonie der Sowjetunion auf einer breiten gesellschaftlichen Unterlage abgehandelt worden ist: »Die Augen der Vernunft« von Stefan Heym. Er beschreibt die Umwälzung in der Tschechoslowakei und erschien 1951, bevor der Verfasser in die DDR übersiedelte. Hier sind beinahe alle wirtschaftlichen und politischen, nationalen und internationalen Fragen offen erörtert worden. Die Einwände wurden hauptsächlich von einem tschechischen Fabrikbesitzer und einer amerikanischen Korrespondentin erhoben und – im Roman – von den sozialistischen Figuren widerlegt. Liest man den Roman heute, nicht nur vor dem Hintergrund der Ereignisse von 1967 und 1968, so haben – in der Wirklichkeit – der Fabrikbesitzer und die Journalistin recht behalten. Dieser unbeabsichtigte Effekt besagt, daß diese Richtung auch dann letztlich zum Scheitern verurteilt gewesen wäre, wenn die SED nicht ihre bestimmten Tabus verhängt hätte. Es ist kein Zufall, daß die einzigen erzählerischen Arbeiten dieser Richtung, die vollendet (und veröffentlicht) wurden, die Erzählungen »Schatten und Licht« (1960) und die Kurzgeschichte »In höherem 303

Auftrag« (1965) von Stefan Heym, so viel Ärgernis sie auch erregten, nur Randphänomene behandelt haben. Als Stefan Heym zentralere Fragen anschnitt, ging er in den Romanen »Die Papiere des Andreas Lenz« (1963), »Lassalle« (1969), dem Defoe-Glossar (1970) und dem »König David Bericht« (1972) zur Historie über, die mit ihren vielschichtigen Dimensionen die Perspektive sprengte und die kritizistische Prosa wieder auf das Grundgesetz der bisherigen deutschen Literatur einpendelte.

In der kritizistischen Dramatik hat sich vor einem Panorama steckengebliebener Versuche – von »Tomaten und Stahl« über »Glatteis« zur »Kampagne« und »Begegnung mit Herkules« – literaturgeschichtlich nur das dialektische Drama etablieren können. Zu dieser Richtung gehören: »Der Lohndrücker«, »Die Korrektur«, »Die Umsiedlerin« und »Der Bau« von Heiner Müller, »Die Sorgen und die Macht« und »Moritz Tassow« von Peter Hacks, »Senftenberger Erzählungen«, »Marski« und »Der Hundsprozeß« von Hartmut Lange, und »Kipper Bauch«, »Freunde« und »Hans Faust« von Volker Braun; »Frau Flinz« und »Johanna von Döbeln« von dem stets zu Kompromissen bereiten Helmut Baierl können nur bedingt dazu gerechnet werden. Diese stattliche Reihe von Stücken bezeugt eine ungleich stärkere und auch schöpferischere Produktivität, als sie bei der kritizistischen Epik beobachtet werden konnte. Sie unterscheidet sich von ihr jedoch wie von der kritizistischen Lyrik durch ein fragwürdigeres Verhältnis zur Realität. Während die Lyrik und Epik der inoffiziellen sozialistischen Belletristik sich wirklichen gesellschaftlichen Konflikten zuwandte, belebte die kritizistische Dramatik des dialektischen Theaters die abgewirtschaftete Aufbau- und Genossenschaftsthematik. Da sie den fetischistischen Gesellschaftsbegriff der Partei teilte, äußerte sich ihre Realistik in einer Verstiegenheit, deren idealistische Grundposition durch den deftigen Materialismus der Szenen und Dialoge nur noch unterstrichen wurde. Politisch führte diese Position in ein habituelles Sektierertum linksradikalen Dralls, das Heiner Müller gegen Stefan Heym, Hacks gegen Biermann frontierte – zur Schadenfreude der SED, der alle vier suspekt erscheinen. Literarisch verdichtete sich das zu einer Vorliebe für monströse Figuren – Tassow, Marski, Paul Bauch oder Barka im »Bau«; in ihnen wurde kraftmeierisch und phantastisch Realität gegaukelt, wie das in der Geschichte des deutschen Dramas schon öfter vorgekommen ist. Hacks und Heiner Müller, Volker Braun und Hartmut Lange sind, so sehr sie sich auch von Brecht her verstehen mögen, die legitimen Erben des deutschen Barockdramas, des Sturm und Drang, der Theatralik Grabbes und des Expressionismus. So modifizierten sie keineswegs die bisherige deutsche Literatur, sondern bestätigten sie, noch bevor auch die kritizistische Dramatik in der Historie endete: bei Müller im »Philoktet« und »Ödipus«, bei Hacks in »Amphitryon« und »Margarete von Aix«.

Die kritizistische Lyrik trat in der DDR in zwei starken Schüben auf: seit 1956 – Kunert, Armin Müller, Wiens, Gerlach, Kahlau, Streubel (und der 1958 geflüchtete Wolfgang Hädecke); seit 1962 – Biermann, Rainer und Sarah Kirsch, Mickel, Wünsche, Czechowski, Volker Braun, der sich mehr und mehr bellizistisch orientierte (und in einem galligen Ausfall von seiner exemplarisch erreichten Position der poésie pure Reiner Kunze). Während der erste Schub noch in byronesker Attitüde, von den Vorgängen weiter östlich aufgerührt, vorwiegend nachempfundenen Protest umlautete, traf der zweite Schub (und von ihm mitgerissen dann auch der erste) den Nerv der Wirklichkeit schon direkter. In der Lyrik hat die kritizistische Belletristik in der DDR ihre unbezweifelbaren Höhepunkte erreicht. Jedoch prallte auch sie von jener Grenze ab, hinter der die Widersprüche zwischen Sozialismus und Arbeiterbewegung lauern. So war auch ihre Rezeptivität begrenzt und keineswegs ausgebildeter als die bisherige engagierte Lyrik deutscher Zunge. Der zunehmende Trend zu primärer Lyrik zeigt, daß auch hier mit einem Fortschritt nicht gerechnet werden kann.

Die nichtoffizielle sozialistische Literatur präsentiert sich in allen drei Gattungen so greifbar als ein Übergangsstadium zu einer eximierten Belletristik, daß man ihr noch weniger als der gescheiterten offiziellen sozialistischen Literatur jene konstituierenden, originären Kräfte zutrauen kann, die nötig sind, um das Grundgesetz der deutschen Literatur entscheidend zu verändern. Die Parusieverzögerung des Kommunismus, die alle sozialistischen Länder in eine Finalitätskrise gestürzt hat, wirkte sich für die kritizistische Literatur, die idealischen Antrieben folgt, notwendigerweise noch vernichtender aus als für die bellizistische Literatur, deren bürokratische Antriebe weiteren Leerlauf garantieren. Es ist gewiß keine bloße Laune der Geschichte, daß, seit die Parusieverzögerung sich abzeichnete, die kritizistische Epik zum historischen Roman, die kritizistische Dramatik zum historischen Drama überging und die kritizistische Lyrik zur primären Lyrik tendierte.

Sucht man die inoffizielle sozialistische Belletristik nach hinterlassungsfähigen Gebilden ab, so bieten sich nur Werke an, die so richtig deutsch sind, daß man sie bei bestem Willen und sachlichem Urteil nicht als sezessionsgeladen ansehen kann. Die offizielle sozialistische deutsche Nationalliteratur, die in ihrer gesellschaftlichen Funktion wie in der Beschreibung der Gesellschaft versagt hat, die eine permanente dreifaltige Unzufriedenheit bei den Schriftstellern selbst, bei den Lesern und sogar bei der Partei weckt, die literarischen Verfall oder frühzeitigen Tod, Flucht oder Emanzipation provozierte, hat kein einziges Werk hervorgebracht, das eines andauernden Interesses sicher wäre.

So kann man weder von der offiziellen noch von der inoffiziellen sozialistischen Belletristik in der DDR erwarten, daß sie eines Tages den Charakter der gesamtdeutschen Literatur wesentlich verändern oder eine eigenwüchsige zweite deutsche Literatur konstituieren könnte. Vor dem Hintergrund der Finalitätskrise ist sogar ihr Überleben in der DDR gegenwärtig zweifelhaft geworden. Man kann eher annehmen, daß die sozialistische Literatur in Deutschland vor einem Ende steht, das keine Epiphanie verheißt. Mit ihr scheitert eine Konzeption, die Johannes R. Becher und Hanns Eisler nicht von ungefähr als sektiererisch bezeichnet haben.

9. Nationale Dialektik

Walter Benjamin hat in seinen »Svendborger Notizen« nach einem Besuch bei Brecht 1938 eine Passage festgehalten, deren Perspektiven erst später eine unwiderlegliche Fülle von Realien säumen sollte. Die prophetische Stelle lautet: »An den ›Schönsten Sagen vom Räuber Woynok‹ von der Seghers lobte Brecht, daß sie die Befreiung der Seghers vom Auftrag erkennen lassen. ›Die Seghers kann nicht aufgrund eines Auftrags produzieren, so wie ich ohne einen Auftrag gar nicht wüßte, wie ich mit dem Schreiben anfangen soll.‹ Er lobte auch, daß ein Querkopf und Einzel-

gänger in diesen Geschichten als die tragende Figur auftritt.«[1]
Wie die Selbsteinschätzung verrät, hatte Brecht noch sehr romantische Vorstellung vom Auftragswesen in der Literatur; trotzdem hatte er hier im Ansatz an einem dankbaren Beispiel die verheerenden Folgen einer literarischen Planwirtschaft und die Modalitäten der Eximierung vorausgesehen, die Querköpfe und Einzelgänger nicht nur als Helden sondern auch als Dichter braucht und im besonderen Fall der deutschen Literatur – neben dem partikulären – einen surrogativen Ausweg nötig hat. Daß Anna Seghers schlechter schreibt, wenn sie Aufträgen folgt, zeigte sich noch viel krasser bei ihren DDR-Romanen »Die Entscheidung« und »Das Vertrauen« als bei den Exil-Romanen »Der Kopflohn« (1933), »Der Weg in den Februar« (1935) oder »Die Rettung« (1937), die Brecht wohl gemeint haben muß, als er ihre Räuber-Sagen lobt; allerdings vermochte sie sich in ihren späteren mittelamerikanischen Geschichten nicht mehr ganz so überzeugend vom Auftrag befreien – entscheidend ist jedoch, daß sie dabei einen ähnlichen Weg beschritt.

Die Idealtypik dieses Vorgangs wurde von der gesamten Belletristik in der DDR bestätigt. In besonders exemplarischer Weise bestätigte sie Bodo Uhse, der 1950 auf dem II. Schriftstellerkongreß die Schriftsteller in der DDR aufgefordert hatte, sich die Dimension des Gesellschaftlichen, die der deutschen Literatur traditionsgemäß fehle, aus der Sowjetliteratur anzueignen. Im Spanischen Bürgerkrieg trug er eine klassische Schlachtlektüre deutscher Intellektueller, »Heinrich von Ofterdingen«, im Tornister. Auf der Überfahrt nach Amerika führte er den »Hyperion« im Gepäck. Zu Novalis und Hölderlin kehrte er zurück, nachdem er seinen Versuch, von der Sowjetliteratur zu lernen, mit der Aufgabe der »Patrioten« abgebrochen und sich mit alten und neuen »Mexikanischen Erzählungen«, in denen er das Höchste erreichte, was er als Künstler leisten konnte, vom Auftrag befreit hatte. Auf der Reise nach Kuba versenkte er sich, zwei Jahre vor seinem Tod, wieder in den »Hyperion«, debattierte über die Aphorismen von Novalis, beschäftigte sich mit Kafka und Musil – nicht des Kontrastes, sondern der Aktualität wegen, wie er betonte.[2] Wie in den anderen sozialistischen

---

1 W. Benjamin, Versuche über Brecht, a. a. O., 133.
2 B. Uhse: Tagebuchaufzeichnungen 1938. »Sinn und Form«, 3/1963, 545; ders.: Im Rhythmus der Conga, a. a. O., 8, 41, 28.

Ländern war die Eximierung der Literatur vom sozialistischen Realismus, die beginnt, wenn die Schriftsteller sich vom Auftrag befreien, auch in der DDR ein Schritt der nationalen Dialektik. Auf welche andere Weise sollte sich auch die Bewegung der Literatur gegen die Planung der Literatur durchsetzen, wenn sie im Gegenzug zur homunculeischen Aura nicht zu jenen elementaren Gründen zurückfindet, denen sie entrissen wurde?

Johannes R. Becher hatte schon früh im Moskauer Exil die Bedeutung der Antaios-Sage für eine Literatur erkannt, die den Boden verliert, dem sie entsprossen. Die sprachlich ohnmächtige Gestalt des Gedichtes »Antäus-Motiv«[3] symbolisierte auf ihre Weise die fällige Rückkehr aus einem internationalen Rausch, in dem Revolution und Repression bis zur Unkenntlichkeit vermengt waren. Der sagenhafte Riese des Gedichtes, der auf einen »fremden Stern« getanzt war und vergeblich mit seinen Füßen nach der Erde sucht, die allein ihm Lebenskraft spendet, war der Dichter selbst. Becher hat diese Lage in den berühmten Versen spezifiziert: »Ich halte über meine Zeit Gericht, / Wobei mein ›schuldig!‹ auch mich schuldig spricht, / Daß ich zu spät hab, Deutschland, dich erkannt, / Zu spät hab ich mich ganz dir zugewandt, / Zu spät hat sich mir deine, meine Art / Im Guten wie im Bösen offenbart.«[4] Es gelang ihm damals nur in wenigen Gedichten, den verlorenen Boden zurückzugewinnen, in den Beschwörungen Grünewalds, Bachs oder Hölderlins, in den Städtebildern von Tübingen, Dinkelsbühl oder Maulbronn. Die Problemstellung verschärfte sich dadurch freilich; sie war lösbar. Das Zu-spät umschrieb nur die persönliche Tragödie.

Becher konnte für sich die Prämissen der Belletristik in der DDR nicht gänzlich überschreiten, aber er lieferte Mittel, mit denen ihre Überwindung möglich wurde. Der Dichter, der er schließlich doch geblieben ist, wußte einfach zu viel von der Eigengesetzlichkeit der Kunst und den Eigenarten der deutschen Literaturgeschichte, um sich einseitig der Schwerkraft fremder Sterne auszusetzen. Daß die Einkehr in den finstersten Jahren des sowjetrussischen Exils anhob, ist ein Zeichen für die Urwüchsigkeit der

---

[3] J. R. Becher, Der Glücksucher und die sieben Lasten, a. a. O., 133 f.
[4] zit. n. J. Rühle; Die Schriftsteller und der Kommunismus in Deutschland, a. a. O., 154 f.

nationalen Dialektik, mit der die kommunistische Bewegung um so weniger fertig werden konnte, als sie schon frühzeitig die Denk- und Handlungsweisen der sowjetrussischen Führung bestimmte. Becher wußte, was er tat, als er die deutsche Literatur als Ganzes verteidigte; sie war für ihn ein Residuum mit dem Auftrag, sich wieder in eine Residenz zu verwandeln. Vor diesem Hintergrund mußte er notwendigerweise zu Ernst Fischer in heftigen Widerstreit geraten, der sich schon in Moskau anschickte, Franz Grillparzer als Stammvater der angeblichen literarischen Sezession Österreichs auszugeben.[5] Es ist ein Mirakel der reinen Logik, daß Becher auf der Krim in seiner antäischen Suche nach dem verlorenen Boden – wie Wolfskehl auf Neuseeland – eine Südtirol-Klage anstimmte, als Hitler die Wiege deutscher Dichtung verschacherte. Die Elegie lautet:

Dem Süden bin ich näher wohl verwandt.
Mag auch der Brandenburger Sand mit Föhren
Und Hügelhaftem sich versöhnlich zeigen,
Mit vielen kleinen Seen, in sich verbunden,
Gesprenkelt sein, wo schilfbewachsne Ufer
Die Boote bergen mit den bunten Wimpeln –
Mag auch die Lüneburger Heide sich
wie Abendglühen uns entgegenbreiten –
Und mag der Nordsee Brandung wie ein Echo
Der himmelstürmenden Gewalten mir
Die Seele stärken, meinen kühnen Trotz –
Auch mag mir oft der Dünen Einsamkeit
Willkommen sein, weil ich mit langen Schritten
Die Erde messen kann und bloßen Füßen –
Euch lobe *euer* Dichter, eure Menschen
Sind seines Lobes wert – mir blüht die Seele
Erst wieder auf – von Atemnot befreit
Schlürf ich die Luft –, wenn in der Tannen Fülle,
Der dunkelgrünen, mich der Harz empfängt,
Und weiter eil ich südwärts; wo der Wein

5 E. Fischer: Erinnerungen und Reflexionen, a. a. O., 426. Zu E. F.s Grillparzer-Interpretation vgl.: Der österreichische Volkscharakter. Zürich o. J., 21 f., und den Grillparzer-Aufsatz in: Dichtung und Deutung – Beiträge zur Literaturbetrachtung. Wien 1953.

An Hängen reift, ist nahe auch die Dichtung.
Darum schmerzt Bozen mich und ist Meran
Auch eine meiner Wunden, nur geträumt
Erschaue ich das Reich der Dolomiten . . .[6]

So bereitete sich die Kehre schon in der Emigration vor; während die Führungskader präpariert wurden, die Sowjetisierung ihrer Länder durchzuführen, sprossen die ersten Keime der Emanzipation vom russischen Modell. »Einige Bürokraten«, schrieb Becher am 22. Januar 1950, ein Vierteljahr nach Gründung der DDR, in sein Tagebuch, »wittern mit Recht, daß die Kunst ihnen etwas Abträgliches, Fremdes, Feindliches ist. Der ordinäre Kunstgeschmack befriedigt sich mit biederen Reimereien, die ihren Gebrauchswert deutlich erkennen lassen und die einen angeblich volksverbundenen, volkstümlichen Charakter aufdringlich zur Schau tragen. Alles davon Abweichende und darüber Hinausgehende erscheint irgendwie nicht in Ordnung, erscheint verdächtig, unheimlich.« Daraus ergab sich, daß Becher schon auf dem II. Schriftsteller-Kongreß im Juli 1950 neben der Planung der Literatur eine Bewegung der Literatur forderte. Wenn er in seinem Schlußwort sagte: »Eine Literatur kann sich nur entwickeln auf Grund einer Literaturbewegung. Solch eine Bewegung müssen wir schaffen, solch eine, ich möchte sagen: poetische Atmosphäre muß geschaffen werden«, so erkannte damals, zur Zeit einer maximalen Übereinstimmung zwischen den Funktionären und den Künstlern, wohl kaum jemand die Konsequenzen, die Becher in aller Stille auszog, als er am 12. August des Jahres wie nebenbei das Stichwort von einer »Renaissance der deutschen Literatur« fallenließ. Fünf Jahre später versenkte sich Becher, um die Eigengesetzlichkeit der Kunst wiederherzustellen, in einen Philosophen, an den sich in diesen Jahren nur wenige Deutsche in Ost und West ohne Scheu erinnerten: »Folgendes bei Fichte gefunden: ›Alles, was da geschieht, unvernommen an sich vorübergehen zu lassen, gegen dessen Andrang wohl gar geflissentlich Auge und Ohr zu verstopfen, sich dieser Gedankenlosigkeit wohl gar noch als großer Weisheit zu rühmen, mag anständig sein einem Felsen, an den die Meereswellen schlagen, ohne daß er es fühlt, oder einem Baum-

[6] J. R. Becher: Sterne unendliches Glühen, a. a. O., 223.

stamme, den Stürme hin und her reißen, ohne daß er es bemerkt, keineswegs aber einem denkenden Wesen. Selbst das Schweben in höheren Kreisen des Denkens spricht nicht los von dieser allgemeinen Verbindlichkeit, seine Zeit zu verstehen. Alles Höhere muß eingreifen wollen auf seine Weise in die unmittelbare Gegenwart, und wer wahrhaftig in jenem lebt, lebt zugleich auch in der letztern; lebte er nicht auch in dieser, so wäre dies ein Beweis, daß er auch in jenem nicht lebte, sondern in ihm nur träumte.‹ Das Interessante an dieser Bemerkung ist, daß Fichte in dem Nichteingreifen des Höheren in die unmittelbare Gegenwart einen Beweis dafür sieht, daß das Höhere nicht wahrhaft lebendig, sondern nur schattenhaft ist. Diese Erkenntnis verpflichtet geradezu diejenigen, die in höheren Kreisen des Denkens schweben, ihre Zeit zu verstehen – allerdings soll das Höhere eingreifen in die unmittelbare Gegenwart *auf seine Weise,* was bedeutet, daß es nicht eingreifen soll auf eine allgemeine, abstrakte, uncharakteristische Weise, sondern auf solche Art und Weise, wie sie dem Denken oder dem Dichten eigentümlich ist.«[7] Das Interessanteste an dieser Bemerkung ist, was ihr bei Fichte folgte, für Becher nicht zitabel war, aber auf ihn nicht ohne Eindruck geblieben sein dürfte. In der 12. Rede an die deutsche Nation, der die Bemerkung entnommen ist, heißt es weiter: »Jene Achtlosigkeit auf das, was unter unsern Augen vorgeht, und die künstliche Ableitung der allenfalls entstandenen Aufmerksamkeit auf andere Gegenstände, wäre das Erwünschteste, was einem Feinde unsrer Selbständigkeit begegnen könnte. Ist er sicher, daß wir uns bei keinem Dinge etwas denken, so kann er eben, wie mit leblosen Werkzeugen, alles mit uns vornehmen, was er will; die Gedankenlosigkeit eben ist es, die sich an alles gewöhnt, wo aber der klare und umfassende Gedanke, und in diesem das Bild dessen, was sein sollte, immerfort wachsam bleibt, da kommt es zu keiner Gewöhnung.« Für Johann Gottlieb Fichte war in den »Reden« nicht nur die Erziehung und die Philosophie ein residenzgeladenes Residuum gewesen, sondern auch die Literatur, deren Amt, die »Nation zu versammeln, und mit ihr über die wichtigsten Angelegenheiten zu beratschlagen«, in einer Zeit, da »das letzte äußere Band, das die Deutschen vereinigte, die Reichsverfassung, auch zerrissen ist«,

[7] J. R. Becher: Das poetische Prinzip. Berlin (Ost) 1957, 13 f.

zu seiner »dringendsten« Aufgabe wird. Becher bestätigte diesen Zusammenhang auf dem IV. Schriftstellerkongreß im Januar 1956, als er von der »nationalen Sendung« der deutschen Literatur in der DDR sprach, »den Charakter der gesamtdeutschen Literatur wesentlich zu bestimmen, und zwar in dem Sinne, die deutsche Literatur wieder zu einer Macht werden zu lassen, zu einer geistigen Großmacht. Wenn wir also von unserer Literatur im besonderen sprechen, von ihr als einem Teil der gesamtdeutschen Literatur, so betrachten wir dieses Besondere, diesen Teil, immer im Hinblick darauf, daß *wir es sind,* die für das Ganze die Verantwortung zu übernehmen haben, wollen wir nicht dem Gesetz, unter dem unsere Literatur angetreten ist, zuwiderhandeln und sie um ihre eigentliche Größe bringen.«

Parallel zu dieser Entfaltung der nationalen Dialektik ging bei Becher eine Kettenreflexion der These von Pascal: l'homme dépasse infinement l'homme, die in krassem Gegensatz zu dem panglossischen Dünkel der Funktionärsdiktatur steht, ihre Welt für die beste aller Welten zu halten. Der Satz von Blaise Pascal hat Becher bis zu seinem Tode beschäftigt, doch schon im Tagebuch von 1950 paraphrasierte er ihn zu einer programmatischen Abhandlung, die er »Vom Aufstand im Menschen« nannte. Die zentrale Stelle dieses Textes, der unter dem Datum des 14. April erschienen ist, lautet: »Die tiefe Unruhe, von der wir befallen sind, und die mit der Schwermut und der Angst in uns verbündet ist, läßt nicht von uns ab, wenn wir sie auch mit Tröstungen niederzuhalten und sie mit Mitteln aller Art zu übertünchen versuchen – denn diese tiefe Unruhe der menschlichen Seele ist nichts anderes als das Witterungsvermögen dafür und die Ahnung dessen, daß der Mensch noch nicht zu sich selbst gekommen ist. Was ist das: dieses Zu-sich-selber-Kommen des Menschen? Es ist die Erfüllung aller der Möglichkeiten, wie sie dem Menschen gegeben sind. Unlust und Unbehagen schaffen Traurigkeit, und die Traurigkeit steigert sich zur Angst, zur Schwermut und zur Verzweiflung, da wir das Leben nicht leben, das uns zu leben gegeben wäre. Das sind die Anzeichen zum Aufstand im Menschen.« Der Kunst kommt eine so außerordentliche Bedeutung zu, folgerte er weiter im Text, »weil sie den Aufstand im Menschen am tiefsten und allumfassendsten vorbereitet, und den Menschen unmerklich, auf die verschiedenartigste und auch auf die geheimnisvollste Weise, als eine Art erhöhten Lebens selbst, zu einer neuen, höheren Existenzform des Menschlichen hinführt. Diese neue höhere Existenzform des Menschlichen tritt ihm in der Kunst als verwirklicht, in Gestaltung entgegen. Auch dort, im verzweifelten Ringen des Künstlers mit sich selbst, in seiner Schwermut, seiner Wortlosigkeit oder Trauer, bewirkt die Kunst eine Auflockerung und Freilegung des Menschen im Menschen, die Kunst selbst ist der gestaltete Aufstand im Menschen, ein Vorbild dieses Aufständischen, und als solch eine Unruhestifterin hält sie den rebellischen Zustand im Menschen gegen sich selbst und eine entmenschte Umwelt wach.« In seinem letzten Reflexionsband akkordierte Becher diese Betrachtungen in dem Gedanken: »nicht nur der Mensch übersteigt unendlich den Menschen, auch ein Kunstwerk übersteigt unendlich das Kunstwerk.« Diese Konklusion steht nicht zufällig nur sechs Seiten unter dem Fichte-Kommentar, mit dem die Eigengesetzlichkeit der Kunst, ebenfalls nicht zufällig, aus einem Kontext heraus begründet wurde, der zur nationalen Selbstprüfung aufgerufen hatte.

Der antäische Grundzug der Kehre Bechers umfaßte Dichtung, Volk und den einzelnen Menschen, die durch ein reziprokes Verhältnis verbunden sind. Die Selbstbesinnung des Menschen und die Selbstverständigung eines Volkes konvergieren in der Literatur. Eine entfremdete Literatur, die an ihre natürlichen Quellen zurückkehrt, belebt notwendig ein Phänomen, das Herder den Volksgeist nannte, von dem wiederum dem einzelnen Kräfte zuwachsen. In dem Maße, wie der Aufstand im Menschen gegen seine Verdinglichung, gegen die Gewöhnung und die Gedankenlosigkeit, die dem Feinde seiner Selbständigkeit wohlgefallen, von der Literatur artikuliert wird, geht er auf die nationale Ebene über. So konnte Becher den abgründigen Satz formulieren: »Literatur ist für ein Volk eine Frage auf Leben und Tod.«[8]

---

8 J. R. Becher: Verteidigung der Poesie. Berlin (Ost) 1952, 36. Er leitete mit diesem Satz die Betrachtung »Literatur als Lebensfrage« ein, die auf 1942 datiert ist; an ihrem Ende steht der nicht weniger abgründige Satz: «Die Literatur wird die ganze Wahrheit an den Tag bringen, sie wird Ankläger, Zeuge und Richter sein in einem.« Wie imponderabel das Antäus-Motiv ist, verriet H. Haase, indem er es in seiner hagiographischen Darstellung ignorierte: Johannes R. Bechers Deutschland-Dichtung – Zu dem Gedichtband »Der Glücksucher und die sieben Lasten« (1938). Berlin (Ost) 1964. – Noch weniger Verständnis herrscht heute in kulturpolitischen Kreisen der Bundesrepublik gegenüber diesem Motiv vor; es gilt hier sogar als

Becher hat noch in den Vorübungen zur Kulturkonferenz von 1957, die ihm eine generelle Selbstkritik abverlangte, warnend an diese Verflechtung erinnert. Er sagte in seinen Bemerkungen zur Eröffnung des zweiten Kulturkampfes im »Neuen Deutschland« vom 19. Oktober: »Bei allem Stolz auf unsere Errungenschaften dürfen wir aber nicht einen Augenblick vergessen, daß es uns noch keineswegs gelungen ist, trotz der Veränderung unserer Gesellschaftsordnung und der großen Hilfe, die uns Künstlern die Partei hat angedeihen lassen, die Klage Goethes verstummen zu lassen, wie er sie erhebt: ›Es waltet im deutschen Volke eine Art geistiger Exaltation. Kunst und Philosophie stehen abgerissen vom Leben im abstrakten Charakter, fern von den Naturquellen, die sie ernähren sollen.‹ Wir müssen uns fragen: Worin besteht unsere Abgerissenheit vom Leben, und machen wir schon genügend von den ›nährenden Quellen‹ Gebrauch, wie sie dem Leben der Völker in solch überreicher Fülle entspringen? Bekannt ist die griechische Sagenfigur Antäus, die, als sie die Berührung mit dem Mutterboden verlor, wehrlos dem Feinde freigegeben wurde. Dieses Antäus-Motiv ist in den verschiedenartigsten Variationen in der Weltliteratur enthalten und zeugt davon, wie tief die Ahnung dessen, was einem Künstler not tut, im Bewußtsein der Menschen verwurzelt ist.« Die Warnung verhallte. Der Trugschluß Bechers war seine fixe Idee, die Partei würde seine antäische Prozession mitmachen. Er hatte wohl gesehen, daß die Kunst Funktionären unheimlich und verdächtig erscheinen muß, aber, determiniert von den politischen Prämissen der Belletristik in der DDR, die Augen davor verschlossen, daß dies auf die Partei in grosso modo zutrifft. Alfred Kurella hatte 1955, aus der Sowjetunion zurückkehrend, mit sicherem Instinkt die Gefahren gewittert, die von den Becherschen Reflexionsbänden für die Parteidiktatur ausgehen. Solange freilich die Prämissen hielten, war an eine Entfesselung dieser nationalen Dialektik nicht zu denken, die den totalitären

---

lächerlich. H. Daiber schrieb über G. Hauptmanns Entschluß, während des Dritten Reiches in Deutschland zu bleiben, mit jener Ahnungslosigkeit, die es schwer hat, nicht als dümmlich zu erscheinen: »Gerhart Pohl hat ihn mit dem Riesen Antäus verglichen, der aus der Berührung mit der Heimaterde Kraft für sein Werk zog. Ein schönes Bild, aber es paßt nur auf Radieschen und dergleichen« (Ein allzu guter Deutscher – Gerhart Hauptmann und die Politik, »Frankfurter Hefte«, 6/1972, 448).

Anspruch tendenziell verschlingt. Es liegt im künstlichen Charakter der totalitären Diktatur begründet, daß die Partei selbst die Prämissen aushöhlen sollte, und zwar was ihr Verhältnis zum Volk und zum einzelnen Menschen betrifft.

Als Becher von der nationalen Sendung der deutschen Literatur in der DDR zu sprechen begann, waren die meisten Schriftsteller durchaus taub für solche Töne. Das Haupthindernis für die eximierenden Wirkungen der antäischen Konzeption war, daß, anders als in den anderen sozialistischen Ländern, in der DDR die liberale und die nationale Argumentation sich zu wenig deckten.

Die Arbeiterbewegung in Deutschland war von Hause aus großdeutsch orientiert gewesen einschließlich ihrer austriakischen Verzweigungen. Die unglückliche Geburt der KPD aus einer Gruppe, die im Ersten Weltkrieg aus revolutionären Gründen nach einer deutschen Niederlage süchtig war, die Jugendsünde ihrer vorbehaltlosen Option für Moskau am Ende der Weimarer Republik, Entstehung und Ausbau der DDR verdecken, daß dieses Erbe auch in den deutschen Kommunisten nie gänzlich erlosch. Sie besannen sich darauf wohl zum ersten Mal im sowjetrussischen Exil, als fortgesetzte Demütigungen ihren Nationalstolz weckten. Ernst Fischer und seine Frau Ruth v. Mayenburg bekamen ihn zu spüren, als sie aus flugs aufgebrochenen separatistischen Motiven die deutsche Misere propagierten und für eine Zerstückelung Deutschlands eintraten. Fischer, der ihnen in seinen Memoiren noch an der Schwelle der siebziger Jahre ankreidete, im Exil von einem mächtigen sozialistischen Deutschland geträumt zu haben, verriet damit nur, daß er selbst in unvergleichlich stärkerer und kompromittierender Weise von der deutschen Misere betroffen war.[9] 1945 kehrten die deutschen Kommunisten mit einem »deutschen Weg zum Sozialismus« zurück, der tiefe Emotionen weckte. Man kann das nachlesen in

---

9 E. Fischer: Erinnerungen und Reflexionen, a. a. O., 421 ff.; R. v. Mayenburg hat folgende Szene festgehalten: »Die erste wilde Auseinandersetzung darüber, ob diese oder jene Oder-Neiße-Linie gemeint war, hatten wir mit Johannes R. Becher. Ernst und ich behaupteten, es wäre völlig eindeutig, daß es sich nur um die Lausitzer Neiße handeln könne. Schlesien sei verloren – damit müßten sich die deutschen Genossen eben abfinden. Becher tobte und stürzte mit den Worten aus unserem ›Lux‹-Zimmer: ›Das melde ich Walter Ulbricht! Das ist eine Verleumdung der Sowjetunion!‹ Wenig später platzte Walter Ulbricht in höchster Aufregung in unser Zimmer

Bechers Rede vor dem I. Kongreß des Kulturbundes oder in dem Aufsatz »Nationalismus und Chauvinismus« von Werner Krauss;[10] die mutige Zeitschrift »Ost und West«, die Alfred Kantorowicz herausgab, lebte allein aus einem solchen Antrieb; daß dieser »deutsche Weg« selbst in der Parteiführung Enthusiasmus hervorrief, die wußte, daß er nur als Simulacrum für die Bolschewisierung der SBZ diente, hat Wolfgang Leonhard eindringlich beschrieben.[11] Die SED hatte indessen die deutsche Schuld zu akzeptieren, mit der die Sowjetunion imperialistisch wucherte, sie hatte gegen ihre Überzeugung die Abtrennung deutscher Gebiete im Osten zu rechtfertigen und nur zu deutlich spüren müssen, daß sie die Macht, die sie ausübte, allein der Anwesenheit russischer Truppen verdankte. Der Makel der Satrapie brach ihr Nationalgefühl erneut auf verhängnisvolle Art. Nachdem die DDR gegründet war, mußte die SED sie jedoch zwangsläufig als einen deutschen Staat profilieren. Sie wandte sich entschlossen gegen die Konzeption der deutschen Misere; da sie das aber bei fortdauerndem Import repressiver russischer Modelle tat, mußte die Proklamation eines gesunden sozialistischen deutschen Nationalbewußtseins – wie jener »deutsche Weg zum Sozialismus« – als pure Heuchelei erscheinen, wenn nicht gar in Wirklichkeit als eine verschärfte, verschleierte Fortsetzung der »deutschen Misere«.[12]

Brechts »Hofmeister«-Bearbeitung bezog aus dieser Fehleinschätzung ihren aktuellen Drall. »Gewohnheiten, noch immer«, mäkelte Brecht in den »Buckower Elegien«: »Teller werden hart hingestellt / Daß die Suppe überschwappt. / Mit schriller Stimme / Ertönt das Kommando: Zum Essen! / Der preußische

---

und begann Ernst zu beschimpfen: Nur ein österreichischer Nationalist wie er könne eine solche parteifeindliche Behauptung aufstellen, und er werde dem sofort einen Riegel vorschieben und bis zu den ›höchsten Stellen gehen‹, damit sich das nicht verbreite, denn ›Fakt ist, da gibt's gornischt wie *die* Neiße‹, und der Fischer solle sich überhaupt hüten...« (Blaues Blut und rote Fahnen, a. a. O., 375); vgl. auch H.-D. Sander: Ernst Fischer und die DDR. Deutschland Archiv, 4/1969.

10 »Aufbau«, 5/1946.

11 W. Leonhard: Die Revolution entläßt ihre Kinder, a. a. O., 429–460.

12 So feierte J. R. Becher die 2. Parteikonferenz der SED im Juli 1952, auf der die forcierte Sozialisierung nach russischem Vorbild beschlossen wurde, mit der Kantate »Des Sieges Gewißheit«, die, vor allem in dem Lied »Heimat, wir lassen dich nicht«, von hohlem nationalen Pathos scheppert.

Adler / Dem Jungen hackt er / Das Futter ins Mäulchen.«[13]
Unfähig die Chancen einer deutschen Profilierung zu erkennen,
klammerten sich die Schriftsteller in ihrer Mehrheit an historische
Zerrbilder, vor denen die Fremdherrschaft wie ein wahrer Segen
erscheinen mußte. Als die SED auf dem III. Schriftsteller-Kongreß im Mai 1952 zum erstenmal das Stichwort von einer neuen
deutschen Nationalliteratur fallenließ, plante Brecht, animiert
von Ernst Fischer, Friedrich den Großen zu entlarven, der
zweifelsohne der fortschrittlichste Fürst seiner Zeit war; schrieb
Hanns Eisler, der dieses Vorhaben von enormer Bedeutung fand,
weil es die »deutsche Misere nur noch plastischer hervortreten«
läßt,[14] sein Faustus-Libretto über den deutschen Gelehrten als
Renegaten. Als mit Alexander Abusch ein repressiver Funktionär dagegen national argumentierte, versteifte sich diese Fehl-
haltung eher, anstatt daß die Schriftsteller in der DDR die
nationale Profilierung radikalisierten, umfunktionierten, um,
wie die Schriftsteller in anderen sozialistischen Ländern, das
sowjetrussische Modell Stück für Stück abzubauen. Bechers antäische Kehre erschien ihnen als ein leichtfertiges, anrüchiges oder
gar eitles Spiel mit Wahn und Frevel. Der Grund lag jedoch
nicht allein in ihrer Mesalliance zu Volk und Geschichte. Die
nationale Dialektik konnte sich in der DDR nicht urwüchsig
entfalten, weil die Partei die Konzeption der deutschen Misere
nicht konsequent bekämpfte. Daran hinderte sie ihr Vulgär-
marxismus, der in der Geschichtsbetrachtung zu einer »Schlösser
und Katen«-Optik führte, um einen Titel von Kuba zu ver-
wenden, und ihr Kampf gegen die Bundesrepublik, in der sich
angeblich alle negativen Traditionen der deutschen Geschichte
fortsetzten. So kehrte die Konzeption der deutschen Misere durch
zwei Hintertüren wieder zurück und konnte ihre Verwüstungen
fortsetzen.[15] Bechers Bemühungen trugen bezeichnenderweise

13 B. Brecht: Werke. X, 1011.
14 H. Eisler: Zwei Briefe an Bertolt Brecht. 27. 8. 1951 und 13. 8. 1952.
»Sinn und Form«, Sonderheft »Hanns Eisler«, 1964.
15 Noch 1971, im Jahr der Hundertjahrfeier der deutschen Einigung, sagte
W. Ulbricht in seiner Festrede zum 100. Geburtstag von Heinrich Mann:
»Jeder Staat hat die geistigen Ahnherren, die er verdient. Mag die Bundes-
republik zu ihrer Schande Bismarck zu den Ihren zählen: den Mann von
›Blut und Eisen‹, den fanatischen Arbeiterfeind, den Autor des Sozialisten-
gesetzes. Wir in der Deutschen Demokratischen Republik zählen Heinrich
Mann mit Stolz zu unseren Ahnherren.« (ND, 12. 3. 1971).

erst Früchte, als die nationale Propaganda der SED im NÖS sich mit einem eigenen Programm deckte, dessen Ergebnisse ein Gefühl berechtigten Stolzes weckte. Ein Gedicht von Karl Mickel, in dem der Verfasser »baut Kartoffel an und Lorbeer hier in Preußen«,[16] kündigte die veränderte Geisteslage an, die Liberalität als eine deutsche Korrektur begriff. Stimuliert wurde diese Wende gewiß durch den Vorwurf, den Schriftsteller und Literaturwissenschaftler aus der DDR 1964 auf dem Dezember-Colloqium von Kollegen aus anderen sozialistischen Ländern einstecken mußten, die Traditionen der deutschen Literatur bisher nur ungenügend fruchtbar gemacht zu haben. Was bisher nur für einzelne Schriftsteller gegolten hatte, griff um sich auf einen breiten Raum über. Es setzte eine nationale Dialektik in der Belletristik ein, die sich gegen die SED kehren mußte, als die deutschen Kommunisten, von der Sowjetunion gezwungen, das NÖS durch das ESS ersetzen und auch das ESS wieder abzuschaffen, erneut national gebrochen wurden.

Wie Bechers Postulat, die deutsche Literatur wieder als eine Großmacht auftreten zu lassen, so traf auch seine Proklamation vom Aufstand im Menschen verbreitet auf Kopfschütteln. Wer das nicht als verschleppten bürgerlichen Individualismus abtat, warf es mit dem Schlagwort der SED, beim Aufbau des Sozialismus stünde der Mensch im Mittelpunkt, zunächst in einen Topf. Es wurde auch hier eine Chance nicht gesehen, Propaganda beim Wort zu nehmen. Für die Mehrzahl der Schriftsteller mußte auch in diesem Bereich erst die Partei einen Prozeß einleiten, der sich gegen sie kehren sollte, als sie begann ihn abzudrosseln. Die Einheit von Volk, Mensch und Dichtung, die Bechers antäische Kehre antizipierte, bestätigte das Datum dieser Wende: sie erfolgte gleichzeitig mit dem Aufflackern nationalen Bewußtseins im NÖS, als die SED Soziologie und Psychologie als Forschungszweige aktivierte. Die Belletristik in der DDR war damit angehalten, den fetischistischen Gesellschaftsbegriff, dem sie bisher, ebenfalls weisungsgetreu, angehangen hatte, zu überwinden. Wovor Werner Krauss, nach dem Erlebnis des Dritten Reiches, 1950 als einzelner vergeblich gewarnt hatte, als er in seinem programmatischen Aufsatz »Literaturgeschichte als geschichtlicher Auftrag« forderte, es sei vor allem zu vermeiden,

[16] K. Mickel: Vita nova mea. Berlin (Ost) 1966, 60.

die »Gesellschaft« wieder als Abstraktion dem Individuum gegenüber zu fixieren, das wurde erst jetzt allgemein erkannt, nachdem die verheerenden Folgen kaum noch zu übersehen waren. In dem Maße, wie die Schriftsteller in der NÖS-Belletristik versuchten, die Simulacra der Wirklichkeit anzugleichen, die genormten Verhaltensweisen und gestanzten Details durch Realitätspartikel zu ersetzen, stießen sie jedoch an den Rahmen des NÖS und durchbrachen ihn. Als die Partei mit ihrem dritten Kulturkampf die Durchbrüche egalisieren wollte, mußte sie von Paul Wiens, der für viele sprach, die kühle Replik einstecken, die »maßlose Überbewertung der ›Nützlichkeit‹ oder ›Schädlichkeit‹ einer literarischen Arbeit, eines Kapitels, einiger Zeilen, ja, einzelner Ausdrücke« hänge damit zusammen, daß die »Literaturwissenschaft erst vor relativ kurzer Zeit mit der Erforschung dieser ästhetisch-soziologischen Zusammenhänge begonnen« habe. Die Folge war, daß die Bewegung der Literatur die Planung der Literatur final überspielte.

In Christa Wolfs Roman »Nachdenken über Christa T.« sind die Linien dieser Prozesse, die von der Partei eingeleitet, ihr aber entglitten waren, auf mustergültige Weise mit den Ansätzen Bechers verbunden. Das Nachdenken der Verfasserin über eine sensible junge Frau, die an der Gesellschaft in der DDR zerbricht, ging antäisch einen Weg Stormscher Innerlichkeit, rechtfertigte sich mit dem Motto: »Was ist das: Dieses Zu-sich-selber-Kommen des Menschen?«, das sie dem Tagebuch-Abschnitt »Vom Aufstand im Menschen« entnahm. Man kann es nicht als einen Zufall bezeichnen, daß der Sputnik, der in ihrem Roman »Der geteilte Himmel« noch die Chiffre eines deus ex machina abgegeben hatte, im »Nachdenken über Christa« als Chiffre einer Enttäuschung dient. Die Heldin und ihre Freunde treten nachts auf den Balkon, um ihn im Zeitpunkt des Überfliegens zu betrachten. Sie sehen ihn nicht. »Wir schütteten den Wein«, heißt es hier, »in den Apfelbaum. Der neue Stern hatte sich nicht gezeigt. Wir froren und gingen ins Zimmer, das Mondlicht fiel herein. Ihr Kind schlief, sie trat an sein Bett und sah es lange an. Alles kann man nicht haben, das weiß man, aber wem nützt das schon?« Diese leise politische Entfremdung von der Sowjetunion spricht auch aus den erzählerischen Werken, die vergleichbaren Impulsen folgten, aus dem Roman »Buridans Esel« und dem Erzählungsband »Ein Dienstag im September«; während de **319**

Bruyn, der sich an Jean Paul schulte, den Marxismus-Leninismus mit feinem Spott apostrophierte, ließ Strittmatter, dessen Suche nach dem Elementaren ihn in die Nähe von Emil Strauss führte, einen Maler – im Gegensatz zu einem Journalisten – das Bildnis einer verlassenen Frau für wichtiger halten als das Gemälde eines sowjetrussischen Raumflugs.

Die äußerlichen und innerlichen Hemmnisse, die in der DDR eine naturwüchsige Entfaltung der nationalen Dialektik verschoben, sind letztlich auch die wesentlichen Ursachen für den erstaunlichen Sachverhalt, daß die trügerische Zweieinigkeit von Partei und Schöner Literatur nur zögernd zerbröckelte. Der notwendige Verfall der politischen Prämissen der Belletristik in der DDR hatte sich früh genug angekündigt, als Becher schon vor dem II. Schriftsteller-Kongreß in seinem Tagebuch bemerkte, die Kunst müsse den Funktionären unheimlich, verdächtig und feindlich erscheinen. So war bereits die maximale Eintracht, die der II. Schriftsteller-Kongreß manifestierte, nur eine Kollusion, die mit Kollisionen trächtig ging. Ein Jahr später labte sich Becher am 9. Juli 1951 in seinem Tagebuch an der zynischen Notiz: »›Du liegst schief‹ kann mich nicht schrecken, denn ich bin ein Segler. (Und liebe jede Schräglage.)« Unter anderen Umständen hätte sich bereits nach dem 17. Juni 1953 die Literatur von der Partei lösen können. »Wenn wir aus den Ereignissen des 17. Juni nichts lernen, werden wir überhaupt nichts mehr lernen«, schrieb der Literaturkritiker Günther Cwojdrak, forderte, die Literatur müsse Stimme des Volkes sein, seiner berechtigten Forderungen und Wünsche, seiner Sehnsucht und Träume, und folgerte: »Wenn ein Schriftsteller merkt, daß die Stimme des Volkes und die Stimme der Regierung ... nicht mehr übereinstimmen, dann darf er einfach nicht schweigen.«[17] Die Folge war jedoch vorerst nur die von Becher ministrierte Selbstverantwortung des Künstlers innerhalb des großen Plans, den die Partei entwarf, bestimmte und durchführte. Der Zensor in der eigenen Brust, von dem Stefan Heym auf dem IV. Schriftsteller-Kongreß im Januar 1956 sprach, war die sinnbildliche Figurine dieses Intermezzos. Einen Schritt weiter gingen Becher mit seiner Etablierung der Literaturgesellschaft und Brecht mit seinem pythischen Rat, von der Weisheit des Volkes zu lernen.

[17] G. Cwojdrak: Schreibt die Wahrheit. NDL, 8/1953.

Der Verfall der Prämissen prozedierte dann 1961, als Paul Wiens auf dem V. Schriftsteller-Kongreß sagte, die komplizierte künstlerische Auseinandersetzung mit der Wirklichkeit müsse gar nicht unbedingt zum sozialistischen Realismus führen, und 1963, als Stephan Hermlin bei seiner letzten Selbstkritik selbstbewußt voraussagte, auch in Zukunft vor einer Wiederholung seiner »Fehler« nicht gefeit zu sein. Stefan Heym tat den entscheidenden Schritt, indem er 1965 in seinem Manifest »Die Langeweile von Minsk« für die Künstler gegenüber den Funktionären eine Rolle beanspruchte, wie sie in grauer Vorzeit die Propheten gegenüber den Priestern ausübten. Christa Wolf besiegelte die Exemtion der Literatur, als sie bei der Eröffnung des dritten Kulturkampfes das, was der Partei als hochpolitische Frage dünkte, rundweg für eine typische Literaturfrage erklärte.

Die Wiederaufnahme verfemter Traditionen der deutschen Literatur aus den letzten fünfzig Jahren ging entsprechend etappenweise vonstatten. Alfred Kantorowicz hielt an der Humboldt-Universität in Ostberlin schon Anfang der fünfziger Jahre Vorlesungen über George, Hofmannsthal, Benn und Ernst Jünger. Es konnte indessen nicht zu einer Kooperation mit den »Bemühungen« von Becher kommen. Die Vorlieben des Professors mußten dem Dichter anrüchig erscheinen, der Ernst Jünger ausmerzen, Stefan George nur eine Fußnote in der Literaturgeschichte einräumen wollte und zu Benn erst kurz vor seinem Tod ein reziprokes Verhältnis fand, während des Dichters Vorstellungen von der deutschen Literatur als einer Großmacht dem Professor, der zu tief in der Konzeption der deutschen Misere steckte, wie ein Anflug nationalen Größenwahns vorkommen mußte; überdies regte Kantorowicz die Dissertation seines Schülers Klaus Hermsdorf über Kafka an, der für Becher »nicht mehr drin« war. Aus ähnlichen Gründen blieb 1956 Hans Mayers Vorstoß isoliert, der dem belletristischen Schrifttum in der DDR mangelnde Opulenz vorwarf und dies mit der sträflichen Ignorierung Kafkas, Trakls oder Georg Heyms erklärte; auch er regte einerseits eine Kafka-Dissertation (von Helmut Richter) an und steckte andererseits in der »deutschen Misere«. Dies emotionale und ideologische Dickicht lichtete sich erst, als mit dem NÖS sich ein unmittelbares und ungebrochenes Nationalbewußtsein regte. Die folgenreichen literaturwissenschaftlichen Früchte waren die relative Rehabilitierung des Expressionismus in den

Vorlesungen über »Krisen und Wandlungen der deutschen Literatur von Wedekind bis Feuchtwanger«, die Hans Kaufmann, ein Kantorowicz-Schüler, 1964 in Jena gehalten und 1966 veröffentlicht hat, und die relative Rehabilitierung des Naturalismus durch Ursula Münchows Studie »Deutscher Naturalismus«, die 1968 erschien. Desgleichen wurde in einzelnen Studien die Romantik relativ rehabilitiert. Die volle Rehabilitierung romantischer Strömungen, die sich die Literaturgeschichtler nicht zutrauten, exerzierte der Nationalökonom Jürgen Kuczynski in seinem Band »Gestalten und Werke« (1969).

Während die Literaturhistoriker nicht gänzlich den Bann tilgen konnten oder mochten, der gegen die deutsche Moderne verhängt war, stellte sich der Lyriker Bernd Jentzsch in den »Überlegungen zu meinem Gedicht ›Vorstadt Gablenz‹« mit programmatischer Unbefangenheit in die natürliche Folge von Naturalismus, Expressionismus und Exildichtung. Indem er am Beispiel von Städte-Gedichten die Behandlung des technischen Wortgutes literaturgeschichtlich verortete (und bei sich selbst die Überdosierung kritisierte), lenkte er die Aufmerksamkeit primär auf das Material der Poesie, auf ihre Selbstbewegung innerhalb der deutschen Literatur. Gleichzeitig schrieb Reiner Kunze in seinen Anmerkungen »Maß-stab und Meinung«: »Man muß den Kult um die Meinung zerstören und die Maßstäbe in ihre alten Rechte einsetzen.« Er grenzte das Verhältnis zur Poesie als ein »zutiefst *individuelles* Verhältnis« von den angeblichen »Massenmeinungen« ab. Indem er den Blick von der Verständlichkeit weg auf die Genauigkeit lenkte, erhob er die »Beschaffenheit der Poesie« zur primären Frage, die nicht einfacher sein kann, »als es die Genauigkeit erlaubt«. Beide Abhandlungen[18] waren um die Wiedereinsetzung poetologischer Kriterien bemüht, um Dichtkunst, nicht um Stimmung oder Gesinnung. Kunze und Jentzsch nahmen damit, vielleicht ohne es bewußt zu wissen, die Kritik wieder auf, die Gottfried Benn 1931 geübt hatte, als er in dem Rundfunkvortrag »Die neue literarische Saison« äußerte: »Was die Gedichtbücher der neuen Saison angeht, so werden gewiß weiter die Sonnenuntergänge von der Lüneburger Heide bis zum Ötztaler Alpenmassiv den Stoff liefern mit der Einteilung: »Liebe zur Natur, Liebe zu Gott, und Liebe zu den Menschen. Nicht weniger wird der Bahnbau in Wolhynien sowie die Hochöfen der Ruhr mit aktivem Pathos besungen werden, negativ oder positiv, je nachdem, ob der Sänger den arbeitgebenden oder arbeitnehmenden Schichten nähersteht. Stimmung und Gesinnung sind ja nun einmal die Eckpfeiler der kleinbürgerlichen Poesie. Dazu nötigt der reale Gehalt. Die konstruktive Glut, die Leidenschaft zur Form, die innere Verzehrung, das ist ja kein Gehalt. Nie wird der Deutsche erfassen . . ., daß zum Beispiel die Verse Hölderlins substanzlos sind, nahezu ein Nichts, um ein Geheimnis geschmiedet, das nie ausgesprochen wird und das sich nie enthüllt.«[19]

Was Jentzsch und Kunze bekämpften, war also in der deutschen Lyrik keineswegs neu, existierte auch schon vor dem Dritten Reich; es erklärt aber, warum ganz besonders in der DDR, im Gegensatz zu anderen sozialistischen Ländern, die Exemtion der Literatur nur außerhalb der dichterischen volonté générale gelingen konnte. An anderen Orten wurde der fetischistische Gesellschaftsbegriff des sozialistischen Realismus, mehr oder weniger reibungslos, durch eine reale Anschauung der Gesellschaft ersetzt, wie sie schon zuvor literaturfähig gewesen war. In Deutschland hatte die volonté générale wegen des Mangels an repräsentablen Objekten in der Literatur zu einem Überhang an Stimmung und Gesinnung geführt. Deshalb wurde es in der DDR nur möglich, dem fetischistischen Gesellschaftsbegriff zu entrinnen, wenn man auf Darstellungen von gesellschaftlicher Relevanz verzichtete. So führte die nationale Dialektik allein schon aus Motiven literarischer Technik die Schriftsteller in der DDR auf den surrogativen und den partikulären Weg zurück, die der deutschen Literatur von Alters her angemessen waren. In dem Maße, wie Ersatzwelt und Provinz zu Modalitäten der Exemtion wurden, mündete die Belletristik in der DDR wieder in die gesamtdeutsche Literatur ein. Es bestätigte sich die alte Erfahrung, daß in deutschen Landen nur nach diesem Grundgesetz »hinterlassungsfähige Gebilde« entstehen können. Obgleich die Prämissen der Belletristik in der DDR sehr lange intakt blieben, zeichneten sich die natürlichen Modalitäten ihrer Exemtion schon sehr früh ab.

[19] G. Benn: Gesammelte Werke. I, 420 f.

Die beste Geschichte des Bandes »Neue Deutsche Erzähler« von 1951, »Das Fischerdorf« von Christa Reinig, spielte nicht zufällig am Mittelmeer, in einem adaptierten Milieu. Ehm Welks Schelmenroman »Mutafo« von 1955 hatte nicht von ungefähr mit Strittmatters »Wundertäter« (1957), Bielers »Bonifaz« (1963) und Kunerts »Im Namen der Hüte« (1967) seine Folger, die mit ihm wetteiferten in romantischen Stilisierungen und assemblierten Situationen. Hier setzte sich der Trend zur Ersatzwelt durch, der naturwüchsig in die Intentionen der Schriftsteller einbrach. Die überzeugendsten Werke der Kriegsbelletristik waren in Ersatzwelten angesiedelt: Fühmanns »Gottesgericht« und »König Ödipus«, Günthers »kretischer Krieg« auf dem griechischen Kriegsschauplatz, Pfeiffers »Höhle von Babie Doly« in einem verschütteten Bunker, abgetrennt von Zeit und Raum. Die einzigen veröffentlichten epischen Arbeiten, die sich nach dem XX. Parteitag mit der Wirklichkeit in der DDR auseinandersetzten, wichen sicher nicht allein nur unter dem Druck der Verhältnisse aus: Günther mit der Kurzgeschichte »Hoher Nachmittag auf der Brücke« in eine verschlüsselte Innenwelt, Nachbar mit dem Roman »Die gestohlene Insel« in eine verschlüsselte Außenwelt. Es fanden inmitten der Irrungen und Wirrungen literarischer Planwirtschaft zu sich selbst zurück: Bodo Uhse in seinen »mexikanischen Erzählungen« (1957), Eduard Claudius in den Erzählungen aus Vietnam »Das Mädchen ›sanfte Wolke‹« (1962) und Anna Seghers mit mittelamerikanischen Sujets. Die französischen Erzählungen und der Roman »Nacht über Paris« (1965) von Djacenko schlugen den surrogativen Weg ein wie die historischen Romane und Erzählungen von Stefan Heym und Joachim Kupsch; Heyms Kurzgeschichte »In höherem Auftrag« (1965) kritisierte typische DDR-Verhältnisse in polnischem Gewand. Die Erzählungen von Bieler, Schneider, Kunert und Fries zeichneten sich durch einen betont phantastischen Zug aus. Die Romane »Der Weg nach Oobliadooh« (1966) von Fries und »Hochzeit in Konstantinopel« (1968) von Irmtraud Morgner verschmolzen den literarischen Ausbruch sogar mit der Handlung. In der Dramatik manifestierte sich der Weg in die Ersatzwelt durch die historischen Dramen von Hacks, Knauth, Kuhn, Müller, Pfeiffer oder Thon, durch die Fülle von Bearbeitungen und eigenwilligen Übersetzungen alter Stücke, und zu oberst durch Alfred Matusches Meisterwerk »Van Gogh« (1966). In

der Lyrik wurden die Schriftsteller erst auf dem Umweg byronesker Erregungen über Vorgänge in Rußland, Polen, Ungarn
der Problematik ihrer Zeit gewahr. Als Peter Huchel das »Gesetz« aufgab, wandte er sich südlichen Regionen und antiken
Stoffen zu. Ihm folgten dabei Erich Arendt, Hanns Cibulka und
Paul Wiens, der mit seinen »Neuen Harfenliedern des Oswald
von Wolkenstein« auch noch den südtirolischen Grund der deutschen Dichtung berührte. Jokostra fand zu primärer Lyrik über
südfranzösische, Kunze über böhmische Impressionen. Mickel
und Kunert überstiegen ihre kritizistischen Positionen mit antiken Assoziationen, Attitüden und Abschweifungen, dem kritizistischen dialektischen Drama vergleichbar, das sich in der Rezeption griechischer Dramen aufhob. Die Dominanz des Südens
in Vergangenheit und Gegenwart zeigt, daß die Schöne Literatur
in der DDR auf dem surrogativen Weg auch noch die traditionelle Sehnsucht deutscher Dichtung nach südlicher Korrektur
repristinierte. Eine Strophe aus der »Windrose« von Cibulka
lautet: »Landschaften / trage ich im Blut, / Tafelberge, uralt, / in
Deutschland : wo der Freiheitsrock / immer nur nach Maß /
geschnitten, / bin ich selten / zu Haus.« Das Bewußtsein der
Traditionslage tritt im Titel hervor, in dem der Verfasser eine
unio mystica einging: »Wilhelm Heinse«.
Hanns Cibulka hatte sich, wie man sieht, mit dem fast vergesse-
nen Dichter des »Ardinghello oder die glückseligen Inseln« iden-
tifiziert. Wie die Lektüre und die Schriften seiner letzten Jahre
bezeugen, wußte Bodo Uhse genau, was er tat und dachte, als er
sich nicht mehr um den Realitätsdefekt kümmerte. Ehm Welk hat
zu Beginn seiner Erinnerungen aus Kindheit und Jugend die Faszination beschrieben, die Mörikes »Orplid« als »Land, das ferne
leuchtet« auf ihn ausübte; aus der Einführung in »Mutafo« geht
hervor, daß er bewußt die pikareske Tradition der Taugenichtse
wiederbelebte. Die entsprechenden Gedichte von Huchel, Arendt,
Wiens und Mickel sind zu gezielt, als daß bei ihnen imaginativer
Zufall Pate gestanden hätte. Matusche wußte nicht zufällig die
Sonderstellung des »König Nicolo« bei Wedekind überaus zu
schätzen, der etwa sein »Van Gogh« entsprach. Fühmann weiß
vielleicht nicht einmal, daß seine Erzählungen vom griechischen
Kriegsschauplatz in seinem Werk eine Rolle spielen, wie sie die
Romane und Novellen aus Italien bei Heinrich Mann innehatten.
Pfeiffer war überrascht, als sein Universitätslehrer Ernst Bloch ihn

nach der Lektüre des Manuskriptes »Die Höhle von Babie Doly«
einen ausgepichten Romantiker nannte.

Vom Erleben her fühlten sich Djacenko, Jokostra und Kunze zu
ihren Adaptionen fremden Milieus getrieben. Der Hang zur Ersatzwelt bei Bieler, Schneider, Fries hat wohl mehr mit Orientierung an Literatur zu tun – mit taktischem Kalkül zunächst bei
Kunert und Heiner Müller, bis sie, wie Pfeiffer, Knauth, Hacks,
ursprüngliches Interesse an der historischen Dimension fanden.
Aus taktischen Gründen wich Stefan Heym auf Lenz, Lassalle,
Defoe und David aus, und er hielt dabei Einkehr in den ihm ob-
skuren Gewölben der Schönen Literatur in Deutschland.

Eines der ersten Produkte des partikularen Weges war Tureks
Roman einer Berliner Trümmerfrau, »Anna Lubitzke« (1952).
Im Gegensatz zur surrogativen Repräsentation entwickelte sich
die exemplarische Beschreibung von Provinzen verhältnismäßig
spät. Der radikale Prozeß der Entspatialisierung, der mit der
Auflösung der Provinzen in Bezirke die mitteldeutschen Länder
planierte, primäre Loyalitäten unterband, regionale Eigenarten
tilgte, schien eine partikuläre Repräsentation sogar unmöglich zu
machen. Sie erfolgte zunächst auch nur retrospektiv, in autobiographischen Romanen und Darstellungen jüngerer Vergangenheit, zum Beispiel in Strittmatters »Ochsenkutscher« (1950),
Harychs »Hinter den schwarzen Wäldern« (1951), Ehm Welks
»Im Morgennebel (1953) oder Jurij Brezans Felix-Hanusch-
Trilogie. Es waren Bücher, die überdies durch ihre matte Form
den Verdacht bestätigten, es sei auf diesem Wege nichts mehr zu
ernten.[20] Es tauchten – innerhalb der Retrospektive – jedoch
alsbald literarische Werke auf, in denen der Trend zur exemplarischen Gestaltung von Provinzen naturwüchsig und formal
bezwingend durchbrach. Alfred Matusche beschwor in seinem
Drama »Die Dorfstraße« (1955) schlesisches Flüchtlingsmilieu
und in dem Drama »Nacktes Gras« das Kriegsmilieu in der
Lausitz und den Untergang Dresdens auf eine frappante Art, die
einer künstlerischen Sensation gleichkam. Ihm folgte mit seinem
heimatlich lettischen Milieu Boris Djacenko in dem Drama »Bok-

20 P. Rilla hatte dieser Richtung mit dem Aufsatz »Heimatliteratur oder
Nationalliteratur?«, in dem er A. Zweig gegen E. Strauss ausspielte, eine
höhnische, zeitgeistvolle Grabrede gehalten (»Sinn und Form«, Sonderheft
»Arnold Zweig«, 1952).

kums Pilgerfahrt zur Hölle«, dem Kinderroman »Aufruhr in der Königsgasse« (1959) und den lettischen Erzählungen des Bandes »Und sie liebten sich doch« (1960). Es schloß sich an mit der exemplarischen Beschreibung seines heimatlich litauischen Milieus Johannes Bobrowski in seinen Gedichtbänden »Sarmatische Zeit« (1961), »Schattenland Ströme« (1962), dem Erzählungsband »Boehlendorff und Mäusefest« (1965), den Romanen »Levins Mühle« (1964), »Litauische Claviere« (1966) und allen Publikationen aus seinem Nachlaß. Die nationale Dialektik richtete den partikulären Weg indessen auch auf die Gegenwart aus. Die ersten Anzeichen meldeten sich bezeichnenderweise im NÖS, und es geschah in Bielers Roman »Das Kaninchen bin ich«, wie »Anna Lubitzke« von Turek im Berliner Milieu angesiedelt, so vital, daß der Rahmen des NÖS durchstoßen wurde. Unter der Decke der Planierung war die regionale Individualität nie gänzlich erstickt, sie trieb mitunter sogar recht kräftige inoffizielle Sprossen. In dem Augenblick, da die antäische Kehre die Verflochtenheit von Dichtung, Volk und Mensch wiederentdeckte, mußten die Schriftsteller in der DDR vom Reiz des Regionalen getroffen werden. In dem Maße, wie sie provinzielle Besonderheiten bemerkten und zu beschreiben suchten, lüftete sich ihnen ein Zipfel von jener gesellschaftlichen Realität, die sie bisher nicht nur nicht wahrgenommen, sondern mit ihrem fetischistischen Gesellschaftsbegriff geradezu bekämpft hatten. Im Jahre 1960 war Djacenkos Erzählung »Das Spargelfeld«, die er märkischem Sand abgewann, noch ein Einzelfall, der wenig Typik anzukündigen schien. Acht Jahre später wurde der partikuläre Weg in die Gegenwart auf einer breiten Front begangen; in der Epik von Christa Wolf, die im »Nachdenken über Christa T.« mecklenburgische Aura einfing, von Günter de Bruyn, der in »Buridans Esel« preußisches Klima herstellte, oder von Erwin Strittmatter, der in dem Band »Ein Dienstag im September« in die Abgründe der Lausitz hinunterstieg; in der Lyrik vor allem in Gedichten von Jentzsch, Mickel, Czechowski und Kirsten. Der Gewinn ist besonders auffällig, wenn man, um mit Reiner Kunze zu sprechen, die Verständlichkeit der Gedichte des Bandes »Begeistert von Berlin« (1952) mit der Genauigkeit der Berlin-Gedichte der Gruppe »alex 64« (1966) vergleicht, die keineswegs den höchsten lyrischen Leistungen in der DDR zuzurechnen sind. Wie auch hier das Bewußtsein von der Traditionslage 327 umging, zeigt Kirstens Nachwort zu seinem Gedichtband »satzanfang«, das programmatisch anhebt: »Lyrische Landschaften haben in der deutschen Literatur ihre Tradition.« Mit dem kunstreichen Verfahren, Hochsprache (mit nicht alltäglichen Fremdwörtern) und »Wortgut aus dem bäuerlichen Lebensbereich« (lokaler Färbung) zu verbinden, entwarf er als seine Landschaft das Meißener Land zwischen Constappel und Siebenlehn. Wie radikal anders der Ausgangspunkt der literarischen Schöpfung geworden ist, bezeugte Kirsten, wenn er ausführte: »Weil alle Erlebnisse an ein bestimmtes Stück Welt gebunden sind, wobei das Geographische nur als Modellfall gedacht ist, bot sich gerade jene bäuerliche Landschaft, aus der ich komme und die ich kenne, als Hintergrund für das Weltbild an. Von diesem ›überschaubaren‹ Segment ›Welt‹ fand ich Zugang zu meiner Zeit.«

So bewußt literaturgeschichtlich wie Kirsten gingen auch Jentzsch, Mickel, de Bruyn und Christa Wolf hinter den Status quo des sozialistischen Realismus auf die partikulären Traditionen zurück. Das eigene Erleben war hier bei Djacenko, Strittmatter, Harych oder Brežan die Haupttriebkraft. Die Werke von Matusche und Bobrowski entsprangen in gleicher Weise beiden Antrieben. Handwerklich näherte sich Bieler, ausweichend Turek kleinbürgerlichem Berliner Milieu. In Provinz und Ersatzwelt führten verschiedene Anlässe. Ob aus existentiellen, artifiziellen oder aus taktischen Gründen – die Vielfalt der Motive bestätigt nur die Naturwüchsigkeit oder die Spontaneität dieser Prozesse.

Unter dem Blickwinkel der nächsten Jahrzehnte wird gewiß das eine oder andere Opus partikulärer und surrogativer Art verblassen. Das Entscheidende ist jedoch, daß durch die Bewegung der Literatur und durch den Druck der Verhältnisse eine Entwicklung eingeleitet worden ist, die aus eigenen individuellen Triebkräften und nach eigenen dichterischen Gesetzen prozediert. Als Matusche zu Beginn der fünfziger Jahre die ersten Fassungen der »Dorfstraße« herumzeigte, machte er auf manche seiner Zeitgenossen den Eindruck eines literarischen Hausierers. »Was Sie wollen, Döblin, ›Berlin-Alexanderplatz‹, dunkle Instinkte – das ist bei uns nicht mehr drin«, sagte ihm klipp und kraus ein Beamter des Ministeriums für Kultur. Brecht, der von der Bedeutung der Querköpfe und Einzelgänger wußte, war vorsichtiger. »Ich weiß nicht, wo das hingeht, aber es ist keine leere Stelle darin«, sagte er über eine Fassung »Nacktes Gras«.

Fünfzehn Jahre später hatte sich Matusche in einer Weise durchgesetzt, die ihm öffentliche Anerkennung nicht eintrug, aber die Genugtuung verschaffte, daß auch ausgemachte Parteischriftsteller seinen Intentionen folgten. Alles, was von der Belletristik an dauerhaften Werken hervorgebracht wurde, wäre damals dem Ministerialbeamten obskur vorgekommen, hätte Brecht irritiert. Die sozialistische deutsche Nationalliteratur offiziellen und inoffiziellen Gepräges wirtschaftete dagegen ab, geriet durch die Parusieverzögerung des Kommunismus in eine ausweglose Krise. Wenn eine Literatur von ihren dauerhaften Werken bestimmt wird, so ist die Schöne Literatur in der DDR im Laufe ihrer Geschichte, unabhängig von Ablehnung oder Zustimmung der SED, eine so typisch deutsche Literatur geworden, daß sie tatsächlich, wenn auch anders als Abusch und selbst Becher es erhofften, den Charakter der gesamtdeutschen Literatur wesentlich beeinflussen könnte.

Die nationale Dialektik war 1963 im »Neuen ökonomischen System« auf die Schriftsteller übergesprungen. Als ihre Eigengesetzlichkeit zurückgedämmt werden sollte, verharrte sie seit Ende 1965 bei den Schriftstellern und löste in der DDR die verspätete Trennung von Partei und Schöner Literatur aus. Sie kann aus zwei Gründen wieder auf die Partei zurückspringen. Das wird erstens der Fall sein, wenn im Moment steigende Gleichschaltung innerhalb des sozialistischen Imperiums eine wirtschaftliche Stagnation herbeiführt, die nur durch relative Lockerungen wieder überwunden werden kann. Das ist die Stunde, da man in der DDR auf das NÖS zurückgreift. Zweitens wird das der Fall sein, wenn der grassierende Schwund deutschen Bewußtseins in der BRD eine nationale Profilierung der DDR nicht mehr riskant macht. Dann ist der Augenblick gekommen, da die SED nicht mehr befürchten muß, daß ein Anfachen nationaler Emotionen von Liquidationswünschen begleitet wäre; im Gegenteil: die SED könnte mit einer wachsenden Faszination auf Bundesbürger rechnen. Die nationale Dialektik wird in dem Maße brisanter, wie diese Prämissen sich zeitlich annähern oder zusammenfallen. Koinzidiert dieser Prozeß auch noch mit einer Überführung der absoluten Parteidiktatur in ein Staatswesen, könnte er, bei fortschreitendem staatlichem Verfall in der BRD, unwiderstehlich werden. Während in der BRD zur Zeit die Meinung um sich greift, die deutsche Frage sei vom

Tisch, wenn die Regierung sie nicht mehr stellt, wachsen in der DDR, befördert von den ständigen sowjetrussischen Eingriffen, die nationalen Ambitionen. Auf einem Colloquium, das der Bergedorfer Gesprächskreis und das sowjetrussische Friedenskomitee im Juni 1970 in Leningrad veranstalteten, mußten bundesrepublikanische Teilnehmer, die, wie Günter Grass, zur deutschen Frage nur noch Negationen vortrugen, erleben, daß die These von der DDR als legitimer Vertreterin der deutschen Nation und von der BRD als (heimzuholender) Restnation, aufgestellt vom Ostberliner Nationalökonomen Jürgen Kuczynski, zum »geflügelten Wort am Rande der Leningrader Gespräche« wurde.[21]

Bürgerkriege, die sich lange hinziehen, werden gewöhnlich unter anderen Vorzeichen abgeschlossen, als sie begonnen wurden. Für die Schöne Literatur in der DDR hat der heute noch ungewisse Ausgang des deutschen Bürgerkriegs schon keine entscheidende Bedeutung mehr. Für sie ist als deutsche Literatur die Schlacht geschlagen.

---

[21] H. Schuster: Ein ungewöhnliches Colloquium. »Süddeutsche Zeitung«, 23. 6. 1970. – Daß im Zuge der Ost-West-Verhandlung die Abgrenzungsstrategie der DDR keine Abbiegung ihrer nationalen Ambitionen bedeutet, sagte offen A. Abusch, als er erklärte, sie erfordere gegen die »Strategie des Klassengegners, daß wir immer gleichzeitig differenzieren, um den Aufstieg unserer natürlichen Verbündeten in Westdeutschland in jeder Weise zu begünstigen«. Dazu rechnete er Arbeiter, Studenten, Wissenschaftler und Künstler, deren Positionen zwecks Diskussion mit ihnen exakt analysiert werden müßten (Kunst, Kultur und Lebensweise in unserem sozialistischen deutschen Nationalstaat. »Einheit«, 6/1971). – Unter diesem Gesichtspunkt ist interessant, daß sich in den letzten Jahren nicht nur Aufsätze, sondern auch Dissertationen über Schriftsteller aus der BRD häufen. Die Fälle Enzensberger und Walser zeigten, daß dies auch nicht ohne erwünschte Folgen geschieht (vgl. H.-D. Sander: Schriftsteller im deutschen Bürgerkrieg, und: Doppelbödiges Traktat eines Guru. Deutschland Archiv 7 und 9/1971). – Als im Oktober 1970 der »Prawda«-Leitartikler J. Schukow bei einer Diskussion in Bonn die DDR, die BRD, Österreich, Luxemburg und den deutschen Teil der Schweiz zur »deutschen Nation« schlug, wurde sichtbar, daß sogar in der Perspektive der Sowjetunion eine Neuordnung Deutschlands (und Europas) nicht gänzlich undenkbar ist (»Neue Zürcher Zeitung«, 8. und 9. 10. 1970, Fernausgaben). Das Gelächter, das er dabei erntete, bezeugte nur die politische Dekadenz des Auditoriums, das sich offenbar nicht vorstellen konnte, daß die BRD, wenn sie dem Zwang der deutschen Frage entsagt hat, eines Tages die Verbündeten bitten müßte, statt wie bisher ihr bei der Wiedervereinigung zu helfen, nunmehr dann sie vor einer Wiedervereinigung zu schützen.

10. Exkurs: Vertriebene

Die Werke, die Schriftsteller geschrieben haben, nachdem sie in die Bundesrepublik übersiedelten, sind für die Schöne Literatur in der DDR nicht ohne Relevanz. Gäbe es in ihr, trotz aller Fehlschläge und zentrifugalen Ausbrüche, doch noch eine verborgene Kompetenz für eine schärfere, realere Wiedergabe gesellschaftlicher Zusammenhänge als sie die bisherige deutsche Belletristik kennt, so müßte sie in solchen Büchern stecken. Ist es der Fall, hätten die Schriftsteller, die weggegangen sind, weil sie sich beim Schreiben und Veröffentlichen behindert fühlten, mit ihren Werken, die in der Bundesrepublik erschienen, Entwicklungsstufen vorweggenommen, die in der DDR zu gegebener Zeit nachgeholt werden würden. Ist es nicht der Fall, wäre die Einheit der deutschen Literatur eine unentrinnbare Konstellation. Die Frage: wie soll es weitergehen mit der Schönen Literatur in der DDR? kann deshalb ohne eine Betrachtung der »Vertriebenen« nicht vorbehaltlos beantwortet werden.

Für die Epik läßt sich gleich vorab feststellen, daß ein Gesellschaftsroman über DDR-Verhältnisse auch von den Vertriebenen nicht geschrieben wurde. Wie nutzten sie die Chance des freien Wortes? Gerhard Zwerenz verplemperte 1959 im ersten Anlauf der Romane »Aufs Rad geflochten« (Volkspolizei) und »Die Liebe der toten Männer« (17. Juni) seine Stoffe durch grelle Effekte, die seine Empörung zeigten und seinen mangelhaften Scharfblick für das differenzierte Gefüge der Gesellschaft, samt ihrer Accessoires und Dessous verdeckten. In den Casanova-Paraphrasen, seinem zweiten Anlauf, schweifte er in Phantastik aus und lieferte eine Parallele zu den Schelmenromanen in der DDR, zu »Mutafo«, »Der Wundertäter«, »Bonifaz«, »Im Namen der Hüte«. Im dritten Anlauf, der Autobiographie »Kopf und Bauch« (1971), die epigonal schweinigelnd in Venedig endet, sind allenfalls die Jugendjahre literarisch akzeptabel abgeschildert. Uwe Johnson schloß sich in den Romanen »Mutmaßungen über Jakob« (1959), »Das dritte Buch über Achim« (1961), »Zwei Ansichten« (1965) der Modeströmung des nouveau roman an, die behauptete, nur Dinge seien beschreibbar, wobei ihr Verhältnis zu den Dingen freilich unbeschreibliche philosophische Naivität verriet. Johnson dachte vielleicht besonders genau vorzugehen; der agnostizistische Fimmel spielte indessen bei ihm eine ähnliche Rolle wie für die NÖS-Romane in der DDR der Loyalitätsrahmen: wurde die Gesellschaft hier von Tabus verdeckt, war sie da vor lauter Mutmaßungen nicht zu finden; die Realitätspartikel reichten weder da noch hier aus. Johnsons Romane verblichen deshalb so unvermeidlich wie »Der geteilte Himmel« oder »Die Aula«; sie hatten, sieht man ab von der verschiedenen politischen Perspektive, in der Anlage nur das meditative Versenken in norddeutsches Milieu voraus, das wegen des krampfhaften Ehrgeizes, mit den herrschenden literarischen Strömungen mitzuhalten, nicht zum tragenden Grund wurde. Nicht anders dürfte es der pedantischen, DDR- und USA-Milieu verschachtelnden Trilogie »Jahrestage« (1970 ff.) ergehen. Martin Gregor-Dellin, vielleicht gewarnt durch diese Experimente, probierte es gleich mit Kafka: in dem DDR-Roman »Der Kandelaber« (1962) und in dem BRD-Roman »Einer« (1965), wobei er Anknüpfungen vorwegnahm, die wenig später in der DDR bei Kunert und Schneider sichtbar werden sollten. Die Überhöhung, die er sich versprach, ging – im Gegensatz zum Vorbild – auf Kosten des Milieus, das sehr allgemein gehalten war. Manfred Bieler hatte noch in der DDR mit seinem Roman »Das Kaninchen bin ich«, der 1964 den NÖS-Rahmen durchstieß, die antäische Kehre zur Beschreibung einer Provinz (Berliner Osten) vor Christa Wolf, de Bruyn und Strittmatter gekratzt. Als der Roman 1969 in München unter dem Titel »Maria Morzek« erschien, hinkte er hinter dem »Nachdenken über Christa T.«, »Buridans Esel« und den neuen Geschichten von Strittmatter her; er war in der thematischen Reichweite doch zu sehr im NÖS befangen. Bieler versuchte, den Mangel nachträglich mit grellen Farben zu übermalen, verfiel dabei aber demselben Fehler, dem Zwerenz schon zehn Jahre davor aufgesessen war. Es hat den Anschein, daß jetzt bestenfalls nur noch ein Terrain erweitert werden kann, das in der DDR schon wegweisend begangen wurde, wobei sich die Trennung von Ort und Atmosphäre vielleicht sogar ungünstig auswirken wird. Ein Blick auf die Erzählungen ergibt kein wesentlich anderes Bild. Wo versucht wurde, die gesellschaftliche Realität der DDR ohne Umschweife zu erzählen, fiel der Extrakt bezeichnenderweise dünn aus: in »Karsch und andere Prosa« von Johnson (1964), in der Kurzgeschichte »Aufruhr« des Bandes »Zahltage« von Jochen Ziem (1968). Dagegen sind in den Bänden »Traumbuch eines Gefangenen« (1957) und »Nachtstücke« (1959) von Horst Bienek, »Gesänge auf dem Markt« (1962) und »Heldengedenktage« (1964) von Zwerenz, »Möglichkeiten einer Fahrt« von Gregor-Dellin (1964) und »Der junge Roth« von Bieler (1968) oder in verstreuten Schnurren von Christa Reinig die besten Geschichten phantastischen Charakters. Die Verfehlung der Wirklichkeit in der Epik der Vertriebenen fällt besonders auf, wenn man die Romane und die Erzählungen mit Erlebnisberichten vergleicht, zum Beispiel mit den autobiographischen Berichten: Wolfgang Leonhard »Die Revolution entläßt ihre Kinder« (1955), Eva Müthel »Für dich blüht kein Baum« (1957), Ute Erb »Die Kette an deinem Hals« (1960), Fritz Schenk »Im Vorzimmer der Diktatur« (1962), Heinz und Elfi Barwich »Das rote Atom« (1967) oder mit den Protokollen: »Die deutsche Not« von Erika von Hornstein (1960), »Enteignete Jahre« von Frederik Hetmann (1961). Es ist in diesem Zusammenhang von unübertrefflicher Signifikanz, daß Frederik Hetmann ein Pseudonym von Hans-Christian Kirsch ist, der als vertriebener Erzähler spanische Stoffe bevorzugt. Der überragende Roman der Vertriebenen, »Freibank oder das Projekt der Spaltung« von Werner Kilz (1966) ist ein klassisches Beispiel für die umgreifende Eigengesetzlichkeit der deutschen Belletristik: indem der Verfasser Ostberlin und Spanien ineinanderschachtelte, bewies er, elementarer sehend und schreibend als Johnson, der ihm mit den »Jahrestagen« in der Milieucollage augenscheinlich folgte, aber in allgemein-gesellschaftlichen Klischees steckenblieb, positiv, daß auch für die Vertriebenen die Kunst erst in Provinz und Ersatzwelt anfängt.

Die Dramatik der Vertriebenen nimmt einen verhältnismäßig kleinen Raum ein. Während Hans-Otto Kilz bis dato verstummte, wie der Erzähler Herbert A. W. Kasten und der Lyriker Martin Pohl, ging Heinar Kipphardt in der Subkultur des Dokumentationstheaters unter. Hartmut Lange zeigte, daß das dialektische Drama, dem er in der DDR wie Müller, Hacks und Braun angehangen hatte, auch durch die Flucht nicht zu retten war. Auch er zelebrierte, wie in der DDR Heiner Müller, die Auskehr auf antike Art, rundete den »Hundsprozeß« von 1964 mit einem »Herakles« 1967 ab, übersetzte und bearbeitete, ebenfalls wie Müller, alte Stücke: »Tartuffe« von Molière, »Der Alchimist« von Ben Jonson, »König Johann« von Shakespeare, 333

und schrieb nach der Novelle »Die Marquise von O.« von
Heinrich von Kleist, die in der DDR fast gleichzeitig Egon
Günther dramatisierte, »Die Gräfin von Rathenow« (1969),
eine historische Komödie, in der die Vergewaltigung der ohn-
mächtigen Gräfin, wie bei Günther, einer Preußin, durch einen
französischen Besatzungsoffizier, bei Günther ist es ein Russe,
als die wahre Befreiung Preußens sansculottisch gefeiert wird.
Das Haupthindernis für eine naturwüchsige Entfaltung dieser
Epik und Dramatik hängt mit dem hauptsächlichen Zeitpunkt
der Übersiedelung zusammen. Die Mehrzahl der vertriebenen
Schriftsteller flüchtete von 1957–1959, als in intellektuellen
Kreisen der DDR die Konzeption der deutschen Misere noch
frenetisch succubierte und in den intellektuellen Kreisen der
Bundesrepublik gegen Ende der Ära Adenauer der Ungeist eines
Nationalmasochismus Gemüt und Verstand zu verwirren begann. Es fehlte in dem neuen Milieu auch die Notwendigkeit,
sich gegen den schwer erträglichen Druck einer Besatzungsmacht
zu behaupten und zu profilieren. »Ich haue ab, ich verziehe mich,
ich verdufte, hier bleibe ich nicht! Mit diesem Drecksvolk will ich
nichts mehr zu tun haben«, so beginnt »Aufruhr«, die Erzählung, die Jochen Ziem über den 17. Juni geschrieben hat, mit
nahezu aufdringlicher Leitmotivik. Die Mehrzahl geriet vor
dem Panorama des deutschen Bürgerkriegs in eine zweideutige
Position, wozu gewiß auch die unreflektiert fortgesetzte Ge-
wohnheit, im literarisch-politischen Untergrund zu leben, ihr
Scherflein beigetragen hat. Johnson, Kipphardt und Zwerenz
vor allen, und nicht zuletzt auch der Philosoph Ernst Bloch,
begannen gegen die neue Stätte ihres Wirkens in einer Weise zu
wüten, die allein mit einem Nachholbedarf an Widerstand, wie
er auch nach dem Dritten Reich hervortrat, nicht zu erklären ist.
Sie brachten in ihrem Gepäck von den Prämissen der Schönen
Literatur in der DDR die Mesalliancen zu Volk und Geschichte
mit in die Bundesrepublik. Peter Jokostras Roman »Herzinfarkt« (1961) ist ein krudes, Gregor-Dellins »Einer« ein maß-
volles Produkt dieser Transaktion. Hans Mayers Fortsetzung
der These von den zwei deutschen Literaturen war nur in einer
solchen zwielichtigen Atmosphäre möglich – wie die Einteilung
der BRD, Westberlins und der DDR in drei deutsche Staaten
durch Johnson.

In der Lyrik der Vertriebenen weht eine reinere Luft. Lange vor der antäischen Kehre in der DDR rekonstruierten Carl Guesmer, Ulf Miehe und Dieter Hoffmann in ihren Gedichten mitteldeutsche Landschaften und Motive. Carl Guesmer eignete sich exemplarisch und ungebrochen auch westdeutsche Landschaften an, beteiligte sich, wie Jokostra und Hädecke, an der traditionellen südlichen Korrektur, und sann, wie Hädecke, Christa Reinig und Helga M. Novak, freilich universaler über das verhängte Zeitalter der Angst nach. Es gibt für die vorliegende Untersuchung keinen besseren Abschluß als sein gelassenes Gedicht »Oktoberrevolution« aus dem Band »Zeitverwehung« von 1965:

Dahlien, späte Rosen, die führenden Köpfe,
die Großen des Sommers, sind nun gestürzt,
brüten August im Vasen-Verlies
hinter Gittern beschlagener Fenster.

Mißtrauisch bevölkern Kartoffel das Land,
steigen auf Wendeltreppen an Deck der Felder,
Unterdrückte der Erde, Häftlinge des Sommers,
die fest an die Sonne glaubten
mit der Inbrunst ihrer Stauden,
verlacht von den Kieseln, den Atheisten.

Doch wie rasch ist die Sonne Erinnerung,
nicht zu beweisende Traumzeit,
wie rasch sich die Keller öffnen, die Kollektive,
wie rasch die Sonnenleugner, Asseln und Schimmelpilze,
wieder Herr werden über verschüttetes Volk,
das stumm zu Bergen sich fügt, nur manchmal Keime dichtet
und immer vergebliche Stärke im Leibe fühlt.

Personenverzeichnis

(Ein A hinter den Ziffern kennzeichnet Anmerkungen. Kursiv gesetzte Ziffern geben Stellen an, wo bekannte Titel, nicht jedoch die Verfasser genannt sind.)

337

343

Sachverzeichnis

(Ein A hinter den Ziffern kennzeichnet Anmerkungen. Substantive subsumieren auch Adjektive. Realismus ist nur angeführt, wenn er eine Differenz zum sozialistischen Realismus angibt, der wegen zu häufigen Vorkommens hier nicht verzeichnet ist.)

wahrer Sozialismus 50, 273 ff.

Weltliteratur 25, 36, 38, 43, 49, 52, 222, 293

westliche Einflüsse 149, 200, 228, 275 f.

Widersprüche 196 f., 198 f.
– antagonistische 46
– nichtantagonistische 196

Zeitschriften in der DDR
– Neue Welt 98 (A)
– Kunst und Literatur 205 f.
– Einheit 67 (A), 168 (A), 257 (A), 262 (A) f., 330 (A)
– Aufbau 98 (A), 100 (A), 170, 316 (A)
– Sinn und Form 66 (A), 72 (A), 76 (A), 81 (A), 107 (A), 137 (A), 146, 150 (A), 201–206, 216, 225 (A), 242, 307 (A), 317 (A), 326 (A)
– Neue Deutsche Literatur 120 (A) f. 156 (A), 162 (A), 170 f., 175 (A) f., 180, 195 f., 201, 218 (A), 223 (A), 225 (A), 229–232, 259, (A), 272 (A), 320 (A), 322 (A)
– Weimarer Beiträge 18 (A), 63 (A), 71 (A), 248 (A), 264, 269 (A)
– Theater der Zeit 265 (A)

Zeitschriften in der DDR
– Die Weltbühne 98 (A)
– Ost und West 96, 98 (A), 316
– Staat und Recht 256 (A)
– Sozialistische Demokratie 257 (A)
Zeitungen in der DDR
– Tägliche Rundschau 77, 104 f., 113, 121
– Neues Deutschland 135 f., 144, 147, 155 (A), 168 (A) ff., 174 (A), 180 (A), 195, 207, 210 (A), 221 (A), 230 f., 234 (A) f., 237, 251 (A) f., 257 (A) f., 260 (A), 265, 267 (A), 284 ff., 317 (A)
– Tribüne 136, 148
– Berliner Zeitung 116, 203, 275 (A)
– Neue Zeit 147
– Nationalzeitung 147
– Das Volk 286 (A)
– Sonntag 79 (A), 157, 167 (A), 195, 201 f., 208 (A), 224, 248 (A), 264 (A), 267 (A)
– Junge Welt 115 (A)
– Forum 98 (A), 201, 231 f., 251, 258 (A), 265 (A), 267
Zensor im Herzen des Schriftstellers 152, 290, 320
Zensur 60, 92, 115, 152, 222, 274, 279